EL ESTILO MICROSOFT

Ascenso y triunfo de un modelo empresarial

EL ESTILO MICROSOFT

Ascenso y triunfo de un modelo empresarial

Randall E. Stross

Traducción de José Manuel Pomares

grijalbo
grijalbo mondadori

Título original:
THE MICROSOFT WAY
Traducción de la edición de Addison-Wesley Publishing Company, Inc.,
Reading, Massachusetts, 1996
Cubierta: Jordi Solé

Primera edición
ISBN: 84-253-3184-6
Depósito legal: B. 28.608-1997
Impreso en Hurope, S.L., Lima, 3 bis, Barcelona

A mis padres

ÍNDICE

INTRODUCCIÓN
De campaña con Henry y Bill

Considérese esta señal de los tiempos: recientemente, la revista *Wired* ofreció a sus lectores una útil guía turística a la World Wide Web titulada «On Hating Microsoft».[1] Cada una de las páginas Web allí indicadas estaba dedicada a difundir disgusto, rabia y toda una serie de otros intensos sentimientos negativos sobre una empresa concreta de software y su presidente. Una oferta típica encontrada en la Web, en la «Bill Gates Fun Page», mostraba a los visitantes una fotografía de Gates (a cuya cabeza se le habían añadido los cuernos del diablo) y una serie de armas, como cuchillo, ametralladora Uzi, cañón, que podían dirigirse contra él mediante un simple clic en el ratón. Naturalmente, cualquiera puede diseñar una página Web, y sería estúpido pretender encontrar demasiado significado cultural en ellas. La Web no hacía sino mostrar un sentimiento anti-Microsoft que estaba en el ambiente desde hacía años.

Esencialmente, tenemos dos alternativas. Por un lado, aceptar una caracterización de Gates como el anticristo, Microsoft como el imperio del diablo, su software como basura y el éxito de la empresa como algo enraizado en los engaños, las mentiras más flagrantes, todo tipo de trucos legales y un marketing agresivo. Por otro lado, aceptar lo que la empresa dice sobre sí misma, en el sentido de que ha impulsado de modo benevolente la revolución del ordenador personal, y de que su éxito de mercado no es más que la justa recompensa por el servicio que ha prestado al público.

Cuando empecé a trabajar en este libro, dejé a un lado tanto la descripción interesada que hacía la empresa de su propia historia, como las denuncias de sus críticos externos. Busqué mi propia respuesta a la pregunta acerca de cómo ha llegado a ocupar su destacada posición. Por formación académica, soy historiador, y mi punto de partida fue el de un agnóstico. No sabía si llegaría a la conclusión de que la empresa merecía ser valorada como un monopolio que ofrece, si no el mal, sí al menos una mediocridad tecnológica, o bien si tenían más sentido sus propias y benignas explicaciones acerca de su éxito. En un libro anterior me había sentido atraído por el desafío de analizar los mitos de la industria de los ordenadores, e investigué las aventuras empresariales de Steve Jobs, después de que abandonara Apple en 1985 y fundara NeXT, Inc. Lo mismo que el mago de Oz, la «brillantez» de Jobs se evaporó en cuanto miré detrás de la cortina. Me preguntaba si, al mirar tras la cortina de Microsoft, no encontraría de nuevo algo menos de lo que aparenta.

La investigación para este libro ya estaba bastante avanzada cuando me animé a llamar a la puerta de Microsoft. El momento en que efectué mi visita inicial no fue accidental: deseaba que la empresa supiera que la posibilidad del libro no dependía de su cooperación. Pero cuando hice girar el pomo de la puerta, esperando encontrarla cerrada a cal y canto, ésta se abrió ante mi sorpresa y pude entrar sin ninguna dificultad. Me convertí así en el primer historiador al que se le permitía el acceso a los archivos de Microsoft, que incluyen una amplia colección de cintas de vídeo sobre charlas internacionales ofrecidas por los ejecutivos de la empresa, así como correspondencia interna, memorándums, valoraciones *postmortem* de productos, copias de correo electrónico y otros documentos que no se han hecho públicos. La empresa también me permitió que entrevistara a todo aquel que quisiera, me proporcionó un distintivo que indicaba «No necesita acompañante», y me facilitó el acceso sin restricciones a sus oficinas y a su biblioteca. A diferencia de otras empresas de investigaciones anteriores, los ejecutivos de Microsoft comprendieron que ese acceso sería, en último término, de gran valor para el libro y que los lectores aceptarían mis descubrimientos si se me permitía un acceso sin restricciones. La empresa aceptó sin vacilar mi exigencia de renunciar absolutamente a cualquier derecho a revisar los resultados de mi trabajo antes de publicarlos.[2] Armado con este acceso ilimitado a los materiales en bruto de la historia de la empresa, empecé a trabajar en la búsqueda de una respuesta satisfactoria a la pregunta: ¿qué explica el lugar que Microsoft ocupa en el mundo?

En un breve resumen, debo decir que mis conclusiones tienden a exonerar a Microsoft de las acusaciones más graves planteadas contra la empresa. Es posible que mi postura sea acogida con escepticismo por muchos lectores potenciales. Para ser francos, la coincidencia de los puntos de vista de un autor con los de la empresa que ha cooperado plenamente con sus investigaciones, resulta cuando menos circunstancialmente sospechosa. Después de haber leído hasta aquí, yo también recelaría de la supuesta independencia de pensamiento que afirma haber tenido el autor. No me agrada encontrarme en esta posición, especialmente porque Gates es un hombre rico y su empresa es muy poderosa. No parece justo, dentro del esquema de las cosas, que él y su empresa tengan que ser, además, alabados.

A sabiendas de que las opiniones que tiene la gente sobre Microsoft poseen una fuerte carga que, fuera de la empresa, parece ser mayoritariamente hostil, me doy cuenta de que todo cuanto diga en su favor a partir de este momento podría ser utilizado para socavar mi credibilidad. Me siento tentado de dirigirme al lector escéptico para insistir en que mi libertad de movimientos fue realmente total, y explicarle que no fui un ingenuo engañado por sus anfitriones, afirmando que no puedo hacer otra cosa sino llamar a las cosas por su nombre. No obstante, me temo que, de hacerlo así, se me saludaría con un: «Se preocupa demasiado por afirmarlo».

Lo único que puedo pedir a aquellos que ya están predispuestos a rechazar mi opinión es un poco de paciencia. Permítanme esbozar cómo he llegado a considerar que Microsoft, la aparente apoteosis del poder empresarial más crudo y despiadado, no sólo es sorprendentemente benevolente, sino también una empresa cuyos métodos, si fueran imitados más ampliamente por otras empresas, mejorarían gran parte de nuestros intereses colectivos como sociedad.

Al observar de cerca su funcionamiento, lo que más me impresionó de Microsoft no fue la cuota de mercado de la empresa, sino la seriedad que informaba sus decisiones. No encontré ningún cartel burlón de «¡PIENSA!» colgado en las paredes, como en la IBM de antaño, sino que el «¡PIENSA!» era algo que impregnaba la savia vital de Microsoft de uno a otro extremo. Esta era una empresa de gente inteligente, bien dirigida, que aprendía constantemente a medida que avanzaba. La forma en que se ha utilizado a los empleados inteligentes, la medida en que la empresa ha aprendido a aprender, por así decirlo, no es algo que se vea desde lejos, como tampoco es visible en una foto instantánea tomada en un momento dado. Esa pauta sólo emergió después de haber revisado los registros de la empresa a lo largo de un período de tiempo. Presté menos atención a lo que, retrospectivamente, aseguran que hicieron los empleados de Microsoft en el pasado, y me fijé más en lo que dijeron en su momento, hace un año, o varios años, o muchos y a lo que sucedió posteriormente. La perspectiva histórica de la evolución de la empresa ofrece una profundidad que no puede captarse en los informes semanales actuales sobre su evolución.

La perspectiva histórica también es útil para explicar el fenómeno de la enorme hostilidad que ha generado Microsoft durante su crecimiento. Aun cuando llegué a la conclusión de que la mayoría de las acusaciones dirigidas contra Microsoft son infundadas, la crítica y las emociones que afloran ante la simple mención del nombre de la empresa, constituyen un fenómeno que invita a ser examinado en sí mismo. Aquí resulta muy útil retroceder y asumir una visión mucho más amplia. Vivimos en una época de grandes cambios tecnológicos, con impactos económicos inciertos. Sabemos que nos encontramos en medio de una transición históricamente importante, pero dista de estar muy claro hacia dónde nos conduce esa transición. La angustia sobre el futuro necesita basarse en algo, y sugiero que Gates y Microsoft han sido el objetivo catártico más a mano para toda una serie de preocupaciones que afloran libremente, pero que raras veces están bien formuladas, acerca de hacia dónde nos dirigimos.

Cuando los periodistas que informan sobre Gates necesitan encontrar adornos históricos, suelen describirlo como el Rockefeller, el Edison o el Ford de nuestro tiempo. La comparación con Henry Ford es la que más me intriga, especialmente porque la campaña publicitaria para la presentación de Windows 95 alcanzó alturas sin igual. La campaña misma se convirtió en noticia y generó todavía más publicidad, lo que empujó a Microsoft hacia escondrijos y grietas que hasta entonces se las habían arreglado de algún modo para escapar a su penetración. La publicación de *Camino al futuro*, de Gates, con un editor que puso en juego sus propios recursos publicitarios, en conjunción con los de Microsoft, permitió a Gates y a su empresa alcanzar cotas todavía mayores y lograr que el libro apareciera en las listas de los más vendidos. Y si nos remontamos en el tiempo, ¿quién fue el último empresario cuya figura, cuya empresa y cuyas manifestaciones fueron tan ampliamente difundidas como las de Gates sino Henry Ford?[3]

Algunos observadores han trazado un paralelismo entre los papeles similares que tuvieron Ford y Gates en los primeros años de sus respectivas áreas. Los dos consiguieron poner los inventos de otros a disposición de la inmensa mayoría. No obstante, Ford y Gates tienen mayor interés por lo que revelan sobre los consumidores de sus respectivas épocas. Seguramente es importante el hecho de que ambos lograron éxito primero en Estados Unidos. La cultura estadounidense venera el éxito como ninguna otra, y otorga una presunción de gran sabiduría a los ganadores. La cultura contemporánea parece llena de personajes famosos y fomenta que figuras empresariales, como la del propio Gates, aparezcan en la misma galería que otras más grandes que la vida misma. Habría que recordar también que Ford no sólo puso en marcha una tremenda publicidad sobre sí mismo, como

Gates, no sólo fue la figura pública más seductora, la persona tímida, sino que también se encontró con un público receptivo.

Todavía se recuerda el éxito empresarial de la Ford Motor Company en sus primeros años. No obstante, el recuerdo del público parece capaz de honrar únicamente a un solo contribuyente como Henry Ford, y deja de lado a su insustituible socio, el gélido James Couzens, con el que Ford tendría más tarde un fuerte encontronazo. La posteridad también ha tendido a olvidar el lado oscuro de Henry Ford: su pretensión de omnisciencia, su paranoia, rayana en la demencia, sus obsesiones antisemitas y sus reticencias a dejar las riendas de la empresa que llevaba su nombre, y a la que condujo al borde del colapso.

Ford fue famoso por el desdén con que trataba el estudio del pasado («la historia es más o menos una tontería»).[4] Gates también se ha mostrado incómodo con eso de «mirar por el espejo retrovisor», una frase que tanto él como otros de Microsoft utilizan despectivamente; para él, se trata «básicamente, de una pérdida de tiempo».[5] Incluso con ocasión del vigésimo aniversario de Microsoft, en 1995, escribió: «Lo que importa es el futuro, que es la razón por la que no suelo mirar hacia atrás».[6] Y, sin embargo, ha estado mirando hacia atrás de un modo frecuente, insistente y sistemático. Cita ejemplos históricos cada vez que discute una estrategia futura. Utiliza una perspectiva histórica cuando observa que, en la historia comercial de los ordenadores, ninguna empresa que fue líder en una época consiguió mantener su posición en la siguiente, y cuando se muestra preocupado porque el lugar de Microsoft en la época del ordenador personal la «descalifique» para mantener esa posición en la época que se avecina, centrada en la red.[7] La sensibilidad histórica de Gates satura todos sus análisis del presente y del futuro, aunque él, simplemente, no la llama de ese modo.

Sin embargo, en favor de Gates puede decirse que considera a Henry Ford como un ejemplo que ha de seguirse con precaución, no como un modelo.[8] A diferencia de Ford, Gates ha estado dispuesto a delegar poder operativo en sus subordinados, una cuestión que hasta sus críticos han admitido que constituye uno de los puntos fuertes de la empresa.[9] Quizá sea un poco prematuro comparar a Gates, de 42 años de edad en 1997, con Henry Ford, que murió a la edad de 84 años en 1947, y cuyas deficiencias se pusieron más de manifiesto en las últimas décadas de su vida. No obstante, es posible que la comparación no sea tan prematura si se tiene en cuenta que Gates ya contaba con veinte años de experiencia al frente de Microsoft cuando cumplió los 40 años, la misma edad a la que Henry Ford creó la Ford Motor Company.

Lo mismo que la Ford Motor en sus primeros años, la Microsoft de Gates se ha asegurado una atención desproporcionada para su tamaño si se mide por el volumen de ventas. Microsoft es lo que podríamos llamar la gran empresa más pequeña del mundo. Si se piensa en sus 8.700 millones de dólares de ingresos, la empresa parece más un diminuto ratón de campo que un gorila de cuatrocientos kilos de peso. En 1997 ocupaba sólo el puesto 172 en la lista de *Fortune 500*, inferior al de H. J. Heinz, entre otras (GM ocupaba el primer puesto, con unos ingresos de 169.000 millones de dólares). Los 21.000 empleados de Microsoft parecen poca cosa comparados con los 647.000 de GM. Donde la diminuta Microsoft se ve desbordada es en su valor en bolsa. En marzo de 1997, el valor de las acciones de Microsoft era de 119.000 millones de dólares, el cuarto lugar entre las grandes empresas de *Fortune 500* en Estados Unidos.[10]

El valor de las acciones de Microsoft queda explicado en parte por la alta rentabilidad de su negocio. Gates puede ahora analizar con excepticismo la época en que él y Paul Allen pusieron en marcha la empresa. Estaban convencidos de que la industria farmacéutica ofrecía un magnífico modelo de elevado margen de beneficios porque, como el software, tenía que poseer valores que eran fundamentalmente de propiedad intelectual, y una fuerza laboral de «gente con elevado coeficiente intelectual» a la que había que mantener satisfecha. Tal como se desarrollaron los acontecimientos, su empresa de software llegó a sobrepasar incluso a las compañías farmacéuticas en márgenes de beneficios. Sin embargo, y al contrario de la opinión general, Microsoft no ha producido en los últimos años los beneficios más elevados en el sector de los ordenadores personales. En las clasificaciones de 1997, los beneficios de Intel fueron exactamente el doble que los de Microsoft (5.100 millones de dólares en comparación con 2.500 millones de dólares), y ocupó el séptimo puesto entre las empresas con beneficios más elevados, en comparación con el puesto 28 ocupado por Microsoft.[11] Si analizamos sus beneficios por separado, veríamos que la división de impresión de Hewlett-Packard, también obtendría más beneficios que Microsoft, con unos ingresos anuales calculados en 16.000 millones de dólares. Así pues, la atención que ha recibido Microsoft por parte de la prensa no se corresponde con su tamaño; Microsoft y su presidente reciben una atención que excede la de todas las empresas juntas de ordenadores personales.

Si nos parece interminable el torrente de palabras que se han publicado sobre Gates, y recientemente del propio Gates, debemos tener en cuenta que algo similar sucedió en Detroit en la época de Ford. Para calibrar la atención periodística de la que disfrutó Ford, el estudio maestro de David Lewis, *La imagen pública de Henry Ford*, centrado básicamente en la relación de Ford con la prensa y el público, calculó que se habían publicado sobre él 500 páginas de gran tamaño con tipo de letra pequeño.[12] Una de las formas que tenía Ford para llamar la atención de los periodistas, consistía en hablar desenfrenadamente sobre toda clase de temas.[13] En 1928, por ejemplo, en una sola pero nada excepcional entrevista, dijo a los periodistas que el ejército y la marina debían encargarse de imponer la Prohibición, que una «mente maestra» enviaba mensajes a la tierra, que la generación más joven era demasiado inteligente para la guerra, y que la fruta, las féculas y las proteínas no debían comerse al mismo tiempo. También encontró tiempo para ofrecer opiniones sobre aviones, plantas de caucho, agricultura y textiles. Está suficientemente claro que no es ese el estilo de Gates. De hecho, cuando habla en público, Gates siempre se muestra reticente a aventurarse mucho más allá del terreno familiar de su empresa o de la industria de los ordenadores personales, y el ejemplo de Ford sugiere que deberíamos sentirnos agradecidos porque sea así.

Una de las prácticas publicitarias de Ford consistía en invitar a los periodistas a los viajes por el campo, ostensiblemente privados, que emprendió anualmente entre 1918 y 1924, junto con sus compañeros magnates industriales Thomas Edison, John Burroughs y Harvey Firestone. En contraste con ello, cuando Gates y su amigo Warren Buffett viajan juntos, como el periplo en tren que efectuaron por China en septiembre de 1995, protegen cuidadosamente su intimidad.[14] El emparejamiento de los gigantes de los negocios del pasado no tuvo necesariamente como resultado una reflexión capaz de conmocionar la historia. Edward Bernays recordó en sus memorias cómo en cierta ocasión, en 1929, acompañó a Ford y a Edison durante un almuerzo, con la expectativa de «aprender algo de sus sabias palabras». Durante todo el almuerzo no se habló más que de las virtudes de las pastillas hepáticas de Carter.[15]

La avidez por obtener perlas de sabiduría y comprensión no a partir de los portavoces o subordinados, sino del propio y famoso hombre de negocios, hace que el público se abalance sobre cualquier libro supuestamente autorizado por el titán. Henry Ford jugó astutamente con esta avidez en 1922, cuando publicó *Mi vida y obra*. Fue una obra fantasma, basada en unas cuantas entrevistas y otros materiales suplementarios, pero escrita en primera persona. En aquella época, el *New York Times* describió el efecto diciendo que «más que leer, parece que uno está escuchando a un hombre que está sentado cómodamente junto a ti».[16] El «negro» de Ford hizo tan bien su trabajo que «eliminó del texto de este libro todo rastro de sí mismo». Porque, al parecer, lo único que le importaba al público era el *imprimatur* del célebre personaje. La autobiografía de Ford, publicada en 1922,[17] fue uno de los siete libros sobre Ford que se publicaron aquel año y el siguiente;

ninguno de los otros seis alcanzó una difusión tan alta. Naturalmente, la influencia de los dos libros que se mostraban menos condescendientes con el personaje, no se vio favorecida en modo alguno por la campaña emprendida por la Ford Motor Company para comprar ejemplares, robarlos de las bibliotecas públicas e inducir a sus concesionarios de automóviles a que organizaran manifestaciones frente a las librerías, hasta que éstas los retiraran. Sólo el libro del propio Ford fue traducido a otros idiomas (doce en total) y vendido en todo el mundo, convirtiéndose en un bestseller en muchos países.[18]

Ahora, al igual que en la época de Ford, se nos presenta un libro que finge una airosa intimidad en primera persona. La ironía de la predilección del libro como vehículo de comunicación, incluso cuando el tema del libro de Gates se refiere a la obsolescencia de dicho medio preelectrónico, no engañó a los numerosos comentaristas de *Camino al futuro*.* Los deslices técnicos que muchos clientes encontraron en el CD-ROM que acompañaba al libro sólo sirvieron para subrayar aún más la posición segura del libro impreso, al menos en este momento histórico.

Camino al futuro está redactado todo él en una inverosímil primera persona, sin dejar claro qué partes fueron las aportaciones del principal coautor de Gates, Nathan Myhrvold, cuáles fueron las del escritor profesional y las del propio Gates. Hasta los colaboradores tienen colaboradores. Cuando los fragmentos de pensamiento de Myhrvold, que se suponía formarían el núcleo del libro, desaparecían entre las mandíbulas de la bestia del comité, resurgían de forma irreconocible. El principal resultado no fue una placa de cristal a través de la que el público pudiera ver el «interior» de Bill Gates. No obstante, quizá deba abandonarse la noción misma de esta clase de dualidad que implica la existencia de un lado público falso y un lado privado verdadero. ¿Nos sentiríamos desilusionados si Gates emprendiera algún día la redacción de una autobiografía sin ayuda, y el libro no arrojara mucha más luz sobre él como persona, de lo que hizo *Camino al futuro*? ¿Por qué no aceptar en su lugar que se le observa mejor *in situ*, dirigiendo una empresa cuya identidad es inseparable de la suya propia? Quizá debiéramos centrar la atención sobre los pensamientos del presidente Bill, no como una teoría aislada, sino como conceptos propuestos, probados, revisados y puestos en práctica.

Para ver la empresa de Gates con mayor claridad, debemos rechazar primero una imagen estática de la misma. La Microsoft de 1997 es bastante

* Título original, *The Road Ahead*, Trad. cast., McGraw-Hill Española, Aravaca, Madrid, 1995.

diferente, y en aspectos importantes, de la Microsoft de 1995, que había cambiado a su vez de forma significativa, por bien que pasara inadvertido, con respecto a la empresa que era en 1990. De hecho, 1990 divide la historia de Microsoft en un «antes», en el que el éxito de la empresa se remonta hasta un enorme golpe de suerte, y un «después», en el que ya no se puede decir lo mismo. El gran golpe de suerte que proporcionó a Microsoft diez años muy buenos llegó en 1980, cuando firmó un contrato con IBM para proporcionar al gigante informático un software de sistema operativo que sería utilizado en el ordenador personal IBM, lanzado al mercado al año siguiente.

Este es el episodio más conocido de la historia de Microsoft y, en algunos casos, sigue siendo lo único que se dice sobre su historia, de modo que sáquemoslo brevemente a la luz. Una feliz conjunción de acontecimientos ayudó a Microsoft a conseguir ese contrato. IBM no pudo ponerse de acuerdo con Digital Research, que era por entonces el principal proveedor de sistemas operativos para microordenadores, y la elección más lógica para el suministro del software. Microsoft, que en aquellos momentos no disponía de un sistema operativo que pudiera ofrecer, compró otra empresa todavía más pequeña, cuyo software de sistema operativo adaptó para el proyecto. El contrato que Microsoft consiguió de IBM actuaba en buena medida en favor de la propia Microsoft.[19] Las cláusulas le permitían vender el sistema operativo a otras empresas y consumidores, cosa que IBM no podía hacer con eficacia. Los ejecutivos de IBM no supieron prever los ingresos que se derivarían de dichas ventas, aunque tampoco los ejecutivos de Microsoft las previeron en tal cantidad. Se vendieron decenas de millones de copias de ese software.

Es evidente que existe algo de teatral en el hecho de que una empresa compuesta entonces por apenas unas docenas de empleados lograra sacar el mejor partido posible de un pacto con el leviatán que era IBM. Ha desaparecido ya el prejuicio que surgió en relación con el acuerdo entre Microsoft e IBM: que Digital Research habría podido hacerse con el contrato si su fundador no hubiera sido grosero con los representantes de IBM, que habían llamado a sus puertas. No obstante, la fama de la empresa continúa manchada por un permanente tufo de manipulación y engaño surgidos de este primer capítulo de la historia de Microsoft. Aunque los abogados de IBM no se dejaron engañar, ellos, como todos los demás, no pudieron imaginar, simplemente, que surgiría toda una industria basada en el hardware y el software compatibles con el PC de IBM. Son muchos los que todavía consideran a Microsoft como la empresa que le metió un gol a IBM, que cosechó el botín producido por el paso en falso del gigante.

Tendemos a olvidar, sin embargo, que por indispensable que fuera para el crecimiento de Microsoft en la década de los años ochenta su papel de suministrador de software de sistema operativo para IBM, la empresa creció al margen de ello a partir de 1990. En la primavera de aquel año, a la empresa todavía no se la tomaba muy en serio cuando ofrecía nuevos productos que no llevaban la marca de IBM. Windows, la continuación de DOS, todavía se veía afectado por graves problemas de gestión de memoria, y tanto los clientes como los analistas del sector pasaron por alto el producto. En lugar de eso, fue al OS/2, que Microsoft había desarrollado conjuntamente con IBM y sobre el que no tenía ningún derecho, al que se consideró sucesor del DOS.

El negocio de Microsoft seguía centrado en vender a empresas de hardware de ordenadores, y no a los consumidores al por menor. Anteriormente se había aventurado por el ámbito de las aplicaciones prácticas de software, como el procesamiento de datos y el software de la hoja de cálculo que funcionaban mediante el sistema operativo; y aunque logró vender a los clientes de Macintosh, esos esfuerzos aún tenían que trasladarse al territorio con el que Microsoft estaba realmente familiarizada: los compatibles de IBM. Microsoft se encontró en una situación embarazosa cuando introdujo su primera hoja de cálculo, Multiplan, tres meses antes de que Lotus presentara el 1-2-3, a pesar de lo cual fue Lotus, y no Microsoft, la que se aseguró una cuota dominante del mercado.[20] De ese modo, Microsoft perdió la oportunidad de aprovechar una de las aplicaciones que mejor se han vendido en cualquier categoría. En 1990, Gates admitió de mala gana las limitaciones de Microsoft, que uno de sus empleados resumió al decir: «Preparamos la mejor fontanería del mundo, pero en ningún momento pensamos en el asiento del inodoro».

En la primavera de 1990, y a juzgar por las apariencias, Microsoft fracasaba estrepitosamente cada vez que intentaba hacer algo al margen de su franquicia original. Y, sin embargo, los posteriores progresos de Microsoft y sus grandes éxitos después de DOS, primero con Windows 3.0, luego con aplicaciones de Windows y después con una batería de aplicaciones de Windows, demostraron que la empresa poseía bazas que habían permanecido ocultas hasta entonces. Desde un punto de vista retrospectivo resultan particularmente intrigantes las aventuras de Microsoft en dominios que se hallaban muy lejos de su negocio original, como por ejemplo a la hora de establecer sus propios grupos de investigación interna en la ciencia de los ordenadores, la creación de nuevas líneas de productos de software para los PC domésticos, la exploración del software de la televisión interactiva, que aún estaba por lanzar, y el salto a la oferta de servicios directos y a los mercados de Internet.

¿Cómo se las arregló Microsoft para evolucionar desde el diseño y la venta de software de andar por casa (sistemas operativos y lenguajes de programación), hasta convertirse en una empresa a la que ningún dominio del software parecía estar vetado?[21] Las respuestas no se encuentran en un solo momento de 1990, sino que hay que buscarlas mucho antes, y su refinamiento sólo se puede observar más tarde. No obstante, y a partir de 1990, Microsoft ha experimentado una continua expansión hacia nuevos negocios. Y eso es algo que no podemos atribuir simplemente a la suerte. Del mismo modo, tampoco podemos explicar su éxito actual como una mera consecuencia de las ventajas de estar a la cabeza en el mercado de sistemas operativos, dados los diferentes campos en los que Microsoft ha elegido expandirse. Sin embargo, para descubrir una explicación mejor, tenemos que pensar en Microsoft como una entidad en evolución, y descartar la suposición de que Microsoft es siempre una Microsoft.

Este libro va más allá del estudio de las guerras de los sistemas operativos, e incluso de paquetes de software más familiares como Word, Excel y Office. En lugar de eso, se centra en los nuevos dominios de la tecnología digital, que no sólo han alejado mucho a Microsoft de sus orígenes, sino que también han hecho que se disparen las alarmas entre los competidores, los legisladores y otros críticos. Al no centrarnos una vez más en los hitos ya familiares de los primeros años de la vida de Gates, el muchacho inteligente, la escuela privada, las primeras aventuras empresariales, y en los de la historia inicial de la empresa, podemos saltar hasta la década de 1990. En este período, Microsoft se ha convertido en un competidor mucho más formidable que nunca.

También debemos dedicar nuestra atención a los anuncios de productos y a las destructivas batallas industriales para plantearnos algunas cuestiones históricas sobre cómo encajan Gates y Microsoft dentro de una perspectiva mucho más amplia. ¿Cómo contribuyen tanto la filosofía del negocio como la pura suerte en la creación de una gran riqueza? ¿Cómo se debe dinamizar a las industrias incipientes y cómo deben dirigirse las grandes empresas? ¿Cómo se deben equilibrar las ambiciones privadas y el interés público? Para encontrar respuestas, deberíamos investigar no sólo la época de Ford, sino también siglo XIX. Si no se adopta una cierta perspectiva histórica, no hay modo de valorar las condiciones actuales de un modo realmente objetivo, de distinguir lo verdaderamente nuevo de lo que no lo es tanto, de ver los asuntos del momento enmarcados en una estructura mucho más amplia.

No estamos acostumbrados a asociar la historia de los grandes magnates empresariales con la historia intelectual, pero eso es precisamente lo que hacemos cuando investigamos el poder de Gates y Microsoft, o cuando nos interrogamos sobre qué parte del éxito de la empresa puede atribuirse a un pensamiento previo, a una estrategia consciente o a decisiones deliberadas, o cuando tratamos de averiguar la forma de pensar no sólo de Gates y de los directivos de Microsoft, sino también de los competidores, clientes, detallistas, legisladores y editorialistas, o cuando nos preguntamos cómo consideran actualmente diversos grupos, al igual que sus homónimos en el pasado, el dominio de una determinada empresa dentro de una industria nueva y estratégica. Los agentes históricos que se encuentran en la intersección de los negocios, la tecnología y la sociedad, cuyos estandartes anuncian «El estilo estadounidense» o la «amenaza para el estilo estadounidense», y cuyo pensamiento tiene consecuencias reales y visibles para mucha gente..., ese es el material de la historia intelectual, que es también un drama muy intenso.

Me baso en tres conjuntos característicos de materiales de investigación: los registros internos de la propia Microsoft y las entrevistas complementarias con Gates y otros ejecutivos importantes; las observaciones externas a la empresa, que también revelan mucho sobre nosotros, del mismo modo que las observaciones públicas de Ford fueron enormemente reveladoras acerca de su tiempo; y documentos fundamentales extraídos de períodos anteriores de la historia industrial de Estados Unidos. Esta combinación de fuentes internas, externas e históricas no ha sido aplicada hasta ahora a Microsoft.

He organizado mi estudio de Gates y Microsoft en grupos de capítulos que empiezan en la primera parte con un examen de las prácticas empresariales que constituyen la base de la expansión de Microsoft. El ambiente de Arcadia en el que viven los técnicos del software de la empresa, los métodos que utiliza Microsoft para buscar y asegurarse la colaboración de los más inteligentes, y la flexibilidad con la que Gates ha dirigido a los estrategas de la empresa para orientar las inversiones de ésta, constituyen las prácticas que han permitido de modo más sobresaliente el éxito de Microsoft. Merecen alabanza, aunque no se presten fácilmente a una copia acrítica. La mayoría de la gente cree que Microsoft está compuesta por Bill Gates y una legión de zánganos sin rostro. De hecho, la empresa cuenta con muchísima gente inteligente. La sistemática formación de una elite en conocimientos (¡qué insólito resulta atreverse a hablar de una fuerza laboral con un «alto coeficiente intelectual»!), resulta particularmente interesante debido a su importancia para Microsoft y porque, según argumentaré, se ha relacionado a su vez con la inquietud general acerca del poder de la empresa. Hablar de Microsoft y de la antipatía pública supone dejar al desnudo una ambivalencia nacional que se mantiene desde hace mucho tiempo en lo que se refiere a la inteligencia.

A continuación, el libro pasa a estudiar los orígenes del CD-ROM y la prolongada lucha de Microsoft por conseguir la aceptación de este medio por parte de los consumidores. Entrelazada con la historia del CD-ROM se encuentra la creación de un mercado para el software doméstico. El desarrollo y comercialización de la propia enciclopedia de Microsoft nos sirve como una lente a través de la cual podemos observar cómo llegan los ordenadores personales al hogar, consiguen aceptación y, en último término, desplazan a las enciclopedias impresas, que han sido un negocio extremadamente provechoso y han ocupado una posición de mercado aparentemente inexpugnable. Hasta el presente no se ha prestado mucha atención a cómo consiguió Microsoft dominar el mercado del software de consumo. Mi narración, sin embargo, no intenta afirmar que cada aventura expansionista de Microsoft haya tenido éxito. También dedicaremos un espacio a considerar la historia del software de las finanzas personales y cómo la pequeña pero combativa Intuit defendió la cuota de mercado de su producto Quicken, frente a la entrada de su rival Microsoft.

En la segunda parte se aborda la historia antigua de las autopistas de la información, es decir, la anterior a 1995. En sus primeros pasos, esta nos permite ver lo que podría llamarse «la carretera secundaria». Al examinar las actividades investigadoras de Microsoft, sus trabajos iniciales sobre televisión interactiva y el desarrollo del servicio comercial directo en el que se convertiría finalmente Microsoft Network, podemos detectar una serie de cambios en la dirección estratégica de Microsoft. Esos cambios reflejan una fusión de consideraciones empresariales y técnicas que serían un obstáculo y la ayudarían a la vez a competir en el mundo de Internet.

La tercera parte analiza la evolución de las preocupaciones antimonopolistas desde 1989, un período durante el que Microsoft ha sido el centro de atención. Los rivales de Microsoft han planteado cuestiones acerca de un supuesto monopolio que han sido ampliamente aceptadas por la Comisión Federal de Comercio y por el Departamento de Justicia de Estados Unidos. Esas cuestiones nos ofrecen la oportunidad de medir las actuales preocupaciones monopolísticas frente a las que se plantearon en otras industrias en los inicios de la historia de Estados Unidos, para aventurar a continuación algunas reflexiones acerca de cómo se compara la industria del software con otras industrias, y examinar cómo se ha comportado la competencia durante la reciente expansión de Microsoft.

He llegado a asumir un punto de vista revisionista sobre la mayoría de los temas planteados. El fervor ideológico mal aplicado o, sencillamente, la falta de familiaridad con la industria del software, parecen haber animado las actuaciones gubernamentales. El único caso en el que creo que hubo motivos para una verdadera preocupación fue la propuesta de adquisición amistosa de la indomable Intuit por parte de Microsoft, anunciada en el otoño de 1994 y retirada en la primavera de 1995 a la vista de la oposición del Departamento de Justicia de Estados Unidos. Así pues, los temas relacionados con el monopolio se redujeron en último término a una cuestión discutible. (Desde un punto de vista retrospectivo, el episodio resultó ser perjudicial para Microsoft y un beneficio para Intuit, al menos inicialmente.) Al revisar las historias de Intuit y de Microsoft Network y observar la entrada en el mercado de Netscape y de nuevos competidores relacionados con el crecimiento de Internet, podemos alcanzar una nueva atalaya desde la que valorar el verdadero papel de la vigilancia que ejerce el gobierno sobre la industria.

Finalmente, en la cuarta parte aventuro algunas ideas sobre la riqueza de Gates, nuestra reacción colectiva ante la misma, y la forma en que esa riqueza ha configurado, quizá inconscientemente, nuestro pensamiento sobre la empresa y su principal ejecutivo. También analizo cómo puede querer la sociedad que se emplee esa fortuna en orden al mayor beneficio social. Para quienes consideren ese análisis como presuntuoso, ofrezco una cierta perspectiva histórica: nuestros antepasados no tuvieron escrúpulos para ostentar las fortunas personales más grandes de su tiempo en nombre de la sociedad. En último término, el mayor impacto social de Gates no será probablemente el causado por los productos de su empresa, ni cualquier futura aplicación filantrópica de su riqueza. El legado más importante puede hallarse quizá en el grado en el que las prácticas empresariales internas de Microsoft puedan servir como modelo para otras empresas. El ejemplo de Henry Ford es instructivo en este sentido, y a su debido tiempo volveremos a hablar de él.

Mientras que el autor de una historia oficial de una empresa puede escribir de una forma seudo objetiva, presentando los hechos sin adornarlos, y poco más, yo adopto un enfoque más aventurado al ofrecer análisis y opiniones a medida que avanza el libro. Comparto algunas de las preocupaciones críticas que Sven Birkerts expuso en *Las elegías de Gütenberg* (1994),[22] en la medida en que los mismos acontecimientos sobre los que me dispongo alegremente a hacer una crónica, como la incorporación de las capacidades multimedia en los ordenadores personales y la popularidad de los servicios de información en directo, se han logrado al precio de disminuir el lugar que ocupa la lectura en la tradición humanista y elevar la importancia de los hechos sobre la sabiduría. A diferencia de Birkerts, sin embargo, no he mantenido personalmente una distancia austera con respecto a las máquinas.

Debo confesar que, como Bill Gates, guardo gratos recuerdos de haber crecido teniendo siempre a mano la *World Book Encyclopedia*. En 1991 me convertí en lo que jocosamente comenté entre los amigos como el último cliente de la *World Book*, al comprar una nueva colección para mis dos hijos, en vísperas de la época del CD-ROM. Quizá una cierta sensibilidad sobre esta inversión hecha aparentemente en un momento tan inoportuno, me haya conducido a contener la plena alabanza debida a la impresionante enciclopedia en directo de Microsoft, Encarta y sus hermanas en CD-ROM. Tienen características que jamás podrían ofrecer las versiones impresas poco elegantes. No obstante, en nuestro hogar se compraron también estas nuevas enciclopedias, y ninguna de ellas es más fácil de consultar y, por lo tanto, ninguna se consulta con tanta frecuencia como la *World Book* impresa, con esa característica «instantánea» que les falta a las otras. Realmente, no lamento la compra. De hecho, y como no tardarán en descubrir los lectores, he elegido las enciclopedias como el tema con el que intentar una defensa de ese mundo en rápido proceso de desaparición en el que importan las palabras, y debo confesar aquí sin ambages mi propia e interesada falta de objetividad.

Notas

1. «On Hating Microsoft», *Wired*, abril de 1996, pág. 155.

2. Véase el análisis de Stephen Manes y Paul Andrews sobre la importancia fundamental de esta misma condición en su biografía, *Gates: How Microsoft's Mogul Reinvented an Industry – And Made Himself the Richest Man in America*, Nueva York, Doubleday, 1993, págs. 458-460. La preocupación por mantener una estricta independencia tiene precedentes. Por ejemplo, cuando la Ford Motor Company estuvo de acuerdo en ayudar a escribir la historia de la empresa, tras la muerte de Henry Ford I, el historiador que dirigió el estudio, Allan Nevins, también hizo grandes esfuerzos por explicar su absoluta independencia y desinterés. Véase Allan Nevins, *Ford: The Times, The Man, The Company*, Nueva York, Charles Scribner's Sons, 1954, pág. vii.

3. El lugar que ocupa la empresa de Gates en la conciencia pública se encuentra por delante de la empresa de Ford en un punto similar de su historia, porque Microsoft ha recibido una cantidad desproporcionada de publicidad. Comparemos, por ejemplo, el lugar destacado que ha ocupado Microsoft en las noticias, con el más grande competidor de la Ford, la General Motors, la empresa industrial más grande de Estados Unidos (clasificada en primer lugar por

Fortune 500, por lo que se refiere a ingresos, en comparación con el puesto 250 ocupado por Microsoft). En 1995, el *Wall Street Journal* publicó 1.003 artículos en los que se mencionaba a la Microsoft Corporation, es decir, casi tres artículos por cada día laboral, durante todo el año. Durante ese mismo año, el propio Gates fue mencionado en 168 artículos en el *New York Times*. En contraste, el ejecutivo jefe de la GM apareció sólo en 21 artículos. Véase «Bill Who?», *New York Times*, 31 de diciembre de 1995.

4. *Chicago Tribune*, 25 de mayo de 1916. Los biógrafos de Ford han observado las contradicciones entre la actitud declarada de Ford y su establecimiento, a finales de la década de los años veinte, de un museo industrial, así como su recreación de un antiguo pueblo americano.

5. «Bill Gates & Paul Allen Talk», *Fortune*, 2 de octubre de 1995, pág. 86.

6. Bill Gates, «PC Empowerment», artículo aparecido en varias publicaciones, editado el 10 de octubre de 1995.

7. Bill Gates, con Nathan Myhrvold y Peter Rinearson, *The Road Ahead*, Nueva York, Viking, 1995, págs. 275-276.

8. En 1994, Gates dijo de Henry Ford: «Ford no es tan admirable; hizo grandes cosas, pero tenía una mentalidad muy, muy estrecha y estaba demasiado dispuesto a utilizar el poder de la fuerza bruta. La relación que mantuvo con su familia es trágica. Su modelo del mundo era sencillamente erróneo en muchos aspectos. En una época muy temprana de su vida, decidió que ya sabía todo lo que necesitaba saber». Véase John Seabrook, «E-Mail from Bill», *The New Yorker*, 10 de enero de 1994, pág. 61.

9. G. Pascal Zachary, «The Once and Future Microsoft», *Upside*, abril de 1995, pág. 28.

10. «The Fortune 500», *Fortune*, 28 de abril de 1997.

11. Para clasificaciones, véase «The *Business Week* 50», *Business Week*, 24 de marzo de 1997, págs. 128 y 140. Se utilizaron datos del año natural de 1995, en lugar de los variables años fiscales de las empresas.

12. David L. Lewis, *The Public Image of Henry Ford: An American Folk Hero and His Company*, Detroit, Wayne State University Press, 1976. Lewis afirma que el libro fue el producto de diecinueve años de investigación, una afirmación perfectamente creíble a la vista de la erudición que lo informa.

13. Artículo original del *Boston Post*, 18 de agosto de 1928. Citado en Lewis, *The Public Image of Henry Ford*, pág. 222.

14. Cuando Gates revisó la biografía de Roger Lowenstein sobre Warren Buffett para el *Harvard Business Review*, habló largo y tendido de su amistad con Buffett, pero resaltó los lazos intelectuales entre los dos. No dijo nada sobre su reciente viaje juntos por China (en el que también participó un antiguo rector de la Universidad de Washington y un profesor experto en los matices de los contratos puente). Véase la revisión de Gates en el número de enero/febrero de 1996 de *HBR*, o en la reimpresión, «Gates on Buffett», en *Fortune*, 5 de febrero de 1996, págs. 102-104.

15. Edward L. Bernays, *Biography of an Idea: Memoirs of Public Relations Counsel*, Nueva York, Simon and Schuster, 1965, pág. 451.

16. «Finding the Winning Card in Business», *New York Times*, 15 de octubre de 1922.

17. Henry Ford, en colaboración con Samuel Crowther, *My Life and Work*, Garden City, Nueva York, Doubleday, Page & Company, 1922.

18. Lewis, *The Public Image of Henry Ford*, pág. 215 y nota 14 al pie de la pág. 521.

19. Manes y Andrews, *Gates*, págs. 154-163.

20. «Manzi vs. Gates: Software's Blood Feud», *Business Week*, 4 de junio de 1990.

21. «How Bill Gates Keeps the Magic Going», *Fortune*, 18 de junio de 1990.

22. *The Fate of Reading in an Electronic Age*, Boston, Faber and Faber, 1994. La sutileza de los argumentos de Birkerts sobre la naturaleza de la lectura de un libro impreso, y cómo el mundo electrónico desplaza el acto de la lectura «profunda» sitúa su colección de ensayos bastante aparte de la obra de otras Casandras, como la de Clifford Stoll en *Silicon Snake Oil: Second Thoughts on the Information Highway*, Nueva York, Doubleday, 1995.

Primera parte

Aspectos básicos de Microsoft

1

SENTARSE Y PENSAR

> A veces, en una mañana de verano, después de haber tomado mi baño habitual, me siento en la soleada puerta desde la salida del sol hasta el mediodía, ensimismado en mi ensoñación, en medio de los pinos, los nogales y los zumaques, envuelto por una soledad y una quietud sin perturbación alguna, mientras que los pájaros cantan a mi alrededor o revolotean en silencio por la casa, hasta que empieza a caer el sol por mi ventana que da al oeste, o el ruido del carromato de un viajero en el distante camino me recuerda el transcurso del tiempo. En esos momentos, crezco como el maíz por la noche, y son para mí mucho mejores que cualquier trabajo que pudiera hacer con las manos.
>
> Henry David THOREAU, *Walden* (1854)[1]

Virtualmente, los empleados de Microsoft no guardan semejanza alguna con el sereno Thoreau, que vivió a orillas de Walden Pond hace ya tanto tiempo, y que era capaz de reírse de lo que sabía que las gentes de la ciudad despreciarían como «pura ociosidad». A pesar de eso, la única responsabilidad que tienen los que trabajan en desarrollo de software es la de «sentarse y pensar».[2] La frase fue utilizada por Bill Gates para caracterizar el trabajo de la mayoría de los empleados de Microsoft. *Sentarse y pensar* (y un código). Una industria cuya actividad productiva es tan puramente cerebral no resulta menos difícil de comprender para los políticos contemporáneos que la solitaria práctica de la «indolencia» por parte de Thoreau para los críticos urbanos de su tiempo. Consideremos el ambiente en el que tiene lugar ese «sentarse y pensar», dentro de Microsoft. Habitualmente considerado como un telón de fondo, si es que recibe alguna atención, constituye uno de los componentes esenciales y deliberadamente introducidos del éxito de la empresa.

A principios de la década de 1980, no había nada de notable en los alrededores de Microsoft: la empresa ocupaba unas oficinas alquiladas en Bellevue, un suburbio al este de Seattle. Cuando Microsoft se hizo tan grande que desbordó su edificio original, añadió espacio en un segundo, pero una autopista dificultaba el tráfico entre los dos edificios. Esos edificios eran en sí mismos corrientes; sus sistemas eléctrico y de refrigeración, de tipo estándar, no podían acomodar habitaciones llenas de ordenadores personales, y su diseño no aprovechaba plenamente la iluminación natural. A medida que la empresa tropezaba contra estas limitaciones, empezó a formarse la idea de empezar de nuevo con un nuevo ambiente, configurado de acuerdo con las prioridades de la propia empresa. El término «campus» apareció en el vocabulario de Gates y sus planificadores de las instalaciones, al tiempo que se iniciaba la búsqueda de terrenos adecuados.

Microsoft visitó unas cuarenta parcelas antes de comprar la zona densamente boscosa de Redmond, al este de las oficinas de Bellevue, todavía más alejada de Seattle. Las grandes inmobiliarias del centro de la ciudad habían cortejado a Microsoft en cuanto se difundió la decisión de la empresa de cambiar de sede, pero ésta rechazó a todos. Desde un punto de vista retrospectivo, el cambio a Redmond podría considerarse como una huida de los problemas urbanos, lo que probablemente no es algo ejemplar para otras empresas. En aquella época, sin embargo, los ejecutivos de Microsoft no consideraron el alejamiento como una huida, y ello por una razón de peso: la ciudad no disponía de terrenos urbanizables sobre los que la empresa pudiera crear un campus verde.

Microsoft deseaba un ambiente que se pareciera lo más posible a un campus universitario, del que precisamente acababan de salir muchos de los que entonces se dedicaban al desarrollo del software. Carl Bates, el director de instalaciones de Microsoft, explicó la razón para crear un campus verde, al señalar lo mucho que la empresa esperaba de sus programadores; ayudaría a «serenar la máquina el que la gente pueda sentarse para relajar su propia máquina y extender la mirada para contemplar algo agradable en el exterior, en lugar de un mar de asfalto». Se tuvieron que abrir claros entre los pinos para dejar espacio donde construir los cuatro primeros edificios, pero la tala se redujo al mínimo para conservar tantos árboles como fuera posible.

En la actualidad sigue existiendo la sensación de estar en una Arcadia, diez años después de que la empresa se trasladara al campus y se expandiera posteriormente mucho más allá del plan original. Los prados perfectamente cuidados se extienden por todas partes donde no hay árboles. Los edificios, la mayoría de ellos bajos, de fachadas blancas y ventanas verdeoscuras, así como el más puro brillo de lo nuevo la han convertido en un objetivo que parodiar. En la novela de Douglas Coupland, *Microsiervos* (1994),[3] el campus de Microsoft se presenta como sobrenaturalmente tranquilo; el prado parece una extensión de piezas de Lego y el césped se corta cada diez minutos; la ausencia de todo intruso desagradable hace que el campus, «sellado como un Tupperware», se parezca a Biosfera 2. Gates, sin embargo, es el último en reír, porque el campus que su empresa ha ocupado desde 1986 ha actuado exactamente como se pretendía: como un lugar alejado del resto del mundo, diseñado desde los cimientos para satisfacer las necesidades concretas de todos aquellos cuya responsabilidad primordial era la de «sentarse y pensar».

Los edificios originales se diseñaron en forma de X (en lugar de un cubo achaparrado), para aprovechar al máximo la luz natural. La forma de cruz creaba un perímetro mucho más grande y permitía así que la luz del sol entrara directamente en más oficinas. Los grandes ventanales de la pared interior situada a lo largo del pasillo también permitían que la luz del sol llegara a los despachos situados del otro lado. Fueron muy pocos los despachos que quedaron enterrados en lugares tan alejados del interior como para que quedaran fuera del alcance de la luz. Cada despacho era privado, totalmente cerrado, con una puerta, y estaba destinado a ser ocupado por una sola persona. La mayoría de las demás empresas de software sitúan los despachos en cubículos semicerrados o en cabinas de espacio abierto por arriba, mucho menos costosos y que facilitan la supervisión directa. A Gates le interesaba mucho más fomentar una intimidad en la que pudieran florecer los mejores programadores. No veía cómo podía tener lugar «el pensamiento y la discusión íntimas» dentro de despachos que no estuvieran cerrados.[4]

Para contrarrestar la tendencia a la atomización que crearían los despachos privados, Gates y sus planificadores se apoyaron tanto en la infraestructura física (como la existencia de numerosas cafeterías que sirvieran como imán para que los individuos se mezclaran y hablaran, atraídos por una comida insólita para una cafetería, a precios subvencionados), como en la infraestructura electrónica. En Microsoft, el correo electrónico ya se había adelantado al traslado de 1986 al campus de Redmond, pero se hizo mucho más integral a medida que la empresa creció. Los propios edificios fueron intencionadamente pequeños. Ya desde los inicios de la historia de Microsoft, Gates había llegado a la conclusión de que el mejor software era creado por grupos compuestos por sólo unos pocos técnicos en su desarrollo. En consecuencia, Microsoft diseñó la arquitectura y las instalaciones de su campus para reforzar la identidad del grupo pequeño, en lugar de ofrecer un ambiente monolítico. Era mejor disponer de muchos edificios pequeños de dos pisos que permitieran el encuentro de pequeños grupos de técnicos con todos sus colaboradores en el transcurso de la rutina diaria, antes que disponer de la eficiencia logística de un enorme edificio que actuara como la sede de las Naciones Unidas.

La arquitectura también reforzó el carácter igualitario de la empresa. Gates había eliminado casi todos los vestigios físicos del orden jerárquico empresarial. Todos los despachos tenían prácticamente el mismo mobiliario y las mismas dimensiones: tres por cuatro metros. De ese modo, además de eliminar los enfrentamientos por conseguir despachos más grandes que proclamaran las diferencias de estatus, el despacho estándar también facilitaba los movimientos internos, lo que era importante, puesto que los diferentes grupos de la empresa se trasladaban de un lado a otro con frecuencia a causa de las continuas reorganizaciones. Por ejemplo, 200 personas podían abandonar una noche sus antiguos despachos y todo estaba instalado en los nuevos cuando llegaban a trabajar a la mañana siguiente, sin necesidad de remodelar nada, y sin interrumpir el trabajo. Sólo los altos ejecutivos, los vicepresidentes y cargos superiores, disponían de un espacio algo más grande: dos despachos de tres por cuatro de los que se había eliminado la pared divisoria.

Por sus proporciones y mobiliario, el modesto espacio de trabajo de Gates se parecía al despacho del decano de una pequeña universidad. El mensaje que trataba de transmitir con ello era que la empresa no permitiría enfrentamientos para conseguir despachos mejores; esos enfrentamientos no harían sino distraer al personal de la responsabilidad de «sentarse y pensar». El propio Gates se mostró insensible a las insinuaciones de sus directores de instalaciones, que deseaban amueblar su despacho con lo que ellos consideraban apropiado para el presidente del consejo de administración. Durante muchos años se negó a aceptar un aparcamiento reservado, hasta que se dio cuenta de que, si no disponía del mismo, tampoco podía abandonar su despacho en el último momento para ir al aeropuerto.[5] Muchas empresas de Silicon Valley también adoptaron un espíritu igualitario similar, y algunas llegaron incluso más lejos. Andy Grove, el presidente de Intel, insistió en que se asignara a sus ingenieros el mismo y estrecho espacio, y los ejecutivos de Intel alquilaban coches pequeños (los Ford Escort llegaron a conocerse como las «limusinas de Intel»).

En contraste con ello, compararemos el campus de Microsoft con la sede central de los Laboratorios Wang, en Lowell, Massachusetts, a principios de los años ochenta. An Wang, el presidente, tenía su despacho en lo más alto de una de las torres que dominaban las instalaciones centrales. El acceso al presidente estaba muy restringido, y el diseño vertical transmitía a todo aquel que entraba en él una verdadera sensación física de la jerarquía reinante en su interior. En el campus de Microsoft, por el contrario, el diseño de sus primeros edificios rechazaba deliberadamente la construcción de un poste totémico de jerarquía. La exigencia de un despacho por empleado creó, sin embargo, un problema de difícil solución cuando no se pudieron construir nuevas instalaciones con la rapidez suficiente como para albergar el creciente flujo de empleados que trabajaban en el campus. Para acomodar ese crecimiento, los planificadores de la empresa adoptaron de mala gana diseños para edificios más grandes que los originales del campus de Microsoft.

Número de empleados	
1975	3
1980	40
1981	129
1985	910
1986	1.153
1987	1.816
1988	2.793
1989	4.037
1990	5.635
1991	8.226
1992	11.542
1993	14.430
1994	15.257
1995	17.801
1996	20.561
1997	21.298

Seis meses después de su traslado al nuevo campus, Microsoft contaba ya con más empleados de los que había planificado acomodar en él... en toda su existencia. Afortunadamente, disponía del efectivo y la agilidad para comprar las parcelas contiguas, antes de que los especuladores pudieran echarse sobre ellas y exigir un rescate por cualquier expansión adicional. (El espacio para la ampliación era otro lujo que las parcelas urbanas jamás habrían proporcionado a la empresa.) Pronto se vio, sin embargo, que era imposible añadir construcciones adicionales, debido a las restricciones urbanísticas, o al precio inaceptablemente alto de eliminar zonas verdes. Entonces, la empresa trasladó fuera del campus a todos aquellos grupos que no estaban directamente implicados en el desarrollo del software.

Gates, sin embargo, no eliminó totalmente la jerarquía de la empresa. No estaba interesado en regresar a un Edén igualitario, sino más bien en obtener el máximo provecho de sus empleados más valiosos. Definió implícitamente dos clases de empleados en Microsoft: los grupos de desarrollo de productos... y todos los demás. Los primeros recibieron la parte del león en opciones de acciones; los despachos privados de sus programadores fueron los que se defendieron con mayor vigor en momentos de escasez de espacio; a los grupos de desarrollo de productos se les permitió permanecer juntos en el campus de Redmond a medida que el persistente amontonamiento obligó a la empresa a resituar a todos los demás, grupo tras grupo, hacia espacios alquilados en otras partes. Para aliviar la presión sobre el campus original, Microsoft se vio finalmente obligada a abrir en 1995 un anexo para los grupos de desarrollo de productos, situado a un kilómetro y medio de distancia.

Resulta irónico que los técnicos de software de Microsoft insistieran tanto en permanecer juntos, precisamente cuando se dedicaban a perfeccionar el software que, entre otras cosas, alejaba gradualmente al resto de la gente de la necesidad de la presencia física para la comunicación. Cada grupo de desarrollo de producto decía a los directores de instalaciones que era crucial que se mantuvieran cerca de otros grupos, para facilitar la consulta y los encuentros en los pasillos. Como respuesta, los directores de instalaciones señalaron, en un vano esfuerzo, que cuando estudiaban las pautas de la comunicación real cara a cara, descubrían invariablemente que los técnicos nunca parecían aventurarse más allá de unos pocos pasos de distancia de sus propios despachos. La circulación cotidiana de las ideas entre los grupos no era, pues, algo que se diera entre ellos. A pesar de todo, los grupos de productos siguieron ganando la lucha por defender su postura en el campus principal, hasta que su mismo número alcanzó un punto en el que las cosas ya no pudieron permanecer igual.

Microsoft, la empresa, se mostró tan reacia a abandonar la idea de que sus empleados tenían que estar presentes en carne y hueso, como los propios técnicos lo fueron a abandonar la idea de que los de su clase deberían estar en todo momento bien juntos. Unos pocos técnicos renegados y algunos otros empelados pusieron de relieve ante la dirección de Microsoft la personalidad dividida de la empresa. La empresa le decía al público que debía conectarse, que el ordenador personal, con el software de Microsoft, elimina las limitaciones de la distancia, que uno puede estar *virtualmente* en cualquier parte. A nivel interno, la empresa también practicaba la nueva religión electrónica, ya que el correo electrónico se había convertido en el principal medio de comunicación, incluso entre vecinos de pasillo. La empresa, sin embargo, se mostró rígida cuando los empleados solicitaron trabajar en casa, conectados con sus grupos mediante los mismos enlaces electrónicos que se utilizaban en el campus.

En 1994, un empleado escribió al boletín de la empresa preguntando por qué esta seguía construyendo más espacio de oficinas en o cerca del campus, en lugar de investigar las alternativas electrónicas que pudieran ser mucho menos costosas, tanto para la propia empresa como para el medio ambiente. El autor de la carta añadía, desafiante, que si la empresa hablaba en serio de la visión del futuro que transmitía a sus clientes, por qué no mostrarle al resto del mundo cómo podía realizarse el teletrabajo, aprendiendo así del propio sistema y solucionando los problemas sociales y técnicos que plantearía la transición.[6] La postura de la empresa era que el teletrabajo no estaba explícitamente prohibido, pero que la mayoría de los grupos tenían trabajos que «exigían frecuentes interacciones con otros, ya fuera en los pasillos, despachos, salas de conferencias o cafeterías», y cualquier propuesta de métodos alternativos tenía que demostrar de un modo convincente que no «obstaculizaría la consecución de los objetivos del grupo» ni supondría «costes añadidos para la empresa» ni «aislaría al trabajador de su grupo, impidiéndole contribuir a los temas planteados entre grupos», etcétera.[7]

Microsoft insistía en que los empleados podían aportar más a la empresa mediante su presencia física a tiempo completo en el campus. Los continuos ruegos de los empleados para que la empresa eliminara la prohibición de trabajar a tiempo parcial o en puestos compartidos cayeron en oídos sordos.[8] En el período de preguntas y respuestas de la reunión anual de la empresa, en 1994, Bill Gates expresó del siguiente modo el razonamiento de la empresa: «Tratamos de hacer muchas cosas, y hacerlas con rapidez es realmente imprescindible». Los puestos de trabajo a tiempo parcial o compartido no le parecían «efectivos para los tipos de trabajo que tratamos de realizar».

La exigencia de la empresa de obtener una contribución permanente y completa de cada empleado se hizo más aceptable, o fue engañosamente controlada en opinión de los críticos de Microsoft, mediante la fórmula de diseñar formas estratégicas de generosidad. Los despachos privados, llenos de múltiples PC y paquetes de software, ofrecían a los técnicos todas las «herramientas» que necesitaban. Los empleados disfrutaban de amplias comodidades. Y podían encontrarse diversas formas de entretenimiento por todo el campus. Microsoft gastaba 8.000 dólares anuales por empleado en beneficios no obligatorios,[9] una cifra que la empresa no ocultaba a sus beneficiarios. A principios de la década de 1990, la empresa gastaba más de 715 millones de dólares anuales sólo en subvenciones destinadas al servicio de bebidas y comidas.[10] «Todo lo que tiene cafeína es gratuito», comentó sarcásticamente un empleado de Microsoft a la revista *Newsweek* en 1994.[11] No obstante, las bebidas gratuitas generosamente distribuidas entre las numerosas neveras del campus, no eran seleccionadas por su inmediato beneficio farmacológico, sino que formaban parte del ambiente del campus.

Sin lugar a dudas, Gates y los altos ejecutivos de Microsoft han proporcionado comodidades que tienen la intención de conseguir que los empleados se sientan más felices, y no se necesita saber mucho para llegar a la conclusión de que los empleados felices tienden a ser más productivos que los que se sienten desgraciados. Muchos críticos externos han detectado aquí una intención diabólica para mantener a los empleados metidos día y noche en sus despachos, al servicio de la misión de Gates. Y hay momentos en que hasta los propios empleados de Microsoft se lo plantean. Por ejemplo, en una parodia presentada en una reunión de la empresa, los altos ejecutivos fingen decirle seriamente a un nuevo empleado dubitativo que a la empresa no le parece mal que sus empleados tengan una vida fuera de la empresa; al fin y al cabo, caminar desde el coche hasta la puerta de entrada al despacho es tener una «vida fuera», ¿verdad?[12]

Si Gates es Mefistófeles, resulta bastante incompetente en sus propósitos (y sus empleados tampoco son muy brillantes, puesto que hasta Fausto pidió algo más que zumo de naranja gratuito). El campus, por relucientemente hermoso y bien equipado que esté de comida y bebida, queda a mucha distancia de la autosuficiencia de una Biosfera 2. En lugar de ofrecer un club de salud dentro del campus, la empresa subvenciona un club fuera del campus. Tampoco ofrece atención para niños pequeños en las dependencias de la empresa. En cada reunión anual de los empleados, Gates o cualquier otro de los altos ejecutivos, tiene que afrontar la misma pregunta sobre el cuidado de los niños de los empleados, y las peticiones se han dejado de lado en cada ocasión.[13] Gates y los demás ejecutivos dicen que es mucho mejor dejar el cuidado de los niños en manos de «los expertos» y, en lugar de eso, ofrecieron la alternativa de servicios para el cuidado de niños pequeños, así como servicios de canguro a domicilio para quienes tuvieran niños enfermos y a cambio de un pago.

Así pues, se dijo no al cuidado de los niños en la propia empresa. Sin embargo, sí se ofrecían otra serie de beneficios que situaron a Microsoft entre los patronos más generosos y que no actuaban directamente para mantener a los empleados atrincherados en sus despachos:[14] aportación de las mismas cantidades que los empleados destinaran a contribuciones caritativas; ayuda de 5.000 dólares para gastos de adopción; beneficios sanitarios para parejas de hecho; cuatro semanas de permiso pagado para cuidado del bebé recién nacido, tanto para los hombres como para las mujeres. Lo mismo que otras empresas del ramo, Microsoft no impuso ningún código en el vestir que pudiera considerarse como tal. El último intento visible por controlar la anarquía en el vestir se remonta a 1988, cuando Jon Shirley, que por entonces era presidente de la empresa, anunció que tanto él como Gates preferían que los empleados de Microsoft no caminaran descalzos por las instalaciones de la empresa.[15] Shirley, Gates y los otros ejecutivos llevaban chaqueta y corbata en las ocasiones formales, como en aquella reunión, pero cuando Shirley se jubiló, en 1990 (a la edad de 52 años), y al cabo de dos años se despidió a su sucesor, un ejecutivo convencional reclutado en la Boeing, Gates y sus tres ejecutivos de mayor confianza constituyeron la oficina del presidente, y volvieron a utilizar un atuendo informal. Tras asistir a la boda de Gates, en 1994, un vicepresidente de Microsoft observó que un alto porcentaje de invitados no sólo no llevaban normalmente chaqueta y corbata, sino que incluso tuvieron que comprársela para la ocasión.[16]

En 1995, el boletín interno de la empresa publicó una carta de Ben Goetter, un empleado del grupo Sistemas de Negocios, quien declaró que ya iba siendo hora de que Microsoft se despojara de «las bobadas de estudiantes de primer año de nuestro llamado campus “empresarial”», y adoptara la vestimenta habitual en el ámbito de los negocios. Según afirmaba el asqueado autor, al recorrer cualquier pasillo se encuentra uno con pies desnudos, camisetas caídas, despachos desordenados. «¿Acaso el software, un cuerpo de reglas dominado por un orden preciso y una disciplina interna, no exige un ambiente ordenado y disciplinado para su construcción más correcta?» Unas ropas descuidadas podían significar una forma de ser descuidada. «Hasta el cuello de la camisa desabrochado refleja un descontrol que favorece el error», razonaba Goetter, invitando a todos los empleados de la empresa a «limpiar nuestras cosas».[17]

La opinión ante ese manifiesto se dividió en dos campos, ninguno de los cuales puede ser descrito como una defensa del estilo habitual en el vestir, lo que no deja de resultar revelador.[18] Un grupo se sintió tan enfurecido ante las sugerencias de Goetter, que llegó a comentar que la carta se había publicado con la intención de que fuera una sátira; su rechazo del Señor Limpio era total. El otro grupo respondió en apoyo del mismo espíritu planteado por la carta de Goetter, y ofreció información satírica. A veces resultaba difícil determinar a qué grupo pertenecía un corresponsal. Una carta preguntaba: «¿Sería adecuado volver a ponerse gomas en las mangas de las camisas? Una vez conseguido eso, podríamos empezar a enviar a la policía de la empresa para que se asegure de que nadie va tirando papeles por ahí». El jaleo no desapareció hasta que el boletín publicó una imagen de Goetter, con el cabello cayéndole bastante por debajo de los hombros, sentado en su despacho, en medio de un reconfortante despliegue de desorden.[19]

El beneficio más importante para los empleados fue quizá el único que ha hecho que trabajar en Microsoft sea *financieramente* agradable: la propiedad de acciones de Microsoft. La empresa promocionó la compra de acciones por parte de los empleados con un 15 por 100 de descuento, y ofreció opciones sobre acciones a todos aquellos empleados asalariados que hubieran trabajado durante un año para la empresa, mostrándose aún más generosa con todos los profesionales antiguos de Microsoft: técnicos en software, directores de proyecto, personal de marketing y editores. Basarse en el aumento del precio de las acciones como el principal elemento de compensación, antes que en los salarios, que deliberadamente se mantuvieron por debajo de los pagados para puestos similares en empresas rivales, fue una decisión consciente del propio Gates: «Utilizamos la propiedad como una de las cosas que nos une a todos».[20]

Es muy posible que Microsoft sea la empresa con mayor porcentaje de empleados propietarios de acciones entre las sociedades anónimas que cotizan en bolsa.[21] No obstante, se niega a revelar su número. Tener al frente a una de las personas más ricas del país, no cabe la menor duda de que convierte a Microsoft en candidato a un hipotético premio por promoción de la propiedad de acciones entre los empleados, lo que hace pensar en los problemas que se plantean a los sindicatos y a los trabajadores administrativos. Pero sigue manteniéndose el hecho de que las políticas de compensación de Microsoft han beneficiado directamente a una proporción asombrosamente elevada de sus empleados, cuando el mercado elevó el valor de la empresa.

Como sucede con otras empresas de alta tecnología, decididamente centradas en el crecimiento, Microsoft no pagó dividendos a sus accionistas; la recompensa consistía únicamente en la revalorización de las acciones en la bolsa. Gates y los otros altos ejecutivos señalaron a sus empleados, y con no poco orgullo, que ellos mismos habían renunciado a salarios comparables a los de las empresas rivales de Microsoft. Para conseguir su compensación, los ejecutivos dependían tanto como todos los demás empleados del movimiento ascendente del precio de la acción de Microsoft. En 1994, Gates comentó que, en el año anterior, Microsoft había pagado a sus cinco máximos ejecutivos un total de 1,9 millones de dólares entre salarios y primas, mientras que Larry Ellison, jefe de base de datos de la rival Oracle Corporation, había recibido él solo 5,7 millones de dólares. Las comparaciones con Novell y Lotus también mostraban amplias disparidades lo que, según Gates, «muestra de algún modo nuestra cultura».[22]

Gates también podría haber señalado que muchos de sus empleados se han hecho bastante ricos gracias a sus paquetes de acciones de Microsoft, pero se contuvo. La propiedad de las acciones era una buena manera de mantener unidos a los empleados de la empresa, pero no estaría bien visto detenerse a profundizar en los vulgares detalles de lo que su propiedad significaba para grupos específicos de personas. Desvelar el feliz resultado del que se habían beneficiado otros, también transmitiría, por muchos calificativos que lo acompañaran, la promesa tácita de que a los que actualmente poseen acciones les esperaban unas recompensas similares. Gates tubo siempre buen cuidado de no hacer esa promesa, y siempre resaltó más bien las dificultades de repetir la revalorización del año anterior y negociar los altibajos de las acciones.

Al no disponer de datos concretos, el público siempre podía ver a un millonario en cada empleado de Microsoft que se encontrara en la calle o se sentara a su lado en un avión. Los empleados que tenían que viajar, aprendieron a esperar una sarta repetitiva de preguntas por parte de personas recién conocidas acerca de la fecha en que habían sido contratados y de su posición, datos que alimentaban los cálculos sobre su valor neto.[23]

Lo que quizá no han percibido las personas ajenas a la empresa es la forma en que ha cambiado el programa de opción sobre las acciones, transformado en aspectos importantes a lo largo de los años. A finales de la década de 1980, la empresa concedía un cierto número de opciones, por ejemplo para 3.000 acciones, a un programador recién salido de la universidad en 1988, y ese paquete se cedía, junto con sus incrementos, después de cada cuatro años y medio. Eso produjo una cierta rotación laboral una vez cedidas todas las opciones, a pesar incluso de que a los programadores más prometedores se les ofrecían nuevas opciones en vísperas del límite de los cuatro años y medio. A Microsoft no le gustaba que nadie se marchara; desde su punto de vista, un programador o un técnico comercial joven, alimentado en el cálido pecho de su cultura de grupo pequeño, no se daba cuenta plenamente de todo su potencial en un período de tiempo tan corto. Así pues, en lugar de conceder inicialmente un gran paquete de opciones, la empresa retrocedió. El paquete inicial de opciones para todo nuevo empleado, que era de 3.000 acciones en 1988, se vio sustituido por 1.800 acciones en 1991 y en 1994 ya había descendido a 1.100 acciones. Al mismo tiempo, la empresa ofreció de modo regular y anual nuevos paquetes de opciones, cada uno de los cuales ponía en marcha un reloj aparte para su cesión plena, que se extendía en el tiempo más allá del límite del paquete anterior. Este cambio sirvió para eliminar la idea de que la propia apuesta financiera en la empresa pudiera reclamarse plenamente en un momento determinado del futuro.

Las opciones, por su propia naturaleza, son especulativas. La «opción» es la posibilidad de comprar acciones en el futuro a un precio establecido en el trimestre en el que se establece dicha opción. Así pues, una opción es la diferencia entre el precio acordado y el precio real de la acción cuando el propietario de la opción decide venderla. Si todo va bien, el precio de mercado de la acción se eleva después de emitidas las opciones. No obstante, si el precio de la acción desciende, el propietario de la opción no tiene ningún incentivo para comprar las acciones a un precio que ha resultado ser artificialmente elevado; en tales casos, las opciones no tienen literalmente ningún valor. Los directivos de Microsoft recuerdan a posibles empleados que se mostraron demasiado asustadizos, como aquel licenciado en Harvard que consideró lo bajo del salario y la incertidumbre de revalorización del paquete de opciones que se le ofrecía, y decidió renunciar al puesto. También cuentan historias de empleados potenciales más osados, que abandonaron puestos de trabajo donde se les pagaban salarios que duplicaban o triplicaban su salario inicial en Microsoft, apostando porque el paquete de opciones compensaría con creces la diferencia a largo plazo.

Además, esto afectó a sucesivas oleadas de nuevos contratados, cada una de las cuales pensaba, al ser contratada, que ya habían quedado atrás los tiempos de la espectacular revalorización de los precios de la acción. Los primeros empleados de Microsoft ganaron verdaderas fortunas cuando Gates les permitió comprar acciones a un dólar antes de que la empresa cotizara en bolsa, en 1986; esas acciones multiplicaron su valor por noventa en el término de apenas un año. Lo que podríamos denominar «la quinta de 1988» llegó al campus de Redmond con la sensación de que la posición singular que habían ocupado esos veteranos no volvería a producirse ya nunca más. Durante un tiempo, el precio de la acción bajó y siguió bajando, y las opciones que se ejecutaban no tenían ningún valor. Pero después, la bolsa reanudó su ascenso; la quinta de 1988 ya no tuvo razones para sentirse discriminada. En un estudio impulsado por los inversores institucionales, preocupados por la posibilidad de que una oleada de jubilaciones como la del presidente Jon Shirley terminaran por agobiar a la empresa, una firma de Wall Street[24] calculó que nada menos que 2.200 técnicos de Microsoft, pertenecientes a la quinta de 1989, se habían hecho millonarios en apenas dos años.[25]

Estos grandes saltos en la fortuna personal, gracias únicamente a las opciones sobre 3.000 acciones, pueden parecer irrepetibles. Hay que tener en cuenta, sin embargo, que un paquete de opciones sobre 3.000 acciones, a un precio base de 50 dólares (con un valor total de 150.000 dólares en acciones), se convierte, después de una división de acciones de dos por una en 6.000 acciones a un precio base ajustado de 25 dólares (ajustado para que el valor total del paquete siga siendo de 150.000 dólares). Cuando se produce una nueva división, el paquete tiene 12.000 acciones a un precio de 12,50 dólares por acción. Sobre el papel, cada división no cambia el valor total del paquete. En la década de 1990, sin embargo, los precios de la acción de Microsoft han mostrado tendencia a recuperar sus altos valores históricos después de la división. Si, después de dos divisiones, el precio de mercado de la acción vuelve a alcanzar su antiguo precio de 50 dólares, la aritmética indica lo siguiente: 50 dólares (precio actual de mercado de la acción), menos 12,50 (último precio base de cada acción del paquete de opciones), multiplicado por 12.000 acciones. En otras palabras, el propietario de las opciones originales sobre las 3.000 acciones dispondría ahora de un paquete con un valor cercano al medio millón de dólares. Y si el precio de la acción alcanzara los 100 dólares y el precio base de las opciones se mantuviera en 12,50 dólares, las opciones sobre las 3.000 acciones se convertirían en un paquete con un valor por importe de siete cifras, por lo que bien se podía renunciar a un salario más alto en cualquier otra empresa.

La principal consideración sobre este tipo de cálculos es que al empleado se le supone una santa paciencia. Hay que saber que el ejercicio del derecho sobre las opciones es delicado: si nunca se cobran, las opciones siguen siendo una abstracción sin valor alguno; pero si se cobran y el precio de la acción continúa subiendo, se verá uno agobiado al pensar cuánto podrían haber valido si no se hubiera ejercido prematuramente ese derecho. Una de las bromas que se gastan en Microsoft es decir: «Hay por aquí muchas motos de nieve que han costado 100.000 dólares cada una», compradas por 2.000 dólares con dinero de las opciones antes de que su valor se multiplicara posteriormente por cincuenta.

Qué riqueza poseen muchos de los empleados es algo difícil de valorar mientras la empresa se niegue férreamente a suministrar los datos. Microsoft considera ese tema como totalmente privado, y la discusión pública como una total pérdida de tiempo. Aunque la empresa se muestra reacia a llamar la atención al respecto, Microsoft se singulariza por el hecho de que su campus es un lugar diferente a cualquier otro lugar de trabajo en el mundo en cualquier otro momento de la historia, en la medida en que son varios los miles de millonarios y multimillonarios, e incluso algún que otro multimultimillonario, que acuden a trabajar cada día.

En 1992, el autor del informe de Wall Street sobre los millonarios de Microsoft predijo que aunque algunos empleados se jubilarían o emprenderían otras actividades, la mayoría de ellos se quedarían, motivados por los placeres mismos del trabajo. La predicción demostró ser exacta: la empresa continuó teniendo un índice de rotación de personal mucho más bajo que el de otras empresas de software.[26] El desgaste se producía en puestos situados al margen del desarrollo de software. Cuando los directivos o técnicos abandonaban Microsoft, se jubilaban o iniciaban sus propias aventuras empresariales, pero eran extremadamente raros los casos en que se unían a la competencia.

¿Se trata de la lealtad propia de los buenos tiempos? ¿Tendrá que enfrentarse Microsoft a las mismas dificultades para conservar a sus empleados clave por las que han tenido que pasar otras empresas, cuando experimente por primera vez una bajada en las ventas o en el valor de su acción, o se encuentre con una disminución de las oportunidades de negocio? El pasado no ha ofrecido la posibilidad de comprobar la lealtad a la empresa. Quizá el más reciente atisbo de tal posibilidad se produjo en 1993, cuando el precio de la acción de Microsoft languideció hasta instalarse aparentemente en una meseta. En una reunión anual de la empresa, un empleado preguntó: «Parece que estamos haciendo todas las cosas bien y que conseguimos grandes resultados, ¿qué ocurre entonces con el precio de la acción?».[27] Gates y sus altos ejecutivos respondieron advirtiendo, como habían hecho siempre, que el tamaño mismo de la empresa hacía improbable que el precio de la acción siguiera aumentando en un futuro cercano, como había sucedido previamente. Y, sin embargo, esa meseta resultó ser sólo temporal. Desafiando las predicciones del propio Gates, el precio de la acción volvió a duplicar su valor al año siguiente.

Naturalmente, llegará un momento en que la acción de Microsoft no podrá seguir multiplicando su valor como ha hecho tantas veces en los últimos diez años. Es posible incluso que caiga y se mantenga tenazmente bastante por debajo de su máximo histórico. Pero mientras no llegue ese momento, no podemos determinar qué parte de la lealtad de los empleados se debe a los placeres intrínsecos del trabajo intelectual, al ambiente social y físico en el que se realiza ese trabajo, y a las compensaciones extrínsecas derivadas de las opciones sobre las acciones. Mientras tanto, el hecho de que tantos empleados que ya son ricos continúen trabajando en Microsoft, constituye un fuerte testimonio de los componentes intrínsecos de la motivación.

Los observadores exteriores que viven en Silicon Valley, como yo mismo, pueden comprender fácilmente una de las razones por las que Microsoft tiene un índice de rotación de personal tan bajo; ello se debe a que Microsoft se encuentra situada en Seattle, y no en la Zona de la Bahía [de San Francisco, *N. del E.*]. Es posible que Microsoft no hubiera llegado nunca a tener tanto éxito sin la notable continuidad que se produjo entre sus ejecutivos y directores. ¿Cómo podría haberse mantenido esa lealtad con la cultura de salto de un puesto de trabajo a otro imperante en Silicon Valley? En cuanto una de estas empresas del Valley tiene éxito, sus empleados no parecen más que una banda de ladrones de banco, demasiados ávidos por repartirse el dinero y diseminarse, cada uno en una dirección distinta. Gates apreció desde el principio las ventajas de hallarse lejos del Valley. Más tarde, le encantó el bajo índice de rotación del personal de Microsoft, y se recreó al decir: «Esos tipos del Valley no saben guardar secretos».[28]

La competencia por conseguir técnicos experimentados en software no se establece tanto entre Microsoft y sus rivales, sino más bien entre Microsoft y el atractivo de trabajar por cuenta propia... o de no volver a trabajar nunca más, punto y final. A lo largo del tiempo, con miles de sus técnicos que han acumulado una riqueza neta que les permitiría abandonar en cualquier momento su puesto de trabajo, cabría pensar que Gates debería encontrarse bajo la presión de dotar el puesto de trabajo con nuevos atractivos. El campus proporcionaría así no sólo las comodidades de un hogar corriente, sino también los placeres del hogar de un millonario. Gates, sin embargo, consiguió mantener los servicios de sus técnicos sin aumentar las comodidades.

De hecho, la empresa lanzó en 1993 una campaña para eliminar todos los gastos considerados como superfluos, y que internamente se denominó «Gambas frente a filetes».[29] La campaña perseguía la recuperación de una mentalidad de «pequeña empresa» en una organización que era bastante grande, para reafirmar un *ethos* en el que «cada centavo cuenta, cada nueva cabeza es preciosa y uno se siente personalmente responsable por la línea máxima [los ingresos], por la línea mínima [rentabilidad] y por todo lo que hay en medio».[30] La tradicional cultura de la empresa se ha mantenido intacta: vestimenta informal, pasajes y hoteles de precios moderados para los viajes de negocios, nada de limusinas, nada de comedores para ejecutivos, nada de extravagancias en el mobiliario de los despachos.[31] A pesar de todo, algunos empleados han perdido de vista este *ethos*; se aprovechan de la generosidad de la empresa. ¡El remedio fue la vigilancia! Se recordó a los empleados que el éxito de Microsoft tuvo que ganarse y, según palabras de Mike Murray, vicepresidente de recursos humanos, eso fue algo que se hizo «cada día»;[32] comer «filetes en lugar de gambas» sería el camino para alcanzar un crecimiento continuado.

La campaña no encontró precisamente un apoyo unánime. En vísperas de la movilización a lo largo y ancho de la empresa, las propuestas que planteaban los empleados para mejorar el ambiente de trabajo eran del tipo «más pistas de voleibol» y «más fiestas».[33] Así que, naturalmente, hubo alguna resistencia. Algunos empleados protestaron ante los ejemplos que Murray tomó como gasto superfluo, afirmando que no tenían la menor trascendencia, como el fabricar camisetas conmemorativas para ocasiones no demasiado importantes. Otros argumentaron que «el tiempo es oro»[34] y todo lo que facilitara el trabajo de los técnicos sería dinero bien gastado. Al tratarse de un grupo de formación técnica, buena parte del debate posterior giró alrededor de los controvertidos cálculos de los ahorros proyectados. Cuando alguien sugirió que debían apagarse los ordenadores cada vez que un empleado saliera de su despacho al final de la jornada, para ahorrar dinero, otro denunció la idea supuestamente falsa que anidaba tras la sugerencia. Se analizó con minucioso detalle la economía de apagar y encender los ordenadores.[35]

Sorprendentemente, la campaña atrajo el apoyo espontáneo de muchos empleados que deberían haberse precipitado a las almenas para defender sus derechos adquiridos. Al fin y al cabo, todo el mundo sabía que la tesorería de la empresa tenía miles de millones de dólares de liquidez,[36] por lo que la llamada en favor de un estilo más ascético se basaba en una abstracción filosófica, y no en una inmediata necesidad. Los empleados que habían trabajado para otros patronos fueron los que hablaron más alto: «Deberíamos apreciar lo que tenemos... porque pueden estar seguros de que no es ésta la norma habitual en el mundo exterior»,[37] declaró uno de ellos. Una contable aprovechó la oportunidad para dar rienda suelta a su frustración al ver que los empleados presentaban solicitudes para toda clase de reembolsos, incluidas multas por exceso de velocidad mientras conducían un coche de alquiler de la empresa para ir a la peluquería canina o a una joyería: «A menudo me siento en mi despacho y repaso los gastos que se están pagando, convencida de que la alta dirección no puede conocerlos». Entre los amigos exteriores de los empleados, Microsoft era conocida como la empresa con «bolsillos sin fondo». Si los empleados no dejaban de esperar que la empresa les debía más de lo que era razonable, esta contable advirtió que no tardaría mucho en convertirse en una empresa con los bolsillos vacíos. Para resumir su postura, dijo: «¡Esto no es el Club Mediterraneé!».[38]

Para Gates, sigue siendo un difícil desafío proporcionar un ambiente adecuado para sentarse y pensar, dotado con las comodidades adecuadas, las herramientas correctas y la libertad para disfrutar de distracciones..., aunque sin que llegue a ser demasiado cómodo. Es posible que se haya perdido la cultura fundacional, centrada en la calidad intelectual de sus desafíos, no en el disfrute de sus recompensas materiales. Hasta la fecha, y si nos fijamos en la fidelidad de los empleados de Microsoft a sus puestos de trabajo, podemos llegar a la conclusión de que Gates se las ha arreglado bastante bien para controlar las tensiones. El ambiente reinante en Microsoft no es una ventaja ostentosa, y no puede verse copiado fácilmente en sus detalles por parte de otros patronos. A menudo, sin embargo, se olvida el principio básico: la importancia que tiene el ambiente en el que se realiza el trabajo. Para el patrono, que insiste en obtener aumentos de productividad a costa de las comodidades concedidas a los empleados, el rentable ejemplo de Microsoft podría ayudar a eliminar su resistencia.

NOTAS

1. Henry D. Thoreau, *Walden*, J. Lyndon Shanley (ed.), Princeton, NJ, Princeton University Press, 1971, pág. 111.

2. «This Week With David Brinkley», 3 de enero de 1993. Durante la entrevista se le preguntó a Gates acerca de lo que George Will (autopresentado como «uno de sus agradecidos accionistas») caracterizó como el intento del gobierno de Estados Unidos por rodear a Microsoft. Will preguntaba si eso no ponía de manifiesto la falta de comprensión de una industria históricamente nueva por parte del gobierno. Gates contestó que no le sorprendía que, dada su importancia, el gobierno investigara el funcionamiento de la industria de los ordenadores, y expresó suavemente la esperanza de que el gobierno, al profundizar en un ámbito con el que estaba poco familiarizado, se estuviera «ilustrando». Sugirió a continuación que una de las dificultades con las que se encontraba el gobierno para lograr una mejor comprensión era captar la naturaleza misma del trabajo.

3. Douglas Coupland, «Microserfs», *Wired*, enero de 1994, págs. 88, 146. Véase también el libro de Coupland, que incorpora el artículo original: Douglas Coupland, *Microserfs*, Nueva York, Regan Books/HarperCollins, 1995, págs. 2 y 38.

4. «Bill Gates Reveals Secrets of Success – His and His Employees», *Wall Street Journal*, 8 de noviembre de 1994.

5. Aparentemente, la decisión también se vio inducida por una serie de incidentes en los que personas extrañas que buscaban un puesto de trabajo o una

donación le abordaron en el aparcamiento. Véase «William H. Gates», *USA Today*, 16 de enero de 1991.

6. Phil Zack, «Microsoft's Split Personality», *MicroNews*, 19 de agosto de 1994.

7. Mike Murray, «Wouldn't It Be Oil Smarter To Telecommute?», *MicroNews*, 18 de marzo de 1994.

8. «Microsoft Unplugged», reunión anual de Microsoft, 1994.

9. «The Company Meeting (Part 2)», *MicroNews*, 12 de agosto de 1994.

10. «The Company Meeting Q&A», *MicroNews*, 22 de octubre de 1993.

11. «Culture Club», *Newsweek*, 11 de julio de 1994. El mismo artículo afirmaba erróneamente que «las cafeterías están abiertas hasta la medianoche».

12. «Microsoft Unplugged», reunión anual de Microsoft, 1994.

13. Jon Shirley, en la reunión anual de la empresa, en 1988, y Mike Murray, en la reunión anual de la empresa, en 1994. Los comentarios de Shirley, hechos en 1988, aludieron al hecho de que la petición se hubiera presentado también en la reunión anual anterior.

14. «The Company Meeting Q&A», *MicroNews*, 22 de octubre de 1993. Las madres disponían de ocho semanas de permiso por discapacidad a corto plazo lo que, combinado con las cuatro semanas para el cuidado del bebé, daba un total de tres meses de permiso por maternidad.

15. Reunión anual de la empresa en 1988.

16. «Microsoft Whiz Keeps Tabs on Technology», *Seattle Times*, 7 de marzo de 1994.

17. Ben Goetter, «Work Standards Are a Joke!», *MicroNews*, 27 de enero de 1995.

18. «A Joke, Indeed», *MicroNews*, 3 de febrero de 1995.

19. *MicroNews*, 10 de febrero de 1995.

20. Videocinta de la entrevista concedida por Gates a un medio de comunicación local de Seattle, 4 de agosto de 1993.

21. El porcentaje de empleados que poseen al menos una acción de Microsoft se desconoce. Lo que sí se sabe es el porcentaje de acciones propiedad de los empleados frente a los no empleados. En 1993, Gates poseía el 28 por 100; Paul Allen el 11,2 por 100 y Steve Ballmer el 5,3 por 100, otros empleados y directores el 2 por 100 y, del resto, los empleados poseían «aproximadamente el 20 por 100». «Company Meeting Q&A Summary», *MicroNews*, 20 de octubre de 1993.

22. «Microsoft Unplugged», Reunión anual de la empresa en 1994.

23. Una parodia representada en la reunión anual de la empresa, en 1994, revela cómo ve el mundo exterior a Microsoft.

Empleado nuevo: ¿Es cierto que el 92 por 100 de todos los empleados de Microsoft son millonarios?

Mike Murray: Espere un momento, ¿ha dicho millonarios o multimillonarios?

Empleado: Millonarios.

Mike Murray: Ese comentario es más estúpido que Júpiter. No sé de dónde puede haber surgido. Roger, ¿92 por 100? ¿Cuánto crees que es realmente ese porcentaje?

Roger Heinen: No creo que sea tanto. Me parece que debe de estar situado en el 86 por 100.

«Microsoft Unplugged», reunión anual de la empresa en 1994.

24. Michael K. Kwatinetz, «Microsoft's Mixed Blessing: A Wealth of Rich Employees», *Bernstein Research Weekly Notes*, 14 de febrero de 1992. Se presenta con detalle la metodología de Kwatinetz para calcular el valor de los paquetes de acciones de los ingenieros de desarrollo contratados en 1989; si su metodología tuvo fallos, Microsoft no los explicó cuando la empresa se quejó de que su cálculo sobre el número de millonarios era demasiado elevado.

Más recientemente, otra fuente calculó en 1995 que unos 3.000 empleados de Microsoft eran millonarios. Véase Michael A. Cusamano y Richard W. Selby, *Microsoft Secrets: How the World's Most Powerful Software Company Creates Technology, Shapes Markets, and Manages People*, Nueva York, Free Press, 1995, págs. 116-117.

25. Kwatinetz, «Microsoft's Mixed Blessing».

26. Hasta 1994, Microsoft experimentó una rotación anual de personal del 7 al 8 por 100, y sólo una pequeña parte de ese porcentaje afectó a los ingenieros de desarrollo de software. En 1994, el índice de rotación aumentó al 10 por 100, no sólo en las instalaciones de Microsoft en Estados Unidos, sino también en sus empresas en el extranjero. Preocupada por la posibilidad de que el aumento pudiera indicar dificultades para retener a los empleados en el futuro, Microsoft controló estrechamente el índice de rotación del personal.

27. Videocinta de Microsoft, sesión general de la reunión nacional de ventas, 4 de mayo de 1993.

28. «The Met Grill», *Metropolitan Home*, julio de 1985, pág. 23.

29. «Shrimp and Weenies at Microsoft», *MicroNews*, 11 de junio de 1993. La expresión «Gambas *versus* filetes» se le atribuyó a Nathan Myhrvold.

30. Extracto del memorándum de Mike Murray. Véase «Shrimp and Weenies at Microsoft», *MicroNews*, 11 de junio de 1993.

31. En 1991, durante una feria industrial, Gates y Ballmer ofrecieron un paseo en limusina a Jerry Kaplan, un rival que era el presidente ejecutivo de GO Corporation. Es interesante observar la necesidad que sintió Ballmer de dar una explicación embarazosa ante este gasto insólito, que parecía violar los conocidos reparos de la empresa contra el uso de limusinas. Ballmer le dijo a Kaplan que la limusina la ofreció el hotel donde se alojaban los empleados de Microsoft durante la feria, debido a que la empresa había reservado muchas habitaciones. ¿Para qué otra empresa habría sido una fuente de azoramiento la utilización de una limusina? Véase Jerry Kaplan, *Startup: A Silicon Valley Adventure*, Boston, Houghton Mifflin, 1995, pág. 214.

32. «Is Your Job Safe?», *MicroNews*, 11 de junio de 1993.

33. «How About More Volleyball Courts?», *MicroNews*, 21 de mayo de 1993.

34. «The Real Debate Is Weenies vs. Beans», *MicroNews*, 25 de junio de 1993.

35. «Is This Man Making Too Much Money?», *MicroNews*, 3 de marzo de 1995.

36. «Brown Has Fun While Meeting Microsoft's New Financial Challenges», *MicroNews*, 22 de abril de 1994.

37. «How About no More Whinning», *MicroNews*, 28 de mayo de 1993. Para otra carta que sigue una tónica similar, véase «Of Shrimp, Weenies and Beans If You Don't Like It Here», *MicroNews*, 2 de julio de 1993.

38. «Microsoft Doesn't Owe You Club Med», *MicroNews*, 25 de junio de 1993.

2

LOS INTELIGENTES

> Quizá el lector no posea talentos notables. Quizá nunca fue considerado como un «genio» y en la escuela fue simplemente «aceptable». ¿Y qué? Actualmente, el mundo no está gobernado por los hombres a los que se consideró como genios hace treinta, cuarenta o cincuenta años. Muchos de los jóvenes más «precoces» de entonces han desaparecido del recuerdo, mientras que algunos de los más aplicados, aunque no necesariamente brillantes, pero sí incansables y perseverantes, son los que tienen en sus manos las riendas del gobierno, o los que se hallan situados al frente de los consejos educativos y el Senado.
>
> William M. THAYER, *Tacto, empuje y principio* (1882)[1]

Seleccione un año, al azar, y encontraremos numerosos ejemplos de la singular convicción de que la inteligencia puede llegar a ser perjudicial para el éxito en los negocios. En 1924, «Por qué no contrato nunca a hombres brillantes», un artículo publicado en *American Magazine*, ofreció algunas sencillas reglas que eliminaban deliberadamente al «genio» del trabajo productivo.[2] Cierto, concedía el autor, que esas reglas habrían descalificado a Edison y Lincoln, pero se consolaba con la idea de que «Cromwell creó el mejor ejército de Europa a partir de pequeños propietarios rurales apagados pero entusiastas, y que la mayor organización creada en toda la historia humana fue iniciada por doce hombres humildes, elegidos a orillas de un lago». Anticipándose a la curiosidad de los lectores, el autor del artículo no se amilanó: sí, yo mismo soy mediocre, declaró, y no me disculpo por ello: «Los negocios y la vida se hayan construidos sobre una productiva mediocridad, y las empresas consiguen la victoria no contratando a hombres brillantes, sino sacando el mejor partido de las gentes corrientes».

Tres décadas más tarde, William Whyte descubrió el mismo sentimiento en las grandes empresas que investigó en *El hombre de la organización* (1956).[3] Whyte, sin embargo, sintió repulsión ante el descarado antiintelectualismo que encontró entre los directores de personal y los ejecutivos de las grandes empresas. Por ejemplo, una película industrial de Monsanto Chemical muestra a tres hombres jóvenes con batas de laboratorio: «Aquí no hay genios, sino sólo un montón de estadounidenses medios que trabajan juntos». Whyte también habló de la visita que realizó a una compañía de electrónica, en cuyo laboratorio se había «infiltrado» un científico joven y brillante. Cuando el investigador se impacientó por la supervisión de su director, a la empresa le pareció necesario elegir entre la incuestionable inteligencia del recién contratado y su supervisor, más apagado, cuyo valor más relevante era, simplemente, la lealtad a la empresa. El científico fue despedido. A partir de folletos de empresas, Whyte también reunió numerosos casos de empresas que hicieron lo indecible por desanimar a las personas realmente brillantes para que no solicitaran trabajo; de ese modo, evitaban la desagradable situación de tener que despedir a algún intelectual raro al que hubieran contratado. El capítulo de Whyte se tituló, de modo muy adecuado, «La lucha contra el genio».

Para el historiador Richard Hofstadter, cuya investigación básica *Antiintelectualismo en la vida estadounidense* (1963) situó en un marco mucho más amplio la antipatía de las empresas estadounidenses hacia las personas brillantes, el recelo contra lo intelectual no tenía por qué ser condenado del todo.[4] Lo vio como una manifestación del sentido práctico estadounidense en todos los ámbitos de la vida. En su opinión, sólo merecía crítica cuando la perspectiva práctica adoptaba la forma de exclusividad y despreciaba lo que el propio Hofstadter calificó como «otros aspectos de la experiencia humana». El antiintelectualismo en la empresa estadounidense llegó a estar tan arraigado, que incluso este destacado erudito no pudo resistirse a racionalizarlo parcialmente, a suavizar las aristas, y a desplazar la culpa hacia los propios intelectuales, a los que regañó por haber ridiculizado durante mucho tiempo los negocios y a quienes se dedicaban a ellos.

Mi particular teoría sobre la razón por la que la sociedad estadounidense sigue mostrándose reacia a renunciar al antiintelectualismo, es que se debe a la promesa subyacente de que en el mundo de los negocios puede tener éxito cualquiera que posea las adecuadas dosis de suerte y resolución, la combinación que sirvió tan bien a Ragged Dick y a otros héroes de Horatio Alger en el siglo XIX.* No es algo que pueda conseguirse sin es-

*H. Alger (1834-1899) fue autor de historias juveniles, cuyos protagonistas lograron el éxito tras superar la pobreza y la adversidad. *(N. del E.)*

fuerzo, desde luego. El musical de Broadway podría titularse *¿Cómo tener éxito en los negocios? Intentándolo de veras*. El credo de las oportunidades ilimitadas para el ambicioso parte del supuesto de que los intelectuales no son en realidad intelectualmente superiores, al menos no en lo que realmente importa: el éxito económico.

El antiintelectualismo estadounidense no volverá a ser lo mismo después de Bill Gates, que personifica lo que se suponía era imposible: un intelectual práctico. Ha buscado y contratado sistemáticamente a los individuos más inteligentes del sector; rechaza diariamente el mensaje transmitido en el artículo de 1924 y siempre contrata al más «brillante», si puede. De hecho, los principales valores de Microsoft son los cerebros de Gates y sus empleados. La forma con la que ha configurado una organización que compensa a la gente inteligente, es el aspecto más importante y más deliberadamente pasado por alto del éxito de Microsoft.

Para los ajenos a la empresa, el modo más habitual de negar la importancia de la relación de Microsoft con los valores intelectuales, ha consistido en adoptar, de forma consciente o inconsciente, las familiares calumnias *ad hominem* características de la rancia tradición antiintelectual de Estados Unidos. Es posible que el vocabulario cambie («cabezas de huevo» en los años cincuenta, «bichos raros» en los setenta), pero el mensaje es el mismo: el cerebro es un lastre, no un valor. El caricaturista Berkeley Breathed ha disfrutado atacando a Gates en sus caricaturas, representándolo con una cabeza de gran tamaño y un cuello tan delgado como un lápiz. En 1995, en un programa de la televisión nacional, Breathed describió a Gates después de haberlo visto haciendo cola en el cine para sacar la entrada: «Ofrecía el aspecto de alguien que probablemente necesita ayuda para comprar esa entrada; no encaja; es el muchacho del que solemos burlarnos en la escuela».[5] Muchos otros han trazado descripciones físicas igualmente poco lisonjeras:[6] escasa prestancia, gafas sucias, cabello sin peinar..., combinándolo con la sorpresa de que este especimen inverosímil haya terminado por convertirse en la persona más rica del país. El título de la película, *La venganza de los bichos raros*, ofreció una fructífera fuente de titulares relacionados con la empresa. (Hasta los empleados de Microsoft utilizaron la frase «venganza de los bichos raros» en sus sátiras y boletines.)

El modelo de Microsoft de lo que podríamos llamar *intelectocracia*, es algo que alarma desde fuera porque, para empezar, no existen aquí muchas cosas que se presten a una copia fácil. El modelo exige situar a Gates en el epicentro, y su formidable inteligencia es la única parte de la historia de Microsoft que los críticos no se han atrevido a atacar nunca. Como máximo, han intentado arrojar una luz siniestra sobre ella, sugiriendo que la hiperinteligencia es algo repelente, más propio de una máquina que de un ser humano.[7]

Gates y sus propios empleados están acostumbrados a utilizar términos de los ordenadores para referirse a la mente. Gates describe la capacidad mental inactiva como «ancho de banda no utilizado»,[8] un despilfarro que él ha tratado de remediar en su propio caso colocando mapas en los techos y reuniéndose para almorzar con los amigos en un Burger King, con ejemplares de *Scientific American* y *The Economist*. De un modo bastante natural, la capacidad de Gates para hacer juegos malabares con diferentes hilos de conversación al mismo tiempo, ha dado lugar a que se le defina como «siempre en paralelo». Gates tiende a plantear a sus empleados numerosas preguntas inesperadas; las respuestas le permiten actualizar la enorme «base de datos» de su mente, en la que almacena la «mejor idea» que se ha encontrado hasta el momento para miles de categorías o tareas diferentes. Sus preguntas suponen un proceso de búsqueda de las mejores ideas; cuando las descubre, la base de datos es «actualizada».

Al margen de cómo se defina la inteligencia de Gates, lo que nadie discute es la singularidad de esta.[9] Y las políticas de selección de personal de Microsoft han sido diseñadas con la franca resolución de encontrar a los más inteligentes. Desde que Microsoft se trasladó de Albuquerque a Seattle, en 1979, cuando Gates hubo agotado su reserva de «amigos inteligentes» y tuvo que empezar a buscar y contratar a «extraños inteligentes»,[10] Microsoft ha creado y depurado técnicas para tener a los más brillantes técnicos de software, a los programadores que forman el corazón de la empresa. En su búsqueda, Microsoft deja bien claro que no toda persona es potencialmente capaz. El propio Gates es muy franco al respecto: «No hay forma de ocultar que, en términos de CI, hay que ser muy exigentes para decidir quién puede crear software; el 95 por 100 de la gente no está capacitada para crear un software complejo».[11] En términos estrictos, Gates fue incluso demasiado generoso, al dar a entender que un 5 por 100 de la población podría satisfacer sus requisitos. De hecho, Microsoft contrata a una parte infinitesimal de los más de 120.000 candidatos que le envían cada año sus currículos.[12]

Es bien conocida la preferencia de Gates por contratar a licenciados universitarios que han terminado recientemente sus estudios. Tal preferencia se remonta a los primeros tiempos de Seattle, cuando Gates comprendió que su enfoque sobre el desarrollo del software podía plasmarse mejor entre «gente muy joven, sin mucha experiencia».[13] Consciente de las normas estadounidenses que prohíben la discriminación por edad, el departamento de recursos humanos de Microsoft hace todo lo posible para evitar alusiones sobre el tema. En el *Manual del empleado de Microsoft*, de 1995, los jefes de personal recibieron la recomendación de no opinar, en presencia de un candidato, sobre «la necesidad de contratar a "gente joven y brillante", no decir que Microsoft es una "empresa joven", o hacer cualquier otra afirmación que implique que la edad es un factor para conseguir empleo».[14] El propio Gates, sin embargo, no siempre pudo reprimir la expresión de sus preferencias por la juventud, antes que por la experiencia. En 1994, cuando la edad media de los empleados de Microsoft se había elevado hasta los 31 años, confesó el deseo de aumentar el porcentaje de empleados contratados directamente entre los recién salidos de la universidad, hasta alcanzar de nuevo el 80 por 100 de los primeros años de Microsoft. «La gente joven está más dispuesta a aprender, y aporta nuevas ideas»,[15] declaró. No obstante, el número de contratos hechos a universitarios siguió siendo extremadamente pequeño en términos absolutos: de 150 a 175 nuevos licenciados anuales desde 1988 hasta 1994.[16] Y esos pocos no llegaron al azar hasta la empresa, procedentes de todas las partes del país. Para el reclutamiento, Microsoft centró sus esfuerzos en un puñado de «facultades objetivo»,[17] que contaban con las mayores probabilidades de producir la *crème de la crème* académica.

En 1993 y de un modo bastante melodramático, Gates les dijo a sus técnicos en software: «Aquí no existe un solo método que pueda tener valor dentro de, digamos, cuatro o cinco años».[18] Eso significaba que los nuevos empleados de Microsoft debían poseer no sólo competencia técnica, sino también algo mucho más importante: capacidad para adquirir con rapidez las habilidades que fueran necesarias para el futuro. Microsoft podía enseñar a sus empleados aspectos específicos, pero no podía inducir en ellos la inteligencia y la creatividad; éstas, dijo Gates, son «razonablemente innatas».[19]

Desde el punto de vista de Gates, los mejores programadores son gente «superinteligente», la expresión que utiliza para designar una serie de atributos, incluida la capacidad de absorber nuevos conocimientos de una forma muy rápida, en «tiempo real»,[20] de generar preguntas agudas de modo inmediato, de percibir las conexiones existentes entre ámbitos dispares del conocimiento, de poseer tal familiaridad con las estructuras de programación que un rápido vistazo sea suficiente para comprender una larga impresión de códigos,[21] de pensar obsesivamente sobre el código, incluso cuando se conduce o se come,[22] de concentrarse con especial intensidad (Gates no tenía opinión sobre si la «gente inteligente» posee destreza para concentrarse, o es la habilidad para concentrarse lo que los hace «inteligentes»),[23] y de poseer una memoria fotográfica del código que habían escrito.[24] Este último atributo no es muy diferente a la habilidad de los grandes maestros del ajedrez para memorizar sin esfuerzo cada movimiento de las piezas de diez partidas simultáneas. «Otras personas observan la capacidad de memoria de los jugadores de ajedrez, o de los programadores, y piensan que se trata de una especie de espectáculo fortuito», dijo Gates. Pero los buenos programadores poseen esa clase de memoria; el propio Gates indicó su capacidad para recordar «enormes cadenas» de códigos años después de que los hubiera usado por última vez.

Gates no buscaba simplemente buenos programadores; deseaba los mejores, y aplicó a esta labor su propio modelo de inteligencia técnica. No concedía un gran valor a la experiencia, sobre todo si se trataba de ámbitos que no fueran de vanguardia. Su reconocida «inclinación» en relación con la contratación[25] («que favorece la inteligencia sobre cualquier otra cosa, incluso sobre la experiencia»), le condujo por ejemplo a desestimar a programadores que habían trabajado en el desarrollo de ordenadores *mainframe*. Tenía la impresión de que eran muy pocas las posibilidades de que pudieran adaptarse a los ordenadores personales.[26] Su modelo daba la bienvenida al inexperto procedente de las ciencias puras, y en particular de las matemáticas y la física. Desde su punto de vista, la gente que había destacado en esas áreas había tenido que pasar por una especie de criba de aquellos que tuvieran el CI más alto. La experiencia de Microsoft demostró que cuando a estos licenciados en ciencias puras se les pedía que aplicaran sus mentes a los ordenadores, la tarea les resultaba bastante sencilla.[27]

Se necesitaba cerebro, pero eso, por sí solo, era insuficiente. Microsoft buscaba un tipo particular de persona inteligente, alguien que también demostrara inclinaciones prácticas, que fuera verbalmente ágil, y que fuera capaz de responder con destreza al verse provocado. La naturaleza combativa de las «discusiones» internas reflejaba la tendencia de Microsoft a calificar con una puntuación más baja a los candidatos inteligentes que eran tímidos, en comparación con los que no lo eran. En cierta ocasión, la vicepresidenta de una destacada empresa de ordenadores, que estaba siendo entrevistada para ocupar un puesto en Microsoft, le dijo a Gates que tendría que investigar las respuestas a algunas de las preguntas que le planteaba. Parece ser que él le preguntó: «¿Por qué no tiene usted las respuestas? ¿Acaso es estúpida?».[28] Esta conversación apareció publicada en la prensa y aportó un ejemplo más de cómo Microsoft había adquirido una imagen de empresa de cultura machista, hostil a todos aquellos cuyo estilo de comunicación no concordaba con el de Gates y su cohorte de lugartenientes exclusivamente masculinos. Pero la pregunta «¿Acaso es estúpida?» oscurece el verdadero aspecto del desagrado de Gates, que no era la ausencia de inteligencia, algo que difícilmente podría haberse determinado con la pregunta planteada por Gates, sino la ausencia de otro atributo que Gates buscaba en la candidata: la facilidad de expresión verbal.

En Microsoft, a la gente inteligente se le asignaba otros papeles que el de puro programador o, en palabras técnicas, el de «ingeniero de diseño de software». Los grupos de desarrollo de software de Microsoft cuentan con gran número de directores de programas que son responsables de definir especificaciones de código, de actuar como enlaces entre quienes escriben los códigos y los comerciales, y de guiar las diferentes piezas del producto hasta su realización y culminación. Los directores de producto de Microsoft, que no hay que confundir con los directores de programa, eran también responsables de otro aspecto, relacionado con los temas de comercialización, y en ocasiones actuaban en los grupos de desarrollo, en lugar de permitir que eso se hiciera por separado en el marketing. Necesitaban estar familiarizados con el mundo de los códigos, tener capacidad para comprender la imagen global y disponer de la sensibilidad de un máster para juzgar la viabilidad técnica de las características añadidas. Microsoft también consideraba las pruebas de software como profesionalmente separadas del diseño del software. Los encargados de realizar las pruebas se especializaban en actuar como detectives, en buscar debilidades en el código del software, en utilizar capacidades de peritaje que también dependían de personas inteligentes. Sumados todos aquellos que trabajaban nominalmente en el desarrollo de software pero no lo producían directamente, se vería que su número sobrepasaba al de programadores.

Al examinar la evolución y codificación de las directrices de Gates para contratar a gente para el desarrollo de software y tareas relacionadas, se pone de manifiesto que el sistema de calificación de Microsoft se basa en un punto de vista clásico de la inteligencia, definida como conjunto de habilidades lógicas. Este punto de vista se encuentra en el epicentro de fuertes controversias en las ciencias cognitivas y en las políticas públicas. ¿Son realmente inadecuadas las políticas de contratación de Microsoft para la industria del software, donde se encuentran tan estrechamente unidas las potencialidades lógicas y la habilidad en programación? O, alternativamente, esa visión de la inteligencia basada en el CI como un indicador de la habilidad para la programación, ¿refleja una estúpida ceguera hacia la multiplicidad de formas de inteligencia, los factores externos que tanto influyen sobre las habilidades de los individuos, los matices culturales de los instrumentos de comprobación, etcétera?

El énfasis que pone Microsoft en la inteligencia, antes que en la experiencia, representa o bien la realización de un ideal meritocrático basado en la pura habilidad, o bien el rechazo de un ideal meritocrático basado en la idea de que cualquier persona razonablemente inteligente y bien educada, con suficiente firmeza y determinación, debería poder alcanzar cualquier posición que desee. Para quienes ocupan el aire enrarecido y estratosférico de la jerarquía del CI, Microsoft no abriga prejuicio alguno contra aquellos a quienes les falta experiencia de programación profesional, comprobación o gestión técnica de proyectos. Para todos los demás, Microsoft aparece como una empresa elitista, y su éxito se ha producido precisamente en el momento en que las grandes empresas de Estados Unidos se encontraron al borde de un gran proceso de reducción de efectivos.

Una persona que no se encuentre entre los mejores nunca lograría trabajar en la empresa; eso es precisamente lo que tan radicalmente molesta a la gente que tiene fe en que «el éxito es, simplemente, una cuestión de fuerza de voluntad». Los atestados cursos de Stanley Kaplan pueden fomentar altas puntuaciones, pero ninguno de ellos estimula el CI puro o el talento para solucionar problemas. Los cursos universitarios pueden convertir a un no programador en un programador C, y el estudio adicional puede transformar a un programador que empieza en un programador intermedio o incluso avanzado. Pero Microsoft no suscribe la fe que tienen muchos de los que acuden a los cursos introductorios de programación en que cada uno de nosotros posee, de un modo inherente, la habilidad de convertirse en aquello que desee.

A Gates se le preguntó en cierta ocasión si creía que los muchos años de experiencia ayudaban a dominar la programación. No contestó directamente la pregunta, pero sí hizo un comentario acerca de la suposición que había tras ella. Dijo que «después de los tres o cuatro primeros años, queda bastante claro si se es un buen programador o no».[29] Y por «bueno» se refería sutilmente a alguien de «primera clase». Sí, la experiencia podía ayudar a aprender a gestionar proyectos y dirigir a la gente, pero por lo que se refería a la optimización de un código, Gates no conocía a ningún programador inicialmente mediocre en Microsoft que se hubiera convertido en un campeón del código tardíamente florecido. Eso es algo que se tiene o no se tiene, dijo; y resulta que a los estadounidenses no les gusta escuchar ese mensaje.

El resto de la industria del software está esencialmente de acuerdo con la «inclinación de Gates hacia la inteligencia», aunque éste ha sido mucho más explícito al respecto que sus colegas. Su empresa ha tratado de contratar a los mejores, y lo ha hecho con mayor éxito que otras; también ha cosechado las recompensas de forma más espectacular que las demás. Gates parecerá un villano para todos aquellos que aborrecen las implicaciones antiigualitarias del modelo de la inteligencia por encima de todo lo demás. Y, sin embargo, los programadores que no trabajan para Microsoft, e incluso aquellos que desprecian visceralmente a Microsoft por diversas razones, hacen observaciones idénticas a las que dirían Gates o sus legionarios de Microsoft: los mejores programadores no son marginalmente mejores que los simplemente buenos. Son mejores en todo un orden de magnitud medido con cualquier criterio que se quiera utilizar: creatividad conceptual, velocidad, ingenio de diseño o capacidad para solucionar problemas. Siendo todo lo demás igual, la empresa que contrate al mayor número de estos superprogramadores, los alfas entre los alfas, es la que más probablemente ganará el mayor bote de la lotería.

En la industria del software y a través de la alquimia comercial, los recursos intelectuales de un solo programador pueden crear mercados enteros allí donde antes no existían. El software puede compararse con la industria cinematográfica. Compárense los ingresos brutos a nivel mundial de los estudios que consigan los servicios del próximo Steven Spielberg, con los obtenidos por los estudios rivales que se han conformado con alguien de segunda fila. Las diferencias que separan las recompensas generadas por el mejor, en comparación con el segundo son geométricas, no aritméticas.

Los rivales de Microsoft también han tratado de capitalizar este punto de vista. ¿Dónde estaría Lotus en la actualidad, por ejemplo, sin los servicios de Ray Ozzie, el ingenioso creador de Notes, la combinación de base de datos y programa de comunicaciones para grandes redes empresariales?[30] Fue el Notes de Ozzie, y no el software de la hoja de cálculo, que tanto hechizó a IBM, lo que hizo que a la hora de valorar a Lotus en 1995, cuando IBM adquirió a la empresa más pequeña, ofreciera por ella la inaudita suma de 3.500 millones de dólares. Aunque fueron muchos los programadores que tuvieron papeles menores en la realización de la visión de Ozzie para Notes, él fue literalmente indispensable: sin Ozzie, no hubiera habido Notes. Lotus fue muy afortunada al contar con él. De hecho, Ozzie estaba tan ahogado trabajando en Lotus, que dimitió en 1985, menos de dos años después de su incorporación, y estableció su propia empresa para trabajar por contrato. Conservar a Ozzie, incluso con aquella disposición laboral tan insólita, significó a la larga una diferencia que supuso varios miles de millones de dólares en el precio de venta de Lotus. Eso es, ni más ni menos, lo que se juega cuando se atrae a la propia galaxia a las estrellas de desarrollo del software.

Gates sabía que al atraer a muy buenos programadores facilitaba el interés de otros del mismo calibre.[31] Las estrellas procuran trabajar donde se congregan los mejores de sus campos respectivos. En 1981, Gates había reclutado a Charles Simonyi, de Xerox PARC, uno de los primeros «tipos realmente brillantes que contraté para el desarrollo del software».[32] La presencia de Simonyi, que puede ser considerado como el padre de Microsoft Word, ayudó a su vez a atraer a otros. Ese fue sólo uno de los muchos ciclos positivos que se convirtieron en la clave de la filosofía de la dirección de Gates. Y también puede decirse lo contrario. Si Microsoft perdiera a sus mejores programadores, otros empezarían a pensar también en abandonar la nave. Así pues, Microsoft tenía que pagar por mantener la atención, no sólo para conseguir a los mejores, sino también para conservarlos.

Lo que brilla por su ausencia en las directrices que Gates transmitió a sus lugartenientes es una vigilancia estrecha de los técnicos recién contratados durante un período de prueba. Gates deseaba que la más rigurosa evaluación tuviera lugar antes de contratar a alguien, sabiendo perfectamente que la moral se resiente cada vez que se tiene que despedir a alguien, a pesar de que su rendimiento no sea bueno. De hecho, la organización teme mucho más a un empleado nuevo mediocre que a un redomado desastre. Según explicó Gates a sus directivos en un vídeo de 1993 en el que perfilaba sus prioridades de contratación: «No sucede nada si la persona no acude a trabajar, pero si nos encontramos con alguien que es mediocre, que simplemente se las arregla para realizar el trabajo, entonces sí que estamos metidos en grandes problemas».[33] El empleado algo menos que ideal es difícil de despedir si los directivos tienen hacia él un atisbo de comprensión y sin embargo está ocupando un puesto que podría ofrecerse a un colaborador ejemplar. Así pues, Gates advirtió a sus directivos que no se conformaran con un segundón, o con alguien que no encajara del todo, incluso si el hecho de que hubiera una vacante creara dificultades a otros miembros del equipo; en lugar de eso, había que esperar a encontrar al candidato perfecto.

El férreo control de la empresa sobre el número de empleados reforzó la presión para que no se contratara a nadie que fuera simplemente satisfactorio. Alertados ante el hecho de que los subordinados pedían «cien personas para realizar algo que podía hacerse con veinte»,[34] los altos ejecutivos escudriñaban las peticiones de grupos individuales de técnicos que trataban de expandir la plantilla. El credo de Microsoft consistía en emplear a menos personal del necesario para realizar el trabajo; «*n* menos uno»[35] era la formulación de la empresa, incluso cuando la empresa creciera rápidamente. La actitud reacia a aumentar el número de empleados en nómina no hacía sino subrayar el mensaje sobre el talento: contratad sólo a los más inteligentes, porque vuestro grupo nunca va a conseguir todos los colaboradores que queréis.

Ayudar a sus directores a contratar a la «gente inteligente» fue el único logro que Gates citaba una y otra vez cuando se le pedía que revisara los acontecimientos de un año determinado. No quería que su empresa olvidara que el éxito de Microsoft, tanto en el pasado como en el futuro, era inseparable de contratar y conservar a los mejores cerebros. Con ese propósito, el propio Gates se mostró dispuesto a entrevistar a candidatos potenciales traídos por directivos cuya actuación se encontrara por debajo de aquellos a los que él mismo supervisaba oficialmente.[36] En ocasiones, Gates asumió el papel de un reclutador más de Microsoft, dispuesto siempre a dejar de lado otras cuestiones y hacer una llamada útil a una estrella potencial cuando Microsoft quería «venderse». Hacía sentir su peso cuando las evaluaciones de un grupo acerca de los puntos fuertes y débiles de un candidato concreto eran inconsistentes, o cuando el candidato había pasado la revista pero necesitaba el ligero empujón de la atención halagadora del propio presidente.

Ningún rival de Microsoft discutiría los valores básicos de cultivar a los técnicos de software más valiosos. La diferencia entre Microsoft y las otras empresas es la dimensión en que Microsoft ha seguido esta política, de una forma tan deliberada y con tanto éxito. ¿Qué otra empresa excepto Microsoft habría mantenido en 1995 su propio equipo de «reclutamiento interno»,[37] dotado con un personal dedicado a telefonear a candidatos potenciales repartidos por todo el país desde las seis de la mañana hasta las ocho de la noche? A pesar de los 120.000 currículos que la empresa recibía anualmente, los directores de Microsoft suponían que los candidatos potenciales más deseables ni siquiera se dedicaban a buscar. Dependía de Microsoft localizar a los mejores, que todavía no se habían dado cuenta de que la empresa estaba interesada en contratarlos. El simple hecho de tomar la iniciativa y establecer contacto con Microsoft disminuía el atractivo del candidato.

Además de recorrer los campus en busca de candidatos potenciales, la empresa también estuvo atenta a hacerse con los cerebros más experimentados de las empresas rivales. Mike Murray, vicepresidente de Microsoft para recursos humanos, denomina «acudir a las fuentes directas» a interesarse por una compañía de software que estuviera realizando un trabajo técnicamente interesante. Murray explicó: «Podemos descubrir el organigrama de una determinada empresa de software, y luego nos limitamos a hacer llamadas telefónicas y a buscar a gente dispuesta a hablar con nosotros». Si los reclutadores encontraban a cinco o seis individuos dispuestos a condiderar un posible cambio, Microsoft enviaba a uno de sus especialistas a la ciudad en cuestión para llevar a cabo entrevistas informativas, buscando así, del modo más eficiente, el mayor número posible de candidatos prometedores con el trabajo de un solo reclutador.

Microsoft llegó a comprar pequeñas empresas de software no por su cartera de clientes o su código, sino por los valores de programación que trabajaban en ellas. Cuando los mejores programadores de tales empresas eran los principales accionistas, a menudo resultaba mucho más fácil comprar directamente la compañía, obteniendo así el talento, con el equivalente de una prima añadida. Las universidades también fueron el blanco de los reclutadores de Microsoft. Un memorándum de uno de los vicepresidentes de Gates señalaba los frutos conseguidos por los esfuerzos de su equipo de reclutamiento en 1993: el presidente ejecutivo de una empresa de supercomputadoras, dos altos ejecutivos de otra, dos personas influyentes procedentes de Apple, un experto gráfico de Caltech, y dos profesores de matemáticas de Princeton.[38]

Durante la década de 1990, los rivales de Microsoft han dedicado una mayor energía a quejarse ante el gobierno y los medios de comunicación por la falta de «igualdad» en la industria del software que a desplegar maniobras de reclutamiento similares. En todo caso, parece ser que el ciclo de Gates no ha hecho sino acelerarse, lo que ha permitido que a Microsoft le resulte cada vez más fácil encontrar el personal que desea. Si tenemos en cuenta que Microsoft ha basado su éxito en un pequeño y selecto grupo de individuos que desarrollan el software, ¿cuál es la base para condenar sus prácticas de reclutamiento? Si el campo de juego, incansablemente caracterizado por los competidores de Microsoft como «desigual», tiene que estar perfectamente igualado, ¿cómo podría lograrse eso en el terreno del personal? Si los rivales de Microsoft no han sabido buscar y pagar convenientemente a las mejores mentes, ¿debe castigarse a Microsoft por su fracaso?

En 1990, Philippe Kahn, que por entonces era presidente ejecutivo de Borland, llamó a Gates para quejarse de que Microsoft había contratado al jefe de investigación de Borland, en violación de un acuerdo que Kahn y Gates habían firmado, según el cual se estipulaba la prohibición de robarse empleados el uno al otro.[39] Gates señaló, con toda exactitud, que el acuerdo había expirado. Si tal modo de reclutar al personal es indecorosamente agresivo, ¿hasta qué punto podemos distinguir con exactitud los métodos «abiertamente agresivos» de los «simplemente agresivos»? ¿Acaso es injusto que Microsoft envíe más reclutadores a las universidades que IBM o Hewlett-Packard, empresas mucho más grandes que contratan anualmente a muchos más universitarios? El simple hecho de plantear estas preguntas sirve para poner de manifiesto la contradicción de los que afirman que de algún modo Microsoft juega con ventaja porque siempre se queda con el personal técnico más inteligente.

No nos gusta reconocer lo elitista de las calificaciones comparativas de la inteligencia, que constituyen el fundamento de la visión de los reclutadores de Microsoft. La empresa trata de suavizar los hechos con otros gestos. Envía a sus empleados a realizar trabajos voluntarios en las escuelas, hace donaciones para programas educativos y organiza «Días de carreras profesionales» durante los que trae a estudiantes de escuelas superiores al campus de Microsoft para pasar un día en el que se pronuncian muchas palabras de estímulo. Un sistema educativo mejorado podría descubrir potencial pasado por alto pero, por definición, sólo el mismo porcentaje de individuos puede ocupar el grupo de elite por encima del 99 por 100.

Si recordamos la prolongada antipatía hacia los intelectuales en la sociedad estadounidense, y en el mundo de los negocios, en particular, quizá adoptemos un punto de vista menos duro con Microsoft y su descarado cultivo de los más brillantes. Es posible que nuestra cultura fuera más positiva con respecto a Microsoft si no nos sintiéramos tan celosos de cómo Gates y sus empleados propietarios de acciones han logrado tantos éxitos financieros que apenas necesitan formas alternativas de compensación. Si queremos estimular a otras empresas y a los estudiantes, sus futuros empleados, para que valoren también los logros intelectuales, podríamos indicar a Microsoft como un brillante ejemplo de las compensaciones que puede obtener la empresa que valora el intelecto.

Sabedora de cómo se considera a los inteligentes, Microsoft ha tenido que contenerse para evitar cualquier muestra de arrogancia sobre su excelente reserva de mentes por encima de la media. Una sola declaración imprudente puede borrar instantáneamente todo un año de decoro y autocrítica. Habitualmente, Gates se ha mantenido vigilante en este aspecto, pero se le pregunta con tanta frecuencia acerca de su propia inteligencia que a veces se cansa del juego y, en vez de responder humildemente como se espera, dice algo que parece intencionadamente provocador. En 1994, por ejemplo, cuando *Playboy* le preguntó qué era lo último que había encontrado y que no había comprendido, él contestó: «La teoría cuántica de la gravedad».[40]

En ocasiones, hay que disculpar a Microsoft por señalar lo mucho que aprecia la inteligencia, como por ejemplo cuando hacen que se ponga a la defensiva acusándola de mejorar las ofertas de sus oponentes. En 1992, Frank Gaudette, que hasta su muerte al año siguiente fue uno de los más altos ejecutivos de Microsoft, declaró al *Washington Post* que Microsoft tenía éxito porque «somos más inteligentes; puede tomar eso como arrogante, pero no es esa la intención»[41]. Por mucho autobombo que parezca darse a sí mismo, lo cierto es que la explicación de Gaudette dista mucho de ser errónea, sobre todo si tenemos en cuenta cómo se ha expandido Microsoft hacia nuevos ámbitos en los últimos diez años. Gates hablaba muy en serio en 1992 cuando dijo: «Privadnos de nuestras veinte mejores personas, y os aseguro que Microsoft se convertirá en una empresa poco importante».[42] Nosotros, el público, nuestros representantes elegidos y las organizaciones reguladoras que representan nuestros intereses colectivos, deberíamos contemplar los logros de Microsoft y nombrar a Gates para que encabezara la valiosa y largamente descuidada causa del anti-antiintelectualismo. Por otro lado, nuestro consejo a las empresas que valoran la inteligencia es lo que el propio Gates, al defender el éxito de la empresa, propuso burlonamente a sus empleados: «No seáis tan inteligentes».[43]

Dada nuestra historia, resulta comprensible el débil crédito que nuestra sociedad está dispuesta a conceder a Gates y a su empresa por actuar como vanguardia del éxito empresarial con base intelectual. Aquí también juega un papel indudable la reducción que ha venido experimentándose en el número de fábricas en Estados Unidos desde la década de 1970, y la dislocación e incomodidad que eso supone. Quizá parezca que eso no afecta a Microsoft, una empresa manufacturera de la nueva era, cuya producción de objetos físicos, principalmente discos y manuales apilados en cajas de cartón, nunca ha ocupado la atención de más que una pequeña parte de su fuerza laboral. Y esa es precisamente la razón por la que nuestra sociedad se siente inclinada a considerar el éxito de Microsoft de forma poco halagadora, o a sentirse molesta e inquieta.

Sabemos que los cambios sectoriales ocurridos en la economía y la internacionalización de la producción son permanentes, y que no puede regresarse al pasado. Sabemos que el sector servicios ofrece en su mayor parte puestos de trabajo a aquellos que tienen una educación media, y en los que se gana considerablemente menos que en la época durante la que floreció la producción nacional. Sabemos que cada vez es mayor la relación entre capacidad intelectual, asociada con una serie de años de educación formal, y el salario de toda una vida. Todos esos cambios significan una mayor inseguridad para la mayoría. Y no encontramos nada más que fuerzas económicas amorfas a las que echarles la culpa..., a menos que observemos a la empresa que ejemplifica el cambio de la economía hacia una dinámica basada en la información, una empresa que «fabrica» lo inefable, que emplea a personas con una inteligencia que sólo posee un pequeño porcentaje de la población, y que está dirigida por una persona que se ha enriquecido más que Creso, en una época en la que amplias capas de la fuerza laboral se han visto relegadas a empleos por los que se paga menos, una empresa que nos empuja sin querer hacia una incierta era postmanufacturera. Microsoft es el villano que encontramos a mano, el símbolo empresarial de un futuro que no queríamos.

NOTAS

1. William M. Thayer, *Tact, Push, and Principle*, Boston, James H. Earle, Publisher, 1882, pág. 65.
2. Anónimo, «Why I Never Hire Brilliant Men», *American Magazine*, febrero de 1924, págs. 118 y 122.
3. William H. Whyte, Jr., *The Organization Man*, Nueva York, Touchstone Books, 1956, págs. 205-217.
4. Richard Hofstadter, *Anti-Intellectualism in American Life*, Nueva York, Alfred A. Knopf, 1966, pág. 236.
5. «Tycoon», programa especial de la NBC con Tom Brokaw, 28 de mayo de 1995.
6. Para un ejemplo interesante de caracterización poco halagadora, véase Jessica Maxwell, «Macro Meets Micro», *Washington*, septiembre/octubre 1988, *passim*. El artículo de Maxwell se refiere al encuentro entre el cerebro, Gates, y la fuerza muscular, Brian Bosworth de los Mariner de Seattle, que había firmado lo que se consideró entonces como el mayor contrato blindado en la historia de la NFL. Se comparó a los dos hombres en términos de físico (Bosworth podía doblar más de 200 kilos), mientras que Gates es tan tenue como «un gorrión que haya llegado volando por error hasta este lugar de músculo». Pero la astuta comparación quedó restringida al ámbito de lo físico: no se hizo una envidiosa comparación de las capacidades intelectuales de Bosworth con las de Gates. En lugar de eso, la periodista describe con indudable satisfacción cómo la mirada de Gates se volvía continuamente hacia la atractiva novia de Bosworth.
7. La expresión de Tom Brokaw presentó a Gates de la siguiente manera: «Muchos creen que puede ser uno de los hombres más inteligentes de este siglo. Otros piensan que puede ser un ordenador...». «Tycoon», especial de la NBC con Tom Brokaw.
8. «Chairman Bill», *San Francisco Chronicle*, 12 de mayo de 1991.
9. John Perry Barlow, «Another Side of Bill Gates», *Microtimes*, 26 de noviembre de 1993, pág. 53.
10. Bill Gates, conferencia ante ejecutivos, Universidad de Seattle, 25 de octubre de 1986.
11. Bill Gates, entrevista oral sobre su historia, con David Allison, de la Smithsonian Institution, 30 de noviembre de 1993.
12. El número anual de candidatos potenciales a ocupar un puesto de traba-

jo se hinchó porque algunas personas enviaban dos currículos, convencidas de que sus posibilidades de ser contratadas aumentaban enviando el mismo currículum a diferentes partes de la empresa. Microsoft, a su vez, empezó a utilizar un software de revisión de los currículos, que detectaba los duplicados y anulaba esa clase de tácticas. No obstante, el número de solicitantes siguió siendo elevado, teniendo en cuenta que Microsoft, a pesar de crecer a gran velocidad, sólo contrataba como máximo de 1.500 a 2.000 nuevos empleados cada año.

13. Bill Gates, conferencia ante ejecutivos.

14. *Microsoft Employee Handbook*, en directo, anotado en marzo de 1995.

15. «Culture Club», *Newsweek*, 11 de julio de 1994.

16. Además de contratar a licenciados universitarios, Microsoft contrataba entre 300 y 350 estudiantes universitarios como estudiantes internos.

17. «Microsoft's William Gates Talks About the Age of "Fingertip Information"», *Washington Post*, 30 de diciembre de 1990.

18. «Billg on Hiring», Microsoft Corporation, vídeo, 1993.

19. «Billg on Hiring».

20. «Playboy Interview: Bill Gates», *Playboy*, julio de 1994.

21. Susan Lammers, *Programmers at Work*, Redmond, WA, Microsoft Press, 1986, pág. 83.

22. Lammers, *Programmers at Work*, págs. 75-76.

23. «Genius at Work», *Macleans*, 11 de mayo de 1992.

24. Lammers, *Programmers at Work*, págs. 81-82.

25. «Billg On Hiring».

26. «Managing your Career: Bill Gates Reveals Secrets of Success – His and His Employees», *Wall Street Journal*, 8 de noviembre de 1994.

27. «Microsoft's William Gates Talks About the Age of "Fingertip Information"».

28. «People», *San Jose Mercury News*, 8 de julio de 1994.

29. Lammers, *Programmers at Work*, págs. 81-82.

30. Casualmente, Ray Ozzie, como Gates, nació en 1955.

31. Bill Gates, discurso en la reunión anual de Microsoft, en 1993.

32. Videocinta de Gates, entrevistado por un medio de comunicación de Seattle, 4 de agosto de 1993. Para un breve retrato de Simonyi y un análisis de la utilización más efectiva del talento por parte de Gates, como el de Simonyi comparado con el de Steve Jobs, véase mi libro anterior, *Steve Jobs and the NeXT Big Thing*, Nueva York, Atheneum, 1993, págs. 36-38.

33. «Billg on Hiring».

34. «How Bill Gates Keeps the Magic Going», *Fortune*, 18 de junio de 1990.

35. Mike Murray, «Managing Microsoft People», videocinta de Microsoft, 23 de marzo de 1993.

36. Gates, conferencia ante ejecutivos.

37. «Strike Team in Recruiting», *MicroNews*, 10 de marzo de 1995.

38. Memorándum de Nathan Myhrvold a Bill Gates, «1993 Year End Memo», 26 de diciembre de 1993.

39. «Opening of "Windows" Shows How Bill Gates Succeeds in Software», *Wall Street Journal*, 21 de mayo de 1990.

40. «Playboy Interview: Bill Gates».

41. «Internal Challenges, Competition May Chip Away at Microsoft's Leading Edge», *Washington Post*, 15 de marzo de 1992.

42. «Bill Gates», *Forbes*, 7 de diciembre de 1992.

43. «PC Industry Gets a Taste of the Real World», *Los Angeles Times*, 23 de septiembre de 1992.

3

EL MODELO EN SUS CABEZAS

> Tracé mi derrotero por las cifras y nada más que por las cifras. Nunca sentí la necesidad del conocimiento científico, nunca la sentí. Un hombre joven que desea tener éxito en los negocios no necesita de la química o de la física. Siempre puede contratar a los científicos. No, debería estudiar las cifras, las cifras y las cifras, y aplicarlas a su negocio.
>
> John D. ROCKEFELLER[1]

> «Yo puedo contratar a matemáticos por cincuenta dólares a la semana» pero ellos no me pueden contratar a mí.
>
> Thomas ALVA EDISON[2]

Edison y Rockefeller constituyen una pareja inverosímil. Rockefeller no compartía el genio inventor de Edison; y Edison, que esencialmente perdió el control de su Edison General Electric, no compartía el genio de Rockefeller para crear monopolios. Cuando Edison murió, en 1931, era moderadamente rico e inmoderadamente popular.[3] Cuando murió John D., Senior, en 1937, era, naturalmente, desmesuradamente rico y no tan popular, a pesar de la mejora de su imagen gracias a las obras filantrópicas que puso en marcha en las últimas décadas de su vida. Y, sin embargo, los dos hombres abrigaban convicciones similares: que el negocio y la perspicacia técnica eran dos cosas separadas y que el talento para los negocios era más escaso y, por lo tanto, más valioso. Estas antiguas verdades acuden a la mente al examinar la filosofía de dirección de Bill Gates, porque la historia de Microsoft refuta contundentemente las suposiciones de Edison y Rockefeller.

Los periodistas interrogan con frecuencia a Gates acerca de su filosofía empresarial, a partir del viejo deseo de captar la fórmula que permita el éxito empresarial. Uno de los primeros libros que se publicaron en Estados Unidos sobre consejos empresariales, el *Tratado práctico sobre negocios, o cómo conseguir, ahorrar, gastar, dar y legar dinero*, (1853), de Edwin T. Freedley, trató de obtener valiosos consejos, sin conseguirlo, de John Jacob Astor, cuyo hijo le aseguró al autor que su padre «no tenía ninguna regla fundamental o máxima favorita conocida».[4] A lo largo de los años, Gates ha respondido con desgana a esa clase de preguntas, sorprendido ante la idea de que alguien pueda caracterizar el trabajo empresarial como intelectualmente complejo, y poniendo como ejemplo la propia historia de Microsoft. Desde el punto de vista de Gates, el énfasis que Rockefeller puso sobre «las cifras» sería engañoso. En 1992, Gates dijo: «Si se es un poco bueno en matemáticas, se comprende el negocio; no es ese el tema más profundo».[5] El negocio le exigía un simple 10 por 100 de sus propios «ciclos mentales».[6] Las escuelas de ciencias empresariales pueden elegir a Microsoft como caso de estudio, pero tendrán que buscar en otra parte para encontrar palabras respetuosas de un alto ejecutivo sobre su utilitad. En cierta ocasión en que Gates buscaba una forma de hacer comprender su punto de vista, hizo un gesto hacia las estanterías de su despacho y preguntó retóricamente si había allí algún libro sobre negocios. «Vaya —exclamó con fingida sorpresa—, resulta que no encontramos ninguno.»[7]

La educación académica en ciencias empresariales y los libros populares sobre empresas no hacen sino reflejar los modelos empresariales de otras personas. La cosmología empresarial de Gates se inició con varias suposiciones que la sabiduría convencional no había logrado demostrar. Para empezar, razonó que las mejoras incesantes y espectaculares en el microordenador impulsarían el crecimiento de Microsoft y el de la gran industria del PC. Gates atribuye a Paul Allen, cofundador de Microsoft, el hecho de haberle demostrado en 1971 el potencial existente en el negocio de la tecnología de los semiconductores, que empezaba a mejorar exponencialmente. Los «fenómenos exponenciales» son raros, y Gates recuerda que le preguntó a Allen con escepticismo: «¿Hablas en serio?».[8]

Unos pocos años antes, en 1965, Gordon Moore, fundador de Fairchild Semiconductor y más tarde de Intel, había cuantificado el índice en lo que llegó a conocerse como la Ley de Moore. Basándose en el índice al que había aumentado el número de componentes colocados en el circuito integrado más complejo desde su aparición, trazado sobre un papel gráfico semilogarítmico cuyos puntos de información formaban una línea recta, Moore predijo que, en los diez años siguientes, el número de componentes seguiría duplicándose cada doce meses.[9] Eso significaba, en términos prácticos, que la capacidad de un chip se duplicaría aproximadamente cada año, sin que se produjera un aumento en el precio o, alternativamente, que se podría producir un chip con la misma capacidad por la mitad del precio. En 1975, Moore revisó su predicción y alteró a partir de ahí el ritmo proyectado del efecto duplicador a cada dos años.[10] Por extraño que parezca, la predicción resultó ser exacta: las mejoras experimentadas durante los veinte años siguientes se produjeron siguiendo la pauta tan sorprendentemente predicha por Moore.

Unas mejoras tan maravillosas significaron no sólo una disminución de los costes de fabricación, sino que también aportaron otros beneficios a medida que los circuitos se colocaban en espacios cada vez más pequeños: mayores velocidades, mejora en la fiabilidad de los sistemas, menor consumo de energía. Incluso si se lo compara con el desarrollo de otras tecnologías industriales históricamente significativas, destaca con creces el récord de mejoras alcanzadas en la tecnología de los semiconductores. Empezando a partir de 1960 con los primeros transistores planos, la industria de los semiconductores redujo en sólo 35 años el coste de un transistor en diez millones de veces.[11] Desde la atalaya que supone encontrarnos en el presente, no resulta difícil asentir y mostrarnos de acuerdo en que una evolución tan asombrosa crearía probablemente algunas oportunidades de negocio. Al principio de ese período, sin embargo, no parecía tan claro que las mejoras en los semiconductores terminarían por crear a su vez numerosas oportunidades en el desarrollo de software comercial, al margen del software escrito para propósitos internos o encargado expresamente por los fabricantes de ordenadores.[12]

Ello viene corroborado por la ausencia de rivales dedicados exclusivamente al software cuando Gates y Allen fundaron Microsoft, en 1975.[13] En esa época, Gates tuvo que convencer a Allen de que sería mejor concentrarse en el software y no adoptar el modelo de la «solución total»[14] del hardware y el software, heredado de las generaciones anteriores de fabricantes de ordenadores *mainframe* y de miniordenadores. Todavía en 1981, Gates describía como «solitaria»[15] la estrategia de su empresa, dedicada fundamentalmente al software, y la comparaba con un debate astronómico: los demás todavía pensaban que el mundo de los ordenadores giraría alrededor de las mayores empresas de hardware, pero Gates afirmaba que era el software el que aportaba mayor valor añadido. El mundo terminaría por girar alrededor del software. Aunque aún no se había inventado el microordenador cuando Moore proyectó las primeras mejoras de los semiconductores, la Ley de Moore se aplicaría a los microordenadores en la misma medida que se aplicó a otros semiconductores. Gates comprendió que los avances aparentemente inexorables de la tecnología de los semiconductores abaratarían la potencia bruta de los ordenadores, que tenderían a crear capacidades vacantes. Se necesitaría entonces un software cada vez más avanzado para mantener tales capacidades ocupadas productivamente.

Uno de los aspectos más notables de la rápida expansión de las innovaciones, prevista por la Ley de Moore, fue que su oferta no conducía al exceso, como había sucedido en otras industrias que experimentaron rápidas mejoras tecnológicas. Por ejemplo, el éxito tecnológico de las ruedas radiales se ha convertido en un desastre empresarial porque esa clase de ruedas duraban tanto tiempo que los clientes compraban repuestos con mucha menor frecuencia. En la industria de los ordenadores, sin embargo, las mejoras técnicas no llegaban a saturar nunca los apetitos de los clientes. Al contrario, los técnicos de desarrollo del software no podían mantener el mismo ritmo que la parte del hardware del negocio. Para Gates, eso significaba una gran abundancia de oportunidades para los técnicos de desarrollo del software, sin temor inmediato a que se produjera un exceso de oferta.[16]

La cuestión de si el software tenía que ofrecerse gratuitamente o venderse fue un tema que provocó la discordia entre los primeros propietarios de ordenadores personales de los años setenta, inclinados hacia las actividades de ocio. Incluso en la actualidad, Gates es recordado como el defensor precoz de comercializar la distribución del software, para animar a los técnicos de desarrollo a que siguieran invirtiendo en su trabajo. Frente a él se situaron individuos como Jim Warren, de la People's Computer Company, quien deseaba que los técnicos de desarrollo consideraran lo que hacían como «juego», no como «trabajo». En el ardor de las acaloradas discusiones que se produjeron entre Gates y los defensores de las actividades de ocio, a los que Gates acusó de haber «arrebatado» software sin pagar,[17] Warren escribió un manifiesto en 1976 en el que argumentaba que si el software fuera gratuito o tan barato que pagar por él fuera más fácil que copiarlo, el problema del software «robado» desaparecería por completo. Warren alabó el plan de Gary Kildall de vender un sistema operativo en discos por «no más de lo que costaría copiarlo».[18]

Como ya sabemos, Gates ganó esa batalla. Mientras que los ciclos del hardware se acercaban progresivamente a una situación de accesibilidad gratuita, el software fue comercializado con las conocidas y felices consecuencias para Gates y su empresa. Téngase en cuenta, sin embargo, que a aquellos que aparentemente perdieron tampoco les fue nada mal al final. Aunque Kildall había planeado dar su sistema operativo, no lo hizo cuando llegó el momento de editar el software. Durante algunos años, los ingresos obtenidos con ese producto ayudaron a la empresa de Kildall, la Digital Research, a crecer mucho más rápido que Microsoft, antes de que Gates entrara también en el mercado de los sistemas operativos. El propio Warren, que había fundado la primera feria comercial del ordenador personal, la West Coast Computer Fair, tampoco regaló su existosa creación comercial, sino que en 1983 cobró tres millones de dólares por la propiedad de la feria.[19]

Gates también observó otra tendencia fundamental. De modo poco elegante lo calificó como una tendencia hacia la «blandura», en la que el ordenador personal para usos generales, capaz de asumir infinitos papeles o tareas porque era programable, estaba desplazando a los ordenadores especializados.[20] Puesto que las máquinas «recordaban» las preferencias de un cliente particular y se adaptaban a sus indicaciones, incorporaban una mayor «blandura».

Al disponer de buenas conexiones, tanto técnicas como empresariales, Gates comprendió la necesidad de crear modelos que adoptarían muchos de los fabricantes de ordenadores personales, de modo que el software pudiera funcionar en máquinas producidas por empresas distintas, una hazaña que era imposible en la anarquía reinante a finales de los años setenta. En un artículo que escribió en una revista de ordenadores para prácticas de ocio, en 1977, Gates se lamentaba de que los fabricantes de ordenadores personales no se hubieran puesto de acuerdo para utilizar un solo sistema operativo, lo que hubiera evitado que los técnicos de desarrollo del software tuvieran que crear diferentes «condimentos» para distintos vendedores de ordenadores. Sin suponer que su propia empresa asumiría este papel cuatro años más tarde, Gates parece que confió en que los fabricantes solucionaran el problema entre ellos: «Todo aquel que esté convencido de que todavía no es demasiado tarde para hacer algo en este sentido, tiene mi apoyo más entusiasta».[21] Actualmente, y en medio de los lamentos acerca del dominio de Microsoft en el software de sistemas operativos, únicamente la amnesia histórica es capaz de calificar aquella época de finales de los años setenta, en la que reinaba la anarquía sin estándares, como «los buenos y viejos tiempos».

Lo que Gates comprendió mejor que sus colegas, y lo que también le indujo a defender la comercialización del software, fueron los tres principios sobre los que se basaría su desarrollo: volumen, volumen y volumen.[22] Los que se dedicaran al desarrollo del software sólo podrían superar el problema de los altos costes fijos, que había que asumir para desarrollar productos complejos, si alcanzaban un volumen elevado. En 1981, Gates sermoneó a las empresas de software: «Sólo a través del volumen se puede ofrecer un software razonable a un precio bajo». Los precios del software no cayeron con tanta rapidez como los precios de los semiconductores. No obstante, en 1994, Microsoft todavía podía decir con exactitud que podía vender rentablemente a clientes individuales por 100 dólares un producto en cuyo desarrollo la empresa había invertido directamente 100 millones de dólares, gracias al volumen que proporcionaba a cada comprador individual una «ventaja» de un millón a uno.[23]

Una empresa de software tendría grandes dificultades para conseguir altos volúmenes de ventas mientras tuviera que preparar versiones separadas de un programa concreto para marcas individuales de hardware. Un sistema operativo, sin embargo, podía servir como capa aislante del software. Si una aplicación de software funcionaba encima del sistema operativo, la subyacente variación de hardware de una marca a otra dejaría de ser una preocupación. El programador de software sólo tendría que concentrarse en procurar que la aplicación fuera compatible con un solo sistema operativo; los problemas del hardware serían un dolor de cabeza sólo para la empresa que escribiera el software subyacente del sistema operativo. La adopción general de un solo sistema operativo unificaría en un solo mercado los principados balcanizados de propiedad de máquinas y de diferentes «condimentos» de CP/M, el software más popular del sistema operativo para los ordenadores personales anteriores al PC de IBM.

A pesar de haber comprendido estas características de las nuevas oportunidades, características que más tarde serían evidentes para otros, Gates no era infalible. Su empresa se había iniciado adaptando diferentes versiones del BASIC, un lenguaje de ordenador que se vendía a personas que deseaban escribir programas. A este negocio añadió en 1981 otro de sistema operativo, pero se mostró lento a la hora de apreciar la necesidad de expandirse hacia un tercer ámbito: el desarrollo de aplicaciones, los programas que funcionarían por encima del sistema operativo. En 1984 se regañó a sí mismo por haberlo pasado por alto.[24]

Las cuestiones más difíciles a las que tuvieron que enfrentarse Gates y sus empleados no fueron ni puramente empresariales ni puramente técnicas. La experiencia había enseñado a Thomas Edison a combinar consideraciones de tipo comercial y técnico. El «registrador eléctrico del voto», el primer invento por el que Edison obtuvo una patente, contaba los votos con rapidez y se tenía la intención de utilizarlo en las legislaturas. Pero al hablar de las ventas con un comité del Congreso, el presidente de dicho comité le dijo: «Joven, eso es precisamente lo que no deseamos».[25] (Echaría por los suelos la sagrada institución de las maniobras obstruccionistas.) Así pues, la máquina de Edison no se produjo, y él tomó entonces la decisión de no dedicar su atención al invento de nada a lo que le faltara «demanda comercial». Más tarde, cuando trabajaba en la puesta a punto de un sistema de luz eléctrica, Edison prestó mucha atención a los factores económicos en cada una de las fases, en lo que un historiador ha denominado enfoque «econotécnico».[26] Pero Edison, a notable diferencia de Gates, consideró el don de la mezcla «econotécnica» como propia y no pidió a sus directivos que pensaran de la misma forma. Para Gates, en cambio, la combinación de habilidades empresariales y técnicas no era un monopolio personal. Al contrario, el crecimiento de Microsoft se aceleraría en la medida en que el reclutamiento y la dirección de Gates le permitió contar con la colaboración de más individuos que dominaban ambos aspectos.

Edison tiene un interés particular cuando buscamos alguna perspectiva en el reclutamiento que hace Microsoft de individuos con talento. Tanto Edison como Gates marcaban a sus empleados condiciones muy exigentes, pero diferían en cuanto a la forma de poner a prueba a los candidatos potenciales. Las preguntas planteadas por Microsoft trataban de averiguar cómo solucionaban las personas entrevistadas problemas con los que no estaban familiarizados, mientras que a Edison le preocupaba más el dominio de los datos, datos de todas clases. Edison atrajo una considerable atención en 1921 cuando los periódicos descubrieron que a los aspirantes a ocupar un puesto de trabajo los sometía a una prueba de «inteligencia» diseñada por él mismo.[27] La prueba se componía de más de 150 preguntas concretas a la manera del Trivial Pursuit (¿Qué es la copra? ¿Qué estados limitan con Virginia Occidental? ¿Quién escribió «Hogar dulce hogar»? ¿Dónde pescamos sardinas?...). Sus propios empleados fueron sometidos a la misma serie de preguntas, y quienes no lograron estar a la altura de las exigencias de Edison, fueron despedidos en el acto.[28] Edison dijo que se sintió decepcionado con el rendimiento obtenido por los universitarios en sus pruebas,[29] de modo que los periodistas preguntaron a estudiantes universitarios elegidos al azar para contrastar sus conocimientos con las preguntas planteadas por Edison, e informaron alegremente al público de los sombríos resultados.[30]

Incluso Albert Einstein, que por entonces se hallaba de visita en Estados Unidos, fue sometido a una prueba hecha medio en broma. Cuando los periodistas le plantearon una de las preguntas de Edison (¿qué es la velocidad del sonido?), Einstein contestó sin ambages que, planteado así, de improviso, no lo sabía pero que esa información podía encontrarse fácilmente en los libros de texto.[31] El *New York Times* no quiso morderse la lengua y publicó un alarmante titular que decía: «Einstein... fracasa en la prueba de Edison». En un editorial aparte, el periódico dejaba bien claro que no estaba de acuerdo con la convicción de Edison de que las preguntas demostraban la inteligencia de una persona.[32] En cuanto al propio Edison, opinaba el editorial, aquella prueba sólo demostraba que, aun siendo un hombre excepcional al combinar «la facultad inventiva con el sentido de los negocios», cuando se aventuraba en otros ámbitos, como éste, únicamente lograba demostrar que «un hombre realmente notable puede ofrecer una asombrosa imitación de mediocridad y falta de ilustración».

En contraste con ello, Microsoft ha buscado la inteligencia no a través de preguntas abiertas y cerradas, como las de Edison, sino mediante la observación de cómo los aspirantes afrontan preguntas elegidas precisamente para plantearles problemas con los que no estuvieran familiarizados. La empresa concede a Steve Ballmer, compañero de clase de Gates en Harvard, el desarrollo de las primeras pruebas de rompecabezas. Tras haber obtenido su graduación de diplomado, Ballmer había terminado su primer año en la escuela de ciencias empresariales de Stanford cuando Gates lo convenció para que se uniera a Microsoft en 1979, para encargarse de la selección de personal para la empresa, que por entonces sólo contaba con dieciséis miembros.

Ballmer no tenía entonces, ni tiene ahora, aspecto de intelectual. En sus discursos públicos o en las entrevistas, no hay nada que sugiera un temperamento contemplativo o amplios intereses de lectura. Al dirigirse a los empleados, sus discursos se ven puntuados por un puño que descarga repetidas veces sobre la otra mano,[33] sus palabras adoptan a menudo la forma de un canto de guerra repetitivo expresado en voz alta («¡Windows! ¡Windows! ¡Windows!»); en la reunión de la empresa celebrada en 1991, gritó tan fuerte y durante tanto tiempo, que tuvo que someterse a una intervención quirúrgica para reparar los daños. Y, no obstante, Ballmer, que parece más adecuado para ser el jefe de animadores de Microsoft, algo en lo que finalmente se convirtió, también comprendió desde el principio la importancia de contratar a individuos capaces de encontrar las mejores soluciones, a menudo ocultas, a los problemas más duros.

Durante los primeros años prácticamente pasó inadvertida la forma en que Microsoft cultivaba a los gimnastas intelectuales. El rostro que la empresa presentaba ante el público no era por entonces impresionante. La hoja que la empresa utilizaba para presentarse a sí misma y sus productos ante los clientes potenciales, estaba totalmente mecanografiada en letras minúsculas («somos microsoft, una empresa compuesta por más de cien personas...»), llena de atroces errores tipográficos («mantenemos los más altos niveles de calidad...»), y había sido preparada, según afirmaba orgullosamente la empresa, con el propio software de Microsoft.[34] La dirección de la empresa tampoco impresionaba a los observadores. En 1984, por ejemplo, *Fortune* censuró a la empresa por no haber desarrollado la «profundidad de dirección» que necesitaría para transformar sus «victorias temporales» en un «dominio a largo plazo».[35]

Pero, al margen de lo que pudiera parecer desde fuera, la empresa estaba utilizando ya prácticas que conformarían una cultura que contenía algo a lo que Gates y otros se refirieron como «heurística», término utilizado por los filósofos y los científicos de los ordenadores para las formulaciones teóricas que son de naturaleza especulativa, y que se empleaba como una guía interna para la resolución de problemas mediante el procedimiento de ensayo y error. Los ejecutivos de Microsoft no se atrevían a definir un proceso casual de construcción y revisión de los modelos mentales para solucionar problemas en la vida cotidiana, empleando un enfoque «heurístico» sin referirnos al mismo como tal. Comprendieron que la habilidad para idear y revisar modelos mentales era el valor intelectual más importante que la empresa podía buscar en los empleados potenciales. En consecuencia, y según explicó Gates a un grupo de estudiantes universitarios en 1986, su técnica para entrevistar a los candidatos consistía en hacerles preguntas sobre sus proyectos pasados, cómo se habían hecho las cosas y cómo podrían haberse hecho mejor. Los que se encogían de hombros y contestaban que no lo sabían, no pertenecían al tipo de persona que buscaba Microsoft, alguien que «lleva un modelo en su cabeza acerca de cómo funcionan las cosas».[36]

Si se desea encontrar a una persona capaz de relacionarse cómodamente con los modelos y que no tenga miedo alguno de construir modelos muy grandes, no puede hacerse otra cosa mejor que contratar y promocionar a un astrofísico. Esa podría ser al menos una de las conclusiones de por qué Gates contrató a Nathan Myhrvold en 1986. Myhrvold llamaría la atención del público muchos años más tarde, como el «otro» autor de *Camino al futuro*, el libro de Gates, y vale la pena examinar su carrera porque ejemplifica los temas que contribuirían a que Microsoft acaparara la atención mundial en la década de 1990.

La historia de Myhrvold es en primer lugar una historia de movilidad social basada en la inteligencia. Nacido en 1959, fue educado por su propia madre. Maestra de escuela en Santa Mónica, California, recuerda que su hijo ya sabía a la edad de dos años que iba a ser un científico. Myhrvold se manifestó un estudiante precoz. Se graduó en la escuela superior a la edad de 14 años, en la Universidad de California, Los Ángeles, a los 19 años, con una licenciatura en matemáticas y un máster en geofísica y en física espacial; luego se graduó en Princeton a los 23 años, con un máster en economía matemática y un doctorado en física teórica. La tesis de Myhrvold versó sobre «Vistas en la teoría del campo cuántico del espacio-tiempo curvo». (En cierta ocasión y ante un público lego en la materia, sintetizó su interés principal por el estudio del origen del universo como esa porción de tiempo en que el universo tenía «aproximadamente el tamaño de 10 a la menos trigesimotercera potencia de un centímetro de aproximadamente el tamaño de un pomelo; después de eso, lo otro es más o menos historia por lo que a mí se refiere».)[37]

Aunque, visto en retrospectiva, el camino de Myhrvold no parecía señalar en la dirección de Redmond, Washington, hay en esta historia un segundo tema que nos ayuda a conectar los puntos sueltos: el aprecio de Gates del valor de lo cerebral por encima de los valores financieros a la hora de adquirir pequeñas empresas de software. Una vez terminado su doctorado, Myhrvold se trasladó a Inglaterra con una beca de postdoctorado en Cambridge, y se dedicó a investigar bajo la dirección de Stephen Hawking. El verano siguiente a su primer año, fue engatusado para regresar a Estados Unidos, temporalmente, según creyó, por un pequeño grupo de físicos teóricos y matemáticos, amigos que habían trabajado con él en un proyecto de programación durante su tiempo libre cuando todos estudiaban en Princeton. Se disponían a poner en marcha una pequeña empresa de software. Antes de que se diera cuenta de lo que sucedía, esa necesidad desapareció. Myhrvold se encontró convertido en su presidente, y la empresa se instaló en Berkeley. Su principal producto fue un sistema operativo con ciertas características que Microsoft deseaba, aunque en el tiempo que transcurrió entre el momento en que Microsoft firmó una carta de intenciones para la adquisición de la empresa y el momento en que tendría que haberse cerrado el acuerdo. Myhrvold pensó que con ello también se habría evaporado el interés de Microsoft. Pero Gates siguió adelante y cerró el trato. Tal como resultaron los acontecimientos, este grupo de nuevos contratados,[38] entre los que se incluían Cameron, el hermano de Nathan Myhrvold, y David Weise, un programador cuya fama técnica se extendería mucho más allá de la empresa, llegaría a ocupar los puestos técnicos más importantes dentro de Microsoft, confirmando así la sabiduría de la predilección de Gates por contratar a personas inteligentes en bloque.

Durante sus cuatro primeros años en Microsoft, Nathan Myhrvold trabajó bajo la dirección de Steve Ballmer, que por entonces estaba a cargo de la división de desarrollo de sistemas operativos. El puesto que Myhrvold ocupó inicialmente, director de proyectos especiales, le ofreció la oportunidad de convertirse en el técnico erudito que observaba las irritantes decisiones técnicas que afrontaba la empresa, al mismo tiempo que maquinaba las direcciones que seguirían sus sistemas operativos, para la adaptación de nuevos diseños de microordenador, y para la resolución de otros grandes temas «arquitectónicos». Myhrvold puso a la tarea a una serie de talentos. Era capaz de captar con suma rapidez los detalles técnicos de campos muy dispares. Podía moverse con suavidad desde una atalaya a vista de pájaro, para descender a los detalles técnicos situados al nivel de los gusanos de tierra, y regresar a su punto de partida. Era capaz de transmitir sus pensamientos en informes perfectamente argumentados que no sólo resultaban claros, sino también salpicados de buen humor. Era una persona afectuosa, bastante animosa, que contemplaba el mundo, por detrás de sus gafas de montura metálica, con un rostro de expresión amable y un tono de voz que se elevaba animosamente cada vez que un tema cautivaba su interés, lo que sucedía con frecuencia. Era la antítesis del científico hosco e introvertido.

No hizo daño alguno el hecho de que Myhrvold fuera también un escritor prolífico y rápido; en 1991, por ejemplo, redactó 99 informes sustanciosos, y era capaz de redactar en un fin de semana memorándums de 20, 30, 40 páginas o más, a un solo espacio. Cuando no estaba ocupado con proyectos asignados, se dedicaba a otros temas que despertaban su interés. No tardó en producir cientos de páginas de revisiones técnicas, de sugerencias estratégicas, de análisis competitivos, de redactar informes sobre adquisiciones o contrataciones potenciales, o de expresar opiniones diversas y caprichosas (y como muestra, un botón: un memorándum titulado «Ideas totalmente alocadas»). Myhrvold, que no poseía formación en ciencia o ingeniería de los ordenadores, se estaba convirtiendo *de facto* en el timonel de la dirección técnica de Microsoft.

Cuanto más amplias eran las cuestiones que abordaba Myhrvold, tanto menos implicaban decisiones puramente técnicas y tanto más se relacionaban con temas mixtos, técnicos y empresariales. Con el ascenso entre las filas de un moscardón tan técnicamente preparado y articulado como Myhrvold, y además más joven que el propio Gates, éste pudo haber visto amenazada su encumbrada posición de niño prodigio. Ciertamente, Thomas Edison estaba incómodo por su dependencia de su asesor técnico clave, Francis Upton que, casualmente, era también un físico formado en Princeton. Edison, notoriamente flojo en matemáticas, dependía de Upton para resolver todas las ecuaciones. Para compensar, Edison aprovechaba todas aquellas oportunidades que le permitieran mostrar de modo sobresaliente sus instintos por encima de la formación académica de Upton. En cierta ocasión, Edison le encargó a Upton calcular el contenido cúbico de una bombilla de cristal en forma de pera. Upton llevaba una hora trabajando para solucionar el problema, dedicado a calcular trabajosamente la curva de las líneas, cuando Edison lo interrumpió y declaró con tono triunfal que Upton debería haberse limitado a llenar la bombilla con un líquido y luego medir el líquido, lo que constituía una solución elegantemente sencilla.[39] Upton siempre alabó los talentos singulares de su patrono y lamentaba que, aunque podía contestar muy fácilmente las preguntas, una vez planteadas, por sí solo encontraba «dificultades para plantearse alguna que contestar».[40] Edison sabía qué preguntas había que plantear.

La relación Gates-Myhrvold no se pareció en nada a la asimetría de Edison-Upton. En honor a Gates, hay que decir que su respuesta al descubrir los talentos de Myhrvold fue la de ascenderlo y solicitar cada vez más su consejo. Myhrvold era rápido en el estudio, pero también lo era Gates, y si el primero aprendía algo que el segundo no conociera ya, éste, a diferencia de Edison, también era capaz de absorberlo con rapidez.

En 1991, Myhrvold fue colocado al frente de la investigación y desarrollo avanzado de Microsoft y, a partir de ese momento, sus responsabilidades aumentaron tanto dentro como fuera, ya que Gates lo hacía participar con frecuencia en las negociaciones con socios potenciales. En 1995, Myhrvold se había encumbrado ya hasta el puesto de vicepresidente de grupo y era uno de los seis miembros de la oficina del presidente de Microsoft. La ampliación de los horizontes de Myhrvold y la consiguiente fusión de temas empresariales y técnicos encontrada en los memorándums, el correo electrónico y, cada vez con mayor frecuencia, en las conversaciones personales con el propio Gates, convirtieron a Myhrvold en un influyente consejero en planificación estratégica.

Myhrvold seleccionó también a cientos de otros, a muchos de los cuales, como a él mismo, les faltaba experiencia convencional para los puestos que ocupaban, pero aportaban en cambio una inteligencia proteica. Esto nos dice mucho acerca de cómo ha conseguido Microsoft aumentar tanto su capacidad para moverse simultáneamente en todos los frentes concebibles del software, tanto nuevos como antiguos. Es un error ver a Microsoft como una feroz máquina de marketing, una caracterización que implica que la empresa se limita a «comprar» cuota de mercado adicional con enormes gastos en marketing que sus competidores no se pueden permitir. En lugar de eso deberíamos caracterizar a Microsoft como una feroz máquina de aprender.

Los clientes de Microsoft saben desde hace tiempo que la empresa ha introducido primeras y segundas versiones de nuevo software con graves defectos. Esta pauta era tan pronunciada en 1990, que hasta el propio Gates dijo abiertamente que si la empresa no cambiaba, los clientes se limitarían a hacer caso omiso de las dos primeras versiones.[41] Pero la empresa regresaba habitualmente al mercado con versiones muy mejoradas del software defectuoso, sin encontrarse con el desdén de los clientes gracias al sobresaliente trabajo que realizaba para estudiar y rectificar sus propios errores. Y podía hacerlo así gracias al apego de Gates por la idea de los bucles de retroalimentación. Más que el simple chirrido amplificado de un micrófono deficientemente ajustado, la retroalimentación es un concepto general aplicado en muchos campos de la ingeniería, que se refiere a una máquina o sistema que canaliza deliberadamente partes del *output* a través del *input* con objeto de ajustar continuamente las operaciones. Un ejemplo precoz de retroalimentación es la máquina de vapor de James Watt, a finales del siglo XVIII, en la que dos esferas rotatorias proporcionan retroalimentación, cerrando una válvula cuando el motor alcanzaba una elevada velocidad.

Una organización se puede comparar a un motor, diseñado de tal modo que su *output* es introducido de nuevo en el *input*, de modo que la organización, como el motor de Watt, se autorregula automáticamente. En Microsoft, los bucles de retroalimentación iban desde el mercado hasta la empresa, desde los empleados a la dirección, y desde la dirección a los empleados. A medida que transcurría el tiempo, Gates discernió la importancia de estos bucles en dominios cada vez más amplios, e incluso en otras empresas que no los reconocieron como tales. A pesar de su declarada falta de interés por los libros de dirección de empresas, alababa frecuentemente a Alfred Sloan, Jr., y su seco libro de memorias titulado *Mis años con la General Motors*. Desde el punto de vista de Gates, el ascenso de Sloan hasta ocupar el puesto más alto de la empresa no fue sino una manifestación de que la GM disponía de «los bucles de retroalimentación correctos para aprovechar su talento».[42]

Gates prestó gran atención a la instalación de circuitos que sirvieran como conducciones de retroalimentación en su propia empresa y, sin el menor regateo de esfuerzos, difundía retroalimentación con la misma naturalidad que mostraban sus lugartenientes para enviarle desarrollos de productos, viajes de negocios, contrataciones potenciales e informes de ventas. Esas misivas le proporcionaban muchos más detalles de los que se molestarían en considerar presidentes de otras empresas. La utilidad de la retroalimentación, tanto para Gates como para otros, era un artículo de fe, y sus lugartenientes predicaban esa misma religión con no menos fervor.

En la reunión anual de 1994, por ejemplo, Steve Ballmer recordó el precio que había pagado personalmente muchos años antes, cuando se le asignó la responsabilidad de la versión 1.0 de Windows. El director le entregó un programa de objetivos que todos los miembros del equipo de desarrollo sabían que eran inalcanzables, aunque nadie se lo dijo a Ballmer. El equipo se limitaba a reírse disimuladamente cuando él hablaba con inocente entusiasmo acerca de lo bien que iba el proyecto. Finalmente, al descubrir la discrepancia entre el programa de color de rosa y la dura realidad, Ballmer se prometió a sí mismo no permitir nunca que se suprimieran los problemas de desarrollo, y comentó intencionadamente que aquel director que le había ocultado los datos negativos, ya no trabajaba para Microsoft. Ballmer les dijo a los empleados:

> Si os encontráis con un problema que en vuestra opinión no podrá resolverse, bueno, no sólo tenéis permiso, sino que os animo a hablar con el director de vuestro director, con el director del director de vuestro director o con quien sea necesario para que esa opinión sea escuchada. Os animo a utilizar el correo electrónico si os pareciera demasiado intimidante o amenazador acudir a ver a vuestro director. Y no debería haber revanchas de ninguna clase asociadas con ese acto.[43]

Gates, Mike Maples y los otros altos ejecutivos se hicieron eco del mismo sentimiento: no les gustaba verse sorprendidos; deseaban que la información fluyera, hacia arriba y hacia abajo, ya fuera ésta buena, mala o indiferente.[44]

Uno de los primeros memorandums internos de Nathan Myhrvold, «Notas sobre innovación de aplicación» (1988), combinaba el concepto de retroalimentación y la utilidad de modelarlo en un ruego para que los técnicos en desarrollo de Microsoft desarrollaran formalmente lo que Myhrvold calificó como «modelación de usuario». Implicaba la acumulación más sistemática de datos acerca de qué hacían realmente los usuarios de ordenadores al tratar de conseguir lo que se hubieran propuesto hacer. La investigación detectaría no sólo las teclas que se apretaban y las elecciones de menú, sino que también incluiría otras mediciones sutiles, como utilización de disco, tráfico de red y recurso a la ayuda en directo. Según sugirió Myhrvold, Microsoft también debería estudiar con la misma intensidad el uso en el mundo real de los productos de la competencia.[45] ¿Y por qué no aprovechar la enorme cantidad de información reunida por el departamento de apoyo técnico de Microsoft, que ya había registrado, con considerables gastos, todos los problemas técnicos planteados por teléfono por los clientes? La mayor parte de esa información, dijo, no sorprendería a los técnicos en desarrollo, pero el 10 por 100 que revelara algo insólito sería una fértil fuente de ideas para lograr «ganancias» espectaculares.

Todas estas ideas se pusieron en práctica. El grupo de apoyo técnico de Microsoft actuó de un modo más sistemático a la hora de acumular datos, y los técnicos de desarrollo de la empresa revisaron esos datos para extraer de ellos lo mejor posible, motivados no simplemente por la lógica, sino también por un incentivo económico. A cada grupo se le «cobraba» internamente todo el coste del personal de apoyo centralizado que atendía las llamadas telefónicas sobre problemas con los productos de ese grupo. Cuanto menos fueran las llamadas recibidas, mayor sería la rentabilidad del grupo[46] de desarrollo de software. La retroalimentación inmediata también se incluyó en los *Wizards*, rutinas activadas por botones dentro del software, que ayudaban a los clientes a llevar a cabo elaborados cambios de formateado o a realizar otras tareas, dependiendo de las respuestas a unas pocas preguntas. Myhrvold había propuesto esas características, en 1988, como «adiciones semiautomáticas», argumentando que «podrían ser algo de enorme valor para el pobre tipo que, de otro modo, tiene que hacer todo el trabajo a mano».[47]

La idea de que Gates es el señor de un «imperio accidental» no concuerda en modo alguno con los datos básicos, que se sintetizan aquí. El microordenador, una nueva tecnología, definidora de una época, llegó en la década de los años setenta, y su potencia aumentó a una velocidad exponencial cada dos años. Gates y Allen comprendieron antes que otros que una de las consecuencias de este desarrollo tecnológico sería una necesidad de software en permanente expansión para hacer funcionar los ordenadores pequeños. Gates seleccionó gente inteligente, a la que puso a trabajar en un campus bien situado para facilitar una concentración intensa, y mantuvo su fidelidad con opciones sobre acciones cuyo valor convirtió en millonarios a simples soldados de a pie en los grupos de desarrollo de producto. A medida que se hizo más grande, la organización se configuró deliberadamente para perpetuar la identidad de los grupos pequeños, y la comunicación era frecuente y voluminosa, tanto hacia arriba como hacia abajo. Gates y sus subordinados diseñaron conscientemente, y revisaron cuando fue necesario, modelos estratégicos de toma de decisiones, delegando capacidades cada vez mejores a la organización. Dados todos estos elementos fundamentales, si queda aún algún misterio sería, simplemente, averiguar por qué los competidores de Microsoft se mostraron tan lentos a la hora de asimilar ellos mismos esos elementos básicos.

NOTAS

1. John K. Winkler, *John D.: A Portrait in Oils*, Nueva York, Vanguard, 1929, pág. 67. Winkler no aporta la fecha de la cita.
2. Matthew Josephson, *Edison*, Nueva York, McGraw-Hill, 1959, pág. 441.
3. Neil Baldwin, *Edison: Inventing the Century*, Nueva York, Hyperion, 1995,

págs. 408-411. Las propiedades de Edison en el momento de su muerte, en 1931, tenían un valor de 12 millones de dólares.

4. Edwin T. Freedley, *Practical Treatise On Business, Or How To Get, Save, Spend, Give, and Bequeath Money*, Filadelfia, Lippincott, Grambo and Company, 1853, pág. 193.

5. «Unstoppable Bill Gates», *Upside*, abril de 1992, págs. 74-75.

6. «Playboy Interview: Bill Gates», *Playboy*, julio de 1994.

7. «Playboy Interview: Bill Gates».

8. «Microsoft New Employee Orientation», vídeo de Microsoft, 1994.

9. Gordon E. Moore, «Cramming More Components Onto Integrated Circuits», *Electronics*, 19 de abril de 1965, pág. 115.

10. Gordon E. Moore, «Lithography and the Future of Moore's Law», en SPIE – The International Society of Optical Engineering, *Electron-Beam, EUV, and Ion-Beam Submicrometer Lithographies for Manufacturing: Proceedings*, 5 (1995), págs. 2-17.

En los últimos diez años, parece que los periodistas que tratan asuntos de tecnología no pueden resistirse a mencionar la ley, del mismo modo que los comentaristas políticos no dejan de introducir alguna cita de Tocqueville. Pero el período de tiempo que Moore predijo para el efecto duplicador experimenta con frecuencia una transformación en la venta al por menor. En ocasiones se ha dicho que la duplicación se produce cada dieciocho meses (una cifra a la que quizá se haya llegado al dividir la diferencia entre las predicciones de Moore en 1965 y en 1975), o cada tres años, o cualquier otra variación que se considere como autorizada. Para un ejemplo de la escuela de los «dieciocho meses», descrita erróneamente como la proyección de Moore antes de 1975, véase «The End of the Line», *The Economist*, 15 de julio de 1995, pág. 61. Gates adoptó el modelo de «cada tres años» al describir la Ley de Moore a un grupo de estudiantes universitarios en la década de 1980; véase Bill Gates, «The Future of Computing and the Direction of Microsoft», charla ofrecida en el Departamento de Ciencia de los Ordenadores de la Universidad de Washington, el 22 de octubre de 1987.

11. Moore, «Lithography and the Future of Moore's Law».

12. William H. Gates, «Next-Generation Software», texto escrito del discurso pronunciado en 1981 en el Rosen Research Personal Computer Forum.

13. Las referencias a Microsoft como una empresa «sólo de software» se incluyen únicamente por motivos de economía literaria y no son estrictamente exactas. Algunos de los productos de Microsoft que no son de software han incluido ratones, teclados y su primer producto de hardware, el SoftCard para ordenadores Apple II. No obstante, los productos de hardware nunca han supuesto un porcentaje lo bastante grande de los ingresos totales de la empresa como para cambiar su carácter de empresa de software.

14. Gates, conferencia ante ejecutivos, Universidad de Seattle, 25 de octubre de 1986.

15. Gates, conferencia ante ejecutivos.
16. «Mr. Software», *New York Times*, 25 de agosto de 1991.
17. Cuando Gates consideró este período desde la perspectiva de 1993, recordó que el problema de la piratería se hallaba relacionado con la frustración que sintieron los primeros compradores del ordenador Altair ante las deficientes placas de memoria vendidas por MITS. Según dijo Gates, copiar el software de BASIC que funcionaba en las máquinas fue una forma que se les ocurrió a algunas personas de vengarse de MITS. Véase Bill Gates, entrevista oral sobre su historia, con David Allison, de la Smithsonian Institution, 30 de noviembre de 1993.
18. Carta de Jim Warren, Jr., a destinatarios no citados, 10 de abril de 1976; sobre la copia archivada en la biblioteca de Microsoft, hay un saludo escrito a mano garabateado en la fotocopia, que dice «Querido Bill», y el documento aparece firmado por «Jim W.», pero ha desaparecido la inscripción escrita a mano por Warren y dirigida a Gates.
19. «Jim Warren: Tune In, Sign On, Fight the Feds», *San Jose Mercury News*, 20 de febrero de 1995.
20. William Gates, «A Trend Toward Softness», *Creative Computing*, noviembre de 1984, pág. 121.
21. Bill Gates, «Software Column», *Personal Computing*, mayo/junio de 1977.
22. Gates, «Next-Generation Software».
23. Nathan Myhrvold, memorandum de Microsoft, «Telling It Like It Is», 1993.
24. «Microsoft Booms as Creators of New Computer Software», *Seattle Post-Intelligence*, 21 de marzo de 1983.
25. Matthew Josephson, *Edison*, Nueva York, McGraw-Hill, 1959, pág. 66.
26. Thomas P. Hughes, *Networks of Power: Electrification in Western Society, 1880-1930*, Baltimore, Johns Hopkins University Press, 1983, págs. 28-29.
27. «Edison on College Men», *New York Times*, 6 de mayo de 1921. Para una lista de las 146 preguntas, con sus respuestas, véase «Here Is Edison's 4-Column Sheaf of Knowledge», *New York Times*, 13 de mayo de 1921.
28. «Edison on College Men».
29. «Edison on College Men». Edison también trataba de situar la responsabilidad por los decepcionantes resultados en los inadecuados métodos educativos empleados por las escuelas primarias. Véase «Edison Condemns the Primary School», *New York Times*, 7 de mayo de 1921.
30. «Can't Answer Edison», *New York Times*, 11 de mayo de 1921. Véase también «Edison's Questions Still Puzzle City», *New York Times*, 12 de mayo de 1921.
31. «Einstein Sees Boston; Fails on Edison Test», *New York Times*, 18 de mayo de 1921.
32. «No College Need Be Worried», *New York Times*, 11 de mayo de 1921.

33. Un ejemplo de la predilección de Ballmer por los golpes enfáticos queda ilustrado en una historia contada por una empleada de Microsoft, que recordó: «Cuando le conocí, entró en mi despacho y me preguntó: "¿Sabe lo que necesita saber, Lisa? Sólo necesita pensar en una cosa: ¡Windows, Windows y Windows!". Y empezó a golpear la puerta con tal dureza que empezaron a caer fragmentos de escayola del techo». Véase «He's Bill Gates' Best Friend, and He Can't Sit Still», *Journal American*, 7 de noviembre de 1993.

34. No tiene fecha ni título; archivada en la Cana 2946 de los archivos de Microsoft.

35. «Microsoft's Drive To Dominate Software», *Fortune*, 23 de enero de 1984.

36. Gates, conferencia ante ejecutivos.

37. Nathan Myhrvold, discurso pronunciado en TED 6, el 6 de febrero de 1995.

38. Cameron Myhrvold fue descrito en una revista de Silicon Valley, en 1995, como «realmente brillante» y un FOB (*Friend of Bill*, amigo de Bill); David Weise fue descrito por una fuente no identificada de Microsoft como «uno de los tipos más inteligentes que haya conocido nunca». Véase «Fifteen Notable Microsofties», *Upside*, abril de 1995, pág. 89.

39. Josephson, *Edison*, pág. 193.

40. Thomas P. Hughes, *Networks of Power: Electrification in Western Societies, 1880-1930*, Baltimore, Johns Hopkins University Press, 1983, pág. 26. Hughes sugiere que Upton fue indebidamente autodespreciativo; otro asociado de Edison, Francis Jehl, escribió en privado que fue «la mente destacada y erudita» de Upton, y no la de Edison, la que debería recibir el mayor crédito por aplicar la ciencia a los problemas de diseño de los primeros sistemas eléctricos.

41. «How Bill Gates Keeps the Magic Going», *Fortune*, 18 de junio de 1990. Para uno de los primeros ejemplos en los que Gates resaltó la importancia de aprender de la propia experiencia de la empresa al desarrollar el software, véase «Forum Looks to Future Software», *PC Week*, 8 de mayo de 1984.

42. Bill Gates, «Reading Remains Effective Way To Convey Details», *Star Tribune*, 19 de febrero de 1995. El propio Sloan no compartía el interés de Gates por los bucles de retroalimentación. En lugar de eso, resaltaba la delicada naturaleza de equilibrar los controles centralizados y descentralizados, y la superioridad de las decisiones tomadas en grupo, antes que por parte de ejecutivos individuales. Véase Alfred P. Sloan, Jr., *My Years With General Motors*, Garden City, NY, Doubleday, 1963, *passim*.

43. Reunión anual de Microsoft, 5 de agosto de 1994.

44. Para ejemplos de directores ejecutivos que estimulan a los empleados a enviar malas noticias hacia arriba, al mismo tiempo que las buenas, véase Mike Maples en el vídeo interno de Microsoft: «Managing Microsoft People», marzo de 1993, y Nathan Myhrvold: «The Audience Can Read: Tips and Techniques for Product Reviews & Presentations», memorándum de Microsoft, 18 de fe-

brero de 1996. El memorándum de Myhrvold fue dirigido a los empleados de Microsoft, a quienes pidió que recordaran los dos principios siguientes: «En Microsoft nadie ha sido despedido nunca por cometer un error honesto» y «En Microsoft no se ha ascendido a nadie que no cometiera antes unos pocos errores». Para los miembros del personal era mucho mejor admitir los errores en sus presentaciones y demostrar que podían «aprender de ellos», que tratar de mantener un pasado libre de errores. Adquirir la reputación de «no ser creíble» era lo más nocivo para la propia carrera.

45. Nathan Myhrvold, memorándum de Microsoft, «Notes on Application Development», 13 de julio de 1988.

46. Véanse los comentarios de Rob Aney, director de Servicios de Apoyo al Producto, de Microsoft, en «How To Get Developers To Listen to Tech Support», *Soft Letter*, 23 de abril de 1994.

47. Myhrvold, «Notes on Application Development».

Segunda parte

La casa

4

GRANDES ARCHIVOS

> La suma de la experiencia humana se está expandiendo a una velocidad prodigiosa, y los medios que utilizamos para abrirnos paso por entre el consiguiente laberinto hasta el asunto momentáneamente importante, siguen siendo los mismos que los que se utilizaban en los tiempos de los barcos a vela.
>
> Vannevar BUSH, director de la Oficina de Investigación Científica y Desarrollo de Estados Unidos, en *Atlantic Monthly* (1945)[1]

Las máquinas como auxiliares de la memoria, capaces de ayudar a los humanos a almacenar y recordar conocimientos, ese fue el papel que Vannevar Bush imaginó para las máquinas.[2] En su propuesta destacan dos ideas en particular. En primer lugar, toda la suma del conocimiento humano que ha encontrado expresión en letras de imprenta (es decir, todos los libros, revistas, periódicos, correspondencia), se puede convertir en una forma almacenada tan pequeña que todo el *corpus* podría quedar instalado en una máquina del tamaño de una mesa, de la que el individuo podría retirar y ampliar fácilmente la información deseada. Segundo, esa misma información puede ordenarse por índice, de formas múltiples y no literales, de modo que se facilite la rapidez y conveniencia de la retirada y ampliación de la información deseada. Los principales medios que Bush propuso para lograr su objetivo (una forma ultrapequeña de microfilm) resultaron no ser la vía más práctica para la miniaturización documental en la era del ordenador personal. No obstante, muchas de las ideas de Bush se anticiparon a desarrollos posteriores, desde su invitación a los lectores para que imaginaran las posibilidades («La *Enciclopedia Británica* podría quedar reducida al volumen de una caja de cerillas»)[3] y el correspondiente y espectacular descenso en los costes de copia, hasta su defensa de lo que llamó la «fotografía en seco» para captar imágenes, que se parece a la fotocopia actual. Aunque las herramientas actuales son más sofisticadas de lo que Bush imaginó, seguimos sin haber solucionado plenamente el problema de la aguja en el pajar de Bush: el de la retirada de la información cuando el pajar es enorme. Proponer que todo el mundo tuviera acceso, sobre la mesa del despacho, a copias idénticas de todo el pajar, reducido a una escala menor, pero totalmente intacto y con capacidad para buscar en él, fue una idea radical para su tiempo.

Desde nuestra posición privilegiada en el presente, la realización eventual del sueño de Bush sobre un acceso instantáneo a todo lo conocido, parece haber adquirido la forma de una biblioteca virtual en la World Wide Web, que los clientes visitarán mediante conexiones vía red de modo mucho más rápido que del que pueden proporcionar los actuales modems y equipos de conexión telefónica. Un paso intermedio que nos ha ayudado a avanzar hacia esa tierra prometida fue la introducción del CD-ROM, la fuente adaptada a partir de los discos compactos de audio.[4] Cuando se introdujeron en Estados Unidos, en el otoño de 1984, los CD-ROM ofrecían espacio para un pajar de información mucho más grande, 550 megabytes, del que se había podido disponer hasta entonces sobre una mesa de despacho. (Desde el primer día, los discos se llamaron CD-ROM, y nunca *Compact Disc-Read Only Memory*, o memoria única de lectura de disco compacto.) Cuando se introdujeron los CD-ROM, la gente utilizaba los ordenadores personales como glorificadas calculadoras y máquinas de escribir, con los que tecleaban, almacenaban, procesaban e imprimían sus propios datos. Los CD-ROM contribuyeron a desplazar la atención hacia la utilidad de los datos que otros hubieran reunido y seleccionado, y que los usuarios podían fragmentar y entremezclar para formar sus propios brebajes. Aunque los CD-ROM debían su nacimiento a la industria musical, nadie lo hubiera dicho a juzgar por los primeros que aparecieron: desprovistos de multimedia, sólo contenían texto. Uno de los primeros discos en llegar al mercado fue una enciclopedia que sólo contenía texto, adaptada de la *Academic American Encyclopedia* y ofrecida por Grolier (no contenía gráficos ni sonido debido a problemas técnicos no relacionados con la insuficiencia de espacio, pues la enciclopedia sólo ocupaba una quinta parte del CD-ROM).[5] La adaptación fue una creación de Gary Kildall, rival de software de Gates,[6] que antes había producido un sistema operativo para los ordenadores personales anteriores al de IBM, que cayó víctima de la entrada posterior de Microsoft. En 1985, Kildall adelantó de nuevo a Gates en este ámbito recientemente abierto de los CD-ROM, pero la ventaja que consiguió demostraría ser muy breve.

Si el juego se hubiera reducido simplemente a ver quién podía situar los primeros títulos en CD-ROM en las estanterías, Gates habría podido enviar a sus técnicos de desarrollo a verter bancos de datos de información sobre los discos con la mayor rapidez posible. Pero, en 1985, el negocio del CD-ROM no habría tenido fundamentos sobre los que florecer. Todavía había que ponerse de acuerdo sobre los tipos de ficheros y otras especificaciones técnicas, y los mecanismos motrices del CD-ROM eran penosamente caros. Con un precio inicial de 2.295 dólares, todavía costaban 1.000 dólares o más en una época en la que los lectores de CD audio, ostensiblemente similares, sólo costaban 150 dólares.

Aunque todo el mundo sabía que el precio de los lectores de CD-ROM bajaría en cuanto se alcanzara un volumen de producción lo bastante alto, los primeros compradores fueron pocos, y aún no estaba a la vista el ciclo virtuoso en el que el aumento de las ventas conduciría a la disminución de los costes, que fomentaba a su vez un nuevo aumento de las ventas. Los consumidores también se mostraban reacios a pagar elevados precios cuando no había prácticamente títulos en CD-ROM, y los técnicos de desarrollo del software vacilaban en desarrollar títulos mientras hubiera tan pocos clientes potenciales con lectores de CD-ROM, lo que retrasaba el despegue de otro ciclo virtuoso en el que consumidores y técnicos de desarrollo pudieran aumentar mutuamente sus cifras respectivas. A partir de su experiencia con el sistema operativo para los ordenadores personales IBM compatibles, el modelo de Gates imaginaba una maravillosa alquimia que producía software, consumidores y beneficios, siempre y cuando lograra establecerse un modelo claro que permitiera al software funcionar con marcas dispares de máquinas. No podía crearse un negocio con los CD-ROM sin haber completado antes los fundamentos de los modelos. No es por tanto sorprendente que Gates comprendiera que Microsoft podía tener un papel en esa tarea.

Las astutas decisiones que siguieron a la estrategia no fueron copias de las tácticas empleadas para asegurarse el dominio del mercado de los sistemas operativos. Alcanzar la posición destacada en el negocio naciente de los CD-ROM fue algo bastante más complicado, dado que no se disponía de un socio como IBM, que, por sí solo, habría facilitado poder asumir un papel destacado. La percepción de liderazgo fue más importante que cualquier otra medida tangible de cuota de mercado, y Microsoft se aseguró esa percepción al ofrecer un servicio nominalmente desinteresado, al patrocinar, en marzo de 1986, una conferencia para toda la industria del CD-ROM.[7] Fue la primera de esas conferencias y tuvo espíritu ecuménico, ya que se dio la bienvenida a todas y cada una de las partes interesadas. Al invitar a Gary

Kildall como ponente destacado, Gates evitó hábilmente toda acusación de partidismo, y al ser el anfitrión de las primeras reuniones, Gates, cuya empresa después de todo no había editado un solo título en CD-ROM, se convirtió en el *pater familias* de la industria del CD-ROM, y no Kildall, a pesar de que llevaba casi tres años trabajando con tecnología óptica.[8]

Supongamos que se organizara una fiesta para los interesados en el CD-ROM y nadie acudiera. ¿Qué sucedería? Aunque se había hecho publicidad de la conferencia con varios meses de anticipación, el interés mostrado fue decepcionante; hasta dos semanas antes de celebrarse la conferencia sólo se habían registrado 200 personas. No obstante, una repentina avalancha de solicitudes de última hora, muchas de ellas fuera de los Estados Unidos, permitieron que la asistencia alcanzara los mil asistentes previstos. Los últimos en registrarse tuvieron que ser rechazados. El temor a perderse una fiesta a la que todos los demás asistían impulsó a aparecer incluso a los recelosos. Gates había calculado perder dinero con el acto, pero con un registro en el que todas las plazas fueron vendidas, la conferencia le aportó otra agradable sorpresa. El acontecimiento parecía funcionar tan bien que, el último día, Gates decidió que lo que se había concebido como un acto único volviera a repetirse al año siguiente.[9]

Gates también demostró ser astuto al reconocer, en el momento en que apareció el CD-ROM, lo que él y otros de Microsoft no conocían. Comprendió intuitivamente que la plena explotación del medio exigiría habilidades completamente nuevas que aún tenían que diseñarse. Además, y a pesar de que veía las posibilidades técnicas del medio, Gates no estaba tan seguro de que pudiera crearse un negocio rentable con los CD-ROM, aunque estaba dispuesto a gastar una suma considerable de dinero para descubrirlo. En un momento determinado, le confió a uno de sus subordinados que estaba dispuesto a perder 200 millones de dólares para saber si existía un mercado. También comprendió que invertir en las primeras fases del proceso y cometer pronto los inevitables errores, sería bastante más barato que esperar a que se hubiera consolidado una multitud de competidores. Aprender sería mucho más caro cuando todo el mundo hubiera entrado en el juego.

La entrada de competidores era, por otra parte, la única forma de asegurarse una abundante variedad de títulos en CD-ROM y poner así en marcha el deseado ciclo virtuoso: los títulos atraerían a los compradores, que comprarían lectores de CD-ROM, lo que haría bajar los precios de éstos y así sucesivamente, permitiendo, con cada nuevo giro, que los vendedores de software consiguieran beneficios mayores. Microsoft trabajó con un grupo de representantes industriales de Sony, Philips, Digital, Apple y otras empresas, para acelerar el establecimiento de un solo formato de fichero que ayudara a la industria a dar el salto inicial. Microsoft también difundió la religión del CD-ROM entre las empresas de hardware, convenciéndolas para que ofrecieran a los consumidores no sólo lectores añadidos, sino también ordenadores personales con los lectores ya instalados y configurados. Microsoft deseaba transmitir el mensaje de que el CD-ROM no era simplemente una nueva tecnología, sino también una «plataforma», en la jerga de la industria de los ordenadores, un modelo a partir del cual podría venderse un nuevo conjunto de títulos de software. El mensaje no habría sido tan persuasivo si Microsoft no hubiera puesto en marcha una nueva unidad interna de negocio, el Grupo de Consumo del CD, dedicada a desarrollar títulos en CD-ROM. Su establecimiento constituía una demostración concreta de que Gates no se limitaba a hablar, sino que también actuaba. Según recuerda Tom Corddry, un directivo del grupo, en cuanto se difundió la noticia de que Microsoft empezaba a desarrollar sus propios títulos, otros editores tomaron buena nota: «Era como seguir a alguien en la ruleta en Montecarlo, para ver a qué número apuesta su dinero».

Ni Gates ni su Grupo de Consumo del CD estaban seguros de saber qué títulos deberían ofrecer primero, pero animó al grupo a abordar proyectos considerados hasta entonces como poco prácticos, gracias a la eliminación de las restricciones de espacio impuestas por los discos *floppy* estándar. Ahora que los CD-ROM permitían tener al alcance de la mano lo que Gates llamaba «grandes archivos», deseaba saber qué podía hacerse que no se hubiera hecho ya antes. La elección más natural fueron las obras de referencia de interés general, consultadas con frecuencia y, sin embargo, difíciles de manejar en su forma impresa convencional.

Una diminuta empresa de San Francisco llamada Cytation, fundada a finales de 1984 por Tom López, un antiguo ejecutivo de publicidad, había sido la primera en este campo, al obtener los derechos para verter en un CD-ROM que López tituló CD-Write, el *American Heritage Dictionary*, el *Roget's Thesaurus*, el *Chicago Manual of Style*, el *Bartlett's Quotations* y el *World Almanac*. Eso llamó la atención de Min Yee, el jefe de Microsoft Press. Dentro de Microsoft nadie poseía experiencia en el desarrollo de un título en CD-ROM y, en realidad, casi no había nadie fuera de la empresa que tuviera esa experiencia. Cuando Yee convenció a Gates para que comprara Cytation, logró la primera adquisición públicamente conocida de Microsoft. Tom López fue nombrado jefe de una nueva división de CD-ROM.[10]

Microsoft rebautizó CD-Write con el título de Microsoft Bookshelf y lo editó como el primer título en CD-ROM. Finalmente, se vendería bien, una vez que un número sustancial de usuarios de ordenadores hubieron adquirido lectores de CD-ROM, pero continuaron las dificultades técnicas, así como la incertidumbre sobre el negocio que obstaculizaban el desarrollo de una industria del software del CD-ROM. Aunque Microsoft compró Cytation en enero de 1986, la versión del Bookshelf de Microsoft no estuvo preparada hasta septiembre de 1987. Aun así, cuando se editó fue el segundo título de interés general en CD-ROM que aparecía en el mercado: éste y la enciclopedia de Gary Kildall constituían todo el catálogo de títulos disponibles.

Microsoft miró hacia atrás, con la esperanza de ver a otros seguir su camino, pero en aquel otoño y en la primavera siguiente no se anunciaron otros títulos. A Carl Stork, uno de los principales gurus de hardware de Microsoft, le preocupaba que si la escasez de títulos persistía hasta que se celebrara la tercera conferencia anual del CD-ROM, en marzo de 1988, podía llegar a cuestionarse la viabilidad de éste, los minoristas retirarían la promoción, los técnicos de desarrollo del software seguirían al margen y toda la cruzada se desmoronaría. Lotus Development, que por aquel entonces todavía era una empresa más grande que Microsoft, se mostraba prudente, diciéndole a Microsoft que había decidido esperar a ver cómo se comportaban las ventas del Bookshelf antes de comprometerse a editar sus propios títulos en CD-ROM. Tanto en este caso como en el más conocido de su lento desarrollo de programas para Windows, la pasividad de Lotus no se debía precisamente al deseo de disponer de recursos financieros superiores o a falta de invitaciones por parte de Microsoft.

Stork propuso una solución rápida y sucia al problema.[11] Si Microsoft recurría a fuentes de dominio público, o a su propia lista de títulos editados por Microsoft Press, soslayando así los problemas de obtención de derechos, podría editar una serie de títulos en CD-ROM en poco tiempo. Los títulos que Stork sugirió no fueron precisamente de los más atractivos (Tax Bookshelf, World Fact Bookshelf, Government Access Bookshelf), pero probablemente tenía razón al afirmar que Microsoft podía verter datos en seis discos en el término de seis meses («seis en seis» era el eslogan de Stork). Gates, sin embargo, rechazó la propuesta al parecerle poco atrayente: no habría acercado más a Microsoft al objetivo estratégico global que le había inducido a interesarse por el CD-ROM. Por lo visto, se disponía del potencial tecnológico para realizar cosas extraordinarias en el campo visual, cosas que era incapaz de hacer por sí solo el software de sólo texto, al que le faltaba la capacidad de espacio de los «grandes ficheros». Gates estaba convencido de que eran los añadidos multimedia los que ayudarían a satisfacer su desiderátum: convertir el hogar en un mercado para un software distinto al de la oficina.

Muy por delante de sus rivales, Gates comprendió que para crear un mercado para el hogar se necesitaría algo más que reducir los precios de los ordenadores personales y una serie de programas de «productividad» similares a los utilizados en la oficina. Como utensilio capaz de entretener, educar e informar, el ordenador personal tendría que superar las capacidades de otros medios instalados ya en el seno del hogar. La principal competencia de Microsoft no serían otras empresas dedicadas al desarrollo de software, sino la televisión. Con los «grandes ficheros» y tarjetas de sonido y vídeo, los ordenadores personales no sólo podrían igualar los sonidos y las imágenes de la televisión, sino que también podrían ofrecer capacidades interactivas y recordar los intereses y preferencias de los espectadores.

La idea de que un PC inteligente llegaría a suplantar a un estúpido aparato de televisión se difundió en el ámbito de los ordenadores personales en 1993 y 1994, pero, en 1985, Gates ya había empezado a exponer las razones con notable claridad. Cuando un entrevistador de *Metropolitan Home* le pidió a Gates que comentara cómo podrían utilizarse los ordenadores personales para apagar y encender aparatos eléctricos en el hogar, Gates mostró poco interés.[12] Tenía la impresión de que tales utilidades se encontraban todavía muy lejos; en su opinión, lo que ocurriría mucho antes sería que el ordenador personal se convertiría en el principal aparato del hogar para la obtención de información, con una imagen tan «rica» como la de la televisión («rica» es el adjetivo que Gates y otros colegas de la industria utilizan con frecuencia para describir imágenes, información, texto y experiencia situadas más allá de lo corriente). Y un ordenador personal estaba intrínsecamente mejor equipado para captar intelectualmente el interés del espectador y para permitir el control sobre los programas, un aspecto que la televisión nunca podría proporcionar. A modo de ilustraciones, Gates describía a menudo cómo los programas educativos ofrecerían autoexámenes interactivos, un énfasis que cabría esperar precisamente de un autodidacta con un vivo instinto de competencia. Según Gates, gracias a los CD-ROM, los nuevos programas serían tan atractivos que «uno va a participar, se va a poner a prueba y va a decir: "Soy una superestrella, probemos esto"».[13] Los programas serían tan cautivadores que los escolares podrían hacerse adictos, sugirió, para añadir: «Que un niño se haga adicto al ordenador personal creo que es mucho mejor que ver la televisión, porque de ese modo, al menos, su mente tiene que tomar decisiones».[14]

Al desvelar su visión del PC como el sucesor definitivo del aparato de televisión en el hogar, Gates admitió que sus ideas parecerían indudablemente muy alejadas en el tiempo, y que la mayoría de quienes le escucharan se mostrarían escépticos. Tampoco predijo que las ideas pudieran realizarse rápidamente; en 1986 dijo que podrían transcurrir ocho o diez años antes de que la mayoría de los hogares dispusieran de ordenadores personales con CD-ROM multimedia. Pero añadió: «Diez años no son tanto tiempo».[15] Gates podía adoptar una visión expansiva porque sabía lo suficiente sobre la historia del trabajo técnico que había precedido a la introducción de los CD-ROM como para darse cuenta de que ya se habían necesitado diez años para realizar sólo algunas de las cosas que se habían demostrado anteriormente en el laboratorio. También sabía que quienes habían desarrollado el CD de audio, el progenitor del CD-ROM, habían limitado intencionadamente la capacidad del CD para asegurarse el apoyo de la industria musical,[16] que la capacidad tanto de los CD como de los CD-ROM podría aumentarse, y por lo tanto terminaría por aumentarse, por un factor de diez o más.

Y, lo más importante, a mediados de los años ochenta, Gates comprendió que los CD-ROM no eran más que una manifestación de un cambio mucho más grande que permitiría el paso de la forma analógica de almacenar la información a la forma digital. No debe culparse a Vannevar Bush por no haber visto en 1945 que ese campo alejaría sus soluciones imaginadas de las del presente, especialmente porque el significado de ese cambio es algo que no se comprende bien, ni siquiera en la actualidad. Cuando se habla de información que se ha convertido en forma digital, los periodistas actuales utilizan a menudo la expresión «el lenguaje de los ceros y los unos», lo que pone un indebido énfasis en el vocabulario limitado de un sistema de base 2. *Digital* significa simplemente que la información se expresa sólo en dígitos numéricos. Eso no es más que una sutileza del vocabulario. Si vivimos en la época que hemos llegado a llamar la «Era digital», deberíamos prestar mucha más atención a lo que transmite realmente ese nombre y por qué ha resultado ser tan importante.

El microfilm en el que Bush pensaba en 1945 para almacenar información sirve para ilustrar las limitaciones inherentes de un medio predigital: una página de un libro, leída en microfilm, seguía siendo una reproducción proporcionalmente perfecta del original, reducida en una escala de 20:1. Aún se podía reducir más, Bush predijo que la reducción podría llegar hasta 10.000:1. Pero mientras se reprodujera la imagen en proporción, lo que es un método analógico, se alcanzaría finalmente un punto que ya no podría reducirse más y ser útil al mismo tiempo.

Otra deficiencia era que la imagen del microfilm era necesariamente muda, incapaz de proporcionar información adicional acerca de su contenido, que pudiera ayudar en la búsqueda. En la actualidad, cuando esa misma página es escaneada en un ordenador personal y las pautas de tinta se convierten en forma numérica, se abren una serie de posibilidades que no existen en la forma analógica: fácil traslado, reproducción, compresión, descifrado, transmisión y transmutación en otros medios que no tienen nada que ver con los libros. Estas y otras facilidades ahora familiares de la manipulación digital son posibles porque la información original se convirtió en representación simbólica, en numerales. Puedo asumir con toda seguridad que el número 5 de mi ordenador funciona de la misma manera que lo hace el número 5 en el suyo, que cualquier 5 es intercambiable con cualquier otro 5. En el mundo analógico, la forma en que se almacena la información no es intercambiable. Las marcas que indican el número 5 en el microfilm se tienen que mantener tal como están, en proporción invariable, para que conserven el significado que se tiene la intención de transmitir y eso limita gravemente cualquier alteración, mezcla o transporte del original. La importancia de la expresión digital se encuentra en esta flexibilidad y capacidad de transporte, no en el formato particular de los ceros y los unos.

Gates comprendió bastante antes que otros una ventaja decisiva más de apostar por un eventual triunfo del almacenamiento digital de la información sobre el analógico: el digital, al depender de la tecnología de los semiconductores, disfrutaría de las mejoras exponenciales de la Ley de Moore.[17] El mundo analógico no contaba con una ley similar que permitiera prever el aumento rápido, espectacular y continuo de la potencia y la disminución de los costes de la tecnología utilizada en los lectores de microfilm, los aparatos de televisión convencionales, los vídeos u otros aparatos análogos. Dejando aparte unos pocos temas especializados, lo analógico ha sido o será vencido por lo digital, como resultado de un desfase entre los respectivos índices de mejora que nadie puede solucionar. Por claro que parezca ahora el cambio general, las particularidades de su curso no pudieron predecirse tan fácilmente en la década de 1980. Así pues, nos equivocaríamos al considerar retrospectivamente la inversión precoz de Gates en los CD-ROM como un medio de crear y entrar en el mercado del software del hogar, como una propuesta de bajo riesgo.

Ciertamente, el atractivo del mercado del hogar no fue visible para muchos en el momento en que se celebró la primera conferencia sobre el CD-ROM. La mayoría de los asistentes no pertenecientes a Microsoft supusieron que los amplios bolsillos de los clientes empresariales, y no las compras de consumo de CD-ROM para su uso en el hogar, serían los que permitirían que esta tecnología llegara a ser un modelo aceptado, del mismo modo que los gastos empresariales habían apoyado el surgimiento de nuevas generaciones de chips de Intel. Se creía que los clientes empresariales utilizarían los CD-ROM como depositarios idóneos de datos financieros y de marketing, pero en realidad ellos no tenían necesidad de utilizar brillantes multimedia. Jim Seymour, articulista industrial y asesor, cuyos escritos a lo largo de los años se han mostrado sistemáticamente impenetrables al hiperbolismo empresarial, se equivocó en este caso al despreciar demasiado lo que Microsoft afirmaba que nos esperaba. Seymour admitió que la demostración en CD-ROM sobre ballenas, que Microsoft introdujo en la primera conferencia sobre el CD-ROM, era «deslumbrante». Pero la mezcla de texto, imágenes, diagramas y canciones cantadas durante la caza de la ballena, por técnicamente impresionante que fuera, no cambiaba el duro hecho de que el texto, por sí solo, era perfectamente suficiente para su uso en los negocios. Seymour dijo que a los usuarios empresariales no se les podía aplicar la regla de Thomas Wolfe: «No se puede regresar de nuevo a casa, al mundo del texto sencillo, después de haber visto lo que es posible con una integración efectiva de sonido, imágenes, movimiento y texto».[18]

Jerry Pournelle, un autor de ciencia ficción y articulista influyente en revistas de ordenadores personales como *Byte*, tampoco previó el éxito que llegarían a alcanzar los CD-ROM. A su regreso de esa primera conferencia, declaró haber asistido a «la última» conferencia del CD-ROM. Afirmó que no tardaría en introducirse un producto más nuevo,[19] uno que, aun cuando utilizara un disco con capacidades de almacenamiento similares a las del CD-ROM, se conectaría con un aparato de televisión, en lugar de con un ordenador personal. ¿Por qué había que comprar entonces CD-ROM? Pournelle consideró el CD-ROM como una tecnología que pronto quedaría obsoleta y que dependía de un PC, que no existía en la mayoría de los hogares.[20] No fue el único en predecir que el CD-ROM sufriría una muerte rápida, pero la predicción demostró ser errónea por la misma razón por la que Gates puso su fe en un brillante futuro para los ordenadores personales: los PC ocupaban una posición intermedia ideal entre los ordenadores inteligentes, pero caros, y los aparatos del hogar, relativamente baratos pero estúpidos. El PC era el aparato menos caro, infinitamente más adaptable, multipropósito y programable que se hubiera ideado. Si al ordenador personal se le privaba de su memoria, o de su capacidad para ser programado por su propietario, se reduciría el coste, pero también se perdería su ilimitada adaptabilidad. Un lector de CD conectado con un aparato de televisión no era una amenaza para un lector de CD-ROM conectado con un ordenador personal inteligente.[21] (Diez años más tarde, estos mismos temas reaparecerían cuando se recibieron con grandes expectativas las baratas terminales de Internet como aparatos con los que se podía sustituir el ordenador personal, como veremos en capítulos siguientes.)

En 1986 no resultaba fácil mantener la fe en que los consumidores se convertirían en el principal mercado para los CD-ROM, sobre todo mientras el precio de los lectores continuara siendo casi tan alto como el de todo un ordenador personal. En 1985, cuando Microsoft planificaba todavía su conferencia inicial sobre el CD-ROM, Gates razonó que aun cuando no existiera a la vista un mercado de masas, las impresionantes ventas de lectores CD de audio, similares en cuanto a mecánica y electrónica a los lectores de CD-ROM, y fabricados por las mismas empresas, proporcionarían también el volumen necesario para bajar los precios del CD-ROM. Eso, sin embargo, no sucedió tan rápidamente como se había esperado. Cada año, los directores de Microsoft escuchaban decir a Gates en la conferencia anual del CD-ROM que el año siguiente sería aquel tan esperado por todos en el que los precios bajarían y el CD-ROM terminaría por despegar, pero cada año llegaba y pasaba sin que se hubiera cumplido esa predicción. (El propio Gates llegó a sentirse tan disgustado con el ritual de declarar «Este será el año en que...», que lo eliminó de su discurso y, naturalmente, ese fue precisamente el año tan largamente esperado.) Los lectores de CD-ROM, todos los cuales se fabricaban en Japón, siguieron siendo escasos. Su precio en Estados Unidos se vio afectado por la espectacular apreciación del yen frente al dólar, que coincidió con estos acontecimientos. En 1988, el precio de los lectores seguía anclado entre los 800 y los 1.200 dólares.[22] Un analista calculó que en todo el país sólo se habían instalado unos 170.000, demasiado pocos como para atraer a los editores de software para que iniciaran el ciclo virtuoso que traería consigo a más consumidores.[23]

A finales de 1988, los ejecutivos de IBM comunicaron a Microsoft que deseaban probar de nuevo el mercado del ordenador personal del hogar; el humillante desastre del PC Jr., había sido la atracción principal de la incursión más reciente de IBM. Gates sugirió que se equipara el nuevo aparato con un lector integrado de CD-ROM y una tarjeta de sonido, convirtiéndola en una verdadera máquina multimedia. Ávido por restaurar la confianza del mercado en su capacidad para ser el líder de la industria,[24] IBM aceptó la sugerencia y se puso a diseñar lo que la empresa creyó que sería una máquina «matadora» para el hogar. Debía estar listo para la temporada navideña de 1990, con un atractivo precio de 1.500 dólares. Gates dedicó un equipo de ingenieros de diseño de Microsoft a trabajar con IBM, para asegurarse de que el sistema operativo de Microsoft funcionara bien con los añadidos multimedia.

Los temas de software resultaron ser los menores problemas del proyecto. El precio de venta al por menor de 1.500 dólares demostró no ser realista; recuérdese que el lector de CD-ROM se vendía, por sí solo, por más de la mitad de ese precio. El proveedor japonés que convenció a IBM de que podía suministrar lectores por sólo 200 dólares si se establecía un compromiso de compra suficientemente grande, también fue incapaz de hacerlo así. El precio estimado al por menor de la máquina ascendió rápidamente a los 3.000 dólares. Los dos grupos de IBM que compartían la responsabilidad sobre el proyecto, uno en Lexington, Kentucky, y el otro en Boca Ratón, Florida, parecían más preocupados por causarse daño el uno al otro. Ya en 1989 quedó bastante claro que el aparato no estaría preparado para las Navidades de 1990. No parecía probable conseguir un resultado satisfactorio.

Gates había nombrado a Rob Glaser su principal asesor multimedia; Glaser había entrado a trabajar en Microsoft en 1983, a la edad de 21 años, procedente directamente de Yale, con una diplomatura en ciencia de los ordenadores y una licenciatura y un máster en economía. Se sintió más atraído por Microsoft gracias a la inteligencia que observó en los empleados que lo entrevistaron. Lo mismo que Nathan Myhrvold y algunos otros, Gates le encargó responsabilidades ejecutivas poco después de que se uniera a la empresa, a una edad en la que sus colegas en otras empresas apenas si empezaban a perfilar sus carreras profesionales. Cuando la colaboración con IBM parecía dirigirse hacia el desastre, Glaser le sugirió a Gates que Microsoft lanzara lo que denominó un «virtual» para multimedia, que pudiera ser utilizado en todos los ordenadores personales compatibles con IBM, y no sólo con IBM. Gates le dio su aprobación.[25]

Proponer un modelo no hubiera tenido el menor sentido si no se convencía antes a los fabricantes de ordenadores para que modificaran sus diseños, de modo que los lectores de CD-ROM y las tarjetas de sonido pudieran funcionar adecuadamente con el sistema operativo Windows de Microsoft. Como quiera que Windows no se había diseñado para esta nueva funcionalidad, exigía algunas modificaciones poco elegantes. Ante la ausencia de consumidores que exigieran máquinas multimedia ya preparadas, no fue nada fácil convencer a los fabricantes para que se arriesgaran en ese mercado, a pesar de los muchos años de predicciones según las cuales esa realización era inminente. Glaser comparó el esfuerzo a organizar una fiesta a la que se invita a una serie de personajes famosos, a cada uno de los cuales se le atrae mencionando que algún otro tiene la intención de asistir. Describió el proceso del siguiente modo: «Whitney Houston acudirá si Barry Manilow está presente, y Manilow vendrá si Ken Griffey compromete su asistencia, mientras que Griffey dice que irá si va Houston». Así pues, a los fabricantes de ordenadores personales se les tuvo que engatusar, siguiendo para ello un orden concreto que reflejaba el entrelazamiento de alianzas y rivalidades. Y funcionó. Se logró convencer a ocho de los diez principales fabricantes de PC para que se unieran al proyecto.

Cada fabricante que se uniera al club multimedia de Microsoft tenía que contribuir con 250.000 dólares a una campaña de marketing que resaltaría la imagen del logo del multimedia ya preparado. Microsoft también contribuyó con servicios en especie, y aseguró a los vendedores de hardware que cumplía con su parte de crear una demanda de consumo para las máquinas, mediante la preparación de títulos de software multimedia. Pero, fuera de la vista del público, la campaña de Microsoft se vio afectada por sus propias peleas internas, no muy diferentes a las observadas dentro de IBM, aunque manifestadas de forma más suave. Las tropas que se habían colocado bajo el mando de Tom López cuando Microsoft adquirió su empresa se sentían tan descontentas con sus deficiencias técnicas y su estilo de dirección que plantearon abiertamente una revuelta. Gates obligó a López a abandonar la empresa para aplacar la rebelión, pero se sintió tan disgustado por la lucha interna dentro del grupo multimedia de Microsoft, que lo descompuso en fragmentos. Situó un subgrupo, que sería responsable de preparar los modelos relacionados con el hardware, dentro del grupo dedicado a desarrollar sistemas operativos, y colocó otro subgrupo, que sería responsable del desarrollo de títulos de software, dentro de la división de pequeños consumidores de la empresa.

Los persistentes altercados entre los dos grupos tendrían poco interés histórico si la tensión no hubiera dejado al descubierto algunas alternativas interesantes a las que se enfrentó Microsoft al tratar de crear un mercado de masas para los CD-ROM. Examinar esas tensiones también puede servirnos para disipar la idea de que Microsoft es un conjunto monolítico que transmite órdenes desde las alturas hacia abajo, a cada uno de los grupos internos.

Una fuente de desacuerdo tenía relación con la forma en la que Microsoft debía definir la configuración mínima de hardware para el ordenador personal multimedia. Si el mínimo exigía componentes baratos pero débiles, serían abrumadoras las considerables exigencias que el software multimedia planteaba a la máquina para retirar información, mostrarla o enviarla a los interlocutores. Unos componentes más potentes podían manejar técnicamente las exigencias del multimedia, pero la máquina sería entonces tan cara que no se vendería con el volumen necesario para crear un mercado de masas. Tandy,[26] el primer fabricante de ordenadores personales que se mostró dispuesto a comprometerse con la propuesta especificación multimedia de Microsoft, y también el fabricante de mayor éxito en la venta de máquinas compatibles con IBM dentro del mercado nacional, convenció a Glaser, que dirigía el área de sistemas multimedia de Microsoft, para que se dotara a la estructura de potencia de la máquina con el chip 286 de Intel, y no con el más potente y caro 386. Glaser, a su vez, pidió al grupo de Microsoft responsable de los títulos de software que acelerara su trabajo en el software multimedia. Este grupo, sin embargo, no estaba tan entusiasmado. Se hallaba lo bastante cerca del complicado trabajo en que se encontraba metido el grupo de sistemas como para saber que la integración del multimedia en el sistema operativo era dificultosa y sus progresos se veían obstaculizados por numerosos errores técnicos. Los títulos no podían realizarse sin herramientas del software, que aún estaban por desarrollar. Desde su punto de vista, ninguna chapuza ingeniosa permitiría que los títulos multimedia funcionaran satisfactoriamente con una máquina de poca potencia, cuyo corazón fuese un chip 286.

Al considerar ahora esta división interna, en una época en la que abundan los chips de Pentium con una potencia de procesamiento diez veces superior al 286, resulta difícil recordar lo poco potentes que fueron no sólo las máquinas 286, sino también las 386, con las que se suponía que debían funcionar las primeras versiones de Windows, con CD-ROM integrado y un sonido satisfactorio. En aquel entonces, ni el hardware ni el software de sistemas estuvieron realmente a la altura de su papel, y es una verdadera maravilla que los problemas de rendimiento de aquellos primeros ordenadores personales multimedia no terminaran por dar al traste con toda la campaña.

También es muy notable que Apple no explotara las tremendas ventajas técnicas de las que disfrutaba el Macintosh, mientras que el mundo del compatible IBM se esforzaba por integrar piezas multimedia que el Mac acomodaba con facilidad. Ya a finales de la década de 1980, los directores más jóvenes presionaban a John Sculley, presidente de Apple, para que introdujera el CD-ROM como parte integral del Mac. No obstante, los ingenieros de producto más antiguos de Apple consiguieron retrasar su introducción, argumentando que los medios ópticos capaces de escribir y de leer, pronto dejarían obsoleto el CD-ROM. Al no encontrar consenso, Apple vaciló y los años transcurrieron.[27] Si Sculley hubiera comprendido cómo podrían servir los multimedia como caballo de Troya para introducirse en el elusivo mercado del hogar, habría arrollado las interminables objeciones internas y convertido el CD-ROM en una de las ventajas características del Mac. Al retrasar su puesta en práctica durante los años que precedieron al despegue de las ventas de Windows, Sculley desaprovechó la mejor oportunidad para que el Macintosh, y no el compatible IBM equipado con Windows, se convirtiera en el ordenador dominante en el hogar.

Para ser justos, debemos recordar también que la importancia estratégica del mercado del hogar sólo se pondría ampliamente de manifiesto después de que los multimedia se convirtieran en la innovación técnica que entusiasmó a los compradores nacionales hasta el punto de llamar la atención de la industria de los ordenadores personales. Pero eso no sucedería hasta la temporada de Navidad de 1993. Mientras tanto, los rivales de software de Microsoft en el campo de los compatibles IBM, fueron tan lentos como Apple para detectar el cambio, e incluso cuando decidieron invertir en el desarrollo de títulos CD-ROM, lo hicieron convencidos de que los compradores potenciales serían las empresas, no los consumidores. En 1989, Jim Manzi, de Lotus, fanfarroneó al decir que la nueva división, Lotus One Source, proporcionaría estadísticas empresariales y financieras en CD-ROM, que podrían retirarse con el programa de hoja de cálculo 1-2-3 y su programa Agenda, para la retirada de información. Manzi predijo que esta combinación sería la fuente de un enorme crecimiento para su empresa: «El gran acierto será poseer el *interface* de datos a toda la información que utiliza la gente».[28]

Equivocado. El gran acierto sería controlar el atractivo de los CD-ROM en el mercado del hogar, algo que, ciertamente, no hacía Lotus. Tras haber intuido precozmente que los CD-ROM podrían ser la clave que desatara las ventas a los consumidores, el mayor desafío para Gates consistió en mantener la mirada fija en el mercado del hogar, a pesar de no disponer aún de datos de venta que confirmaran sus ideas. Como muchas otras empresas que ensayaban su presentación pública, Microsoft se preparó para soportar las preguntas hostiles de los no creyentes.[29] «Microsoft no cuenta con verdadera experiencia entre los consumidores. ¿Creen estar realmente equipados para comprender las necesidades del mercado?», preguntaba un hipotético entrevistador en un memorándum interno de 1990 titulado «Preguntas "hostiles" con respuestas preparadas». Microsoft preparó una respuesta triple. Disponía de algunos títulos de software dirigidos a los compradores del hogar, como el Simulador de Vuelo y el programa multipropósito Works. Estaba aprendiendo de Tandy. Podía abordar la satisfacción de las necesidades de los consumidores porque los ordenadores personales multimedia eran ordenadores, no juguetes, y la empresa comprendía «bastante bien» el mundo de los PC.

Microsoft se planteó también otra pregunta «hostil»: ¿por qué estarían dispuestos los consumidores a gastar un dinero extra en una máquina equipada con multimedia? La respuesta fue: porque «creemos que la gente no quiere limitarse a liquidar invasores del espacio o convertirse en calientasillones en su tiempo libre». Las enciclopedias multimedia, las guías de salud y los planificadores de viajes eran algunos de los títulos futuros que tendrían una amplia aceptación. Eso sonaba a Gates que, al comentar las inversiones que estaba haciendo la empresa en este campo, había dicho: «Espero que el entretenimiento pasivo no sea lo último que se haga en el hogar».[30]

En último término fue la fe lo que mantuvo la seguridad durante los años anteriores a la aceptación del CD-ROM por parte de los consumidores. Glaser y los otros directores de Microsoft, que supervisaron la prolongada campaña, aprendieron todas las lecciones que pudieron de la historia de la electrónica de consumo, conscientes de que por cada éxito (una grabadora en videocasette o un lector de disco compacto) parecía haber un fracaso (el videodisco o el sonido cuadrafónico). También eran conscientes de que los lectores de vídeo y CD disfrutaron de una ventaja que no tendría el ordenador personal multimedia: la programación que se había desarrollado a partir de otro medio. En el caso del ordenador personal, tales contenidos no se podían transferir mecánicamente al nuevo medio. Pero la historia también ofrecía algunos consuelos. En el inicio mismo de la industria del ordenador personal había un tiempo ya olvidado en el que los hogares constituían un mercado mucho más grande que las empresas. A finales de los años ochenta, el potencial virgen de un mercado nacional parecía sugerirse en la discrepancia entre los 20 millones de aparatos de televisión y 25 millones de estéreos portátiles vendidos en Estados Unidos en 1977, en comparación con el insignificante total de 1,4 millones de ordenadores personales vendidos en ese mismo año. El equivalente más cercano a un ordenador hogareño para un mercado de masas era la máquina de videojuego Nintendo,[31] pero sin teclado, memoria, potencia adicional de procesado y algo similar al CD-ROM para distribuir un gran volumen de información o de software, no podía ofrecer las capacidades para propósitos generales que ofrecía el ordenador personal. El hogar parecía ser el destino natural del ordenador personal equipado con multimedia, siempre y cuando pudiera desarrollarse un programa que desplegara sus capacidades de una forma tan atractiva que los compradores se olvidaran de los dolores de cabeza técnicos y dieran el salto.

NOTAS

1. Vannevar Bush, «As We May Think», *Atlantic Monthly*, julio de 1945, pág. 102.

2. Para un análisis que traza directamente la vinculación de la familia del ordenador personal de Macintosh con el ensayo de Bush, véase Steven Levy, *Insanely Great: The Life and Times of Macintosh, The Computer That Changed Everything*, Nueva York, Viking, 1994.

3. Bush, «As We May Think», pág. 103.
4. «Optical-Disk Storage», *PC Week*, 17 de junio de 1986.
5. Demostración de Gary Kildall en la Primera Conferencia Internacional sobre el CD-ROM.
6. Stewart Alsop, «Differing Visions: Gary Kildall and Bill Gates, *PC Magazine*, 10 de junio de 1986.
7. Gary Kildall afirmó más tarde que la idea de celebrar una conferencia sobre el CD-ROM había sido suya y que le mencionó sus intenciones a Gates, de pasada, cuando lo visitó en Seattle; Kildall se quedó atónito al recibir una invitación para la conferencia organizada por Microsoft. Stephen Manes y Paul Andrews, *Gates: How Microsoft's Mogul Reinvented an Industry – And Made Himself the Richest Man in America*, Nueva York, Doubleday, 1993, pág. 336.
8. Alsop, «Differing Visions». Los comentarios que hizo Alsop sobre Kildall y Gates fueron agudos: caracterizó a Kildall como poseedor de una «visión 20/20», pero Gates también tenía lo que Alsop llamó una «visión periférica» que le permitió no sólo reconocer la importancia de la nueva tecnología, sino también «cómo situar esa tecnología en el mercado y hacerlo a lo grande».
9. Aunque la conferencia se llamó «La Primera Conferencia Internacional sobre CD-ROM, patrocinada por Microsoft Corporation», la referencia ordinal era solamente una expresión de esperanza, no de planes concretos. En Microsoft nadie anticipó seriamente que pudiera haber una segunda conferencia si la primera hacía perder varios centenares de miles de dólares en costes irrecuperables.
10. «Microsoft Acquires a Compact Disk Firm», *Seattle Post-Intelligencer*, 22 de enero de 1986.
11. Carl Stork a Tom López y Bill Gates sobre el «programa 6 en 6», memorándum de Microsoft, 21 de octubre de 1987.
12. «The Met Grill», *Metropolitan Home*, julio de 1985, págs. 21 y 23.
13. Susan Lammers, *Programmers at Work*, Redmond, WA, Microsoft Press, 1986, pág. 89.
14. Lammers, *Programmers at Work*, pág. 89.
15. Bill Gates, conferencia ante ejecutivos, Universidad de Seattle, 25 de octubre de 1986.
16. Gates, conferencia ante ejecutivos.
17. Gates, conferencia ante ejecutivos.
18. Jim Seymour, «Standard Enlivens CD-ROM With Sound, Video», *PC Week*, 1 de abril de 1986, pág. 30.
19. El producto que utilizarían los televisores fue presentado con otro acrónimo molesto, CD-I (Compact Disc-Interactive, o disco interactivo compacto).
20. Jerry Pournelle, «CD-ROMs Are Facing a Limited Life Span», *Infoworld*, 17 de marzo de 1986.
21. El coste mucho más bajo de un lector de CD-ROM que funcionara con un aparato de televisión fue un concepto seductor. En 1986 se hizo creer al pro-

pio Gates que los lectores conectados con televisores producirían una proliferación del CD-ROM, junto con el ordenador personal. Le preocupó, sin embargo, que los consumidores tomaran erróneamente al lector de CD-ROM como un ordenador. «Sencillamente, no lo es, del mismo modo que el VCR, el fregaplatos y el teléfono no son ordenadores.» Gates defendió el desarrollo simultáneo del CD-ROM, tanto para el extremo superior, el PC, como para el extremo inferior, el lector dependiente de la televisión (que fracasó). Véase el prólogo de Gates al volumen publicado después de la primera conferencia sobre el CD-ROM: Steve Lambert y Suzanne Ropiequet (eds.), *CD-ROM: The New Papyrus*, Redmond, WA, Microsoft Press, 1986, págs. xi-xiii.

22. «CD-ROM Is Slow To Get on Track», *Seattle Post-Intelligence*, 23 de mayo de 1988.

23. Del segundo informe de valoración de la Optical Publishing Association, citado por Meta Nissley y Michael Schuyler, «Microsoft's CD-ROM Magicland: Two Conference Views», *CD-ROM Librarian*, septiembre de 1989. La autora del informe, Julie Schwerin, caracterizó 1988 como «el año de realización» de la industria editora del CD-ROM, aunque la opinión de Schwerin fue un poco prematura.

24. IBM también se resentía por esta época debido a su desastre del MicroChannel, un intento por establecer un nuevo estándar para los ordenadores personales en el que IBM había desarrollado su propia especificación, levantado la bandera y dirigido una marcha... que no fue seguida.

25. Glaser estaba más familiarizado que la mayoría de sus colegas de Microsoft con las manías de IBM, debido a que recientemente había trabajado en esa empresa durante un verano, mientras estudiaba.

26. Tandy sacó el primer MPC (Multimedia Personal Computer, u ordenador personal multimedia) para la temporada de Navidades de 1991; aunque Microsoft se había vuelto hacia Tandy para que dirigiera el camino hacia una máquina más accesible que aquella en la que IBM había estado trabajando, incluso la máquina de Tandy, con potencia insuficiente debido al chip 286, terminó por alcanzar un precio de venta al por menor de 3.000 dólares, el mismo precio que había consternado a Microsoft cuando trabajaba con IBM. Y se demostró que resultaba difícil bajar ese precio.

27. A Apple le fue difícil ver las posibilidades de negocio que había en el desarrollo de títulos CD-ROM destinados al mercado de consumo, y ello por una razón estructural: los encargados de desarrollar su software habían sido situados a propósito en un grupo aparte, en preparación de su desaparición. Al liderazgo ejecutivo de Apple le preocupaba la disminución de los márgenes para su negocio de hardware y otros temas más lejanos. Microsoft se encontraba en mucha mejor posición para percibir y actuar según las oportunidades que presentaran los títulos en CD-ROM, lo que no es más que otro beneficio añadido de su decisión original de concentrarse sólo en el software.

28. «Spreadsheet Rivalry Heats Up», *New York Times*, 17 de enero de 1989.

29. «Rude Questions – With Draft Answers», grupo de Sistemas Multimedia de Microsoft, borrador, 16 de agosto de 1990.

30. Gates, conferencia ante ejecutivos.

31. Nivel 1 SWAT Team de Microsoft, «Multimedia Level 1: Project Plan», memorándum de Microsoft, 3 de febrero de 1990.

5

BRITÁNICA, ADIEU

Parece extremadamente dudoso que [una enciclopedia en un ordenador] se desarrolle hasta el punto de que el comprador acabe prefiriendo alguna forma de costoso almacenamiento y retirada de información en lugar de un conjunto de libros hermosamente impresos e ilustrados.

Otto V. St. Whitelock, antiguo director editorial de Funk & Wagnalls, 1967[1]

En la actualidad, la enciclopedia más popular del mundo, la Encarta de Microsoft, se edita en un CD. Vendemos cinco veces más enciclopedias que World Book, que es la segunda enciclopedia más popular.

Bill Gates, en una conferencia en la Lakeside High School, 1995[2]

Hasta no hace mucho tiempo, en nuestros hogares teníamos únicamente enciclopedias impresas, en volúmenes encuadernados. El editor era muy probablemente un nombre augusto asociado exclusivamente al mundo de la enciclopedia (*Enciclopedia Británica** está en el negocio de las enciclopedias desde 1768). La enciclopedia se compraba a un vendedor que acudía al hogar, y no en una tienda de ordenadores. La forma mediante la que Microsoft entró en el negocio de las enciclopedias sin experiencia previa, para convertirse aparentemente de la noche a la mañana en la empresa de enciclopedias más grande del mundo, constituye una apasionante historia. Una trama en la que encontramos desde la superación de los numerosos inten-

*Título original, *Encylopædia Britannica*; trad. cast., SAPE, Madrid, 1995.

tos fallidos de los inicios y de la competencia o el rechazo de los modelos ya establecidos, hasta la creación de un mercado para los multimedia en los ordenadores domésticos o la estimulación del interés por otros títulos de Microsoft también destinados al consumo doméstico... y, como no, los jugosos beneficios que se ingresaron en las arcas de la empresa. Esta historia ejemplifica la astuta mezcla de inteligencia y habilidad empresarial que caracterizan a Microsoft, así como el profundo cambio que se ha producido en nuestra sociedad y que no todos saludan con alegría.

El sutil cambio sólo se ha puesto de manifiesto ahora, cuando las enciclopedias impresas al viejo estilo se encuentran en una situación desesperada. Naturalmente, los negocios tradicionales de Enciclopedia Británica o de World Book eran dirigidos por ejecutivos con mentalidad de vendedores, y no por eruditos dedicados al servicio público.[3] Los clientes de la enciclopedia tradicional eran en su mayoría padres víctimas de la ansiedad a propósito de la competencia académica a la que pronto tendrían que enfrentarse sus hijos, y que a menudo compraban la enciclopedia antes de que estos tuvieran edad suficiente para usar los libros. Pero aunque la enciclopedia impresa no pareciera ejercer influencia alguna en un hogar donde nunca se consultaban los libros comprados, su misma presencia era importante. Mientras acumulaba polvo, seguía susurrándole autorizadamente a todo aquel que entrara en la habitación que el conocimiento reside en el mundo del texto, un mundo cuyas dimensiones son vastas y profundas. Que nos limitemos a introducir un dedo del pie en su océano de texto, o que nos atraquemos hasta llenarnos el estómago, la enciclopedia es la obra donde tenemos que buscar aquello que no sabemos. A pesar de que el texto de la enciclopedia tradicional tenía sus interrupciones ocasionales, en forma de una fotografía aquí o un diagrama allí, la proporción de texto con respecto a la ilustración transmitía un mensaje subliminal inconfundible: el texto es el principal recipiente del conocimiento; todo lo demás es secundario.

Microsoft no trató de destruir deliberadamente esta primacía del texto en la enciclopedia. El eclipse del texto por parte de medios distintos al mismo, fue el resultado de la actitud y de las decisiones tácticas que se tomaron a lo largo del camino. La primera enciclopedia en CD-ROM, la de Gary Kildall y Grolier, estaba compuesta únicamente por texto y fue desarrollada cuando los ordenadores personales todavía tenían dificultades para manejar las ilustraciones, cuando las tarjetas de sonido eran desconocidas y los clips de vídeo en pantalla eran sólo un sueño.

Quizá la primera enciclopedia de Microsoft en CD-ROM habría sido también sólo texto si la empresa se hubiera apresurado a adquirir los derechos de una enciclopedia ya existente. En el verano de 1985, Min Yee se puso en contacto con el editor de la primera empresa elegida por Microsoft, Enciclopedia Británica, ofreciendo pagar un *royalty* por derechos no exclusivos para utilizar los contenidos de la enciclopedia, previo pago de un adelanto y garantizando unos mínimos beneficios. La historia podría haber sido algo diferente si la Británica hubiera respondido positivamente al planteamiento de Microsoft.

Pero la Británica se negó a negociar con Microsoft por temor a perder lo que su presidente consideraba como su «bien más valioso». Adelante, invitó a Yee, de Microsoft, imagine cuál es ese bien. «¿El contenido de la enciclopedia?», aventuró Yee. «No, mis vendedores», fue la respuesta. Si los vendedores de la Británica se enteraban de que un competidor iba a comercializar una nueva enciclopedia con contenidos idénticos pero en forma reducida, que sustituiría a los volúmenes impresos, abandonarían inmediatamente la empresa y se dedicarían a vender coches, en lugar de enciclopedias. Y sin vendedores no habría ventas. Fin de la historia.

No se trataba de un razonamiento descabellado. Indudablemente, una versión en CD-ROM disminuiría las ventas de los libros tradicionales, y las liquidaciones de derechos del editor del CD-ROM no serían suficientes para compensar la corriente de ingresos y los elevados beneficios de los que había disfrutado la empresa con las ventas de la enciclopedia impresa. El problema de este razonamiento, por lo demás impecable, era que asumía que la Británica podía evitar realmente una disminución de sus ventas actuales rechazando ofertas de editores de software como Microsoft, protegiendo su franquicia al ignorar deliberadamente la nueva economía de la información introducida con el advenimiento del CD-ROM. Desde un punto de vista retrospectivo, podemos ver en el razonamiento de la Británica la falacia de que los consumidores seguirían dispuestos a pagar la prima que tradicionalmente les había impuesto la Británica por el privilegio de tener acceso al texto de la enciclopedia.

Diez años más tarde, el espectacular descenso de ventas había hecho que la Británica cayera estrepitosamente de su pedestal. La Británica cedió finalmente y editó su primer paquete en CD-ROM, a un precio de 995 dólares, un orden de magnitud más caro que otras enciclopedias en CD-ROM. Pero esa fue una respuesta tan timorata como tardía ante los cambios que se habían producido en el negocio, y demasiado cara para convertirse en producto de un mercado de masas. Para entonces, la empresa ya se encontraba en una delicada situación financiera[4] y poco después fue vendida a un grupo inversor suizo. En 1996 despidió a su equipo de ventas. Microsoft y la aparición del CD-ROM plantearon a una empresa como la Británica una alternativa terrible: estaba condenada si sustituía su principal producto por una tecnología que reducía espectacularmente los costes de producción y, en consecuencia, ponía en peligro a su personal de ventas; pero también estaba condenada, tal como descubrió dolorosamente, si no cooperaba en el desarrollo del nuevo medio.

Naturalmente, incluso después de haberse asegurado los derechos sobre los contenidos de una enciclopedia ya existente, el pequeño grupo de Min Yee en Microsoft, al que Bill Gates había encargado la responsabilidad de desarrollar una enciclopedia, siempre daría prioridad a los elementos multimedia. En una empresa de software, los gráficos ilustrativos y los complementos de audio no habrían sido meros aditamentos al texto, sino que serían el plato principal, aquello que permitiría a la enciclopedia multimedia de Microsoft distinguirse de la forma impresa tradicional. Pero sin un cuerpo de texto previo con el que trabajar, resultaba difícil imaginar cómo debía desplegarse exactamente la oferta multimedia.

Transcurrieron los años y el grupo de desarrollo de la enciclopedia produjo bien poca cosa. En 1988, tres años después de que la Británica hubiera rechazado la primera oferta de Yee, la enciclopedia de Microsoft en CD-ROM seguía sin acabar de definirse. Se había llegado a la poco acertada idea de que la organización sería temática. Microsoft editaría cada año un disco diferente; este año Historia, al año siguiente quizá Arte, y los compradores se suscribirían a la serie como los miembros de un club del libro. Pero mientras la estrategia siguiera siendo ambigüa no podía iniciarse la verdadera codificación... y los otros editores de software empezaban a saltar al mercado.

Cuando Microsoft también se vio rechazada por World Book, el otro editor de renombre en el campo de las enciclopedias, la empresa de software no consideró ni por un momento la idea de desarrollar a partir de la nada un texto propio para una enciclopedia, lo que suponía contratar a un gran equipo editorial y encargar artículos a nombres distinguidos. Emprender tal aventura habría sido muy caro, y todavía no estaba claro el éxito económico. En lugar de eso, Microsoft decidió seguir buscando en sentido descendente entre una lista de editores de enciclopedias hasta que pudiera encontrar a alguien dispuesto a venderle la licencia, lo que finalmente se concretó en forma de Funk and Wagnalls. Esta elección sirvió, además, para minimizar la importancia relativa del texto en la enciclopedia multimedia. El hecho de que a Microsoft le pareciera necesario negociar el derecho a reescribir los artículos de la enciclopedia de Funk and Wagnalls, dice mucho acerca de la consideración que le merecía la calidad de sus contenidos. Microsoft también sabía que no podía comercializar su propia enciclopedia contando con la fuerza del reconocimiento popular del nombre de

Funk and Wagnalls; razón de más para resaltar los elementos gráficos que se añadieron a la enciclopedia.

En 1989, cuando Microsoft recibió las cintas que contenían el texto de Funk and Wagnalls, descubrió que su nuevo socio no había limpiado las cintas y eliminado los códigos internos, tal y como había prometido en el contrato. Algunos directores de Microsoft presionaron para reabrir la cuestión de quién debería suministrar el texto para la enciclopedia multimedia, y se envió una nueva delegación a World Book. Peter Mollman, el presidente de World Book Publishing, escuchó la proposición con cierto interés. Microsoft ofrecía invertir entre siete y doce millones de dólares a lo largo de los dos años siguientes para desarrollar una enciclopedia multimedia basada en el texto de la World Book, pero en aquellos momentos la empresa no necesitaba fondos. Mollman comentó de pasada lo poco que tenía que invertir anualmente para actualizar y mantener la fuente principal de sus ingresos. (Los representantes de Microsoft quedaron asombrados al enterarse de la cifra tan pequeña que se necesitaba para mantener al día el producto, pero habrían podido observar el mismo fenómeno dentro de Microsoft, en los grupos del Word o del Excel, donde sólo se necesitaba un equipo de unas pocas docenas de personas para actualizar programas maduros que aportaban cientos de millones de dólares anuales a las arcas de la empresa.)[5] Mollman señaló que el equipo de ventas a comisión de World Book, compuesto por más de 25.000 representantes, suponía un problema para la empresa, y se preguntaba cómo se podía comprimir en un CD-ROM una verdadera enciclopedia multimedia. Microsoft contestó que consideraría el tema con una mentalidad abierta,[6] y que quizá se tuvieran que ofrecer varios discos.

Después de esta reunión, y en una oferta formal que Microsoft presentó a World Book para crear una asociación, esgrimió una serie de argumentos ingeniosos. Según el razonamiento de Microsoft, una enciclopedia multimedia ayudaría a World Book a llegar a los consumidores de altos ingresos reacios a recibir a un vendedor en su hogar, y le permitirá utilizar las tiendas al por menor para distribuir la enciclopedia, sin afectar por ello a la imagen del producto. Anticipándose a la objeción de World Book de que la enciclopedia en CD-ROM perjudicaría a las ventas de su enciclopedia impresa, Microsoft había preparado dos respuestas (poco sólidas):[7] la investigación de Microsoft indicaba que las escuelas y bibliotecas seguirían comprando las versiones impresas (de un modo revelador, no se hizo mención alguna del porcentaje que representaban las ventas actuales en este segmento del mercado), y expuso el hecho de que «varios padres han mencionado que consideraban este producto como un valioso complemento a sus enciclopedias, no como un sustituto».

No obstante, la principal baza que Microsoft jugó ante World Book fue su razonamiento estratégico, que muestra su capacidad de asegurarse y defender una posición dominante en el mercado y la astuta manera en que supo aprovechar la experiencia histórica para plantear su propia estrategia. «Los que dan inicio a un nuevo medio generan unos ingresos desproporcionadamente elevados, y alzan fuertes barreras a la entrada de competidores en la industria del software», explicaba su propuesta a World Book.[8] Esa regla aplicaba a todos, como Microsoft con el Excel para Macintosh, o Lotus con 1-2-3 para los ordenadores personales de IBM. (El mismo fenómeno volvería a funcionar en favor de Microsoft cuando Windows presentó un nuevo «medio». Microsoft actuó con rapidez y Lotus prefirió no hacerlo, a pesar de los ruegos de la primera para que Lotus se desarrollara para Windows. En la siguiente etapa, Excel se aseguraría el liderazgo, desplazando a 1-2-3, que se encontró en la posición de aspirante, a la que no estaba acostumbrado.) Microsoft le dijo a World Book que IBM estaba preparando un ordenador personal que sería «optimizado» para multimedia y que se pondría a la venta a finales de 1990. Las investigaciones de mercado sugerían que no menos del 50 por 100 de los compradores del nuevo ordenador comprarían una enciclopedia en CD-ROM, y que aquel era el mejor momento, en 1989, para estrecharse las manos y prepararse para vender a esos primeros clientes y asegurarse de ese modo una posición dominante.

World Book puso pegas, y Microsoft volvió a trabajar con el texto de Funk & Wagnalls. La clase de elementos multimedia que debían incluirse junto con el texto siguió siendo motivo de feroces enfrentamientos. Se consumió más tiempo en reelaborar posibles diseños de pantalla y transcurrió otro año sin que se lograra gran cosa. Por decepcionante que fuera el progreso técnico del proyecto, éste avanzaba de modo impresionante. Gates, naturalmente, había aportado el estímulo original para que su grupo desarrollara la enciclopedia multimedia en CD-ROM. En 1985, la consideraba como un producto de un «precio elevado y elevada demanda» que podía convertirse en otro Word o Excel. Cuando el grupo multimedia se desvió hacia ideas menos ambiciosas (en un momento dado, habían llegado incluso a abandonar el proyecto de la enciclopedia general en favor de una enciclopedia de rock and roll), Gates los salvó del naufragio y sugirió que reflexionaran más sobre las herramientas de software que se necesitarían para crear un verdadero producto multimedia.

Mientras tanto, se redefinió el negocio que se podría hacer al continuar con este proyecto. Un memorándum de estrategia interna de 1989[9] señalaba que las enciclopedias eran un producto singular en términos de precio. Los consumidores estaban acostumbrados a pagar de 5 a 75 dólares por un diccionario, de 5 a 40 dólares por un almanaque, pero de 500 a 1.500 dólares por una enciclopedia. «Ningún otro producto de interés general, en ninguna otra categoría y ningún otro medio, tiene un precio establecido por persona que se acerque mínimamente a este.» Y, a diferencia de Microsoft, sus competidores, que ya estaban en el negocio de las enciclopedias, no podían permitirse desbaratar su volumen de ventas. Si decidían sacar un producto en CD-ROM, tendrían que cobrar un precio elevado porque no podían permitirse rebajar la versión impresa de su propia enciclopedia. Microsoft, en cambio, podría fijar tranquilamente un precio lo bastante bajo como para que el consumidor comprara la enciclopedia por impulso, y concentrarse después en las sucesivas actualizaciones, que reportarían el grueso de sus ingresos. Una opción que no tenían Británica o World Book.

Esta hipótesis estratégica, diseñada en 1989, se anticiparía sorprendentemente a los acontecimientos que tuvieron lugar a mediados de la década de los noventa. Pero mientras tanto, en 1990, el consejo de directores de Microsoft exigió que se cancelara el proyecto de la enciclopedia que, por lo que ellos sabían, ya estaba en marcha. El consejo, que habitualmente era un órgano que se limitaba a ratificar lo que Gates deseaba, se agitaba de vez en cuando con un cierto atisbo de independencia, y en 1990 se dio una de esas ocasiones. No consideraban muy acertado que Gates hubiera decidido cinco años antes invertir millones de dólares en el desarrollo de los CD-ROM y en tratar de abrir el mercado del hogar. De alguna manera, preguntaba: «¿Qué estás haciendo, Bill? ¿Cuándo vamos a ver los beneficios sobre esta inversión?». Desde su punto de vista, continuar a la caza de un mercado que no existía era una distracción que le salía cara a la empresa. El consejo tuvo su oportunidad de volver a dirigir a la empresa hacia sus objetivos básicos cuando se le pidió que aprobara la inversión minoritaria de Microsoft en una editorial británica de libros con abundante material gráfico, Dorling Kindersley, a la que Min Yee había propuesto como una forma de asegurarle a Microsoft un flujo continuo de material para CD-ROM en futuros títulos destinados al mercado del hogar. En el consejo, Yee no era visto con muy buenos ojos. Era un personaje pintoresco que, a pesar de ser vicepresidente, no estaba imbuido del sobrio decoro corporativo. (Quizá los miembros del consejo se habían enterado de la propuesta de Yee para un primer título en CD-ROM llamado «Sexualus»,[10] que el mismo Yee describió como algo que abarcaría el sexo «desde la A a la Z, o incluso desde la B a la D, desde bidets a De Sade».) Gates defendió la propuesta de Yee de invertir en Dorling Kindersley como una fuente de material para los CD-ROM. De mala gana, el consejo aceptó la compra pero se le adviritió a Gates que, si realmente deseaba esa inversión, haría mejor en reorganizar sus tropas y ponerlas a trabajar en posibles títulos, en lugar de seguir malgastando dólares en la enciclopedia. Gates aceptó esas condiciones y el proyecto de la enciclopedia se detuvo. Así pues, Microsoft desaprovechó esta maravillosa y estratégica oportunidad de plantar su bandera en una nueva y prometedora categoría de aplicaciones de software.

El proyecto de enciclopedia en CD-ROM se habría arrastrado indefinidamente de no haber sido revitalizado, prácticamente en solitario, por un joven director de producto llamado Craig Bartholomew. Su trabajo consistía en convencer a los fabricantes de ordenadores de que unieran el software del Bookshelf de Microsoft (el diccionario, *thesaurus* y otros libros de referencia en CD-ROM) a los ordenadores personales que vendían. Fueron tantos los fabricantes de PC que le dijeron que lo que realmente deseaban era poder incluir una enciclopedia de Microsoft, que terminó por redactar un largo memorándum implorando a sus superiores que reconsideraran su decisión de aparcar el proyecto de la enciclopedia. El memorándum fue subiendo, hasta que llegó a Gates, quien quedó convencido de la necesidad de volver sobre el tema con el consejo de directores.

Una vez más, el funcionamiento interno de Microsoft no coincidía con la imagen que se tenía de la empresa como una extensión robótica de Gates. Jon Shirley, presidente de la empresa y miembro del consejo de administración, se opuso de modo estentóreo a Gates en este tema. Microsoft iba a invertir una fortuna en Dorling Kindersley. Para él, era una estupidez seguir invirtiendo también en aquel pozo sin fondo del CD-ROM, un ámbito en el que la empresa todavía no había visto un solo dólar de beneficio. Pero el memorándum de Bartholomew le había proporcionado a Gates un aliado frente a esta conocida objeción. No se enfocaría el proyecto como si se tubiera que crear la enciclopedia a partir de la nada, como se había hecho anteriormente. La estructura de Bookshelf permitiría que se desarrollara con rapidez. Se tomaría el texto de Funk and Wagnalls, se añadirían unos pocos miles de ilustraciones y algo de audio y se sacaría rápidamente al mercado como muestra. Mientras tanto, la empresa podría trabajar en una enciclopedia multimedia con cara y ojos, construida desde el principio alrededor de los elementos gráficos, utilizando como núcleo el material de Dorling Kindersley.

El presupuesto para esta primera enciclopedia rápida[11] sería modesto porque sólo se necesitaría un nuevo código pequeño. Se limitarían a verter el contenido sobre la estructura ya existente y tendrían una enciclopedia en CD-ROM en un año. Gates recordó al consejo de directores que habían transcurrido aproximadamente seis años desde que la empresa empezara a hablar por primera vez de una enciclopedia en CD-ROM, y les convenció de que este nuevo enfoque les permitiría disponer de un producto terminado en un año. Aunque la postura de Gates prevaleció sobre la de Shirley, el consejo exigió obstinadamente que el presupuesto fuera pequeño.

Bartholomew, un hombre de hablar suave, con una preocupación erudita por los detalles, se convirtió en el director del pequeño grupo que llevaría esa enciclopedia al mercado.[12] El proyecto de 1991 aguanta bastante bien un análisis retrospectivo. Bartholomew supo prever el atractivo de una enciclopedia en CD-ROM de interés general, con un precio muy inferior al de las enciclopedias impresas, y sólo se equivocó por ser un poco demasiado conservador en sus previsiones.

Pero el éxito que Bartholomew auguraba para la enciclopedia, llamada finalmente Encarta, no era visto con tanta claridad por otros en Microsoft. Los empleados siempre procuraban introducirse en los grupos con más brillantes perspectivas de expansión, y los más listos consideraban el grupo Multimedia Publishing, al que pertenecía Encarta, como un lugar que era preciso evitar. Dentro de la empresa se conocía muy bien el fracaso en el desarrollo de una enciclopedia durante los seis años anteriores. ¿Quién podía estar seguro de que no se despilfarrarían otros seis años en esfuerzos improductivos? Tanto se difundió la idea de que el proyecto de la enciclopedia era un atolladero capaz de acabar con las aspiraciones profesionales de cualquiera, que uno de los empleados llegó a decir que cuando Encarta pudiera navegar ya habría «viajes espaciales intergalácticos».[13] Hasta octubre de 1991 el «personal» a tiempo completo dedicado a Encarta estuvo compuesto por un total de cuatro puestos y medio de trabajo.

Incluso dentro del grupo multimedia, el apoyo a Encarta fue ambiguo, en el mejor de los casos. Rob Glaser creía que el principal obstáculo para convencer a los fabricantes de ordenadores para que añadieran características multimedia a sus máquinas era la notable escasez de títulos en CD-ROM.[14] Deseaba que Microsoft dedicara sus esfuerzos a desarrollar títulos en categorías que los competidores todavía no hubieran cubierto. Compton acababa de sacar la primera enciclopedia «multimedia» en CD-ROM. Como división de la Británica en aquella época, Compton permitió a que esta experimentara con el nuevo medio sin poner por ello en peligro su propia enciclopedia. Pero el experimento se llevó a cabo de manera muy tímida; el CD-ROM de Compton tuvo inicialmente un precio de 895 dólares. Para Glaser, que pensaba en las otras muchas categorías de títulos en CD-ROM que ningún otro editor de software había sacado al mercado, Microsoft cometía una estupidez al dedicar el dinero y la atención a un producto ya puesto a la venta, que no ayudaría a la causa más imporante de difundir los miltimedia lo antes posible.

El proyecto también tuvo una fría acogida fuera de Microsoft. Cuando Bartholomew y otros del grupo multimedia trataron de contratar a editores experimentados de los mundos del libro y del periodismo, Microsoft fue rechazada, y eso quizá contribuyó también a reducir el espacio que ocuparía el texto en el producto final. Para los profesionales experimentados en la edición, una empresa de software como Microsoft era desoladoramente ignorante en cuestiones básicas de edición. ¿Qué futuro profesional podía haber en una empresa tan lamentable y evidentemente neófita en la edición? Greg Riker, un alto ejecutivo que supervisó a Bartholomew durante el relanzamiento de Encarta, se reía años más tarde al recordar las dificultades iniciales para conseguir editores y escritores expertos. En 1995, en cambio, los periodistas le llamaban a diario solicitando un puesto en Microsoft, quejándose de que sus jefes de entonces «no se movían lo bastante rápido», o afirmando que en las empresas donde trabajaban no había «acción». Esas mismas personas se habían burlado cinco años antes de las súplicas de Microsoft para que pasaran a formar parte de la empresa.

Un experto que conocía tanto el negocio de las enciclopedias como el potencial que había en la aventura de Microsoft era Peter Mollman, presidente de World Book, con el que Microsoft había intentado infructuosamente negociar los derechos para utilizar su texto. Descontento con la lentitud con la que World Book desarrollaba una versión multimedia de su enciclopedia, Mollman decidió jubilarse. Microsoft no perdió ni un momento: en 1991 lo contrató como asesor y en 1992, bajo la experta mirada de Gates, pasó a formar parte de la empresa a tiempo completo.

Gates era demasiado inteligente como para aplicar invariablemente una fórmula que valorara la juventud por encima de la experiencia. Mollman no sólo había sido presidente de una empresa que estaba a punto de convertirse en una rival directa de Microsoft, sino que también había sido un ejecutivo de la industria editorial cuya perspectiva sobre la revolución electrónica se remontaba hasta muy atrás. Mollman contaba con orgullo cómo había supervisado la producción del primer libro compuesto digitalmente cuando era un ejecutivo de Harper & Row, en 1967. Tener a alguien como Mollman junto a jóvenes como Gates, Bartholomew y Riker, hizo que Microsoft fuera aún más formidable. Ahora, si algún otro empleado de Microsoft con menos experiencia en la industria dudaba de la rentabilidad del negocio de las enciclopedias, Mollman estaba a mano para explicar que, en 1985, cuando Warren Buffett extendió un cheque por importe de 450 millones de dólares por la compra de World Book, recuperó su inversión en aproximadamente un año y medio.[15] Cuando Gates, crónicamente preocupado, mostró su temor a que Enciclopedia Británica o World Book pudieran aplastar a

Encarta, Mollman le explicó con todo el detalle que sólo un experto podía poseer, por qué eso era imposible: porque aquellas dos empresas tradicionales de enciclopedias tenían demasiado miedo a alienarse a su equipo de ventas. «Es un famoso principio de escuela de económicas, ¿verdad? —concluyó Mollman—. Nadie introduce grandes cambios hasta que ha ocurrido el desastre..., nunca antes.»

Cuando Mollman estaba en World Book, los costes de las ventas por cubierta suponían el 48 por 100 de los ingresos. La mayoría de esos costes se componían de comisiones, lo que significaba que el coste relativo de sostener un equipo de ventas a comisión no era en realidad diferente al «coste» que pagaba una empresa de software como Microsoft cuando en las tiendas se vendía su software. El editor del software sólo recibía neto aproximadamente la mitad del precio de venta al por menor. Así pues, si el coste de distribuir sus productos respectivos a los clientes se llevaba un mordisco similar del precio de venta al público, ¿cómo podía Microsoft reducir el precio de modo considerable con respecto a World Book y Británica? Destacan dos razones fundamentales.

Microsoft podía ser mucho más barata que la competencia debido principalmente a que el coste de fabricación de un disco compacto era casi nominal, cifrado en aquel entonces en unos dos dólares, mientras que el coste de imprimir y encuadernar una enciclopedia de varios volúmenes oscilaba entre los 110 y los 130 dólares por juego. El medio electrónico también suponía un tremendo ahorro, al permitir cambios editoriales sin aumentar significativamente los costes. Los cambios hechos durante la actualización anual de una enciclopedia impresa exigían una costosa recompaginación y tener que hacer juegos malabares con el material para acomodar los añadidos, sin aumentar las páginas del volumen. Mollman dijo que la mitad de los 3,5 millones de dólares que World Book gastaba en actualizar anualmente su enciclopedia se empleaba en podar material antiguo (una tarea conocida como «control de espacio») y en recompaginar páginas para dejar espacio a nuevo texto. Mientras World Book vendiera un juego encuadernado en vinilo por 649 dólares, 899 dólares encuadernado en cuero, con ayuda de una eficaz pregunta que despertaba sentimientos de culpabilidad en los padres: «¿Acaso sus hijos no valen dos dólares diarios?», podría cubrir de sobras esos altos costes de fabricación, comisiones y otros gastos, y aún obtenía un bonito beneficio neto de aproximadamente el 5 por 100. Pero este modelo de negocio no estaba preparado para la aparición de un competidor capaz de fabricar el equivalente de un juego completo por aproximadamente el 2 por 100 del coste del antiguo método.

La otra razón por la que Encarta podía desmarcarse espectacularmente del precio de la competencia impresa era el diferente modelo editorial que proponía de modo inconsciente, y que conllevaba ciertas consecuencias culturales y económicas. Cuando Mollman estaba en World Book, su empresa mantenía un equipo editorial a tiempo completo de 35 personas; cuando Encarta se desarrolló, Bartholomew contó con un equipo editorial a tiempo completo de una sola persona (con unos 20 a 25 más que trabajaban por libre). A primera vista, es posible que la comparación no parezca totalmente justa. Después de todo, Microsoft había adquirido los derechos de un texto enciclopédico supuestamente completo. ¿Por qué necesitaría mantener entonces un gran equipo editorial? De hecho, en un principio estaba contractualmente prohibido cambiar los artículos y el texto debía dejarse tal como se había adquirido a Funk & Wagnalls. Pero hay que tener en cuenta una vez más que, por aquel entonces, World Book no estaba tampoco por la labor de crear una enciclopedia. Lo único que hacía eran tareas de mantenimiento y, probablemente, a principios de los años noventa no tenía más necesidad que Microsoft de mantener un gran equipo editorial. En ambos casos, eran los asesores externos y no los empleados, los que se dedicaban a redactar la mayoría de los nuevos artículos. El personal de World Book velaba por la calidad del texto y por conservar el respeto del educador y de los recensionistas de las bibliotecas. Si alguien cuestionaba la fecha de la muerte de Mao Zedong, por mencionar un solo ejemplo, se disponía de un regimiento de empleados que podían dedicar días a averiguar la respuesta correcta. En otras palabras, los considerables gastos de mantener un gran equipo editorial en World Book constituían un testimonio de la primacía que se daba al texto de la enciclopedia.

El desarrollo de Encarta, por otro lado, se organizó alrededor de la conjunción de una multiplicidad de partes. Como quiera que el texto se había adquirido a una empresa externa, y era la única parte que había aparecido previamente en forma de enciclopedia, recibió menos atención. Fueron las ilustraciones, el sonido y los fragmentos de vídeo los elementos que no sólo distinguieron la enciclopedia de sus poco atractivas antecesoras basadas en la imprenta, sino que también plantearon complicados problemas técnicos y decisiones que hubo que afrontar.

El vídeo frente al audio fue uno de los temas a los que se dedicó mayor atención. Los videoclips constituían una tentación, pero no podían reproducirse en un ordenador personal con tanta calidad como sobre una pantalla de televisión. Si se hacía pasar el vídeo en una ventana que ocupara todo el monitor del ordenador, el CD-ROM no parecía tener tanta capacidad de almacenamiento. Si se dedicaba todo un disco a almacenar datos no comprimidos para la pantalla completa, un vídeo de 30 encuadres por segundo, el videoclip sólo duraría unos 12 segundos, aunque los datos pudieran transferirse del disco al PC con la suficiente rapidez, lo que no era por entonces nada realista.[16] Decidirse por el videoclip de tamaño reducido, en lugar del despliegue en toda la pantalla, reducía mucho la cantidad de datos digitales que se necesitaban, pero seguía ocupando un valioso espacio en el disco compacto. En lugar de intentar introducir tantos videoclips como fuera posible, el equipo de Encarta se concentró en los audioclips, que exigían mucho menos espacio de almacenamiento. Con 2.000 clips diferentes, se podían proporcionar sonidos en una amplia variedad de categorías, ofreciendo una consistencia que habría sido imposible ofrecer con el vídeo. Esta era la clase de deliberación que preocupaba al equipo de desarrollo, junto con cuestiones relacionadas con la disposición de menús y botones y otras características con las que se encontraría directamente el usuario. Lo que faltaba, en todo caso, era la preocupación por lo que en otro tiempo había sido el corazón de una enciclopedia: el texto.

El trabajo «editorial» que ocupó al equipo desde el otoño de 1991 hasta el otoño de 1992, se dedicó fundamentalmente a las cuestiones que en otro tiempo habían sido secundarias: identificar, digitalizar y redactar epígrafes para mil ilustraciones, 800 mapas y 5.200 fotografías; poner en marcha una variante, con atlas y juego de aprendizaje; captar, crear o adquirir derechos, y luego digitalizar hasta un total de ocho horas de sonido. El único editor a tiempo completo se ocupaba principalmente de comprobar los 11.000 epígrafes que tenían que redactarse para el proyecto. Se gastaron más de dos millones de dólares, sólo en costes de personal, lo que representa una inversión de más de 30 personas-año. Una gran parte de ese dinero, sin embargo, fue a parar a contratistas que adquirieron y prepararon estos materiales y aderezos que en otro tiempo se consideraban complementarios. Que finalmente resultaran no ser tan complementarios se puso de manifiesto cuando se comercializó la primera versión de Encarta y Walt Mossberg, el articulista de ordenadores personales del *Wall Street Journal*, resaltó el hecho de que Encarta sólo ofrecía un pequeño número de videoclips.[17] Tales reacciones por parte de los críticos significaban que se tendría que ofrecer más vídeo en la versión siguiente, por lógico que fuera el argumento original de que el espacio limitado del disco no debía dedicarse a videoclips en los que la imagen se movía a sacudidas y que resultaban insatisfactorios. Los críticos esperaban que una enciclopedia que se autodenominaba multimedia ofreciera un deslumbrante espectáculo multimedia, tanto si la tecnología estaba preparada para ello como si no.

Estas expectativas también cambiaron drásticamente la forma en que el público acabaría viendo las enciclopedias, algo ya previsto durante un intercambio de ideas al iniciar el desarrollo del proyecto de Encarta, en julio de 1991, cuando Gates celebró una de sus reuniones periódicas con Bartholomew para comprobar el progreso del proyecto. Rob Glaser estaba presente y disparó contra Encarta: «¿Cómo competir con alguien que tiene la Británica en la estantería?». Se trataba de un aguijonazo dirigido contra la baja calidad del texto de Funk & Wagnalls, y el hecho de que la enciclopedia de Compton en CD-ROM pudiera afirmar un lejano parentesco con la Británica, en virtud de que ésta era su empresa madre. Bartholomew replicó: «¿Cómo va a poder competir alguien con Microsoft en el ordenador?». En aquellos momentos era una fanfarronada, pero los acontecimientos darían la razón a Bartholomew. Tal era la enormidad del cambio que iba a producirse en la mentalidad del público.

Ni siquiera Bartholomew, Gates y los otros defensores de Encarta entre los ejecutivos de Microsoft se dieron inmediata cuenta de lo significativamente que Encarta cambiaría las reglas de las enciclopedias. En el otoño de 1993, tras la comercialización inicial de Encarta, Gates le pidió a Peter Mollman que considerara la posibilidad de comprar World Book, una posibilidad a la que el propio Mollman y otro ejecutivo habían dedicado recientemente algunas reflexiones, inducidos por la sensación de que el texto de Encarta, procedente de Funk & Wagnalls, constituía un handicap. Las fuentes internas de Mollman habían informado que las ventas de World Book habían ido declinando en los últimos años, desde 330.000 enciclopedias en 1988 hasta quizá menos de 150.000 en 1992. A petición de Mollman, Gates habló con su amigo Warren Buffett sobre una posible venta, pero no llegaron a un acuerdo satisfactorio. Las ventas de Encarta todavía no habían despegado (en el siguiente capítulo veremos cómo fue su marketing), de modo que aún no podía verse el impacto que tendría sobre World Book. Las perspectivas de Encarta eran tan poco claras que incluso después de que estuviera en el mercado durante seis meses, Patty Stonesifer, la nueva jefa de la división de Consumidores, se preguntaba en voz alta por qué Microsoft se había metido en el negocio de las enciclopedias. Bartholomew le planteó a Gates el siguiente argumento: en lugar de gastar 400 millones de dólares en comprar World Book, ¿por qué no gastar siete millones de dólares en reescribir el texto de Encarta a lo largo de tres años, eliminando todo lo que fuera inadecuado del texto original de Funk and Wagnalls, mediante los propios esfuerzos de Microsoft y empleando mucho menos dinero? Este fue el argumento que ganó finalmente la partida. Retrospectivamente podría haberse planteado un argumento más radical en el sentido de que una vez que Encarta hubiera obtenido éxito comercial, la calidad del texto dejaría de ser importante en las mentes de los compradores potenciales.

Admiro al grupo de Encarta y a su jefe, así como el enfoque que adoptaron para superar a la competencia atrincherada y aparentemente inexpugnable cuando Microsoft entró en el terreno del negocio de las enciclopedias, totalmente nuevo para ella. El producto que crearon fue pionero en muchos aspectos y, con las mejoras técnicas de la versión 1996 de Encarta, pudo ofrecer un festín para los sentidos de 29 videoclips, 83 secuencias animadas, y más de 8.000 fotografías. Encarta también mostraría otra ventaja del nuevo medio que las enciclopedias impresas jamás podrían ofrecer: la posibilidad de utilizar servicios directos para actualizar la enciclopedia repetidamente y sin fisuras con nuevos acontecimientos importantes, y hacerlo casi a la misma velocidad a la que estos se produjeran. Tampoco se ha ignorado el texto. En 1996, el equipo editorial de Encarta se vio bastante ampliado e incluyó a cinco editores reclutados de World Book, dos de la Británica y uno de Grolier.

No obstante, al pensar en este segmento de la historia de Microsoft, no puedo dejar de recordar la brillante y perturbadoramente polémica obra de Neil Postman, *Divirtiéndonos hasta la muerte* (1985). Postman desacredita la invasión de «valores de entretenimiento» en el discurso público, que se ha producido en Estados Unidos y, aunque no previó las enciclopedias digitalmente animadas, su análisis aquí parece pertinente. Recuerda que, en 1854, un típico debate entre Lincoln y Douglas podía durar hasta siete horas, y el público lo escuchaba atentamente en su totalidad.[18] Dudo mucho que el público actual sea capaz de resistir más de una hora, y mucho menos siete, de debate puro y sin adornos. El público de aquella época pasada podía seguir el hilo del debate porque aquel momento histórico pertenecía a lo que Postman denomina la Era de la Exposición, en la que el discurso público todavía se veía configurado por «la mente tipográfica». La Era del Espectáculo, que ha desplazado a la Era de la Exposición, supone un largo proceso en el que han intervenido la radio, el cine y la televisión. (Postman se ganó unos pocos amigos cuando atacó *Barrio Sésamo* por su contribución al declive de la educación, al sucumbir también a los imperativos de la cultura obsesionada por el entretenimiento.) El desplazamiento de las enciclopedias impresas tradicionales a manos de los CD-ROM multimedia sólo sería, en el mejor de los casos, un capítulo pequeño y reciente de este proceso.

La perspectiva de Postman resulta útil para rechazar una posible objeción a mi lamento sobre la pérdida de la primacía del texto en Encarta. Casi puedo escuchar la expresión de esa objeción: ¿por qué insistir en ls supremacía de una cosa o de la otra, la supremacía del texto o lo que no es el texto? Dejando aparte la cuestión negocios, ¿por qué no podemos, al menos teóricamente, soldar la insuperable gloria de los 44 millones de palabras de texto de la *Enciclopedia Británica*, con las fabulosas ilustraciones, fotografías, sonidos y vídeos que ahora muestra Encarta? Tal combinación no cabría actualmente en un solo CD-ROM, pero el nuevo formato DVD para discos ofrecerá quince veces esa capacidad de almacenamiento y, en cualquier caso, llegará el día en que se pueda acceder con facilidad a archivos digitales enormes a través de redes muy rápidas. ¿No sería la conjunción del mejor texto del mundo con la mejor oferta multimedia la combinación ideal de los dos mundos? No creo que llegue a serlo. Me temo que la lectura exige más que limitarse a ver o escuchar, y que gravitaremos hacia características menos exigentes de esa enciclopedia. Si las ilustraciones o sonidos ofrecidos en una enciclopedia son tan abundantes como para convertirse en algo más que un artilugio educativo ocasional, terminarán por ocupar el centro del espectáculo.

Lo mismo que Postman, yo tampoco tengo soluciones, y hasta es posible que sea culpable de aferrarme a una imagen idealizada acerca de cómo se utilizaban en el pasado las enciclopedias anteriores a la época multimedia. Recientemente, Robert McHenry, editor en jefe de *Enciclopedia Británica* admitió que «el sucio y pequeño secreto de la industria de las enciclopedias es que no sabemos si la gente lee o no lo que publicamos».[20] En estos momentos, la Británica trata desesperadamente de efectuar la tardía transición a la nueva era de la enciclopedia electrónica, comercializando el acceso a su texto mediante servicios telefónicos directos.[21] Britannica Online expondrá con toda exactitud con qué frecuencia se consulta una enciclopedia de texto solo ya que el pago estará vinculado al uso real que se haga del servicio, y no al vestigio de la esperanza de un padre acerca de su uso futuro.

A Encarta debemos darle las gracias o criticarla por haber contribuido a establecer un nuevo conjunto de reglas, que abarcan no sólo el negocio de las enciclopedias, sino también, como veremos a continuación, la distribución minorista de software de todo tipo.

Notas

1. Otto V. St. Whitelock, «On the Making and Survival of Encyclopedias», *Choice*, junio de 1967, pág. 389. En aquella época, Whitelock era editor jefe en la División de Educación de Xerox.

2. Gates observó que la Encarta de Microsoft se vendía a un precio inferior que la enciclopedia en CD-ROM de World Book, por lo que los ingresos de World Book superaron a los de Encarta.

3. La Enciclopedia Británica funcionaba como un negocio, pero entre 1980 y 1996 estuvo en manos de la Fundación Benton, una fundación sin ánimo de lu-

cro establecida en 1980, y cuyo único beneficiario era la Universidad de Chicago. En enero de 1996, la fundación vendió la propiedad a un grupo inversor dirigido por el banquero suizo Jacob E. Safra. (Jacob Safra era sobrino de Edmund J. Safra, uno de los hombres más ricos del mundo, y aunque en el anuncio de la venta se desmintió toda posible relación entre sobrino y tío, fue una curiosa casualidad que las tres enciclopedias más prestigiosas o con su mayor índice de ventas, Británica, World Book y Encarta, terminaran en las cercanías o en las manos de quienes formaban el grupo de los más ricos del planeta. Véase «Deal Is Set for Encyclopædia Britannica», *New York Times*, 19 de diciembre de 1995.) Para una descripción de la relación de la Fundación Benton con la Universidad de Chicago, véase «Encyclopædia Britannica's Stock to Go to the University of Chicago», *New York Times*, 2 de octubre de 1980.

4. «Britannica Looks for Cash Entry», *Chicago Tribune*, 5 de abril de 1995. El artículo del *Tribune* informaba de que «aunque no se han desvelado los datos financieros, la última vez que la Británica obtuvo beneficios fue en 1990, cuando, sobre un volumen de ventas de 650 millones de dólares, ingresó 40 millones de dólares netos». Al día siguiente, el *Tribune* incluyó una corrección, en respuesta a una declaración emitida por la Británica, en la que se decía que la empresa había «tenido beneficios brutos durante cada año desde 1973, con la excepción de 1993». A pesar de que la empresa, por entonces en manos privadas, se negó a aportar cifras concretas, no desmintió el informe del *Tribune* acerca de la drástica reducción de las ventas.

5. En 1992, Microsoft Word produjo por sí solo unos ingresos de 750 millones de dólares. Fred Moody, *I Sing the Body Electronic*, Nueva York, Viking, 1995, pág. 90.

6. Susan Lammers a Nils von Veh *et al.*, «World Book Meeting, June 4, 1989», memorándum de Microsoft, 8 de junio de 1989.

7. Min Yee y Susan Lammers a Peter Mollman, carta con propuesta incluida, «Multimedia Encyclopedia Proposal», memorándum de Microsoft, 16 de junio de 1989.

8. Propuesta explicada: «Multimedia Encyclopedia Proposal.»

9. Nils von Veh a Tom Corddry, «Merlin Business Cas Backgrounder», memorándum de Microsoft, 14 de septiembre de 1989.

10. Min Yee, «The Vanilla Top 20», memorándum de Microsoft, 15 de septiembre de 1985.

11. Craig Bartholomew a Tom Ikeda, «The Case for Pursuing Bookshelf Encyclopedia for March'92 Ship», memorándum de Microsoft, 19 de febrero de 1991. Véase también un refinamiento en Craig Bartholomew a Greg Riker, «Bookshelf Encyclopedia Proposal», memorándum de Microsoft, 15 de marzo de 1991.

12. Para un retrato de Bartholomew y una narración bien escrita del desarrollo de la enciclopedia de Microsoft para niños, en CD-ROM, véase Moody, *I Sing the Body Electronic*, *passim*.

13. Craig Bartholomew, «Encarta '93 Post-Mortem Analysis», memorándum de Microsoft, 18 de junio de 1993.

14. Glaser era la persona responsable del desarrollo del software de sistema necesario para aportar las capacidades multimedia en los PC basados en Intel. Incluso con el Windows 3.0, el sistema operativo era ciego para los añadidos multimedia como los lectores de CD-ROM. Se necesitaban «extensiones» adicionales de software para convertir un PC en una máquina multimedia capaz, y esas extensiones eran instaladas por el fabricante del ordenador, no por los clientes corrientes, de ahí la necesidad de convencer a los fabricantes acerca de las ventajas del multimedia. Sólo con la puesta a la venta del Windows 3.1, en abril de 1992, se incluyeron las extensiones dentro del propio sistema operativo.

15. Peter Mollman, «Some Thoughts on a Potential World Book Purchase or License», memorándum de Microsoft, 2 de septiembre de 1993.

16. Los «12 segundos» suponen una resolución de pantalla de 1.024 × 768 y 16 bits por pixel de color (32.000 colores). Cada encuadre exigiría unos 1,57 megabytes de información, o unos 47 megabytes por segundo. Una resolución más baja o menos colores habría permitido una mayor duración de los videoclips. El ejemplo hipotético en el texto sólo se ha aportado para ilustrar cuánto espacio ocupaban los videoclips, en términos comparativos. Un vídeo que ocupara toda la pantalla, sin compresión, no era una opción realista porque el índice de transferencia de datos del CD-ROM, a velocidad estándar, era demasiado lento, de sólo 150 kilobytes por segundo (cuando se habrían necesitado 47 megabytes por segundo, unas 310 veces más información). Incluso los lectores de seis velocidades, capaces de mover información a una velocidad de 900 kilobytes por segundo, habrían sido demasiado lentos. En cualquier caso, se necesitaba de compresión.

17. «Parental Guilt Sells Encyclopedias on CD-ROM, Too», *Wall Street Journal*, 29 de abril de 1993.

18. Neil Postman, *Amusing Ourselves to Death: Public Discourse in the Age of Show Business*, Nueva York, Viking, 1985, pág. 44.

19. *Amusing Ourselves to Death*, pág. 63.

20. Robert Rossney, «Encyclopaedia Britannica Online?», *Wired*, agosto de 1995, pág. 80.

21. La incursión inicial de Británica en las enciclopedias electrónicas fue un CD-ROM compuesto sólo de texto de la enciclopedia del mismo nombre, cuyo contenido ocupaba un gigabyte de espacio y exigía dos discos; este producto, llamado el Britannica Instant Research System, fue comercializado para las empresas, no entre los consumidores.

6

CONVENCER A LOS CONSUMIDORES

«Un ordenador en cada despacho y en cada hogar», todos ellos funcionando con software de Microsoft.

eslogan de Microsoft[1]

Bill Gates se siente abierta y desmesuradamente orgulloso del eslogan de su empresa. Después de todo, emparejar «despacho» con «hogar» es algo a lo que, si se piensa bien, le falta simetría; ¿acaso los hogares no pueden tener también despachos? La forma en que Gates y otros miembros de Microsoft acortan a menudo el eslogan al hablar públicamente, omitiendo la coletilla «... todos funcionando con software de Microsoft», sirve para suavizarlo un tanto. Debido a que no se hace mención alguna del beneficio comercial que Microsoft iba a derivar de la difusión de los ordenadores sobre toda superficie horizontal imaginable, el eslogan parece tener un brillo casi altruista. Así, «Un ordenador en cada despacho» se convierte en el equivalente del siglo XX al deseo de Enrique IV, en el siglo XVI, de que no hubiera en su reino un solo campesino tan pobre «que no pueda tener cada domingo un pollo en su olla».

Desde luego, al eslogan de Microsoft no se le puede achacar falta de ambición. Si todos los despachos y todos los hogares dispusieran de máquinas que funcionaran con el software de la empresa, ¿qué otros lugares del mercado quedarían para los competidores de Microsoft? ¿Las granjas, las minas, los barcos? En cuanto a la implicación del eslogan de que los mercados de la oficina y del hogar eran hermanos gemelos, lo cierto es que ambos habían tenido tamaños muy desiguales en los inicios de la industria del software para el ordenador personal. Las ventas a las oficinas superaban por un amplio margen las realizadas a los clientes particulares. El retraso en las ventas de ordenadores personales para el hogar fue lo que estimuló a Gates a iniciar en 1985 los esfuerzos por desarrollar CD-ROM y lo que terminaría por convertirse en Encarta. Estaba claro que, para el hogar, no serían suficientes los elementos principales del mercado del software para oficinas: proceso de texto, hoja de cálculo, bases de datos. Se necesitaban productos y enfoques completamente nuevos para que el mercado de consumidores particulares se acercara al de su supuesto hermano gemelo, el mercado de oficinas. Microsoft puso a prueba y modificó su modelo estratégico de trabajo, a medida que la empresa aprendió qué era lo que funcionaba y lo que no en este nuevo ámbito.

La empresa descubrió cuáles eran esos nuevos desafíos que planteaba el mercado del hogar en el Laboratorio de Utilidades, establecido en 1983. Susan Boeschen, contratada para mejorar la formación del usuario mediante información tutelar del software que acompañaba a los productos de la empresa, logró dinero para establecer un laboratorio interno que pusiera a prueba los materiales de formación. Ya en una fecha tan temprana, la empresa era tan arrogante tecnológicamente que tenía el convencimiento de que lo único que necesitaba mejorar eran los materiales de formación destinados al cliente. El laboratorio se inició como una simple sala a la que se invitaba a personas ajenas a la empresa, sin ninguna formación técnica, para someter el software a una prueba de comprensión. Los observadores registraban todo lo que sucedía y no se les permitía intervenir, al margen de los errores que pudiera cometer el usuario.

Boeschen invitó a sus jefes, que no tenían una idea muy clara de lo que era su nuevo Laboratorio de Utilidades, para que observaran algunas de las primeras sesiones de pruebas. Steve Ballmer estaba presente cuando un usuario, que deseaba bajar el cursor en la pantalla, llevó el ratón del ordenador hasta el borde de la mesa... para bajarlo después por la pata de la mesa. Ballmer salió horrorizado de la sala: «¡No comprenden nada!», exclamó. Gates observó a una mujer que hizo todo lo que buenamente pudo para seguir la instrucción para apretar la orden «Imprimir pantalla». Encontró sin problemas la tecla de Imprimir pantalla que tenía en el teclado, pero en lugar de limitarse a apretar una sola vez, mantuvo el dedo sobre la tecla, provocando que la impresora produjera múltiples copias, y dejando a Gates en el mismo estado de sorpresa que Ballmer. Después de estas experiencias, la financiación del laboratorio de Boeschen jamás fue un problema.

El Laboratorio de Utilidades creció, tanto en términos de equipo (espejos dobles, videocámaras y otros artilugios técnicos), como de campo de aplicación (comprobar el propio software, así como los materiales de formación). En 1992, el laboratorio estaba ya tan consolidado y gozaba de tanto respeto que su antesala solía llenarse de directores de producto, que esperaban ávidamente para poner a prueba sus programas. El desarrollo de Encarta se detuvo hasta que le llegó el turno en el laboratorio, y sólo se reanudó seriamente después de haber sido completamente rediseñado en base a los resultados de las pruebas de laboratorio.

Los usuarios nada sofisticados de los ordenadores personales cometían toda clase de errores que los ingenieros de desarrollo no habían previsto. El personal de vanguardia de la industria de los ordenadores (el personal de apoyo técnico en Microsoft y otras empresas de software) trasladó los casos más llamativos a conocimiento del sector, transmitidos por revistas de ordenadores, Internet o, simplemente, por radio macuto. Quizá en el futuro algunos historiadores consideren que estas historias tienen un espíritu mezquino, del mismo modo que algunos historiadores actuales perciben un algo siniestro en las historias similares contadas entre los ingenieros eléctricos de finales del siglo XIX. Por ejemplo, una caricatura presenta a un tal «Tío Hayseed» que estampó una de sus botas sobre una lámpara eléctrica después de inútiles intentos por apagarla, o aquella otra historia que habla del campesino que gritó en dirección al teléfono, sin molestarse en descolgar el auricular: «¡Kitty, regresa a casa! ¡Mary está enferma!».[2] No obstante, los altos ejecutivos de Microsoft y los equipos de producto, cuya misión era la de trabajar el mercado del hogar, no se burlaron en ningún momento de las dificultades que tenían los consumidores para utilizar el software. El problema del consumidor también se consideró, necesariamente, como un problema de Microsoft.

En 1988, Microsoft reconoció públicamente los nuevos desafíos a los que se enfrentaba a la hora de explicar las aplicaciones tradicionales del software a los consumidores particulares, así como a los clientes de oficinas, al ampliar el Laboratorio de Utilidades para convertirlo en una división por derecho propio, con Boeschen a la cabeza. Pero aún tendría que recorrer un largo camino. Su propio nombre, «Unidad de Entrada de Negocio» no sugería precisamente una orientación hacia el consumidor. Ese nombre fue inventado por Mike Maples, que acababa de ingresar en Microsoft después de una larga carrera en IBM, cuya Unidad de Entrada de Negocio no tenía nada que ver con los consumidores. En la época en la que el desarrollo de Encarta se aceleraba, en la primavera de 1992, la unidad fue rebautizada con el nombre más apropiado de División del Consumidor. Su catálogo de productos ya puestos en el mercado seguía siendo sin embargo pequeño, y quedaba muy lejos de lo que Microsoft necesitaría para hacer honor a la mitad de su eslogan que tenía el hogar como objetivo.

La División del Consumidor también tenía poca credibilidad dentro de la misma empresa. Al no disponer de una fuente significativa de ingresos, las demás divisiones la consideraban despectivamente como la unidad que producía software de «juguete», y era un departamento al que no querían ir los mejores ingenieros o directores de programas. Y aunque la división contaba con el estímulo personal de Gates, no quedaba exenta de las estrictas pruebas de rentabilidad aplicadas a todas las demás divisiones de la empresa. Con una gallina que daba huevos de oro como Excel bajo el mismo techo que el novato Multimedia Beethoven de la División del Consumidor, podía dar la impresión de que la *Novena Sinfonía* debía suponer una tremenda ventaja para la División del Consumidor. Indirectamente, claro está, producía un beneficio, porque permitía a Microsoft interesarse por diferentes campos sin necesidad de asumir la deuda. Pero cuando los jefes de división tenían que presentar sus informes financieros mensuales o trimestrales, la División del Consumidor debía satisfacer márgenes de rentabilidad agresivamente elevados, similares a los de los productos más establecidos.

Susan Boeschen comparó el coste de desarrollar un nuevo producto de software en su División del Consumidor con el de otras partes de la empresa, y descubrió que el software de consumo exigía para su creación una inversión igual de grande. Una vez completado su nuevo software, la División del Consumidor también descubrió pronto que resultaba difícil conseguir el dinero necesario para el marketing a partir de las asignaciones internas de Microsoft; la fórmula que empleaba la empresa para distribuir los fondos de marketing se basaba en los ingresos del producto, no en la madurez relativa del mercado. Un Multimedia Beethoven recibía para su presupuesto de marketing el mismo porcentaje de sus ingresos que recibiría Excel; lo que sucedía era que tales ingresos eran inexistentes en el primer caso. Así pues, los directores de marketing de la División del Consumidor tenían pocas razones para alegrarse de tener a Excel y Word como hermanos mayores de sus más recientes productos de consumo. Las comparaciones envidiosas entre mayores y jóvenes siempre perjudicaban a los segundos, creando una dinámica que hacía que Microsoft no fuera precisamente una gran familia feliz. Si querían estar a la altura del resto de la empresa, los directores de la División del Consumidor tenían que afrontar el desafío de producir y comercializar de algún modo muchos más títulos, para lo que contaban proporcionalmente con menos dólares.

Ni siquiera había unidad dentro de la División del Consumidor. La parte de la División del Consumidor cuyos productos se originaron durante el desarrollo inicial del CD-ROM (es decir, el antiguo equipo formado por profesionales ajenos a la ciencia de los ordenadores o del negocio, y dirigido por el extravertido Min Yee), era considerada por los otros empleados de la división, que se habían visto obligados a formar parte de esta amalgama, como un grupo de tipos creativos e indoctos a los que les faltaba un mínimo sentido del negocio y que estaban destinados al fracaso. No existía ningún cariño entre el grupo de la División del Consumidor que manejaba un paquete como Works o Publisher, cuyo linaje se hallaba más cerca de Word o algún otro software de Microsoft encaminado a aumentar la «productividad» del cliente, y el grupo que se dedicaba a preparar Encarta, que difícilmente se consideraba como una «aplicación de productividad».

El formato CD-ROM de Encarta también preocupaba a los comerciales, que ahora tenían que convencer a los detallistas para que vendieran un producto en un formato que todavía tenía que despegar. Seis meses después de que Microsoft hubiera lanzado con grandes fanfarrias, en octubre de 1991, el diseño para los ordenadores personales con capacidad multimedia, sólo se había vendido la decepcionante cifra de 5.000 máquinas preparadas con las normas Microsoft para CD-ROM .

Martin Leahy, un joven director de ventas de Microsoft afincado en la Costa este, se sintió tan entusiasmado con el CD-ROM cuando vio *Grandma and Me*, un programa infantil publicado por un competidor de Microsoft, que fue uno de los pocos empleados que solicitó voluntariamente que lo transfirieran a la División del Consumidor, en Redmond. Una vez efectuado el traslado, Leahy recibió el encargo de convencer a los minoristas para que vendieran programas de Microsoft en CD-ROM, una tarea tanto más difícil en cuanto que estos recordaban que ya les habían persuadido en otra ocasión para que tuvieran CD-ROM en stock, en previsión a una oleada de demanda por parte de los consumidores que aún tenía que producirse. A principios de 1992, ningún gran minorista de software estaba dispuesto a pedir un solo título en CD-ROM de Microsoft.

Leahy atacó el problema dedicándose a presentar a los grandes minoristas una imagen de un futuro en el que los precios tradicionales del software caerían en picado. El cliente que actualmente compraba cuatro paquetes de software de «productividad», como Word y Excel, y pagaba 1.200 dólares, pagaría quizá sólo 400 dólares por los mismos títulos en el término de unos pocos años. ¿Cómo podrían los minoristas compensar la diferencia? Leahy dejó entrever una esperanza en forma de los títulos de software en el nuevo formato CD-ROM. Les dijo a los minoristas que Microsoft apostaba porque el cliente individual compraría quizá 18 o 20 títulos en CD-ROM, un número menor que los 60 CD de audio que un cliente típico podía comprar a lo largo de su vida, pero mucho más que los cuatro programas básicos de un conjunto de títulos tradicionales de software de productividad. Con este nuevo enfoque, los ingresos derivados de las compras de CD-ROM por parte de clientes particulares compensarían los ingresos perdidos como consecuencia del descenso en el precio del software en las principales categorías tradicionales. Leahy les dijo que sin el impulso del formato CD-ROM, los minoristas no podrían continuar en el negocio.

CompUSA fue el primero de los grandes clientes en dejarse convencer por el razonamiento de Microsoft de que también se podía ganar dinero vendiendo hardware con capacidades multimedia incorparados, como por ejemplo, altavoces. Egghead Software siguió resistiéndose, sin embargo, a pesar de las numerosas propuestas realizadas por Leahy y por los representantes de Microsoft. Anteriormente, Microsoft había convencido a Egghead de que su CD-ROM Bookshelf se vendería tan rápidamente que para cuando los hubiera descargado del camión ya no quedaría ninguno. Preparándose para la supuesta avalancha, Egghead pidió una enorme cantidad de inventario, y gastó mucho en publicidad..., pero los prometidos compradores no aparecieron. Esta vez, a principios de 1992, Egghead dijo que sólo aceptaría títulos en CD-ROM si Microsoft le pagaba por adelantado una factura colosal que presentó en concepto de futuro «marketing cooperativo». Cada vez que Leahy visitaba a Egghead se le planteaba una alternativa: pagar la factura u olvidarse de Egghead como distribuidor. Tener a Egghead a bordo del CD-ROM Express era una cuestión primordial, y Leahy ya estaba a punto de acceder a sus exigencias cuando un colega de Microsoft lo convenció para que fuera un poco más paciente. La situación resultó ser un juego de intimidación: ¿quién necesitaba más a quién? Mientras tanto, empezaba a vislumbrarse un cierto impulso en la aceptación del CD-ROM. El número de máquinas multimedia saltó de 5.000 en marzo de 1992, a 40.000 en junio. En diciembre las ventas seguirían aumentando, hasta alcanzar las 100.000. Retrospectivamente, estas cifras parecen pequeñas pero, en aquellos tiempos, los minoristas buscaban desesperadamente señales de salvación ante la disminución de los precios, y aprovecharon el movimiento ascendente como una indicación de que estaba próxima la llegada del gran negocio. Egghead decidió que no podía permitirse pasar por alto la oportunidad y cambió sus condiciones a una aceptación incondicional del software de Microsoft en CD-ROM .

A finales del verano y principios del otoño de 1992, la campaña de Leahy para lograr la colaboración de los minoristas y vender títulos en CD-ROM empezó a tener éxito. En el transcurso de dos meses, voló más de 60.000 kilómetros para visitar a clientes potenciales, tanto grandes como pequeños. El anzuelo que atrajo a los minoristas no fue ninguno de los títulos existentes, como Bookshelf o Cinemanía, la guía de vídeos en CD-ROM de Microsoft. Fue más bien la llegada inminente de Encarta que, a diferencia de otros productos, tendría un precio de venta jugosamente caro (el precio sugerido por los minoristas era de 395 dólares), lo que prometía revitalizar los viejos y buenos tiempos, antes de que la venta de paquetes de software y la disminución de los precios empezara a presionar sobre los beneficios obtenidos con la venta de Word y Excel. Una enciclopedia era, además, un producto tentador, ya que parecía tener una gran aceptación entre el público. En septiembre de 1992, Leahy les dijo a sus clientes: dentro de tres semanas, anunciaremos formalmente la presentación de Encarta y poco después empezarán a recibirlo, todavía a tiempo para las ventas de Navidad. Mientras tanto, ahora es el momento para preparar sus catálogos y su publicidad.

Sin que el personal de marketing lo supiera, sin embargo, Craig Bartholomew y su equipo de desarrollo experimentaban un revés tras otro en la febril carrera por terminar Encarta. El proyecto de la enciclopedia se había reanimado con la promesa de que se basaría exclusivamente en el código que ya se había preparado para Bookshelf, pero se habían necesitado decenas de miles de líneas de código adicional para dotar a Encarta de la necesaria funcionalidad. Bajo la extremada presión a la que se vio sometido, el equipo de desarrollo cometió una serie de errores de ingeniería del software, como por ejemplo no tomarse tiempo para celebrar reuniones de seguimiento para identificar los problemas, o comprobar hasta qué punto el resultado se ajustaba a las especificaciones originales. En Microsoft, una vez que se ha terminado un programa, el director del mismo prepara lo que se llama un análisis «postmortem». Que se llame precisamente «postmortem» y no «postparto», por ejemplo, sugiere lo despiadadamente críticos que son estos documentos, que extraen de la experiencia todo aquello que se puede aprender para mejorarlo en la próxima ocasión. El análisis postmortem de Bartholomew para Encarta sería un verdadero modelo de meticulosa autocrítica, con más de 80 páginas a un solo espacio. Más tarde, describió el febril empuje final para terminar Encarta como «tan malo que es una experiencia imborrable de aprendizaje».[3]

Cuanta más expectativa por Encarta generaban Leahy y sus colegas entre los minoristas, tanto mayor era la presión que Bartholomew y sus ingenieros de desarrollo sentían sobre sus espaldas en el campus de Redmond. Cuando los ingenieros informaron a Leahy de las dificultades de última hora, este se vio obligado a enfriar un poco el interés que tanto había trabajado para alimentar. Comunicó a los minoristas que retrasaran sus campañas de publicidad durante un poco más. Para entonces, Egghead, el minorista cuya colaboración tanto le había costado conseguir, ya había abrazado entusiasmado a Encarta como el producto fundamental de su campaña de Navidad. Había imprimido cuatro millones de folletos publicitarios en los que se reservaba un papel destacado a este programa que Microsoft todavía tenía que anunciar oficialmente. El 12 de octubre de 1992, el día en que Egghead tenía que enviar los folletos en una campaña de mailing, tanto si Microsoft estaba preparado como si no, Bartholomew anunció públicamente la culminación de Encarta. La esperanza había triunfado sobre la razón. Dos días más tarde, el equipo de Encarta tuvo que enfrentarse tristemente al hecho de que aún faltaban varios meses para terminar su trabajo y, en consecuencia, retrasó las fechas de envío a los minoristas. Este desbarajuste de anunciar que no podría terminarse el producto en el plazo previsto de la Navidad, para luego anunciar su culminación prematuramente y tener que volver a retrasar su aparición hasta principios de 1993, hizo que Gates se mostrara «muy iracundo», según el lacónico informe de Bartholomew sobre su reunión con el presidente.[4]

Iracundos estaban también aquellos minoristas que, como Egghead, habían sido reclutados tan trabajosamente para que se unieran al desfile navideño de Microsoft para Encarta. Se vendieron bien los otros títulos en CD-ROM que Microsoft produjo para la temporada de Navidad, como Cinemanía, Beethoven, Bookshelf y Musical Instruments, un título que era fruto del reciente acuerdo con Dorling Kindersley. De hecho, la sección multimedia de la División del Consumidor pudo alcanzar sus objetivos de ventas para todo el año fiscal con sólo estos títulos. Pero el hecho de no haber podido tener Encarta en la parrilla de salida, fue descorazonador. Se disipó ahora el efecto de la propaganda boca a boca que se había creado en el otoño. Desde la perspectiva de la División del Consumidor, lo único bueno del fiasco fue que el anuncio prematuro había inducido a Compton, su más fuerte competidor, a adelantar la introducción de su nueva enciclopedia en CD-ROM a precio más bajo.[5] La antigua tenía un precio de venta nominal de 895 dólares, mientras que la nueva costaba 395 dólares, y llegó al mercado llena de trabas.[6] A principios de 1993, Encarta estaba finalmente preparada, o así lo pareció hasta que surgió un problema en el último minuto, después de que se hubiera enviado a la planta impresora la versión final del «Máster Dorado». Un lector de pruebas encontró enterrado en la lista de contenidos la frase «Slayer chupa como una aspiradora», una referencia a una banda de rock heavy-metal. Un colaborador externo había deslizado la línea en el programa, como una broma. Se eliminó la referencia y se preparó y envió otra versión definitiva, esta vez verdaderamente definitiva. Al producto se le puso un precio de 395 dólares, idéntico al de Compton, y bastante por debajo de las principales enciclopedias impresas. Después del impulso inicial, sin embargo, las ventas disminuyeron y no se produjo la esperada expansión.

Una serie de problemas contribuyeron a deprimir las ventas. Uno fue que Encarta se introdujo con un escaso presupuesto de marketing, lo que puede sorprender a aquellos que piensen que Microsoft es un coloso de la publicidad. Otro problema estaba relacionado con Funk and Wagnalls, la fuente de donde procedía el texto de la enciclopedia. Compton y otros editores de enciclopedias en CD-ROM se burlaron de la «enciclopedia de supermercado» sobre la que se basaba Encarta. (Para resaltar este punto en su publicidad, Compton mostraba a Encarta en un carro de compra de supermercado, en medio de cartones de leche, botellas de cerveza de marca genérica y toallas de papel.)[7] Los críticos también se mostraron muy duros con la relativa escasez de videoclips y por su lenta velocidad de despliegue. En lugar de establecer nuevas reglas para el negocio de las enciclopedias que permitieran a Microsoft definir la medida que utilizaría el mercado al comparar las enciclopedias, Encarta situaba a Microsoft a la defensiva, y lo obligaba a reaccionar a las críticas según los términos impuestos por otros.

Encarta se vio privada también de una publicidad adicional cuando Microsoft rechazó la oportunidad de establecer acuerdos en los que aceptaría un pequeño pago de un fabricante de ordenadores (quizá sólo cinco dólares o menos por una copia), a cambio de permitir que el CD-ROM se enviara con todos los nuevos ordenadores personales de este. Para los comerciales de Encarta no tenía mucho sentido regalar prácticamente el programa pero, mientras tanto, sus competidores no fueron tan quisquillosos y firmaron los acuerdos que Microsoft había rechazado. En agosto de 1993, seis meses después de la aparición de Encarta, Microsoft calculó que su enciclopedia sólo suponía el 3 por 100 de la cuota de mercado de las enciclopedias en CD-ROM.[8]

Pero el problema más grave fue la debilidad del modelo utilizado para comercializar Encarta entre los consumidores. Ese modelo no se había desviado lo suficiente de los conocimientos heredados del pasado, cuando los vendedores vendían enciclopedias puerta a puerta por una prima. Aunque Encarta se vendía en las tiendas de ordenadores y no puerta a puerta, las discusiones internas mantenidas en 1992 condujeron a la propuesta de que hubiera vendedores que visitaran a clientes potenciales en sus hogares, ofreciéndose a vender un ordenador personal en aquellos hogares que no lo tuvieran todavía, junto con el CD-ROM de Encarta. Esta disposición novedosa se propuso como una «estrategia inversa».[9] En lugar de conseguir un programa con el ordenador, el cliente conseguiría un ordenador con el programa, y por un precio que era aproximadamente el mismo que se pagaba por una enciclopedia impresa convencional. Esta propuesta concreta se descartó antes de que llegara a ponerse en práctica, pero los mantras que los comerciales de Encarta habían aprendido de su investigación sobre el negocio de las enciclopedias impresas, y que repitieron una y otra vez en su planificación inicial, decían que «las enciclopedias se venden, no se compran» y que «el que llega primero, consigue la venta», frases que no hacían sino resaltar la importancia de los vendedores al hacer la presentación personalmente.

Aunque Microsoft se había atrevido a enfrentarse a una *Enciclopedia Británica* y a una *World Book*, basándose en su fortaleza y capacidad para que el precio de su enciclopedia en CD-ROM impulsara las compras, el precio inicial de Encarta, de 395 dólares, se encontraba bastante por encima de lo que los consumidores estaban dispuestos a considerar como una compra no planificada. Bartholomew y los otros miembros del grupo Encarta se dejaron confundir por los estudios de mercado, a los que se había acudido muy pronto (demasiado pronto, según se vería más tarde) para establecer el precio estimado de una enciclopedia multimedia, y que habían aportado respuestas que oscilaban entre los mil y los dos mil dólares, y los 500 dólares como la estimación más baja. Estos datos indujeron al equipo a revisar sus planes originales de ofrecer Encarta por 295 dólares y le pusieron un precio superior. En un momento determinado, antes de lanzar la enciclopedia, Bartholomew se preguntó incluso si no se debería aumentar el precio hasta los 495 dólares, para que Microsoft no dejara sobre la mesa un dinero que estaba ahí, dispuesto a gastarse. Estas discusiones condujeron finalmente a un precio de salida de 395 dólares, que los comerciales de Encarta consideraban como un compromiso moderado entre alternativas ligeramente más bajas y ligeramente más altas. Como quiera que la competencia también aplicó un precio de 395 dólares, el precio de venta al público de Encarta no supuso una diferencia importante, aunque las apariencias demostraron ser engañosas.

Cuando Martin Leahy habló con los directores de las tiendas durante las visitas de campo efectuadas tras la puesta a la venta de Encarta, descubrió que la enciclopedia en CD-ROM de Compton se estaba vendiendo extremadamente bien, pero no la versión de 395 dólares, sino la de «reposición competitiva», que se vendía por 129 dólares. En términos estrictos, esta versión sólo estaba destinada a los clientes que pudieran demostrar que ya poseían una versión previa o la de un competidor. Pero, de hecho, y como quiera que los minoristas tenían sobrados motivos para no insistir en que se les diera tal prueba antes de la compra, los clientes nuevos se sintieron felices de aprovechar la ausencia de control sobre este punto y tener la oportunidad de adquirir una enciclopedia multimedia por una fracción de su precio nominal de venta al público. Tras haber asistido él mismo a este espectáculo, Leahy regresó al campus de Microsoft decidido a convencer a los demás de la necesidad de disminuir espectacularmente el precio de Encarta. Su credo fue: «Necesitamos una Encarta a 99 dólares, ¡Encarta a 99 dólares! ¡Encarta a 99 dólares!».

En el verano de 1993, Bartholomew y el equipo de marketing deliberaron sobre el precio. Todos se habían puesto a trabajar en la revisión en cuanto se envió la primera versión a las tiendas. Tras haber aprendido de sus primeros errores, preparaban ahora la nueva versión titulada Encarta 94, un trabajo que tenían que hacer de forma mucho más expeditiva, en el término de siete meses. La cuestión del precio adquirió una mayor importancia, ya que sería la primera vez que la enciclopedia podía estar en las estanterías de las tiendas para la temporada de vacaciones, y estaba a punto de terminarse ya la segunda versión de Encarta.

Algunas voces de la División del Consumidor se opusieron a la propuesta de Leahy. Señalaron que Encarta había sido el programa más costoso de producir de toda la división. Todavía era demasiado pronto para iniciar una guerra de precios. Sólo había que fijarse en la historia de Excel; Microsoft había cosechado muchos años de beneficios antes de que su precio neto descendiera cuando el concepto de comercializar un conjunto de programas empezó a desplazar las ventas de los programas individuales. Desgraciadamente para los defensores del precio alto, el ejemplo de Excel no era particularmente relevante. Los clientes que pudieran estar interesados por una enciclopedia en CD-ROM no se parecían necesariamente a los directores de sistemas de información que compraban software para oficina. Y, ya más recientemente, la historia de Microsoft daba la razón a quienes consideraban que Encarta debía venderse a un precio mucho más barato. Microsoft había promocionado Access, su nuevo programa de base de datos, con un precio inicial de sólo 99 dólares, y se había vendido muy bien. Bartholomew y los comerciales de Encarta hablaron con los directores de Access acerca de su experiencia y se enteraron así de que su justificación para situar el precio por debajo del umbral de los cien dólares, límite que muchas oficinas se marcan a la hora de adquirir material, no aplicaba a un producto como Encarta, destinado al hogar. Pero, para un título de software de consumo, parecía igualmente aplicable la idea de ir «creando ambiente» con un precio tentadoramente bajo que expiraría en una fecha determinada. Así pues, Bartholomew también se situó entre el grupo de los que defendían el precio bajo.

Personalmente, Leahy no se consoló mucho con el ejemplo de Access. A raíz de sus conversaciones con los directores de las tiendas, sabía que, antes de que expirara la oferta del descuento, los minoristas habían acumulado en stock tantas cajas de Access al precio de promoción, que no tuvieron necesidad de volver a hacer pedidos del software durante todo el año siguiente. Leahy les dijo a todos los colegas que quisieron escucharle: «Si bajamos el precio de Encarta a 99 dólares, supongo que os daréis cuenta de que ese precio ya nunca se va a aumentar, ¿verdad?». Pero las matemáticas seguían siendo atractivas: si Microsoft vendía cuatro veces más unidades a 99 dólares, de las que vendía a 395 dólares, el cambio de precio haría que las cosas quedaran prácticamente como estaban; pero si vendían ocho veces esa cantidad, la empresa podría aumentar de un plumazo su cuota de mercado de las ventas al por menor en esa categoría (excluyendo los acuerdos para incluir el producto junto con los ordenadores vendidos por los fabricantes), para pasar del 10 o el 15 por 100 en que parecía hallarse por entonces hasta alcanzar el 50 por 100 que buscaba. La decisión que tomó el grupo fue un compromiso: durante la promoción de las vacaciones, desde septiembre a diciembre, se ofrecería Encarta por 99 dólares, y el antiguo precio de 395 dólares se reintroduciría después del 31 de diciembre. Se suponía que sólo se trataba de una reducción temporal de precio, pero Leahy se sintió contento a pesar de todo. Ya habían bajado a los 99 dólares que él quería, y sabía que los precios son tan reversibles como un trinquete; el viejo precio de 395 dólares sería ahora una reliquia de la historia.

Bartholomew aceptó apuestas de los altos directivos acerca de las ventas de vacaciones para 1993. Charlotte Guyman, en aquella época directora de marketing para la División del Consumidor, calculó que se venderían 20.000 unidades; Peter Mollman dijo que unas 65.000 unidades; Leahy y Bartholomew predijeron unas 90.000. Todos, hasta los más optimistas, subestimaron las ventas, que superaron finalmente la marca de las 120.000 unidades, lo que significaba más del 65 por 100 de la cuota de mercado. Los ingresos mensuales para Encarta habían pasado desde unos 500.000 dólares en agosto, a 5,4 millones de dólares en diciembre, lo que suponía más de un 400 por 100 sobre la cuota de ventas asignada. Un gráfico del espectacular aumento mostraba el proverbial efecto de «palo de hockey», adquiriendo una dirección ascendente gradual para luego elevarse fuertemente. Al argumentar en favor de un precio bajo, Leahy había sostenido que todo aquello que superara una multiplicación por cuatro en el número de unidades vendidas tendría como resultado unos beneficios más altos. En privado se había mostrado convencido de que Encarta podría multiplicar sus ventas por ocho; resultó que el aumento fue de 24 veces más. La única noticia descorazonadora fue que el sistema de producción de Microsoft se vio pillado por sorpresa y muchas tiendas se quedaron sin existencias. A finales de diciembre había pedidos en espera por otras 60.000 unidades que, si se hubiera hecho un número suficiente de copias, habrían disparado las ventas de ese trimestre en otro 50 por 100 más.[10]

El vertiginoso éxito del que disfrutó Encarta en esa temporada de vacaciones sólo se consiguió, naturalmente, después de haber soportado años de costoso desarrollo y de muchas desilusiones. Finalmente, el producto estaba preparado, tenía el precio correcto y se ofrecía en un momento en el que las ventas de software de CD-ROM y de lectores de CD-ROM se reforzaban mutuamente. La temporada de 1993 no sólo anunció el despegue de las ventas para Encarta, sino que también marcó el punto de inflexión a partir del cual la División del Consumidor se convirtió en la unidad de crecimiento más rápido de Microsoft. Fue entonces cuando se revitalizó el concepto de disminuir los costes de desarrollo mediante la estampación de múltiples títulos con una plantilla similar, la idea que originalmente revitalizó el proyecto de la enciclopedia en CD-ROM, en 1991.

Aunque Encarta había terminado por exigir enormes inversiones, en violación del propósito de reutilizar la plantilla de Bookshelf, fueron otros títulos de la División del Consumidor los que aprovecharon este concepto. El desarrollo de *Dinosaurios*, de Microsoft, había costado casi un millón de dólares. No obstante, la «fábrica de títulos»[11] de la División del Consumidor produjo ahora a un menor coste sucesivos títulos de la misma serie, como *Criaturas Peligrosas* y *Tierras Antiguas*, reutilizando los elementos de diseño, las técnicas de compresión y otros conocimientos adquiridos durante el desarrollo del primer proyecto. Gates había hecho del diseño una prioridad a lo largo de todo el proceso en la División del Consumidor.[12] Patty Stonesifer, que dirigió la división después de la jubilación de Susan Boeschen, en 1993,[13] continuó presionando sobre la necesidad de que todos los ingenieros de desarrollo de la división emplearan un código común, desarrollado tanto dentro de la unidad como en otras partes de la empresa, con el propósito de acelerar el desarrollo de otros títulos y bajar los costes.

A diferencia de los ingenieros de desarrollo del software tradicional de Microsoft, la División del Consumidor reescribió las reglas heredadas para preparar el máximo número posible de títulos en el máximo número de áreas al coste mínimo. Tenían por delante un mercado en el que miles de títulos de CD-ROM competirían por llamar la atención de los clientes potenciales. El desarrollo y comercialización de un Excel o un Word dejaron de tener importancia; el mundo del CD-ROM empezaba a moverse con rapidez, y pasó de la casi total ausencia de títulos a una producción masiva, no muy distinta de la tradicional industria editorial de libros, que cada año ponía 40.000 títulos nuevos en el mercado. Como método para adaptarse a las nuevas circunstancias, en cuanto el equipo de desarrollo terminaba el primer título de una serie de la División del Consumidor, se dividía en dos equipos para ponerse a trabajar en el segundo y tercer títulos. Estos dos equipos se convertían a su vez en cuatro equipos para el siguiente título. Cada expansión mitótica servía así para crear múltiples líneas de desarrollo y para difundir la experiencia. Stonesifer presionaba a su división para que aspirara a producir un título a la semana. A mediados de 1994, la empresa ya tenía 54 productos de consumo en 27 idiomas; a finales de 1995 superaba los 100.

Una de las cuestiones básicas de marketing a las que tuvo que enfrentarse la División del Consumidor a medida que se aceleró su crecimiento, fue la de decidir si había de crearse una marca por separado para los títulos destinados al consumo masivo, en lugar del nombre de Microsoft, que se asociaba con pesados sistemas operativos o con software de oficina, y podía dañar su atractivo para los consumidores. Charlotte Guyman formó parte del grupo que defendía la utilización de un nombre completamente separado del de Microsoft, como «Lifeware», que permitiría alejarse de lo que Guyman veía como la imagen «tecnicista» de la empresa. No obstante, tanto ella como otros directores fueron convencidos de lo contrario, gracias a la investigación, que demostraba que el nombre de Microsoft era un valor añadido.

Lo que sí necesitaban los consumidores era una señal de que un título determinado de software estaba destinado a la diversión y no al trabajo de oficina. «Microsoft Home», la submarca que se introdujo formalmente en diciembre de 1993, resulta interesante porque no siguió el clásico modelo de productos de consumo de Procter & Gamble, por ejemplo. La estrategia de marketing de esta empresa defiende la creación de identidad de marca alrededor de los productos. Los consumidores que compran Tide probablemente ni siquiera son conscientes de la empresa que lo fabrica. Microsoft, en cambio, trató de hacer más visible el nombre de la empresa, de modo que los consumidores pudieran depositar su confianza en la marca familiar, ahora que se encontraban con una desconcertante avalancha de títulos en CD-ROM (así como con riesgos de instalación y problemas de compatibilidad del software-hardware). Estaban más próximos a las motivaciones que impulsan la comercialización de esta nueva era del entretenimiento, de Disney, por ejemplo, que de las motivaciones de la ya pasada era industrial de Porcter & Gamble.[14]

Microsoft planificó obtener una serie de dividendos de la estrategia seguida con «Microsoft Home».[15] En lugar de dividirlo entre muchos productos separados, cada dólar gastado en publicidad pudo dirigirse hacia el fortalecimiento del reconocimiento popular de la marca general. Otros programas de marketing reforzaron entre los consumidores el mensaje de que Microsoft era el nombre a recordar. Microsoft colaboró en la producción del programa «Noches de tecnología en familia», que ofrecía software con descuento a los padres que asistían a «seminarios» nocturnos celebrados en las escuelas, así como de talleres para administradores y directores de escuela y del concurso de arte «Reflections», de la Asociación Nacional de Padres y Maestros; además, hizo donación de diversos artículos de software a 50 museos infantiles y bibliotecas y colaboró en diversas exposiciones itinerantes de la Asociación de Bibliotecas de Estados Unidos. Las investigaciones encargadas más tarde por Microsoft revelaron que sus clientes particulares mostraban un elevado grado de lo que los comerciales dieron en llamar «propiedad cruzada», es decir, que habían comprado títulos en categorías muy distintas, como por ejemplo Encarta y Cinemanía. Las pruebas confirmaban la suposición de la División del Consumidor, según la cual si un consumidor había tenido una buena experiencia con un título de Microsoft Home, compraría probablemente otros títulos adicionales de Microsoft.

Esas mismas pruebas también pueden interpretarse como la confirmación de una paradoja. Cuanto mayor era la competencia, a medida que llegaban al mercado más títulos en CD-ROM, tanto mayor era el clamor y el ruido que se producía para llamar la atención del consumidor; cuanto mayor era el ruido, más grande era la ansiedad del consumidor por elegir correctamente..., y Microsoft, el nombre más fácilmente reconocible entre los diferentes competidores, se beneficiaba. Microsoft estaba en mejor posición cuando un consumidor se encontraba con doce títulos en CD-ROM sobre dinosaurios que si sólo hubiera encontrado tres títulos. Cierto que esa ventaja no habría durado mucho tiempo si Microsoft hubiese dañado su reputación ofreciendo títulos de mala calidad. Pero el tema de la calidad no planteaba problemas porque, en todo caso, los títulos de Microsoft Home no hicieron sino mejorar con el tiempo, ya que había investigado y hecho caso de las lecciones aprendidas a medida que progresaban el desarrollo y el marketing.[17]

Al madurar el mercado, Broderbund, el más pequeño pero impresionante competidor de Microsoft, demostró el poder de utilizar nombres de producto para crear una marca identificable. En 1995, Microsoft desmanteló pragmáticamente la estrategia de «Microsoft Home», sustituyéndola por el uso de nombres que facilitaran la identificación de una serie determinada de productos y subproductos relacionados. En lugar de desterrar de la publicidad y la promoción el nombre de Encarta, en favor del estandarte de «Microsoft Home», este se transformó en una marca que abarcaba una creciente gama de títulos de referencia. El regreso de Microsoft a un modelo al estilo de Procter & Gamble se vio solidificado por su decisión de contratar a otros directivos de Procter & Gamble y aprender de ellos.

El software de consumo se convirtió en una gran fuerza comercial por derecho propio, dejando de ser el hermano más débil del software de oficina, sobre todo cuando tiendas no tradicionales como Wal-Mart y Target empezaron a vender software producido por la División del Consumidor, y lo hicieron en grandes cantidades. La campaña para asegurarse la colaboración de las empresas que vendían sus artículos a un precio reducido se había iniciado ya en 1990, cuando los títulos de consumo podían venderse por 199 dólares, tan caros que las cajas tenían que colocarse en vitrinas cerradas, fuera del alcance de ladrones, pero también de los compradores legítimos que deseaban echarle un vistazo a la caja sin necesidad de buscar a un vendedor. Cuando los precios al por menos descendieron por debajo de los cien dólares, las cajas se vieron liberadas de esta custodia protectora y se expusieron en estanterías normales, y nuevas cadenas de tiendas firmaron contratos para vender el software. La División del Consumidor pronto se encontró con que vendía la mayor parte de su producto a través de las cadenas de descuento de masas, las tiendas de electrónica de consumo y las cadenas de almacenes. El equipo de desarrollo de Encarta sabía que sólo Wal-Mart había hecho un pedido de 70.000 unidades de Encarta 95 que dependía de que el producto estuviera acabado para septiembre de 1994.

Con una identidad sólidamente establecida, la amplia cobertura de las diferentes categorías de software y unos recursos financieros que le permitían asegurarse un puesto en los estantes de venta al público, Microsoft se hallaba en 1994 en mejor posición que ninguna otra empresa, en una época en que los minoristas se veían agobiados por una avalancha de títulos de software que no podían acomodar más que en pequeñas cantidades. ¿Qué títulos de software se inclinaría a guardar en stock una cadena de almacenes como Price/Costco: los de una nueva empresa de software con sólo un título o dos, o Microsoft?

La disminución del precio medio de venta y el cambio de modelo económico de la industria obligó, incluso a las más tradicionales cadenas de tiendas de software, a renunciar a su personal de evaluadores, que en otro tiempo había determinado qué títulos venderían. Hubo un momento, por ejemplo, en que Egghead llegó a tener, en su sede central, un Grupo de Evaluación de Producto compuesto por 25 personas dedicadas exclusivamente a revisar los nuevos títulos de software que los editores sometían a la consideración de Egghead para su posterior distribución. En 1994, ese grupo había desaparecido. Con la proliferación de la edición en CD-ROM, había demasiados títulos a evaluar, y el mantenimiento de ese personal era sencillamente demasiado caro. En lugar de eso, Egghead prefirió confiar en la categoría del producto y los antecedentes del editor, lo que suponía una evidente ventaja para la bien establecida Microsoft. Ya incluso en 1993, la fuerte entrada de Microsoft se hizo evidente cuando, en el informe anual de la empresa a sus accionistas, pudo afirmarse que los títulos en CD-ROM de Microsoft ocupaban cuatro de los diez mejores puestos en las cifras nacionales de ventas.[18]

Aquellas personas que ven algo siniestro en la posición preponderante de Microsoft en este ámbito relativamente nuevo de software de consumo deberían pararse a considerar el particular modo que ha llevado a Microsoft al mundo del CD-ROM. Cuando el software del hogar despegó finalmente, algunas de las beneficiarias más afortunadas fueron empresas de software que ofrecían títulos violentos *(Combate Mortal)* o violentos y escabrosos *(Trampa Nocturna)*. Microsoft consiguió su éxito al mismo tiempo que evitaba deliberadamente ese «estilo bajo». Produjo, así mismo, otros títulos dirigidos expresamente a los niños, como Creative Artists y Fine Writer, que también apuntaban a las facultades superiores de los clientes. Cuando se escucha hablar a Bill Gates, como sucede periódicamente, y se le oye decir algo que indica un placer desmesurado por los beneficios y el poder sin límites,[19] deberíamos recordar lo encomiable de algunos de sus actos. De hecho, con los primeros títulos en CD-ROM de Microsoft demostró que no aprovechaba todas las tentadoras oportunidades que tenía de hacer negocio.[20]

Que Microsoft pudiera alcanzar éxito en el negocio del software de consumo no era algo que pudiera pensarse cuando se inició en este campo a mediados de la década de 1980. Lo más notable no es lo que aprendió la empresa del desarrollo de sistemas operativos y aplicaciones para oficina, sino que supiera darse cuenta de lo que no sabía y se dedicara a aprenderlo. Si de esta parte de la historia de Microsoft podemos sacar una lección que puedan aplicar a su vez otras empresas, esa lección sería el *ethos* del aprendizaje, un *ethos* que también pueden aplicar otras empresas de cualquier tamaño. Como veremos a continuación, hasta las empresas muy pequeñas puede emplear a personas inteligentes con grandes resultados.

NOTAS

1. Bill Gates insiste en que éste fue el eslogan oficial de la empresa desde el momento de su fundación, en 1975, pero en los diez primeros años de la historia de la empresa no he encontrado pruebas de ello en sus archivos, y el servicio de archivo tampoco ha podido encontrar confirmación documental de esa afirmación en aquellos primeros años. La primera vez que lo hemos encontrado es en 1986. Manes y Andrews, los biógrafos autorizados de la historia inicial de Microsoft, también observan que, a pesar de las afirmaciones de Gates, el eslogan no se escuchó en la empresa hasta mediados de la década de 1980. Una videocinta de la empresa muestra que Gates utilizó la frase en una charla dada a programadores de Apple que se celebró probablemente en 1984, aunque no se tiene seguridad absoluta sobre la fecha. Véase Stephen Manes y Paul Andrews, *Gates: How Microsoft's Mogul Reinvented an Industry – And Made Himself the Richest Man in America*, Nueva York, Doubleday, 1993, págs. 63, 251-252.

2. Carolyn Marvin, *When Old Technologies Were New: Thinking About Electric Communication in the Late Nineteenth Century*, Nueva York, Oxford University Press, 1988, págs. 18-21. El ejemplo del patán de 1889 que gritó por el teléfono sin descolgarlo siquiera sería la imagen misma de la racionalidad en el futuro que imaginó Gates en 1984 para el hogar de 1989, casualmente un siglo después del primer jemplo. Para el hogar de 1989, Gates había predicho, un poco prematuramente, que la capacidad de reconocer la voz de los ordenadores conectados por toda la casa, permitiría a uno decir, estuviera donde estuviese: «Eh, ponme en contacto con tal o cual persona», en lugar de tomar un teléfono. Véase el ensayo de Gates, «Microsoft», *Creative Computing*, marzo de 1984, pág. 70.

3. Craig Bartholomew, «Encarta '93 Post-Mortem Analysis», memorándum de Microsoft, 18 de junio de 1993.

4. Bartholomew, «Encarta '93 Post-Mortem Analysis».

5. Sonja Gustafson, «Encarta Marketing Backgrounder», memorándum de Microsoft a Patty Stonesifer, 17 de agosto de 1993.

6. Bartholomew, «Encarta '93 Post-Mortem Analysis».

7. Gustafson, «Encarta Marketing Backgrounder».

8. Gustafson, «Encarta Marketing Backgrounder».

9. «Encyclopedia Business Plan», memorándum de Microsoft, 5 de abril de 1992.

10. Craig Bartholomew, «Home Ed Ref Product Unit Monthly Report», memorándum de Microsoft, diciembre de 1993.

11. Patty Stonesifer, «How Will Multimedia Change the Software Industry», Software Publishers Association, simposium de primavera de 1994, 15 de marzo de 1994.

12. Fred Moody, *I Sing the Body Electronic*, Nueva York, Viking, 1995, pág. 88.

13. Es curioso que Boeschen, una mujer rara que ocupaba un alto puesto en Microsoft, se viera sucedida por otra mujer. Boeschen se encrespó cuando le pregunté por qué la División del Consumidor fue dirigida sucesivamente por dos mujeres. Dijo que se le había consultado cuando Gates reflexionaba sobre quién podía ser su sucesor y que dos de los tres candidatos finales eran hombres. También señaló que aun cuando Stonesifer tenía hijos (de hecho, los hizo subir al escenario para la introducción en Nueva York de la marca Microsoft Home, en 1993), una sensibilidad para el software orientado hacia la familia no era más ámbito exclusivo de una madre que de un padre.

Anteriormente, en 1991, un analista ajeno a la industria de los ordenadores, Jesse Berst, había felicitado a Boeschen por haber ayudado a Microsoft a superar lo que el propio Berst veía como sus dos debilidades fundamentales: arrogancia y «tecnocentrismo». Berst alabó a Boeschen por fundar el Laboratorio de Utilidad y elevar el rango de lo que entonces todavía se llamaba la Unidad de Entrada de Negocio. Berst escribió: «A riesgo de parecer un psicólogo aficionado, quisiera señalar que tanto la arrogancia como el tecnocentrismo son actitudes masculinas». Véase Berst, «Can a Gorilla Change Its Spots?», *Windows Watcher*, diciembre de 1991, pág. 3.

14. Eso no quiere decir que repudiaran todo lo relacionado con Procter & Gamble. A finales de 1994, por ejemplo, Microsoft reclutó a Bob Herbold, de P&G, como nuevo vicepresidente ejecutivo de Microsoft y funcionario jefe de operaciones.

15. Un destacado boletín sobre la industria del software fue extremadamente escéptico ante la decisión de Microsoft, tomada en 1993, y señaló con alarma la desviación de los conocimientos ya establecidos por Procter & Gamble. Al mismo tiempo, el boletín felicitaba a Microsoft por adelantado por su capacidad de aprender de sus errores: «Aunque Microsoft tropiece unas pocas veces, la empresa terminará por aprender más sobre el mercado que sus competidores, mucho más prudentes». Véase «Microsoft Unveils a New Consumer Strategy», *Soft Letter*, 22 de octubre de 1993.

16. «Microsoft Home: Bringing Consumers the Power, Excitement and Fun of Home Computing», *Microsoft Backgrounder*, marzo de 1995.

17. Mi afirmación puede parecer contraria al negativo retrato (forcejeos internos, tiempo malgastado) que Fred Moody nos ofrece en su *I Sing the Body Electronic* sobre el desarrollo de la enciclopedia en CD-ROM para niños, la Explorapedia. La narración de Moody se centra en la primera parte del proyecto, cuando numerosos intentos fallidos hicieron más lento su avance. Moody, un periodista, había solicitado una excedencia en el periódico para trabajar en su libro. Desgraciadamente, el permiso se le acabó antes de que pudiera concluir su obra. En consecuencia, no se dio el debido peso a la fase final de desarrollo, cuando las piezas encajaron en su lugar. Además, una vez terminado un título, pierden importancia las vicisitudes cotidianas de los estados de ánimo de quienes lo han desarrollado durante la fase de mayor angustia de su creación.

18. Microsoft Corporation, *Annual Report to Stockholders*, 1993.

19. En una reunión celebrada en febrero de 1993, Fred Moody observó a Gates expresar su extrañeza al comprobar que los editores de libros impresos no fueran más agresivos a la hora de lanzar el desarrollo de sus propios títulos en CD-ROM. Cuando un miembro del equipo le dijo que las otras empresas eran de propiedad privada y se sentían incómodas a la hora de invertir en nuevos proyectos, Gates concluyó en voz alta: «De modo que tienen una avidez finita». Moody, *I Sing the Body Electronic*, pág. 111. Para otro ejemplo, véase el artículo publicado en *Fortune* a principios de 1995, en el que se observaba que «actualmente, la pregunta clave ha pasado de "¿Qué desea Bill Gates?", a "¿Hay algo que Bill Gates no desee?"», y pedía a Gates que fuera más específico acerca de sus ambiciones. Véase «What Bill Gates Really Wants», y el subtítulo acompañante, «What He Doesn't Want», en *Fortune*, 16 de enero de 1995.

20. A finales de 1995, la División del Consumidor introdujo Fury 3, un juego de disparo de cazas que muestra asombrosos efectos visuales, pero al que le falta el ángulo educativo que tenían sus predecesores. No es para conmocionarse, pero tampoco sería un candidato para un premio concedido por los padres. Será interesante ver si este título demuestra ser el precursor de otras clases de títulos que la División del Consumidor de Microsoft había evitado en el pasado.

7

DAVID Y GOLIAT

Con pequeños hachazos se derriban grandes robles.

Benjamin FRANKLIN, *Camino de la riqueza* (1757)[1]

Aunque Microsoft reconoció pronto las posibilidades del mercado del hogar, eso no significa necesariamente que fuera la primera en aprovechar ese potencial. Tampoco los ejecutivos de todos sus competidores fueron tan incompetentes como los de Lotus, WordPerfect y otros grandes editores de software. La historia de los encontronazos iniciales de Microsoft con Intuit, la empresa de software de la Zona de la Bahía, especializada en software de finanzas personales, nos recuerda que la Microsoft de Gates también es falible.

Lo mismo que Gates, el cofundador de Intuit, Scott Cook, había estado al frente de su empresa desde su fundación. Llegó al software del hogar no desde otros recintos de la industria del software, sino desde Procter & Gamble. Cook, que es unos pocos años mayor que Gates, solía definirse de modo despectivo como un «ex vendedor gordo».[2] (Había sido director de producto para la cadena Crisco.) Puso mucho cuidado en no describir nunca su empresa de software, situada cerca de la Universidad Stanford, como una empresa de software.[3] En lugar de eso, prefería decir que era una empresa que ofrecía «soluciones» a los problemas de los clientes relacionados con las finanzas. Además de ofrecer soluciones de software, ayudar a los clientes a extender cheques, cuadrar los talonarios y pagar las facturas, la empresa también ofrecía soluciones[4] a otros problemas ajenos al software, como cheques y formularios especiales, que demostraban ser una fuente de beneficios más lucrativa y recurrente. El modelo que inspiraba a Cook no era Microsoft ni ninguna otra empresa de la industria de los ordenadores, sino más bien su antiguo patrono, Procter & Gamble. P&G había desarrollado una cultura empresarial muy refinada, que Cook atribuyó a la habilidad de la empresa para ser «grande durante cien años».[5]

El momento en que Cook tomó la decisión de fundar Intuit, en 1983, no fue propicio. A Cook se le ocurrió una idea para un producto de consumo que extendiera cheques, y decidió poner un anuncio en el campus de Stanford para encontrar un programador. El primer estudiante al que preguntó cuál podría ser un buen lugar para colocar el anuncio, resultó estar interesado en el puesto y se convirtió así en el cofundador de la empresa. El programa se puso a la venta en diciembre de 1984, con el nombre de Quicken, en una época en que la categoría del software de finanzas personales ya estaba saturada… y aún tenía que surgir un mercado para el software del hogar. A diferencia de los primeros tiempos de Microsoft, en los que se preparaban versiones de BASIC sobre contrato para toda clase de fabricantes de hardware, Intuit tuvo que enfrentarse necesariamente y de un modo inmediato al desafío de «cada hogar». El plan inicial de Cook fue el de evitar el canal de la venta minorista y conseguir que los bancos vendieran el Quicken en sus vestíbulos, algo que, retrospectivamente, resulta especialmente interesante, dada la convergencia de empresas de software y bancos en la banca electrónica. Este primer capítulo de la historia de Intuit, sin embargo, fue decididamente de baja tecnología. La única conexión del banco con el software se hallaba en el vestíbulo, donde se expusieron a la venta cajas de Quicken. Los bancos demostraron ser muy torpes a la hora de vender software. En mayo de 1985, y a pesar de la más estricta economía, Intuit había gastado ya los 350.000 dólares que sus fundadores habían retirado de sus ahorros, tomado prestado de parientes, utilizado de tarjetas de crédito y de segundas hipotecas. Intuit no pudo afrontar el pago de los salarios de sus siete empleados.

Los empleados de Intuit tuvieron que soportar una especie de prueba bíblica por la que Microsoft no tuvo que pasar. Fueron varios los que abandonaron el barco en esta fase, pero aparecieron otros nuevos, que aceptaron por el momento una participación en la empresa en lugar de salario, y que finalmente serían extremadamente bien remunerados por haber corrido ese riesgo. La empresa retrocedió ante el abismo de la bancarrota gracias a la puesta a la venta de un Quicken que podía ser utilizado en los ordenadores Apple II (además de la versión original DOS). Cook, que fue el único vendedor de toda la empresa hasta 1989, consiguió convencer a una serie de bancos para que pagaran a la empresa un adelanto de 20.000 dólares sobre las ventas. Algunos bancos empezaron a vender bien los productos e hicieron nuevos pedidos.

Intuit demostró su capacidad de adaptarse a las realidades del mercado. En 1986, inspirada por el éxito de Borland con su política de bajos precios para el software de lenguajes de programación y utilidades, Intuit bajó el precio de venta al público de Quicken desde los cien a los cincuenta dólares, una decisión que se anticiparía a los recortes de precios que también adoptó Microsoft para el mercado del software del hogar. Aquello a lo que Intuit renunció en ingresos cuando un cliente hacía una compra inicial, quedó más que compensado por lo que los profesores de marketing denominan ventas «después del mercado». A pesar de que su base de clientes era minúscula en 1986, Intuit recibía un permanente flujo semanal de 8.000 dólares en efectivo de clientes que compraban cheques y otros suministros, ingresos que ayudaron a la empresa a superar su crisis fiscal. A finales del año fiscal de 1986, la empresa había generado unos 750.000 dólares en ingresos, lo que triplicaba los del año anterior, y obtuvo unos 150.000 dólares brutos de beneficios.

La tradición de Intuit incluye la historia, transmitida y adornada con el paso de los años, de un anuncio publicado en una revista para propietarios de Apple II en el otoño de 1986. «Acabe con las molestias financieras», invitaba el anuncio, aunque la leyenda de la empresa lo presenta como una inversión deseperada; en ese único anuncio, Cook puso en juego todo el capital de la empresa, 125.000 dólares. La leyenda atribuye la salvación de la empresa a la tremenda respuesta de los consumidores ante ese solo anuncio. Pero, de hecho, Intuit no se encontraba en una situación tan agobiante como el año anterior. El anuncio y el impulso de la distribución de los dos grandes mayoristas de software, ayudaron a impulsar el crecimiento de la empresa. A ello siguió, en 1987, la versión 2 de Quicken, más completo. La versión 3, que llegó en 1989, permitió a los clientes controlar cuentas de tarjetas de crédito, préstamos y otros valores, además de las cuentas bancarias.

Muchas de las prácticas que Cook hizo adoptar a su empresa fueron similares a las que Microsoft aprendió por su propia cuenta tres o cinco años más tarde, cuando maduró su trabajo con el software de consumo. Tras la aparición de la versión 3 de Quicken, Intuit emprendió un ciclo anual de actualizaciones que planteó una presión implacable a sus ingenieros de desarrollo, pero que supuso un continuo aumento de los ingresos y su consolidación como empresa innovadora. Desde principios de 1989, Intuit también experimentó con anuncios en revistas no pertenecientes a la industria del software, fomentando y acelerando a un tiempo la difusión del software. Las revistas de las compañías aéreas fueron una de sus primeras aventuras. También lo fue la revista *Golf*, un experimento que no obtuvo un resultado especialmente bueno. Por lo visto, los lectores de esa revista, aunque poseían las características correctas y la disponibilidad financieras no deseaban preocuparse por su dinero cuando leían sobre golf. Más éxito tuvo un anuncio de Quicken que apareció en la revista de la Asociación Estadounidense de Jubilados. Intuit también fue pionera en la publicidad televisiva y aportó una dudosa contribución a Hall of Fame, el comercial informativo proyectado al público cautivo compuesto por los pasajeros de los aviones.

Para expandir la distribución de su software en el canal minorista, Intuit también se adelantó a Microsoft al contratar a gente con experiencia en la comercialización al por menor. Uno de los primeros vendedores contratados por Intuit procedía de la industria de alquiler de vídeos, donde es crítica la ciencia de la disposición de las estanterías, los expositores al final del ala y otros detalles de la «comercialización». El primer experimento de comercialización de Intuit fue el de convencer a los minoristas para que colocaran junto a la caja registradora un expositor de cartón, compuesto por una réplica de una caja registradora con bolsas que contenían seis cajas de Quicken. (Intuit eligió seis porque había observado que la mayoría de las tiendas sólo tenían cuatro cajas en stock, de modo que un expositor de seis unidades podía producir un aumento de un 50 por 100 de los pedidos para el stock.)

Intuit también fue pionera en la distribución del software a través de minoristas masivos como Wal-Mart y cadenas de almacenes como Price/ Costco y Sam's Club. Inicialmente, estas cadenas no demostraron mucho interés por las sugerencias sobre cómo exponer el software. Cuando Intuit les ofreció fondos de desarrollo del mercado para mejorar su comercialización, la primera respuesta de los almacenes fue: «Muchas gracias, utilizaremos el dinero para bajar el precio de su producto». No era esa la intención de Intuit y, con el tiempo, los almacenes se mostraron más receptivos a las sugerencias sobre señalización y otros aspectos de la exposición.

Intuit buscó canales alternativos para la venta al por menor de su software, sin abandonar las tradicionales tiendas dedicadas exclusivamente a la venta de ordenadores y software, que la empresa empezó a considerar con renovado respeto después de haber capeado una pequeña crisis cuando se puso a la venta la versión 3 de Quicken. La empresa había notificado a sus clientes anteriores la disponibilidad de la nueva versión, invitándoles a enviar su pedido directamente a Intuit, que enviaría los nuevos discos a sus clientes por correo. Este procedimiento soslayaba a las tiendas minoristas, pero el volumen de pedidos colapsó tanto al personal de Intuit como su sistema telefónico. Más tarde, Cook envió una carta contrita a sus clientes, ofreciéndoles sus disculpas y prometiendo realizar las necesarias inversiones para evitar que se repitiera la situación.

El episodio convenció a Cook y a sus empleados de que las tiendas minoristas debían seguir jugando un papel importante si querían evitarse quebraderos de cabeza con las nuevas versiones. Era técnicamente posible distribuir actualizaciones entre los clientes vía Internet o servicios comerciales telefónicos directos, o incluso enviar por correo los discos, directamente. A pesar de la tentación financiera[6] que suponía manejar directamente las actualizaciones y conservar el cien por cien de los ingresos (en lugar de tener que pagar la mitad de estos a los colaboradores minoristas), a Intuit le pareció mejor confiar en los minoristas y hacer todo lo posible por tenerlos contentos.

Los clientes de Intuit, que no conocen estas cosas, se han sentido extrañados por las cartas que reciben periódicamente de Intuit, invitándoles a enviar un cheque a la empresa para adquirir una actualización directamente, aunque el «descuento» ofrecido es evidentemente superior al precio al que se venden las cajas de Quicken en la tienda de software de la esquina. En 1995, una airada carta publicada en la sección «Gripe Line» de *Infoworld*,[7] culpaba a Intuit de desamparar a sus clientes al establecer un precio para la compra directa de una actualización que era casi el doble de lo que se tenía que pagar en una tienda local. En realidad, esa disparidad en el precio era intencionada y la carta en la que se perfilaba la «oferta de actualización» no era más que una forma disfrazada de publicidad para las tiendas minoristas que suministraban el producto de Intuit.

Los ejecutivos de Intuit deseaban que sus clientes acudieran a la tienda local de software para «ahorrar» dinero y no aceptaran la oferta directa de la empresa. Cuantos más clientes compraban las versiones actualizadas en las tiendas, tantos menos problemas tenía que afrontar Intuit en términos de personal para atender la avalancha que se le venía encima al servicio de atención de pedidos. Esos problemas se hicieron más agobiantes a medida que la base de clientes fijos continuó aumentando hasta alcanzar millones. Y los minoristas quedaron complacidos con el arreglo, no sólo por las ventas de las actualizaciones de Quicken, sino también por el impulso que experimentaban las ventas de otros productos de la tienda. Otro beneficio más de este método de distribución, y que nunca podría alcanzar la distribución electrónica del software, más barata y eficiente, fue la creación de «ambiente» en el canal minorista. Las montañas de cajas de Quicken que se acumulan en las tiendas cuando llegan las actualizaciones, son una demostración visible de la importancia del producto, que no deja de impresionar a los clientes potenciales que pasan por la tienda. Los clientes de Intuit que descargan una actualización de una página Web, o que llaman por teléfono para hacer su pedido directo, permanecen invisibles para los nuevos clientes potenciales que todavía no se han decidido. La reconstitución de una base de clientes dispersa y atomizada, hasta transformarla en una masa visible, es como un cartel gigantesco que todo el mundo puede ver, y un servicio que sólo pueden proporcionar las venerables tiendas minoristas.

Cook consideró la satisfacción del cliente como la mejor forma de publicidad de Intuit. Esperaba que no sólo los ingenieros de desarrollo sino también sus directores averiguaran qué deseaban los clientes, para lo que dedicaban unas pocas horas al mes a contestar las líneas telefónicas de apoyo técnico, o turnándose para participar en el programa «Follow Me Home» de Intuit, en el que, antes de que abandonaran la tienda, se preguntaba a los nuevos clientes de Quicken si podía acompañarlos un representante de la empresa cuando abriera la caja, instalara el software y empezara a utilizarlo. Esta forma de investigación, que permitía observar a través de los ojos de los verdaderos clientes *in situ*, constituyó una innovación que iba mucho más allá de un laboratorio de utilidades como el de Microsoft.

Cook, como Gates, comprendió la importancia de asegurarse una cuota dominante de mercado, y prefirió centrarse en la única categoría de software de finanzas personales, antes de permitir cualquier dilución de la concentración. En 1989, por ejemplo, los principales directores animaron a Cook a adquirir una empresa que producía software para impuestos sobre ingresos, un complemento lógico de un paquete de finanzas personales. Cook se negó, argumentando que la consolidación de la posición de Quicken exigía toda la atención de la empresa. Cuatro años más tarde, Intuit pagó una suma considerablemente mayor por adquirir otra empresa que producía paquetes para el tratamiento de impuestos, pero durante esos años había crecido lo suficiente, y quizá no habría podido hacerlo así de haber tomado una decisión precipitada.

A lo largo de la década de 1980, Intuit disfrutó de otra ventaja con la que no contaban otras empresas de software: Intuit no tenía a Microsoft como competidora. En 1989, sin embargo, las historias hasta entonces separadas de las dos empresas empezaron a aparecer dentro de un mismo marco. Intuit se encontró entonces como socio temporal del grupo de consumidores de Microsoft, que la convenció, junto a otras dos empresas que producían software para el tratamiento de impuestos, para que se unieran al Works multipropósito de Microsoft, que permitiría ofrecer a los fabricantes de ordenadores un producto completo. Los directores de Intuit se entrevistaron personalmente con sus homónimos de Microsoft y las dos empresas se conocieron mutuamente. A Microsoft le gustó lo que vio y ofreció comprar la empresa; Intuit rechazó la oferta.

Los directores de marketing de Intuit imaginaron que la empresa pronto se vería enfrentada con una competencia directa por parte de Microsoft, y que Windows sería la arena donde se produciría la confrontación. Hasta el momento había sabido adoptar el Quicken al formato de otros sistemas operativos. Además de la versión Apple II, había preparado una versión Mac que se había vendido bastante bien. También había sido más sabia que Lotus al no apostar demasiado fuerte por el desventurado OS/2. Su historial, sin embargo, no había sido perfecto. Tandy había convencido a Intuit para que desarrollara una versión de Quicken para el ahora olvidado Deskmate de Tandy. Lo mismo que Windows, Deskmate funcionaba con DOS. Pero, a diferencia de este, era producido por una empresa de hardware que necesitaba asegurarse el apoyo de otras empresas de hardware para alcanzar el volumen de fabricación que permitiría que el software llegara a ser un estándar viable. (Una de las razones por las que los consumidores prefirieron que fuera Microsoft la que marcara la pauta fue precisamente por la neutralidad ecuménica de Microsoft como empresa de software, distanciada del hardware.) Tandy pagó a Intuit por sus esfuerzos, pero ese trabajo distrajo a la empresa y a sus ingenieros de desarrollo. En un momento determinado, Intuit llegó a dedicar la mitad de sus esfuerzos al proyecto de desarrollo de Deskmate, así que tuvo la buena fortuna de que esta apuesta fallida no le saliera demasiado cara.

En 1989, los ejecutivos de Intuit sabían que dentro de poco se pondría a la venta una nueva versión de Windows, suficientemente mejorada como para despertar finalmente el interés del mercado. Como quiera que Microsoft había mostrado un interés por las finanzas personales, al presentar la oferta de compra de Intuit, esta llegó pronto a la conclusión de que, muy probablemente, Microsoft entraría también en esta categoría de productos. En esta fase inicial, los directores de Intuit consideraban a Microsoft como una potencia formidable, y temían la perspectiva de una competencia directa. Pero sus homónimos de Microsoft no mostraron el mismo respeto por la que pronto sería su rival. Un joven director de producto de Microsoft voló a California y ofreció a Intuit la oportunidad de vender los derechos de Quicken a Microsoft, a cambio de un pequeño *royalty* sobre una versión de Windows. La oferta habría podido echar por tierra el futuro de Intuit, dada la miseria que habría recibido como compensación por renunciar al mercado de Windows. Muchos años más tarde, el recuerdo del insulto todavía se mantiene en Intuit. Recuérdese que, por dominante que fuera la posición de Intuit en el software de las finanzas personales, la categoría seguía siendo pequeña en 1989 y 1990. En vísperas de la puesta a la venta de la versión 3 de Quicken, la empresa sólo contaba con 50 empleados. Los ingresos de 19 millones de dólares obtenidos en 1989 suponían un crecimiento espectacular después de haber estado al borde de la bancarrota apenas cuatro años antes, pero Microsoft era una empresa mucho más grande, con unos ingresos de 800 millones de dólares por aquel entonces y un grueso de 4.000 empleados. Había que tener agallas para despreciar la oferta de Microsoft como un insulto.

La Unidad de Entrada de Negocio de Microsoft había decidido entrar de un modo u otro en el mercado de las finanzas personales. Al no poder comprar Intuit, estuvo más que dispuesta a producir su propio software. Y en lugar de entrar en los mercados del DOS y del Mac, Microsoft sacaría un producto para Windows. La empresa imaginó que Intuit, como otros muchos vendedores independientes de software, se mostraría precavida antes de pasar a Windows, a pesar de las propuestas de Microsoft para desarrollar una plataforma común. Microsoft calculó que podría dar un buen salto sobre la competencia en el software de las finanzas personales apostando por Windows mucho antes de que Intuit estuviera dispuesta a hacerlo.

Pero Microsoft se equivocó. Intuit pudo sacar su versión de Quicken para Windows apenas seis semanas después de que Microsoft introdujera su nuevo producto, el Money. Así pues, la ligera ventaja de Microsoft fue insignificante. Ello se debió en parte a la lealtad de los clientes y minoristas de tiendas a Intuit. Pero también a su fuerte agresividad, ya que envió un mailing a sus clientes anunciando que la versión Windows de Quicken estaba disponible para su adquisición en las tiendas, con lo que se adelantó un poco a sí misma, como había hecho en 1988, cuando notificó a los clientes que ya estaba disponible la primera versión de Quicken para Macintosh... antes de que esta se hubiera terminado del todo. En este caso, sin embargo, el mailing que anunciaba la disponibilidad del producto Windows de Intuit, antes de que estuviera realmente en las estanterías, detuvo en seco las ventas del Money de Microsoft.

El incidente nos hace recordar las acusaciones planteadas contra Microsoft por haber anunciado productos que todavía estaban en fase de desarrollo, algo que la industria hace rutinariamente para dar a conocer a los clientes qué productos están a punto de ponerse a la venta. En el caso de Encarta, por ejemplo, Egghead Software lanzó su campaña de publicidad antes de que el producto estuviera terminado para la venta, pero eso se debió a que Egghead y Microsoft no sincronizaron sus relojes. Ahora, por el contrario, Intuit ponía en marcha un mailing para anunciar su producto en una actitud que es, evidentemente, muy agresiva. No fue una actuación especialmente infame, ni explica tampoco por qué Quicken obtuvo tan buenos resultados en el mercado de Windows. Pero los críticos de Microsoft parecen utilizar un doble rasero a la hora de juzgar ese mismo comportamiento en otras empresas. Estas comparaciones deberían enseñarnos a ser más coherentes. Intuit es una empresa ejemplar, cuyo jefe ejecutivo evita escrupulosamente criticar a sus competidores, y que prefiere que la alta calidad de los productos de la empresa y la dedicación al servicio al cliente hablen por sí solas. En las trincheras, sin embargo, Intuit es tan agresiva como cualquier otra.

Los clientes anteriores de Intuit en otras plataformas constituyeron en ese momento un maravilloso valor para la empresa. Microsoft no contaba con esa base y tenía que atraer a unos clientes que se sentían perfectamente contentos con Quicken y estaban dispuestos a esperar a que finalmente se terminara la versión de Quicken para Windows. En lugar de enojarse ante la ausencia del producto cuando Intuit hizo su anuncio, sus clientes se limitaron a tomar esta nota como una indicación de la inminente llegada del producto, y se abstuvieron de comprar Money. El cultivo de estrechas relaciones con los minoristas produjo aquí grandes dividendos para Intuit. Esos minoristas mantuvieron el fuerte intacto en nombre de Intuit, desanimando a los clientes ante un Money que no había sido probado, e invitándolos en su lugar a inscribir sus nombres en una lista de espera, con la seguridad de que la tienda los llamaría en cuanto llegara el Quicken para Windows. No se cumplió así el temor de Intuit de que el Money, al haber llegado antes a las estanterías, absorbiera la demanda de un producto de finanzas personales para Windows.

Durante sus dos primeros meses, el Money de Microsoft sólo vendió unas 50.000 unidades y, a partir de ahí, inició la cuesta abajo en cuanto Quicken acaparó la abrumadora mayoría de las compras de los consumidores. Como sucede con la mayoría de las primeras versiones (y no sólo con los productos de Microsoft, sino con los de cualquier empresa de software que se aventure en nuevas categorías), la primera versión de Money no resistía técnicamente una comparación con un producto mucho más maduro que había ido mejorándose a lo largo de varias generaciones. A diferencia de Lotus, que fue muy lenta en responder al Excel de Microsoft para Windows, Intuit no le dejó tiempo para disfrutar, y golpeó al líder intruso comercializando un producto Windows. En este caso, además, el Money de Microsoft ofrecía menos y no más que el equivalente de Intuit. Microsoft había planeado ofrecer pago electrónico de facturas y seguimiento de inversiones, como hacía Quicken, pero tuvo que retrasar la introducción de esas características para la siguiente versión porque las cuestiones técnicas habían ocupado más tiempo del previsto.

Money, sin embargo, tenía una pequeña característica que le faltaba a Quicken. Microsoft la llamó SmartFill, o rellenado inteligente. Cuando el usuario tecleaba el nombre del portador de un cheque, el programa utilizaba las primeras letras como una guía para buscar en portadores anteriores y, tras encontrar un nombre similar, llenaba automáticamente el resto de las letras. Quicken tenía una característica similar, pero en lugar de buscar automáticamente nombres similares en cuanto se tecleaban las primeras letras, el programa esperaba a que el usuario apretara la tecla Tab. La diferencia entre la característica de rellenado de los dos programas era menor, y no es probable que un nuevo cliente que sopesara las ventajas de uno y otro considerara esa función como un factor decisivo. Intuit, sin embargo, estaba decidida a no quedarse por detrás de Microsoft en ningún aspecto, por pequeño que fuese. Cuando sus ingenieros de desarrollo vieron el SmartFill de Microsoft, se dieron cuenta de que ellos también podían eliminar la necesidad de presionar la tecla Tab. Efectuaron una rápida redacción y enviaron copias gratuitas de la versión 1.01 a todos sus clientes de Windows, lo que contribuyó a aumentar su actitud de buena voluntad.

Intuit miró a Microsoft para ver qué necesitaba añadir, y Microsoft hizo lo mismo, claro está. Más adelante, cuando abordemos el tema del monopolio, haremos bien en recordar la naturaleza dinámica de la competencia entre ambas empresas, ya que es emblemática de cómo la competencia en la industria termina por producir mejoras. Los tribunales han dictaminado que es legal la práctica de que una empresa copie rápidamente una innovación funcional diseñada por otra, y es práctica habitual para empresas como Intuit y Microsoft.[8] Nosotros, los clientes, somos los principales beneficiados, no las empresas que, después de todo, están siempre estudiando lo que ofrece la competencia y buscando posibles mejoras e innovaciones. Y, a la inversa, cuando la fusión de los dos principales protagonistas en una sola empresa amenaza con poner fin a esta especie de saltos de rana, los consumidores son los que más salen perdiendo.

Microsoft vio con bastante claridad que ahora se encontraba en la poco envidiable posición de tener que alcanzar a un oponente inteligente y concentrado, que no se quedaría quieto a la espera de que Money se convirtiera en una amenaza. Intuit se pondría en pie de guerra y llevaría a cabo incursiones bajo las narices mismas de Microsoft. En la primavera de 1992, cuando Microsoft preparaba la puesta a la venta de la actualización de su sistema operativo Windows 3.1, Intuit vio una oportunidad de avanzar como un pez piloto con Microsoft, que desplegaría todo su potencial de marketing. Al suponer correctamente que Microsoft lograría que a los minoristas les mereciera la pena dedicar la mayor parte del espacio de sus estanterías a la próxima versión de Windows, Intuit creó una caja especial para Quicken que anunciaba un precio especial de 19,99 dólares para los clientes que compraran simultáneamente el Windows.

Intuit utilizó un ingenioso truco, al limitar el número de cajas que se pondría a disposición de los minoristas. Cada tienda peleó por conseguir una asignación tan grande como pudiera, lo que contribuyó a generar más «ambiente». Los preciosos ejemplares que se aseguró cada minorista se colocaron junto a las cajas de Windows y se vendieron como rosquillas. Una desventaja de la organización celular interna de Microsoft era que una parte de la empresa a menudo no tenía ni la menor idea de lo que hacían otras partes. Así, al no haber acordado previamente nada conjunto con los comerciales de Windows, el grupo del Money de Microsoft se encontró de nuevo en una situación azarosa. Y resultaría ser especialmente costosa, porque no se preveía una actualización de Windows durante por lo menos otros tres años. Este pequeño momento en la historia del marketing del software también es ilustrativo porque resalta que Microsoft no es precisamente un monolito.

Mientras Intuit repetía con el Windows el éxito que ya había logrado con el DOS y el Macintosh, el grupo del Money de Microsoft se reunió para recuperarse de sus torpes inicios y reducir la diferencia de cuota de mercado con una fuerte segunda versión. Hasta qué punto se podía mejorar más, era algo que no estaba del todo claro. Intuit marcaba el paso, con sus implacables revisiones anuales. Para Microsoft sería un suicidio tolerar un ritmo con revisiones menos frecuentes. El equipo de desarrollo, sin embargo, no había tenido tiempo para reflexionar mucho sobre la versión 2 de Money, ya que estaba muy ocupado intentando sacar la primera versión. Después de la puesta a la venta, cuando el equipo pudo finalmente dedicarse a reflexionar sobre el tema, se encontró ante unos plazos penosamente breves si quería ponerse a la altura de la siguiente actualización de Intuit, que se esperaba para el otoño. Si Microsoft necesitaba tres meses para planificar las especificaciones, tres meses para construir un prototipo y tres meses más al final del proceso de desarrollo para poner a prueba el código, sólo le quedaban otros tres meses para dedicarse a escribir el programa. Este sobrio desafío puso en marcha una reorganización dentro del grupo de modo que, en el futuro, habría siempre un director de programa responsable de mirar más allá de la revisión inmediata en la que se estuviera trabajando.

El grupo del Money de Microsoft fue el primero de la División del Consumidor que tuvo que afrontar las nuevas presiones impuestas por la naturaleza estacionaria de las compras de los consumidores. (La puesta a la venta de Encarta seguía siendo cosa del futuro.) En la categoría del software de finanzas personales, aproximadamente el 80 por 100 de las ventas anuales se realizan entre el 1 de octubre y el 1 de febrero. Era imperativo que la siguiente revisión del Money no perdiera la oportunidad de ponerse a la venta en el otoño. La única característica significativa que pensaba incorporarse al programa, el pago electrónico de facturas, no era una innovación, sino simplemente una forma de estar a la altura del mercado, pero se trataba de un aspecto fundamental del producto si Microsoft quería convencer a los clientes de que el Money poseía las mismas características que el Quicken. Tal como Intuit sabía, sólo un porcentaje muy pequeño de sus clientes (quizá por aquel entonces el 1 o el 2 por 100) utilizaban realmente el pago electrónico de facturas, que había incluido en DOS antes incluso de que debutara su producto para Windows. Pero era un detalle al que todos parecían prestar atención, como si los clientes hubieran resuelto de pronto empezar a utilizar un módem para pagar facturas mañana mismo.

Intuit no se ocupaba realmente del pago de las facturas de sus clientes de Quicken. La tecnología necesaria para efectuar los verdaderos pagos electrónicos de facturas para miles de clientes (que quizá pronto serían millones) exigía una inversión considerable y unas habilidades especializadas. En consecuencia, Intuit utilizaba los servicios de una empresa de Ohio llamada Checkfree, que utilizaba a su vez un *mainframe* IBM 3090 y una cámara centralizada de compensación bancaria para mover los fondos desde las cuentas de los clientes de Quicken hasta las de los comerciantes que los propios clientes designaban en sus pantallas de ordenador. MECA, otra empresa dedicada a la venta de software de finanzas personales, mucho más pequeña, también utilizaba los servicios de Checkfree, y pronto lo haría la propia Microsoft. El contrato ya estaba firmado y el servicio se habría iniciado con la versión 1 del Money si el tiempo no hubiera sido tan escaso. Cuando se inició el trabajo en la versión 2, los ingenieros de desarrollo de Microsoft recuperaron el código todavía no terminado de pago de facturas, que había sido desconectado temporalmente de la versión 1. Se lo completó y pulió, en preparación para el anuncio de que el pago electrónico de facturas sería la pieza central de la nueva revisión del Money.

En vísperas de su salida al mercado, Microsoft se puso en contacto con Checkfree para confirmar que todo estaba en orden. Sólo cabe imaginar la sorpresa de Microsoft cuando se le comunicó que no. Resultó que el contrato original sólo cubría la versión 1. Mientras tanto, Intuit y MECA habían llegado a un nuevo acuerdo exclusivo con Checkfree que prohibía a esta empresa contratar también sus servicios con Microsoft. A estas alturas,

Microsoft ya no disponía de tiempo suficiente para diseñar un plan alternativo. Si quería llegar a tiempo, tenía que enviar el Money sin el pago electrónico de facturas y, de hecho, sin ninguna otra novedad significativa. En lugar de poner en circulación una versión ampliada y mejorada, Microsoft introducía ahora torpemente otra versión débil, y permitía que se ampliaran aún más las diferencias de calidad entre Quicken y Money.

Está claro que haber excluido a Microsoft de la utilización de los servicios de una tercera empresa no beneficiaba a los consumidores de software, como haría por ejemplo el continuo intento de superación que conllevaría la rivalidad entre ambas. Pero los negocios, por su propia naturaleza, suponen millones de asociaciones, cuyos términos se negocian de una manera individual y por lo tanto varían con frecuencia de un socio a otro, dependiendo de consideraciones especiales que nunca se podrían prever o prohibir legislativamente. La estratagema de Intuit era perfectamente legal y no merece condena. De hecho, no atrajo las críticas del público, lo que no hace sino testimoniar ese doble rasero con que se juzgan las cosas: si hubiera sido Microsoft y no Intuit la que se hubiera asegurado un acuerdo exclusivo con Checkfree, la gritería pública ante la temeridad de Microsoft habría sido ensordecedora. Tampoco debería denunciarse la musculosa renegociación que hizo Intuit de sus contratos con proveedores que atendían los pedidos de cheques y formularios para el servicio al cliente. Del mismo modo, tampoco podía condenarse la práctica de ofrecer fondos de desarrollo del mercado para recompensar a aquellas tiendas de minoristas que aceptaran la petición de Intuit de mantener un precio mínimo de venta al por menor. Todas estas son prácticas que Microsoft también emplea, pero, a diferencia de Intuit y de otras empresas de software que hacen lo mismo, es Microsoft la única empresa que ha sido objeto de las críticas del público.

El asunto de Checkfree también revela otra similitud entre Intuit y Microsoft: la estoica reacción que mantuvieron ambas empresas al encajar los golpes propinados por la otra. El grupo del Money de Microsoft, que tenía motivos para quejarse en público por haber sido excluido de un acuerdo con Checkfree, no hizo nada parecido y soportó el revés en silencio. Y cuando otros rivales de Microsoft se dedicaron a lanzar públicamente acusaciones de conducta poco ética sobre la empresa de Gates, habría parecido natural que Cook se añadiera a la gritería, algo que, sin embargo, no hizo. En 1993, por ejemplo, cuando se le preguntó por las críticas que habían planteado otros contra Microsoft, Cook contestó que «se hace una montaña de lo que no es más que un grano de arena»,[9] y declaró que, en todos sus tratos con la empresa, Microsoft nunca se había aprovechado injustamente.

Que el recién nacido Money tuviera que competir contra un Quicken ya maduro oscurece lo mucho que se parecían Microsoft e Intuit. Si el lanzamiento del Money en 1991 no condujo a un éxito instantáneo, tampoco lo fue el lanzamiento, en 1992, del primer programa de contabilidad de Intuit, el Quickbooks. Más tarde, Cook describiría el principal anuncio que su empresa había puesto en *PC Magazine* para anunciar el producto como «probablemente el peor que se haya publicado en la historia de los microordenadores».[10] Las dos páginas publicadas en la revista de ordenadores de más amplia circulación únicamente lograron cuatro respuestas, un resultado que, según comentó Cook riendo, se habría visto probablemente superado si Intuit se hubiera limitado a publicar únicamente el número de teléfono 800 de llamada gratuita de Intuit en esas mismas dos páginas. Pero lo más desastroso fue que la versión de Quickbooks tenía fallos que destruían los datos del usuario, cosa que en un programa de finanzas es muy grave. Eliminar esos fallos exigió seis meses más, pero la historia posterior se parece a las historias de muchos de los productos de Microsoft: un producto fuerte, un marketing fuerte y un apoyo técnico fuerte.

Tanto Microsoft como Intuit son empresas dirigidas por individuos cuyo éxito respectivo no ha disminuido su sentido de la vulnerabilidad ante la competencia. La industria de los ordenadores induce con frecuencia a invocar las palabras atribuidas a Andy Grove, de Intel, quien dijo que «sólo sobreviven los paranoicos», pero «paranoia» tiene una connotación de ilusión patológica que no se quiere transmitir aquí. Sería más adecuado algo más suave que se encontrara a medio camino entre «paranoia» y «estado de alerta». Cook, como Gates, se mantiene alerta a las señales de la aparición de cualquier posible competidor. A principios de la década de 1990 no sólo tuvo que capear una amenaza por parte de la primera empresa de software, sino también otra planteada por la segunda empresa de software, la Computer Associates.

Si el nombre de Computer Associates parece poco familiar, es porque su actividad principal se ha centrado en atender a los mercados de *mainframe* y miniordenadores. Al no querer seguir siendo una desconocida para los clientes en el sector de crecimiento más rápido de la industria, el de los ordenadores personales, en 1993, Computer Associates concibió la idea de entrar en el mercado del software de las finanzas personales de Windows. Al enfrentarse con un líder de mercado atrincherado como Intuit, que ni siquiera Microsoft había podido desalojar, la empresa se dio cuenta de que no podía limitarse a ofrecer otro producto parecido. Así que su Simply Money llegó como un despilfarro, gratuito para todos, sin limitaciones en cuanto a cantidades. Fue una idea tan novedosa que la oferta se comentó incluso en muchos programas de noticias. Aquí estaba una empresa dispuesta a regalar literalmente la maquinilla dc afcitar con tal de vender hojas (cheques, formularios y otros suministros), así como la siguiente maquinilla (la versión 2 actualizada).

Simply Money se presentó en el verano, un mal momento para Intuit y Microsoft, enfrascados en la planificación de las revisiones del otoño. Ninguna de las dos tenía preparadas versiones para contestar a esta irrupción por sorpresa. Computer Associates anunció rápidamente que un millón de clientes habían solicitado y recibido el nuevo software. Jesse Berst, analista de la industria, expresó la preocupación de muchos observadores cuando sugirió que Computer Associates podía captar a millones de clientes que todavía no se habían acostumbrado a un paquete de software concreto como Quicken.[11] Intuit tendría que responder con disminuciones de precios que le costarían muy caras. Scott Cook se sintió realmente preocupado y aunque no reveló su alarma en público, dentro de la empresa parecía estar completamente alerta.

En último término, la entrada de Computer Associates resultó no plantear ninguna amenaza para Intuit o Microsoft. Se distribuyeron más de dos millones de copias, pero cuando llegó el momento de que los clientes pagaran para actualizar la siguiente versión, no se comportaron de modo muy diferente a aquellos que nunca habían probado Simply Money. La investigación interna de Intuit descubrió un porcentaje cómodamente diminuto de hogares que seguían utilizando el software, y la empresa siguió conservando más del 60 por 100 de la cuota de mercado. Al año siguiente, Cook se permitió el lujo de hacer unos pocos comentarios despectivos en público acerca de su competencia, refiriéndose al «precio justo» del software gratuito de Computer Associates.[12] Argumentó que el software lleva asociados dos costes: el precio inicial en dólares y el precio posterior en tiempo dedicado a utilizar el software, instalarlo, introducir datos en él o trasladar datos desde otro programa de finanzas. El programa regalado por Computer Associates y los recortes de precios de Microsoft (que ofreció su Money a un precio bastante inferior al de Quicken) no lograron producir el deseado aumento en las cuotas de mercado porque sólo pudieron producir ahorros del primer tipo. No pudieron reducir y, de hecho, se arriesgaron a aumentar el precio que los clientes tenían que pagar en términos de tiempo invertido. Microsoft, sin embargo, no estaba en posición de quejarse sobre este efecto. Como líder del mercado en otras categorías de aplicaciones, sabía muy bien que los clientes tendían a ser leales.

En muchos aspectos, pues, el dominio de Intuit en el software de las finanzas personales se parecía al dominio de Microsoft en otras categorías del software, lo que sugiere que la industria se halla sometida a dinámicas que no podemos limitarnos a adscribir a prácticas empresariales supuestamente negativas por parte de una empresa concreta en Redmond, Washington, ni a su presidente multimillonario. El éxito de Intuit también desmiente la opinión de que Microsoft podía hacer sentir el peso de su tamaño, derivado de los ingresos de su lucrativo negocio de software de sistemas operativos, para entrar en otros mercados y aplastar a voluntad a los rivales más pequeños.

Las historias de Intuit y Microsoft se entrelazarían aún más posteriormente, como veremos más adelante. Pero observamos aquí que la rivalidad que los enfrentó inicialmente marca un hito en la evolución de Microsoft, que pasa de ser un vendedor de software de sistemas operativos y de aplicaciones de negocios, a un aspirante a potencia multidivisional, profundamente interesada en el mercado de consumo, así como en el mercado de las empresas. Pero incluso cuando el mercado del software de consumo pasaba ya a la adolescencia, empezaba a verse ensombrecido en la conciencia pública por Internet, un fenómeno ocurrido «de la noche a la mañana» que llevaba preparándose desde hacía muchos años.

NOTAS

1. Benjamin Franklin, *The Works of Benjamin Franklin*, Nueva York, G. P. Putnam's Son, 1904, II, pág. 30.

2. «Intuit: An Installed Base Model for the 90s», *Soft Letter*, 19 de febrero de 1993, pág. 1.

3. «Cerca de la Universidad de Stanford» significa que las oficinas alquiladas de Intuit estuvieron situadas primero en la zona central de Palo Alto, luego en Menlo Park, y más recientemente en Mountain View.

4. «Scott Cook: An Interview», *Upside*, abril de 1994, pág. 34.

5. «Microsoft Dominates the Vast Market for Computer Software», *Los Angeles Times*, 8 de agosto de 1993.

6. Aparte de tratar de conservar el mejor negocio para sí misma o dárselo a sus vendedores minoristas, Intuit también pudo elegir una tercera vía que han utilizado muchas empresas de software, contratando con una tercera empresa exterior para que se encargara de la gestión de pedidos. Intuit ha experimentado con esta opción, pero se sigue sintiendo incómoda con la pérdida de control sobre la calidad del servicio.

7. «When the Upgrade Offer Comes in the Mail, Your Best Bet May Be To Chuck It», *Infoworld*, 4 de diciembre de 1995, pág. 64.

8. La legalidad de copiar la funcionalidad de programas rivales de software

ha resistido desafíos, el más notable e intelectualmente puro de los cuales fue la demanda de Lotus contra Borland, presentada en 1990, en la que se desafiaba la legalidad de la imitación de los menús del 1-2-3 de Lotus en el Quattro Pro de Borland. Un juez federal de Boston dictaminó en un principio contra Borland, pero un tribunal de apelación revocó la decisión y apoyó la postura de Borland de que los menús y las órdenes constituían un «método de operación» que quedaba excluido de la protección del copyright. En enero de 1996, el Tribunal Supremo de Estados Unidos llegó a un punto muerto sobre el caso, con una votación de cuatro contra cuatro, afirmando así que el tribunal de apelación había dictaminado en favor de Borland. Ay de los consumidores si se hubiera eliminado esta protección.

Otras cuestiones legales similares se plantearon cuando Apple denunció sin éxito a Microsoft y Hewlett-Packard por haber copiado el «cerrojo y percepción» del sistema operativo de Macintosh, y la propia Apple fue denunciada, también sin éxito, por Xerox, por copiar el «cerrojo y percepción» del precursor del Mac, el Xerox Star. Para un análisis de estos casos, que no trata con simpatía a los querellantes de estos embustes, véase Randall E. Stross, *Steve Jobs and the NeXT Big Thing*, Nueva York, Atheneum, 1993, págs. 42-44.

9. «Microsoft Dominates the Vast Market for Computer Software».
10. «Scott Cook: An Interview».
11. «Can Intuit Do It Again?», *Windows Watcher*, 8 de agosto de 1993, pág. 11.
12. «Scott Cook: An Interview».

Tercera parte

La autopista

8

PREPARATIVOS

> En Estados Unidos, el intelecto es considerado con recelo, como una clase de excelencia, como una aspiración a la distinción, como un desafío al igualitarismo, como una cualidad que casi con toda seguridad priva a un hombre o a una mujer de una cierta forma de ser común.
>
> Richard HOFSTADTER (1963)[1]

De las posibles historias que forman parte importante de la estrategia de Microsoft, la que ha recibido una menor atención es cómo se puso en marcha su grupo de investigación. Quizá ello se deba a que a los críticos les resulta difícil presentar con matices siniestros la creación de nuevo conocimiento.

En la década de 1980, los analistas de mercado observaron que, a pesar de no ser la empresa de software más grande, se hallaba a la cabeza de la industria en porcentaje de ingresos invertidos en investigación y desarrollo. La investigación y desarrollo tenían preferencia incluso cuando el crecimiento de Microsoft parecía ser más lento. En 1986, por ejemplo, más de una cuarta parte de todos los nuevos contratados fueron asignados a proyectos de I&D. Eso significó un volumen más elevado que el asignado en Lotus Development y en Ashton-Tate, rivales que por entonces eran mucho mayores y, por lo tanto, podían permitirse desviar con mayor facilidad parte de sus ingresos hacia proyectos nuevos más arriesgados.[2] Pero Microsoft no sólo invertía proporcionalmente más en I&D, sino que gastaba su dinero más astutamente, gracias a su empeño por contratar siempre a los más inteligentes. Esa mayor eficiencia en las inversiones en I&D[3] también se podía cuantificar: por cada dólar gastado desde 1987 a 1990 para crear o adquirir productos, Microsoft obtuvo en 1991 4,80 dólares en ventas, en comparación con los 2,35 dólares obtenidos por Lotus.

Por notable que fuese lo que Microsoft consiguió a través de sus inversiones iniciales en I&D, el nombre mismo de esa categoría no dejaba de ser engañoso. En aquellos años, Microsoft, como las otras empresas de software, invirtió exclusivamente en el desarrollo de productos nuevos, no en investigación básica; es decir, mucho desarrollo, pero no mucha investigación. Pero aquí es donde el interés de Gates por expandir el área de acción de Microsoft hacia el hogar, a finales de los años ochenta, demostraría ser el vínculo crucial entre la antigua Microsoft, dedicada a vender la fontanería de un sistema operativo a los fabricantes de ordenadores, y la más nueva y simultánea, dedicada a pregonar los productos de software para todo tipo de uso, incluido Internet.

Hasta finales de los años ochenta, la historia de los ordenadores personales[4] había sido en muchos sentidos la historia del traslado a los ordenadores pequeños de las ideas que ya habían sido demostradas en los grandes. Cuando la industria del ordenador personal empezó a introducir innovaciones singulares (no hubo un predecesor de la pantalla gráfica de un Macintosh o de una máquina Windows en la gama de los ordenadores grandes), ya no pareció una fuente tan inagotable la reserva de tecnología de los grandes ordenadores, preparada para su adaptación. En un discurso pronunciado en la conferencia Comdex de 1990 sobre la industria del ordenador personal, Gates tomó varias de las ideas que se habían ido desarrollando en su empresa sobre el futuro inmediato, y trató de unirlas en una visión coherente que denominó «Información al alcance de las puntas de los dedos».[5] A pesar de los esfuerzos del personal de relaciones públicas, la expresión «Información al alcance de las yemas de los dedos» no se mantuvo con posterioridad, aunque el discurso de Gates anticipó la realidad de la World Wide Web, que todavía no se había inventado. Gates predijo que no tardaríamos en tener a nuestra disposición todo tipo de información a través de canales digitales y que sería de fácil acceso gracias a un software de uso radicalmente más sencillo que el actual.

Uno de los planteamientos del discurso de Gates en 1990 fue: «Los ordenadores para el hogar harán explotar el mercado». Como quiera que el software para el hogar «diferirá espectacularmente de las aplicaciones PC que utilizamos actualmente en la oficina», se tendría que inventar nueva tecnología de software para que la información *on line* fuera fácilmente accesible a los no expertos. Gates escribió en un memorándum interno: «Muchos de los cambios que se producirán en los PC se pueden anticipar (rendimiento, memoria, pantallas, vídeo de movimiento)... Otros, relacionados con la lingüística, el razonamiento, el reconocimiento de voz o el aprendizaje, son más difíciles de prever».[6] Para dar un mayor impulso a su empresa, Gates pensó que Microsoft necesitaba trabajar estrechamente con gigantes japoneses de la electrónica de consumo, como Sony y Matsushita, y fortalecer sus lazos con la comunidad académica de la investigación. Pero, por encima de todo, se dio cuenta de que Microsoft necesitaba emprender una investigación básica que no tuviera rendimientos económicos inmediatos, sino que asegurara que, a medida que la empresa llevaba los ordenadores personales hacia ámbitos no familiares que exigirían soluciones a nuevos problemas técnicos, su despensa se mantendría adecuadamente llena con la necesaria capacidad de comprensión científica.

En 1991, cuando Gates decidió organizar un verdadero grupo de investigación, no solicitó el consentimiento del consejo de administración de Microsoft, a pesar de lo cual estableció sus principios fundamentales. Gates puso a trabajar a Nathan Myhrvold, el astrofísico-programador-empresario que se había unido a Microsoft en 1986, en un memorándum que explicaría la decisión al consejo de administración. Gates señaló en una ocasión que Myhrvold, con un equipaje a rebosar de títulos académicos, sólo había trabajado para tres jefes: Stephen Hawking, el científico que detentaba la cátedra Isaac Newton en Cambridge; Steve Ballmer, que se había licenciado en Harvard, pero no había completado el máster de Stanford, y que ahora dirigía la división de sistemas operativos de Microsoft, y él mismo, el más famoso no licenciado de Harvard. Cada uno de esos jefes tenía una menor formación académica y un valor neto más alto que el precedente. (Ningún educador debería permitir que los estudiantes extrajeran conclusiones generales de esta postura.) La colaboración entre Gates y Myhrvold es interesante porque sirvió de experimento para aplicar una elevada potencia intelectual con fines empresariales, sin inclinarse ante el todopoderoso señor Medio de la cultura estadounidense, poseedor de «un toque normal».

El carácter polifacético de Myhrvold quedaba sobradamente demostrado en su insólito currículum, pero nada hacía presagiar que un tecnólogo acostumbrado a moverse entre gráficos y sistemas operativos pudiera convertirse en un gran estratega. La idea de formar un equipo de investigación tuvo su origen en el trabajo técnico que Myhrvold realizó con el grupo de sistemas operativos, donde se había desatado una guerra civil acerca de cuál de dos diferentes modelos debía utilizarse en la siguiente generación de sistemas operativos. Myhrvold apoyaba la posición minoritaria, que parecía entrar en conflicto con el diseño recomendado por Intel, el fabricante de los chips con los que funcionaría el sistema operativo. Cuando se sometió a votación la decisión sobre el diseño, prevaleció la posición de Intel en dos ocasiones. Myhrvold organizó entonces un pequeño grupo de investigación para demostrar la viabilidad del enfoque alternativo. Gracias a esa investigación, Myhrvold pudo convencer al grupo de que revocara su decisión y adoptara lo que por entonces era un diseño nada ortodoxo, pero que permitiría al sistema operativo resultante funcionar también con chips no fabricados por Intel. Disponer de los resultados de la investigación fue un factor decisivo para zanjar la disputa.

Cuando Myhrvold redactó el memorándum en el que se pedía una inversión anual de 10 millones de dólares para dotar a una plantilla permanente de investigadores que trabajaran a tiempo completo, propuso una estructura muy diferente a la que pudiera tener un grupo formado para un proyecto ocasional *ad hoc.* Argumentó que una de las razones por las que Microsoft tenía que invertir una suma importante era para transmitir el mensaje de un fuerte compromiso empresarial, algo que los mejores investigadores exigirían como condición para aceptar un empleo. En lugar de dispersar a los investigadores por toda la empresa, tenían que trabajar en equipo para crear el ambiente adecuado. «Un equipo de producción que trabaja con una fecha límite y que está dispuesto a noquear a la competencia es algo muy diferente a un grupo de investigación, por muy dinámicos y competentes que sean los investigadores.»[7]

No obstante, separar a los investigadores de los grupos de desarrollo planteaba el espectro de los fantasmas del Centro de Investigación de Xerox en Palo Alto, del Centro de Investigación Watson de IBM y del grupo de Tecnología Avanzada de Apple, todos los cuales eran conocidos sobre todo por sus fracasos a la hora de convertir brillantes resultados de investigación en beneficios comerciales para sus empresas. Myhrvold señaló que, en todos esos casos, la culpa había que achacarla a problemas de gestión, más que al trabajo de investigación propiamente dicho. Además, también se producían fracasos espectaculares en otros ámbitos, como el marketing, la publicidad o la financiación, por ejemplo, pero eso no significaba necesariamente que siempre se gestionaran de modo equivocado.

Xerox era conocida por el escaso provecho que había sabido sacar del trabajo de sus investigadores. Xerox se enfrascó unas investigaciones que, literalmente, no tenían salida comercial. No sólo pretendía abrir nuevos horizontes con sus investigaciones y recoger los resultados rápidamente en productos comerciales, sino que tenía que aprender el negocio desde cero, de modo que sus esfuerzos ya estaban condenados al fracaso desde el principio. El resultado fue la humillante desorientación de Xerox PARC, y un gasto de varios cientos de millones de dólares cuando Xerox compró la Computer Sciences Corporation. Microsoft era diferente. Se trataba de una empresa de software, y sus investigaciones se centrarían únicamente en el software. No había precedentes de un enfoque tan específico en la industria de los ordenadores. Cuando IBM y Apple llevaron a cabo investigación relacionada con el software, ya fuera individualmente o en colaboración, la comercialización de los resultados se vio obstaculizada por la falta de atención o incluso por la abierta hostilidad de los departamentos de hardware de esas empresas, que detentaban un poder decisivo porque eran los que aportaban la gran mayoría de los ingresos. En Microsoft, en cambio, el software no tendría que rendir cuentas ante una clientela con poder político no relacionada con el software.

Cuando Microsoft anunció públicamente el establecimiento de un grupo dedicado en exclusiva a la investigación, Gates se mostró crítico con la trayectoria de su propia empresa, así como con la del resto de la industria del software, al decir que, hasta ese momento, Microsoft «ha eludido la responsabilidad de financiar la investigación interna o externa».[8] Para que pudieran alcanzarse «beneficios increíbles en el futuro» había que invertir en el presente. Al alabar a Microsoft como la primera empresa de la industria del software en invertir en investigación original, y no apoyarse exclusivamente en las «ideas de otros», Stewart Alsop también lanzó un desafío en *Infoworld* para que las otras empresas de software tomaran iniciativas similares.[9] Sin embargo, esa invitación a invertir en investigación básica fue ignorada. Dado que la envidiable posición de la que goza Microsoft actualmente se debe en parte a las decisiones estratégicas que le han permitido adoptar las investigaciones que vienen financiándose desde 1991, ¿no podríamos argumentar que los rivales de Microsoft son los únicos responsables de su situación actual debido a su estrechez de miras en el pasado?

La perspectiva de los años también nos permite ver cómo los enemigos de Microsoft estaban dispuestos a atacar, al margen del camino que decidiera seguir la empresa. Si no hubiera invertido en investigación, habría sido criticada por falta de innovación. Cuando contrató a tres especialistas en lingüística, que arrebató a IBM, se dijo que Microsoft actuaba de modo tan poco escrupuloso como el gobierno de Estados Unidos cuando empleó a los expertos en cohetes de Hitler, a finales de los años cuarenta.[10] La decisión de Microsoft quizá no hubiera desatado tanta controversia si otras empresas de software hubieran decidido también dar el paso de financiar la investigación. Su plan consistía en contratar a 30 personas en el primer año, lo que no suponía una cifra tan colosal, teniendo en cuenta que la plantilla de Microsoft a finales de ese año sería de casi 12.000 personas. Los diez millones de dólares planificados para 1992 tampoco suponían una cantidad tan grande en comparación con los 2.800 millones de dólares de ingresos de ese año fiscal.

Tal vez podríamos pensar que no era la envergadura del grupo o el dinero a invertir lo que inquietaba a los críticos, sino más bien la pureza de la empresa intelectual a la que se dedicarían esos recursos. El aumento del personal de ventas en 30 personas no habría atraído ninguna atención, pero el empleo de 30 científicos a tiempo completo ya era otra cuestión. Como quiera que el mundo de la ciencia parece algo muy remoto para la mayoría de estadounidenses, la desbocada imaginación de la gente evocó propósitos siniestros, aunque fueran necesariamente vagos. La realidad, sin embargo, era inocua y esotérica. Myhrvold imaginó que el grupo de investigación se centraría inicialmente en cuestiones lingüísticas, en la búsqueda de un «lenguaje natural» que, idealmente, permitiría a los usuarios de ordenadores prescindir por completo del teclado y hablar directamente con las máquinas.[11] Otro objetivo era crear un «soporte inmediato para los multimedia», es decir, estudiar la posibilidad de crear códigos internos para el sistema operativo que permitieran un ágil funcionamiento de las interconexiones de datos de las fuentes de audio y vídeo. También había interés por el «hipertexto y la estructura de la información», un área de la ciencia de los ordenadores centrada en cómo organizar mejor las masas de datos.

Tanto a Gates como a Myhrvold les gustaba decir que, en el fondo, confiaban en que no toda la investigación diera buenos resultados, porque eso significaría que los proyectos de investigación no eran lo bastante innovadores y no conducirían a crear conocimiento completamente nuevo. Tanto si hubiera tenido éxito como si no, si el grupo de Tecnología Avanzada de Myhrvold, como se le llamó, se hubiera centrado en su proyecto inicial, probablemente habría sido menor la influencia del grupo dentro de la empresa, y la de Myhrvold sobre el presidente. Pero fue precisamente cuando el grupo de Tecnología Avanzada empezaba a reunir a sus investigadores, cuando se produjo un salto en la historia de la tecnología que nos llevó directamente a los microprocesadores, a los umbrales de una época en que todo y todos estaríamos conectados a través de una *lingua franca* de bits digitales. En 1993, «autopistas de la información» fue el título de portada de innumerables revistas y suplementos dominicales, pero fue en 1992 cuando las autopistas de la información se empezaron a planificar realmente en serio en Microsoft, lo que condujo rápidamente a una gran expansión del trabajo de los investigadores. Si tenía éxito, los frutos de la investigación de

Microsoft serían percibidos por los consumidores, no por los científicos de los ordenadores.

El acontecimiento que lo precipitó todo fue el viaje que Gates hizo a Japón para reunirse con el presidente de Matsushita, el gigante de la electrónica de consumo, que expresó su interés por trabajar con Microsoft en la automatización del hogar. Cuando Gates regresó, le preguntó a Myhrvold qué había en la despensa de Microsoft que fuera pertinente. La respuesta fue que nada. Pero Myhrvold sabía que Greg Riker (a quien había tratado brevemente durante el proceso de creación de Encarta) se había dedicado a dotar a su propio hogar de instrumentos de automatización, como un hobby, no como un proyecto formal. Myhrvold le dio a Riker tres semanas para que preparase un informe para Matsushita sobre la «estrategia» de Microsoft para la automatización del hogar.

Cuando Myhrvold le preguntó a Riker cómo deseaba llamar al nuevo grupo que se incorporaría al de Tecnología Avanzada, con el propio Riker a la cabeza, éste respondió: «Tecnología Avanzada para el Consumidor». Así nació un proyecto que pronto contaría con mucho más que las 24 personas a las que Riker reclutó inicialmente y que cambiaría el carácter del grupo de Myhrvold. Ahora, en lugar de ser un equipo compuesto casi exclusivamente por expertos dedicados a la investigación pura para comprender mejor los principios básicos, Tecnología Avanzada se ocuparía también del desarrollo inicial de productos completamente nuevos para el mercado digital. El equipo de Tecnología Avanzada para el Consumidor se encontraba a medio camino entre las preocupaciones mundanas de los ingenieros del desarrollo del Word, en su enésima versión, y la agenda arcana de los lingüistas. Myhrvold[12] definió las dos clases de actividades de las que sería responsable Tecnología Avanzada: «Investigación» trataba de hacer algo que nadie, excepto uno mismo, creía posible, mientras que el desarrollo «avanzado» hace algo que a los otros les parece teóricamente posible, pero que todavía no se ha hecho antes.

El proyecto de automatización del hogar de Riker encajaba perfectamente en esta definición de desarrollo avanzado. Para resolver la cuestión de los microcontroladores que permitirían controlar la televisión, el vídeo, el estéreo del hogar y, naturalmente, también el elemento más importante de todos, el ordenador, los primeros ingenieros de desarrollo de Tecnología Avanzada para el Consumidor se pusieron a trabajar en la adaptación de la tecnología ya existente, de tal modo que los diversos aparatos del hogar se pudieran comunicar entre sí sin necesidad de un cableado especial. El cableado eléctrico existente en la casa podía servir para conducir las señales que se intercambiarían entre los aparatos; la otra posibilidad eran los infrarrojos utilizados ya en los mandos a distancia de la televisión. El grupo construyó el prototipo de un artilugio que se situaría sobre un aparato de televisión, y que permitiría utilizar una versión modificada de Windows y programar fácilmente un vídeo si lograba encontrarse la forma de introducir un listado de próximos programas. Cuando Microsoft preguntó a empresas de cables como Tele-Communications Inc. y Time Warner si podían ahorrar ancho de banda en sus sistemas de cableado para permitir que se cargaran esos listados, estas empresas contestaron que enviar esa información en un sentido era fácil y que, de hecho, el mismo cable también podía enviar información en la dirección contraria. La idea de que los aparatos de televisión pudieran servir como término de una conexión electrónica de dos vías era ciertamente seductora, y las ambiciones de Tecnología Avanzada para el Consumidor se expandieron con la misma rapidez con la que se revelaron tales posibilidades técnicas. El presupuesto anual de Tecnología Avanzada no tardó en saltar a los 150 millones de dólares, una cifra muy superior a los diez millones de dólares del presupuesto inicial.

El incremento en las responsabilidades, presupuesto y personal pudo lograrse con rapidez porque, organizativamente, el proceso de toma de decisiones no podría haber sido más sencillo y eficaz. Cualquiera que deseara embarcarse en un nuevo proyecto sólo tenía que convencer a Myhrvold de sus méritos, y éste sólo tenía que convencer a su vez a Gates, de modo que, esencialmente, sólo se necesitaba el consentimiento de dos personas, y ninguna de las dos requería explicaciones técnicas. Los empleados de Microsoft consideraban la capacidad de Gates para comprender los detalles técnicos como una de sus grandes ventajas sobre otras empresas rivales de software. La mayoría de empresas rivales eran dirigidas por ejecutivos no técnicos, que trataban de subirse a la «ola» del cambio tecnológico, pero eran ciegos y dependían de su personal técnico, que les gritaba la dirección a seguir: ¡a la izquierda!, ¡a la derecha!

El equipo de Tecnología Avanzada para el Consumidor también creció rápidamente por otra razón. Myhrvold y Gates estaban convencidos de que el futuro de la empresa estaba en las nuevas perspectivas que se abrirían para la tecnología a medida que se desarrollaran las autopistas de la información, una convicción que ya se había planteado en los memorándums estratégicos de Myhrvold, en los que se combinaba la historia, la tecnología y los negocios... y ocasionalmente la física. Para Myhrvold, la predicción de lo que traería consigo el futuro exigía comprender los principios generales, la «dinámica» que configuraría el curso de los acontecimientos futuros. La astronomía y la predicción del futuro eran similares en el sentido de que, en ambos casos, «resulta difícil lograr un experimento bien controlado». Así pues, tenía la sensación de que, por pura necesidad, no le quedaba más alternativa que mirar hacia el pasado para discernir las dinámicas subyacentes.

A diferencia de Gates, Myhrvold no tenía el menor problema para «mirar por el espejo retrovisor». Antes de que se iniciara la moda de las autopistas de la información, Myhrvold estudió el período en el que alboreó la era industrial de Estados Unidos y llegó a las siguientes conclusiones. Sólo unos pocos supieron ver la importancia de los cambios que la nueva tecnología provocaría en el modelo económico dominante. Quienes primero vieron la oportunidad y pudieron arriesgar cantidades significativas de capital para procurarse una posición ventajosa, fueron los principales beneficiarios de los cambios económicos. Los individuos fuertes que controlaron personalmente las palancas del poder en las empresas, podían moverse con mucha mayor rapidez que las grandes organizaciones basadas en el consenso, cuyos movimientos eran más lentos debido a una debilitada capacidad de previsión, al complicado proceso de toma de decisiones, o a la resistencia a desprenderse del paradigma vigente y correr el riesgo de asumir otro nuevo. Las reglas que funcionaban bien en una época, ya no servían para la siguiente y, en ausencia de «normas de tráfico» claras, fueron los individuos que dejaban de lado la precaución y se lanzaban hacia adelante aquellos a los que mejor les fueron las cosas en los períodos de transición e incertidumbre.

La aparición de industrias completamente nuevas, como el ferrocarril, el acero, el petróleo y la cinematografía, por citar sólo unos ejemplos, permitió destacar a los individuos que apostaron pronto por la fama y la fortuna. (A Myhrvold, Gates, Ballmer y, en ocasiones, parece que a todos los que trabajan en Microsoft, parece que les gusta hacer «apuestas».) Muchos fueron los nombres que recibieron: «magnates», «potentados», «industriales» y, naturalmente, el poco halagador calificativo de «ladrones». En opinión de Myhrvold, el estigma adscrito a estas personas reflejaba algo más que los simples celos de quienes no habían tenido la previsión para anticiparse al cambio tecnológico y al consiguiente cambio económico. También representaba la forma injusta en que la sociedad utilizaba las reglas formuladas con posterioridad para juzgar retroactivamente a una industria en ciernes, en los tiempos en que apenas si había tenido siquiera tiempo de definirse y mucho menos de establecer unas normas. Myhrvold le dijo a Gates que la era de la información digital se parecería a los primeros períodos de las otras industrias y, en consecuencia, debían estar preparados para enfrentarse con matones... ya que seguramente a ellos también los acusarían de ladrones. Esa predicción se hizo antes de que John Malone y Rupert Murdoch llamaran a la puerta de Microsoft, y antes de que el propio Gates se convirtiera en la cantera más explotada por los abogados antimonopolio del Departamento de Justicia, en Washington, D. C.

Los propios historiadores de Estados Unidos no discrepan más sobre la historia industrial de finales del siglo XIX y principios del siglo XX de lo que lo hacen en otros campos. Las interpretaciones revisionistas de personajes que en aquella época fueron presentados como unos villanos, los hacen aparecer ahora en las escuelas de modo muy diferente. Así pues, no se puede descartar la interpretación de Myhrvold sobre los inicios de la era industrial, por bien que parezca poco crítica o, simplemente interesada. No obstante, yo tengo algunos reparos: aquellos a quienes se acusó de «ladrones» no actuaron en un vacío sin reglas, sino que más bien hicieron caso omiso de las leyes vigentes, que pueden calificarse de muchas maneras, pero no precisamente de ambiguas. En lugar de ofrecer plena amnistía a los primeros industriales, asumiendo que el único criterio para el juicio fue su astuta voluntad para apostar fuerte por nuevas oportunidades de negocio, una argumentación más defendible sería indicar que las formas críticas mediante las que Microsoft se aupó hasta el poder no se parecen en nada a las pautas que siguieron la U. S. Steel o la Standard Oil en el pasado. En todo caso «Los ladrones de la era de la información», un memorándum que Myhrvold no llegó a terminar, fue una especie de incursión por el pensamiento especulativo, mientras visitaba el desván del pasado. Su análisis histórico se hizo más sutil cuanto más reflexionaba sobre los posibles paralelismos entre el presente y el pasado.

«Camino mortal sobre la autopista de la información»,[13] un memorándum más largo que Myhrvold redactó en el otoño de 1993, combinó de modo brillante la familiaridad de un experto con la tecnología actual y una lectura más cuidadosa de los negocios del pasado, para predecir con detalle cómo las redes digitales supondrían alteraciones para muchas industrias, incluida la de los ordenadores personales. Siguiendo la mejor tradición de Microsoft, el memorándum se mostraba tan duro con la empresa como con cualquier otro. Empezaba por afirmar una apostasía: la llamada «revolución del PC» no ha sido en realidad tal revolución; el software para el procesamiento de texto se había limitado a sustituir a las máquinas de escribir, y el software de la hoja de cálculo había sustituido a los bloques de papel con numerosas columnas impresas, pero Myhrvold se preguntaba: «¿Hasta qué punto puede ser radical una revolución cuyo grito (al menos implícitamente) es "¡Muerte a las columnas impresas!"?».[14]

La verdadera revolución se produciría cuando las industrias que todavía no habían experimentado el ritmo de vértigo del cambio se vieran atrapadas por la misma vorágine sufrida por la industria de los ordenadores personales desde sus inicios. Se verían afectados los servicios de telecomunicaciones, los fabricantes de equipos de telecomunicación, los bancos y servicios financieros, la bolsa, los editores de libros, revistas y periódicos, las emisoras de televisión y Hollywood. Myhrvold expuso las implicaciones que tendría en cada caso el inminente cambio tecnológico, facilitado por otra mejora abrumadora en la tecnología de los semiconductores, que seguiría a la que ya se había producido en los veinte años anteriores.[15]

No todas las industrias estaban condenadas al ocaso. Por ejemplo, a Myhrvold le parecía que la edición de libros era la que mejor parada saldría de entre todos los medios basados en la imprenta (escritores de todo el mundo, ¡regocijaos!), y su razonamiento nos ofrece una muestra de la técnica analítica utilizada en el memorándum. A diferencia de la mayoría de los otros medios, como revistas y periódicos, los libros no dependían de la publicidad y, por lo tanto, serían mucho menos vulnerables a la desviación de los fondos destinados a publicidad cuando la autopista de la información se convirtiera en un medio popular de comunicación. Los lectores de libros tampoco derivaban grandes beneficios si el contenido de estos se pasaba a formato digital. A excepción de las obras de referencia, los libros no necesitaban configurar sus contenidos con índices ayudados por ordenador. Además, los placeres táctiles de entrar en el mundo literario desde una página impresa y seguir el sendero del autor desde el principio hasta el final seguirían siendo cautivadores. Los periódicos, por otra parte, dependían mucho de los ingresos por publicidad y se enfrentaban por tanto a una grave amenaza. Podrían llegar a desaparecer los anuncios clasificados, que aportan del 50 al 80 por 100 de los ingresos de muchos periódicos, ya que un medio *on line* ofrecería una forma potencialmente más barata y rápida para que vendedores y compradores se encontraran. Aunque los servicios *on line* no compitieran directamente con el contenido editorial de los periódicos, podrían causar un gran daño a la fuente de ingresos gracias a la cual se pagaban los salarios de editores y periodistas.

¿Por qué debía interesarse Microsoft por el destino de esas otras industrias? Myhrvold predecía malévolamente que «nuestra propia industria también está condenada, y será uno de los cadáveres más significativos que se encontrarán en la cuneta de la autopista de la información». Los ordenadores personales no desaparecerían literalmente, del mismo modo que no habían desaparecido los *mainframes* y los miniordenadores. Pero, al igual que había sucedido con sus hermanos mayores, el ordenador personal pronto perdería las más grandes oportunidades de crecimiento, que Myhrvold predijo que se encontrarían en los productos y servicios vinculados con la autopista, no sobre las mesas de despacho. Las exigencias técnicas de los ordenadores conectados con la autopista eran diferentes a las de los ordenadores personales. La nueva era necesitaría máquinas capaces de manejar el vídeo inteligente, la videotelefonía, los juegos tridimensionales y toda una serie de nuevas categorías de software. Microsoft no debía asumir complacientemente que el dominio en la era del PC conduciría automáticamente al dominio en la era de la autopista de la información. La historia demostraba la estupidez de tales suposiciones, como en el caso de los antiguos campeones de pesos pesados en las eras del *mainframe* y del miniordenador.

A medida que Myhrvold refinaba su visión del futuro en memorándums posteriores, llegó a la conclusión de que Microsoft, además de sus inversiones internas en Tecnología Avanzada y en otros departamentos de la empresa, debería hacer inversiones «exteriores» que la ayudaran a prepararse para la era de la autopista de la información. En marzo de 1994, Myhrvold presentó a Gates una larga lista de razones para romper con la tradición de la empresa e iniciar un programa más agresivo de inversiones fuera de esta. Como aperitivo, Myhrvold indicó la gran cantidad de dinero en efectivo que la empresa ganaba y desperdiciaba sin darle un uso concreto: 2.500 millones de dólares, con un crecimiento de 100 millones de dólares mensuales. Eso demostraba, en opinión de Myhrvold, «lo poco rentable que es el negocio del software».[16] Estaba claro que Microsoft no podía encontrar usos suficientes para ese capital dentro de su propio ámbito. Microsoft necesitaba invertir en otras partes, para asegurarse de que su software no terminara por verse excluido de una autopista que tenía muchos componentes diferentes.

El modelo de empresa que había servido tan bien a Microsoft en el pasado (contratar a unas pocas personas inteligentes más y ponerlas a trabajar para escribir software) no encajaría en un mercado que se hallaba fragmentado en muchos trozos separados, aunque interdependientes. Una vez más, el interés de Myhrvold por la historia demostró ser decisivo. Le preocupaba que alguien pudiera tratar de competir con Microsoft «haciendo lo que Sloan hizo por los coches y creando un equivalente de la General Motors (supongo que a nuestra Ford), reuniendo a nuestros competidores». GM no era un ejemplo singular; ¿acaso U. S. Steel y AT&T no se habían creado impulsadas por el apetito adquisitivo de creadores de imperios? La única razón por la que esa pauta no se había repetido todavía en la industria del ordenador personal era porque los rivales de Microsoft, con personalidades «difíciles», no habían encontrado todavía una forma de cooperar, y porque las empresas de software, por su propia naturaleza, son mejores cuando su liderazgo técnico es fuerte y coherente. El surgimiento de una nueva industria basada en una autopista de la información, que exigiría el ensamblaje de muchos componentes dispares, se prestaría mucho mejor a los propósitos de los constructores de imperios. Myhrvold estaba convencido de que Microsoft disponía de dos opciones básicas: seguir «manteniéndose pura y salir al mundo», o bien construir defensivamente un fuerte campo financiero con sus propios socios.

Podemos decir que 1993 marcó una línea divisoria para Microsoft en el sentido de que, por primera vez, al mirar hacia el futuro se dio cuenta de que sus principales rivales ya no eran las por entonces mucho más pequeñas empresas de software como Lotus (en 1993, Lotus obtuvo 981 millones de dólares de ingresos, en comparación con los 3.800 millones de dólares de Microsoft), o la todavía más pequeña Borland (394 millones de dólares). En lugar de eso, sus rivales eran empresas de televisión por cable de tamaño similar, como TCI (4.100 millones), empresas telefónicas regionales mucho más grandes, como Bell Atlantic (12.900 millones de dólares), conglomerados de la industria del ocio como Time Warner (14.500 millones de dólares), e incluso el gigante que empequeñecía a todos, la AT&T (67.000 millones de dólares).

Myhrvold, el científico, empezó a representar un nuevo papel: Myhrvold, el negociador. Las empresas de medios de comunicación, las empresas de cables, todas las Baby Bell y cada uno de los grandes estudios de Hollywood se reunieron con él para hablar sobre el futuro digital y las posibilidades de trabajar con Microsoft. Michael Ovitz y su Creative Artists Agency, que apenas un año antes no habría demostrado el menor interés por malgastar su tiempo hablando de ordenadores, presionó ahora a Myhrvold y Gates acerca de posibles proyectos de colaboración. Personajes destacados del mundo del espectáculo, como Robert DeNiro y Steve Martin, tuvieron que almorzar con el jefe de investigación de Microsoft. El vicepresidente Al Gore, la persona de la que se afirma que acuñó la expresión «superautopista de la información»,[17] allá por el año 1978, también insistió en celebrar una reunión.[18]

A medida que el desfile de partes interesadas iba pasando por Redmond, se confirmaba más y más la importancia fundamental del software en el futuro, ya que en él convergerían industrias distintas y permitiría que la informática llegara a todas partes. Myhrvold no se mostró recatado al aconsejar a Gates que pensara a lo grande: Microsoft disponía de liquidez y experiencia técnica, y era plenamente consciente de las posibilidades de la tecnología digital. La historia sugería que quizá Microsoft se encontrara en mejor posición para crear un imperio basado en las autopistas de la información que los constructores de imperios de hacía un siglo. La experiencia técnica de Microsoft podía protegerla de deslices fatales, de los que caerían presa los rivales que no hubieran avanzado en la tecnología. «J. P. Morgan no tuvo que comprender realmente con mucha profundidad el proceso de fabricación del acero para crear la U. S. Steel»,[19] le recordó Myhrvold a Gates, y Andrew Carnegie, que conocía la tecnología, se jubiló cuando se formó la gran corporación. «Los Morgan de la autopista de la información quizá descubran que existen numerosas complicaciones técnicas que dan ventaja a una empresa como Microsoft.»

Myhrvold también resaltó que, con ventaja o sin ella, Microsoft no podría crear por sí sola un imperio en las autopistas de la información, un ámbito cuya dinámica difería mucho de la que Microsoft había dominado en la era de los ordenadores de oficina. Microsoft tendría que establecer en serio *joint ventures* y entrar a participar como socio en otros proyectos. Pero no debía actuar ciegamente en su apresuramiento. En ese sentido, la historia también tenía lecciones que enseñar. Según había oído comentar Myhrvold, la IBM, que parecía ávida por acordar tantos tratos como le fuera posible, había tenido que revisar recientemente su cartera de inversiones. El valor actual de los 3.300 millones de dólares que IBM había invertido en *joint ventures* y otras inversiones externas durante el transcurso de los diez años anteriores era de unos 35 millones de dólares. Esta era una lección muy clara acerca de cómo no hacer las cosas a la hora de expandir una red de socios tecnológicos.

La TCI de John Malone, por su parte, parecía haber desarrollado un eficiente sistema de asociación. Se decía que había producido, a lo largo de más de una década, un acuerdo cada cinco días, año tras año, y eso sin contar con un gran personal para investigar las inversiones potenciales y negociar los detalles. Myhrvold deseaba que Microsoft estudiara ese modelo de actuación. Tal y como estaban las cosas, Microsoft no disminuiría sus abultadas reservas de liquidez, porque cada mes entraban en la tesorería de la empresa otros cien millones de dólares en ingresos retenidos. Sin embargo, se necesitaba más de un mes para negociar un acuerdo que supusiera una inversión de cien millones de dólares. Se presentarían oportunidades de todo tipo y, naturalmente, se necesitaría más tiempo para cerrar diez acuerdos de diez millones de dólares que uno solo de cien millones. Pero, una vez más, si Microsoft se limitaba a un puñado de acuerdos gigantescos, se perdería otras empresas y operaciones conjuntas más pequeñas que podrían llegar a tener un mayor valor estratégico a largo plazo.

El hecho de que el científico jefe de Microsoft reflexionara sobre estas cuestiones nos indica hasta qué punto eran inseparables los temas empresariales y los técnicos. La tradición de Microsoft, impuesta por Gates, rechazaba la noción de que la gestión de la empresa pudiera ser manejada por un conjunto de ejecutivos, mientras que la parte técnica fuera manejada por otros. Se esperaba de todos los empleados que tuvieran simultáneamente en cuenta tanto las consideraciones de gestión como las técnicas. Con la promoción de personal técnico que había sido contratado originalmente por su formación científica y técnica, y con talento para ocupar puestos de dirección, el éxito de Microsoft como empresa parece refutar el modelo de la dirección no técnica, con cargos no especializados que trabajan con efectividad en cualquier ambiente empresarial. El credo de Microsoft es que, en cualquier industria de alta tecnología, los directivos, tanto superiores como a nivel de cuadros medios, tienen que proceder de la tecnología que constituye la base de la empresa. En la transición hacia los ordenadores centrados en las redes, dentro del sector muy ampliado del entretenimiento, la edición, las telecomunicaciones, la electrónica de consumo y otras industrias convergentes, el éxito de Microsoft dependería en no poca medida de lo bien que su elite técnica comprendiera y trabajara con los representantes de industrias hasta entonces muy alejadas del ordenador personal.

Aparte de su sensibilidad histórica, Myhrvold también tenía otro valor no relacionado con su experiencia técnica: su sentido del humor. Cuando llevó a su familia de vacaciones a Montana en su nuevo Hummer (la versión civil del *jeep* militar ancho y de aspecto extraño que pudo verse en las noticias televisadas de la guerra del Golfo y cuyo precio, dicho sea se paso, es de 75.000 dólares en el modelo de cuatro puertas), se le preguntaba en las gasolineras y cafés de carretera acerca del «barro, la caza y las excursiones que había hecho, y tuve que confesar que, aunque no realicé activamente esos esfuerzos, sí intercambié una gran cantidad de correspondencia electrónica». Su respuesta hizo aparecer expresiones de consternación en los rostros de sus anfitriones de Montana. En una carta dirigida a sus colegas acerca de este viaje, comentó: «Estoy seguro de que muchas de estas gentes se habrán preguntado qué clase de confusión kármica hizo que alguien como yo se comprara un Hummer».[20] De hecho, Myhrvold ya estaba explorando por esa época la televisión interactiva como el paso que podía llevar a Microsoft aun más lejos. Ese esfuerzo colocaría a los expertos técnicos en el terreno de la cultura popular, con el que no estaban familiarizados. El Hummer, capaz de llegar a cualquier parte, constituye una buena metáfora de esta imagen.

NOTAS

1. Richard Hofstadter, *Anti-Intellectualism in American Life*, Nueva York, Alfred A. Knopf, 1966, pág. 51.

2. «Can Microsoft Blend Blue Jeans and Gray Flannel?», *PC Week*, 21 de octubre de 1986.

3. Michael K. Kwatinetz, «The PC Software Industry», *Market Forecast/ Strategic Analysis*, publicado por Bernstein Research, 2 de enero de 1991, página 117.

4. Nathan Myhrvold, «Microsoft Research Plan», memorándum de Microsoft, 6 de mayo de 1991.

5. Microsoft reprodujo el discurso en un folleto que ofrecía vistosos gráficos y reproducciones de pantalla del software. Aparentemente preocupado por la posibilidad de que algunos clientes potenciales la malinterpretaran, la empresa incluyó una nota en la contraportada del folleto explicando que «las muestras incluidas aquí ilustran el potencial de la tecnología del software y no representan necesariamente productos existentes o productos en desarrollo».

6. «Airing the "Computer Papers"», *Washington Post*, 23 de junio de 1991.

7. Myhrvold, «Microsoft Research Plan».

8. «Gates Blasts IBM, OS/2 2.0», *PC Week*, 24 de junio, 1991.

9. Stewart Alsop, «Microsoft's Research Arm Should Be Studied, Copied», *Infoworld*, 26 de agosto de 1991.

10. Fred Davis, «New Microsoft Research Group Blasts Off the High Science», *PC Week*, 27 de mayo de 1991, pág. 154.

11. Myhrvold, «Microsoft Research Plan».

12. «For $100 You Get Software That Cost $100 Million To Make», *Wired*, septiembre de 1995.

13. Cuando se redactó el borrador del memorándum, Myhrvold había utilizado un título de trabajo más corto, «Chicxlub», nombre del cráter situado frente a la costa de Yucatán donde se dice que chocó contra la tierra el asteroide que acabó con los dinosaurios. «Chicxlub» es una palabra maya moderna que se traduce aproximadamente como «el culo del diablo». Aunque no tan salaz «Camino mortal sobre la autopista de la información», el título que le puso Myhrvold antes de enviar el memorándum, demostró ser más fácilmente reconocible para los lectores de habla inglesa, y la expresión «camino mortal» se extendió ampliamente, apareciendo incluso en caricaturas. Véase la glosa de Myhrvold en su «1993 Year End Memo» a Gates, el 26 de diciembre de 1993.

14. Nathan Myhrvold, «Road Kill on the Information Highway», memorándum de Microsoft, 8 de septiembre de 1993.

15. David Patterson, el científico de ordenadores de la Universidad de California, en Berkeley, uno de los catedráticos más antiguos del diseño de microprocesadores, dijo en 1995 que si observamos sólo las mejoras en el microprocesador, veremos que ha mejorado 25.000 veces desde su invención, 25 años antes,

una cifra bastante más modesta que el «millón de veces» que se afirmaba habían mejorado los semiconductores en su conjunto. Pero cuando Patterson comparó los microprocesadores en 1995 con su «antepasados de Neandental de los años cincuenta», dijo que ahora eran 100.000 veces más rápidos y, teniendo en cuenta la inflación, costaban mil veces menos. En otras palabras, el precio/rendimiento de los microprocesadores había mejorado un millón de veces desde los años cincuenta. Véase David A. Patterson, «Microprocessors in 20/20», *Scientific American*, septiembre de 1995, págs. 62 y 67.

16. Nathan Myhrvold, «External Investments», memorándum de Microsoft, 5 de marzo de 1994.

17. «Colliding Clichés and Other Mishaps on Term Pike», *Wall Street Journal*, 1 de febrero de 1994.

18. Myhrvold, «1993 Year End Memo».

19. Myhrvold, «External Investments».

20. Una versión abreviada del informe sobre el viaje de Myhrvold apareció como «His Summer in a Hummer», *Fortune*, 2 de octubre de 1995.

9

PC FRENTE A TV

El comerciante puede sentarse en su casa y, mediante la utilización de este singular teléfono, puede ver el interior de su tienda y vigilar la conducta de sus empleados en su ausencia. Los sordomudos pueden mantener una conversación en el lenguaje de los signos por medio del televista, y las mujeres pueden realizar sus compras mediante el aparato. Desde aquí sólo hay un paso hasta el momento en que el médico utilizará el televista para examinar la lengua del paciente a larga distancia, para luego recetar el medicamento necesario por teléfono.

E. M. ROTHERIE, *Ver a través del teléfono* (1906)[1]

Si un muchacho se hace adicto al ordenador personal, creo que eso es mucho mejor que ver la televisión, porque al menos su mente está tomando decisiones. No soy una de esas personas que detestan la televisión, pero no creo que nos ayude mucho a ejercitar la mente. Yo ni siquiera tengo.

Bill GATES (1986)[2]

En una sociedad chiflada por la televisión, ha sido singular la famosa preferencia de Bill Gates por la lectura, en lugar de ver la televisión. Su forma de evitar la televisión es una cuestión a la que los entrevistadores han recurrido repetidas veces con el transcurso de los años. Aparentemente, se niegan a creer en el rechazo herético de Gates de ese medio central de la cultura popular. En 1985, confesó al público su sórdido secreto: que prefería dedicar el tiempo a pensar en cómo instilar inteligencia artificial en los ordenadores («en cómo podemos conseguir que estas estúpidas máquinas aprendan»), y estaba convencido de que tener un televisor le supondría una tentación para despilfarrar su tiempo. Ver vídeos instructivos, como las últimas conferencias del ya fallecido Richard Feynman, era una forma intelectualmente provechosa de utilizar el televisor, pero cuando Gates quiso comprar un vídeo y un simple monitor de televisión despojado de sintonizador para captar las señales de emisión, tuvo dificultades para encontrar un vídeo que funcionara con él.

La pureza de sus esfuerzos por mantener la perniciosa influencia del televisor fuera de su propio hogar se vio acompañada por su deseo de aparecer como una persona normal ante el estadounidense medio, que, según las estadísticas, dedicaba más de siete horas diarias a la televisión. En 1994, Gates dijo seriamente a un entrevistador de *Playboy* que veía televisión cuando no estaba en casa, como por ejemplo en las habitaciones de los hoteles. Su negativa a tener un televisor en casa no era un código religioso que no había que transgredir nunca. Se trataba, simplemente, de una forma de disponer de más tiempo «para leer», según indicó expresamente.[4] ¿De qué otro modo podría disponer de tiempo para leer cada semana el *Economist* desde la primera hasta la última página?[5] También sabía que la mayoría de estadounidenses no compartía esa preocupación.

Tanto más curioso resulta, por tanto, que el curso de la historia contemporánea de los negocios llevara a Bill Gates, de entre todas las personas, hasta la puerta del mundo de la televisión..., o quizá el mundo de la televisión hasta la puerta de Microsoft. En 1992 y 1993 resultaba difícil saber quién estaba dónde en los febriles acuerdos interindustriales que empezaban a producirse. Microsoft comprendió la posibilidad de una convergencia, o de una competencia directa, entre los ordenadores personales y los aparatos de televisión, cuando el proyecto de automatización del hogar de Greg Riker se tropezó con la probabilidad de que las señales pudieran enviarse corriente arriba, desde la casa, sobre una red de televisión por cable, así como hacia abajo. Si las señales que llegaran y salieran de las casas fueran digitales, en lugar de las existentes señales analógicas de emisión, ¿qué clase de aparato doméstico podría conectarse con la red? ¿Debía ser el tradicional aparato de televisión, con una caja añadida que procesaría la corriente de bits digitales, o sería mejor un ordenador personal, la caja que se había diseñado precisamente para procesar dichos bits?

En cualquier caso, un televisor o un PC capaz de manejar las señales en las dos direcciones tendría que ser una criatura fundamentalmente diferente del televisor tradicional. Para Gates, la posibilidad de una red interactiva que llegara a cada hogar abría magníficas posibilidades para que la televisión se convirtiera en algo más que un simple medio de embotar la mente y perder el tiempo. En lugar de seguir siendo una «caja tonta», el televisor podría convertirse en un aparato de información, un estímulo para la realización del deseo de Gates de que tuviéramos la «Información al alcance de las yemas de los dedos», y la culminación de las fantasías de Rotherie, a principios de siglo, sobre la «televista» interactiva.

La perspectiva de la televisión interactiva también abría nuevas posibilidades empresariales que no tenían necesariamente nada que ver con la educación o el servicio al consumidor. En 1992, por ejemplo, en la reunión anual de la empresa, Gates preparó una demostración acerca de cómo la televisión interactiva conduciría a nuevas oportunidades comerciales para su empresa. Tras iniciarla con un vídeo de Michael Jackson en una pantalla de ordenador, se disculpó burlonamente: «No puedo afirmar que sea un experto en esto, pero me aseguran que así es la televisión». Luego, apretó distintos botones para enviar supuestamente un mensaje electrónico al artista, hacer un pedido de un disco compacto, comprar entradas para un concierto y hacer que apareciera el texto de las canciones que se interpretaban. Un PC corriente no podría ofrecer todas esas posibilidades, pero ¿cómo podría llamarse un PC capaz de ofrecer un vídeo en toda la pantalla? Gates no quería llamarlo PC, temiendo que los consumidores llegaran a la conclusión de que era tan difícil de utilizar como los ordenadores personales convencionales. Pero llamarlo televisor también sería inexacto, porque no transmitiría la capacidad de la nueva máquina para almacenar las preferencias del usuario, grabar y enviar vídeos, y realizar cualquiera de los otros servicios nuevos. A falta de un término mejor, Gates habló inicialmente de esa máquina, que aún estaba por construir, como «TV/PC».[6]

Nathan Myhrvold había empezado a pensar en las posibilidades de una fusión entre el televisor y el PC —lo que inicialmente llamó el «Vídeo PC»—,[7] sobre todo a partir del progreso del trabajo de desarrollo de la televisión de alta definición en Estados Unidos y Japón, que aceleró el cambio de lo analógico a lo digital. En septiembre de 1991, Myhrvold presentó a Gates un largo informe técnico en el que se perfilaban los pasos necesarios para convertir los vídeo-PCes en una realidad. Una de las ideas clave de Myhrvold era que las máquinas tenían que estar conectadas con una red de alta velocidad capaz de proporcionar una comunicación en ambos sentidos, lo que significaba que cualquier máquina podría enviar señales a otra máquina y recibirlas de esta. Esto está en abierto contraste con el modelo de emisión (enviar los mismos programas a todos los aparatos de televisión), que perpetuaban las empresas de televisión por cable. No sería, pues, inapropiado revitalizar la antigua imagen del «televista». El vídeo-PC tendría, técnicamente hablando, más cosas en común con un videófono de las que tendría con un aparato tradicional de televisión, porque los programas de masas, como las películas, se podrían emitir ahora individualmente. Si miles de usuarios solicitaban la misma película, pero en horarios ligeramente diferentes, cada hogar necesitaría recibir su propia corriente de bits de vídeo.

Medido en términos del volumen de bits transferidos, o de la complejidad de los interruptores digitales necesarios para enviar corrientes de datos hasta los hogares, una futura red de vídeo-PC sería tremendamente compleja, y sería muy difícil unir de modo armonioso sus diversos componentes. En 1992, Myhrvold y Gates se propusieron reclutar a alguien para dirigir el desarrollo del software de la televisión interactiva. Craig Mundie, la persona por la que se decidieron, tenía una gran trayectoria como diseñador de miniordenadores y, recientemente, había trabajado para una empresa de miniordenadores que había pasado a producir superordenadores en masa y al mismo tiempo.[8]

¿Superordenadores? ¿Qué otra rama de la informática podía ser más diferente al ordenador personal? En realidad, Mundie consideraba como útil su experiencia con los superordenadores porque le facultaba para pensar en tenaces problemas de difícil solución, sin considerar el coste. Según el implacable progreso de la Ley de Moore, que permitiría que las redes de ordenadores personales del mañana se pusieran a la altura de la potencia de los superordenadores actuales, una perspectiva configurada desde el campo de los superordenadores Microsoft pudiera hacer planes ambiciosos para el futuro de los ordenadores personales. Una ciudad de casas dotadas de vídeo-PC, conectados con gigantescos servidores centrales, se parecería a un superordenador extendido sobre el paisaje urbano.

El reclutamiento de Mundie por parte de Myhrvold y Gates se enmarca en la misma línea que ya hemos visto sobre la búsqueda de personas inteligentes por parte de Microsoft. Mundie había sido el presidente ejecutivo de Alliant, una empresa que cofundó en 1982 y que contribuyó a orientar hacia la informática de redes (en la que se conectan cientos e incluso miles de microprocesadores en una sola máquina), antes de que se quedara sin liquidez y quebrara en 1992. Myhrvold quedó impresionado por el dominio técnico de Mundie y de sus competidores, a pesar de que en los últimos tiempos, las tareas que había desempeñado en Alliant eran ejecutivas, y no de ingeniero de desarrollo de software, campo en el que había llegado a trabajar en situar en paralelo los compiladores FORTRAN. Myhrvold también quedó sorprendido y encantado por el hecho de que a Mundie, incluso como presidente ejecutivo, le gustara mancharse las manos[9] y hubiera encargado recientemente la compra de los componentes para montarse su propio ordenador a través de *Computer Shopper*.

En el aspecto personal, Myhrvold y Mundie no se parecían en nada: el primero tenía una risa fácil, una voz que ascendía paulatinamente de tono y las gafas de montura metálica que podría elegir un académico; el segundo presentaba la constitución de un delantero, el malhumor, el aspecto serio y la profunda voz baja de un entrenador de fútbol. Pero Mundie poseía la adecuada combinación de experiencia técnica en superordenadores, la capacidad para articular modelos empresariales y la voluntad para explorar en su tiempo libre la tecnología de los ordenadores con la que no estuviera familiarizado. Y aunque había llegado a ser presidente ejecutivo, estaba dispuesto a aceptar el papel de subordinado a cambio de la oportunidad de dirigir el grupo de televisión interactiva de Microsoft. Mundie se sintió atraído por la propuesta de Gates, según la cual Tecnología Avanzada para el Consumidor sería tratado como un grupo que empezaba. Gates actuaría como financiero, y Myhrvold y el propio Gates formarían, de hecho, el consejo directivo. El fracaso financiero de la empresa anterior de Mundie no preocupó a Gates. Más tarde, diría que hubiera deseado que sus propios directores hubiesen experimentado y aprendido más del fracaso, y que contratar a un veterano caído y quemado como Mundie había sido deliberado. En 1995, Gates escribió: «Si pudiera, contrataría a diez más como él».[10]

Cuando Mundie llegó a Microsoft, él y Myhrvold reflexionaron de nuevo sobre los planteamientos iniciales de la empresa para el proyecto de televisión interactiva. El ordenador personal, tal como lo conocíamos, sencillamente no serviría, pues ni su hardware ni su software habían sido concebidos pensando en las exigencias especiales planteadas por el vídeo y el sonido, lo que los tecnólogos llamaban «medios continuos». Esa era la razón por la que los intentos de ensamblar las diferentes capacidades multimedia habían avanzado tan poco hasta el momento, y habían resultado tan difíciles, tan caros y tan insatisfactorios. Cuando Mundie empezó a trabajar para Microsoft no podía colocarse en una máquina multimedia de Windows, que costaba 3.000 dólares, más que un recuadro de cinco centímetros cuadrados de vídeo, mientras que una televisión Radio Shack, que valía 89 dólares, podía manejar imágenes continuas y sonido sin el menor problema. Para que un vídeo-PC fuera comercialmente atractivo, el precio del PC equipado con multimedia tendría que reducirse de algún modo en un 80 por 100. Esa reducción de precio no se conseguiría con mejoras en el PC actual. Eso exigiría lo que Mundie llamaba «discontinuidad tecnológica»: un software completamente nuevo para el nuevo hardware, que sería incompatible con el antiguo. Sería difícil convencer a los clientes ya existentes de que aceptaran la idea de descartar sus inversiones en software. El triunfo comercial del Windows, una pesada capa de software colocada sobre el DOS, y la consecuente marginación del Macintosh, era la demostración de la aversión general popular a la «discontinuidad tecnológica». Pero si una empresa pudiera dirigir con éxito una ruptura con el pasado, las compensaciones por asumir el papel dirigente y por tener el control de los modelos serían inmensas.

La posibilidad de que Microsoft pudiera ponerse al frente no pasó inadvertida cuando se inició la discusión pública sobre las autopistas de la información y la televisión interactiva. En marzo de 1993, *Variety*, la publicación del mundo del espectáculo, copatrocinó una jornada de trabajo para dar a los representantes de la industria la oportunidad de esbozar la «Gran Imagen», como se llamó la reunión. En ella, la demostración pública que hizo Myhrvold sobre las posibilidades interactivas de un vídeo musical reproducido en un vídeo-PC, como las que Gates había mostrado a los empleados de Microsoft el año anterior, alarmaron a algunos observadores, que temían el poder de «Windows en la televisión». Las aparentemente inocuas presiones de botones mediante las que se pedirían entradas para conciertos o permitirían ver en pantalla las letras de las canciones se vieron como portentos del «nuevo mundo de Microsoft».[11]

La preocupación por Windows, sin embargo, era innecesaria. A estas alturas, Microsoft ya había intentado una versión descafeinada de Windows, llamada Windows Modular, destinada a aparatos electrónicos de consumo que no fueran ordenadores personales, y había aprendido amargamente que el concepto era defectuoso. El experimento se había iniciado el año anterior, cuando Microsoft trabajó con Tandy para crear un producto que se pareciera al lector de CD-ROM, dotado con una pequeña cantidad de memoria y diseñado para estar conectado con un aparato de televisión convencional. No había la intención de que fuera un sustituto del ordenador personal, sino que se trataba más bien de un movimiento defensivo para impedir que Sega y Nintendo supusieran una amenaza para los PC, con máquinas más baratas. Inicialmente, se pensó que su precio sería de unos 600 dólares, que podría bajar hasta los 300 en cuanto las ventas permitieran reducir los costes. Los dos socios trabajaron todo lo rápidamente que pudieron para tener preparado su VIS (*Video Information System*, o sistema de información por vídeo) para las Navidades de 1992. El plan consistía en utilizarlo a modo de presentación pública del Windows Modular, y que sirviera posteriormente como base del software para el paquete superior que General Instruments, por entonces el principal fabricante de tales paquetes, acordó producir para la televisión interactiva.

El proyecto de Windows Modular salió mal desde el principio. Para mantener bajos los costes, Tandy redujo la cantidad de memoria que tendría la nueva máquina, a pesar del argumento de Microsoft de que para que un software fuera capaz de hacer algo interesante necesitaría más memoria. Rob Glaser, que dirigía la mitad de la asociación en nombre de Microsoft, rogó a Tandy que retrasara la puesta a la venta de la máquina hasta que pudieran hacerse más pruebas. Pero las Navidades se acercaban y Tandy insistió en que las máquinas estuvieran en los establecimientos a tiempo para las vacaciones. Cuando se introdujeron en las tiendas, los expertos industriales se lo pasaron muy bien enumerando sus numerosas deficiencias. Las vacilaciones de los ingenieros de software para apostar por el éxito de las máquinas desaparecieron, y los consumidores rechazaron esta nueva oferta.

Este fracaso aparentemente embarazoso para la primera incursión de Microsoft en la electrónica de consumo acabó beneficiando a la empresa de una forma curiosa. La experiencia permitió que se replanteara su estrategia y se decidiera por trabajar en la más radical «discontinuidad tecnológica» que propugnaba el grupo de Tecnología Avanzada para el Consumidor, en lugar de dedicarse a remendar chapuceramente el Windows Modular 2.0. En el otoño de 1993, Bill Gates hizo grandes esfuerzos para convencer al consumidor de que, fuera cual fuese el software que se adoptara finalmente para la televisión interactiva, las pantallas no serían Windows; de hecho, dijo: «Les garantizo que no se va a parecer a un ordenador».[12] Era una voz escarmentada la que hablaba. Ahora sabía que la facilidad de uso era esencial en la electrónica de consumo, y ese no era un atributo asociado con Windows. Para ilustrarlo, el grupo de servicios creativos de Microsoft produjo un vídeo humorístico en forma de una noticia futurista sobre la «SU-perautopista digital». Revisaba la «historia» de finales del siglo XX, cuando la Bethlehem Steel se había convertido en la Bethlehem Entertainment, y Chrysler había cambiado su nombre por el de Chrysler Studios. El narrador decía burlonamente, con el más serio estilo engolado de un presentador de televisión de los años cincuenta: «¡Oye, mamá, Windows para radio significa más diversión y una mayor facilidad de uso para toda la familia!».

Probablemente, la mayoría de departamentos de Microsoft no habrían estado todavía dispuestos a dar una imagen humorística de sí mismos. La mentalidad analítica, que Microsoft tanto valoraba, no demostraba tener mucha paciencia con la frivolidad. Es precisamente esa diferencia de perspectiva lo que hace especialmente interesantes los primeros encuentros entre la industria del ordenador personal y la industria del espectáculo. En la conferencia Gran Imagen de 1993, donde Microsoft presentó la televisión interactiva a profesionales de la televisión y de la industria del cine, Nathan

Myhrvold quedó impresionado por las réplicas agudas de los participantes. Aunque no eran actores, entretenían de una forma como nunca pudieran hacer los ejecutivos de la industria del ordenador.

Allí estaba, por ejemplo, Peter Guber, jefe de la Sony Pictures, gritando a voz en cuello (incluso más que Steve Ballmer, de Microsoft), respecto a la filosofía de la industria del cine: si se quiere «cautivar» a la gente por aquí [se señala la cabeza], eso lo van a ver diez personas en una sala de arte y ensayo. Si se quiere un éxito, hay que golpearlos aquí [se señala la ingle] o aquí [se señala el corazón]. En el negocio de las líneas aéreas era mejor hacerlo bien cada vez, explicó Guber, pero no en su negocio, donde se esperaban fracasos. De hecho, por lo que a él se refería estaba bien que se produjeran grandes y caros desastres, porque alguien que fracasaba a lo grande estaba destinado algún día a tener éxito a lo grande. Al sintetizar sus impresiones sobre la conferencia, Myhrvold le escribió a Gates: «Interesante política de reclutamiento, ¿verdad? No parece que valoren la misma clase de enfoque analítico que nosotros».[13] La actitude de Hollywood ante el currículum de Craig Mundie quizá no habría consistido tanto en preguntar qué había aprendido Mundie, sino más bien en descubrir cuánto dinero había perdido su empresa anterior.

Las facultades analíticas de los directivos de Microsoft se pusieron a prueba en las negociaciones con TCI, Time Warner, AT&T, Silicon Graphics, y otros socios para una *joint venture* en la televisión interactiva. Las conversaciones que se mantuvieron en el segundo y último tercio de 1993 no estaban destinadas a la discusión pública, pero un artículo del *New York Times* filtró algunos detalles y proporcionó la base para hablar de algo etiquetado como «Cablesoft». En cuanto se publicó el artículo, Edward Markey, presidente del Subcomité de Telecomunicaciones y Finanzas, de la Cámara de Representantes, pidió a la Comisión Federal de Comunicaciones que investigara la rumoreada alianza y su poder para crear «un solo modelo cerrado para el software de televisión».[14] La suposición inmediata de Markey y de otros críticos, es decir, que un modelo aceptado por una serie de partes era *ipso facto* perjudicial para los intereses del consumidor, no se vio corroborada por el debate público, porque las negociaciones de Cablesoft no llegaron a culminar en un acuerdo.

Aunque el público pensara en Microsoft como un gorila de 400 kilos, una empresa como TCI era, en su propio terreno, un gorila de 800 kilos, y estaba acostumbrada a exigir y conseguir acciones de sus socios sin tener que garantizar que introduciría los programas del socio en sus vastos sistemas de cableado. TCI y Time Warner insistieron en una asociación con Microsoft, basada en una *joint venture*, que les permitiera tener el control de la propiedad, pero sus compromisos con el proyecto se dejaban en sus propias manos, mientras que la obligación de Microsoft con tal proyecto se habría asegurado de forma férrea. Firmar un trato así con socios tan conocidos era una forma tentadora de transmitir el mensaje de que Microsoft era la favorita para establecer las especificaciones técnicas para la televisión interactiva, pero también habría sentado un precedente de ceder el control y las acciones, lo que habría causado innumerables problemas cuando otros socios (y habría otros muchos socios en esta industria) pidieran concesiones similares. El juego todavía se encontraba en una fase demasiado prematura como para hipotecar así el futuro. Utilizando una vez más la metáfora de la apuesta, Myhrvold comparó el desarrollo de la televisión interactiva a un juego con «un mazo de 500 cartas»,[15] y el momento histórico actual era muy inicial y todavía quedaban muchas cartas por repartir. Microsoft decidió prescindir de Cablesoft.

En 1993, otros rivales de la industria de los ordenadores anunciaron para 1994 la realización de pruebas de campo para el software de la televisión interactiva, pero Microsoft conocía muy bien lo inmaduro del software del sistema que se necesitaría; sabía también que Windows Modular no servía. Los anuncios de inminentes pruebas de campo se siguieron con tanta atención como una carrera de caballos con elevadas apuestas. A principios de 1994, los que se dedicaban a predecir el resultado de la carrera, al observar el fracaso de las misteriosas negociaciones de Cablesoft, situaron a Microsoft en la retaguardia del grupo.[16] En privado, Myhrvold le recordó a Gates las debilidades técnicas y la ceguera económica de las pruebas que anunciaban los rivales de Microsoft. Silicon Graphics, por ejemplo, había llegado a un acuerdo con Time Warner para poner en marcha un sistema de pruebas en Orlando, Florida, que costaría 10.000 dólares por familia, cuyo precipitado diseño era tan poco realista como su coste de instalación. Cara al público, Myhrvold trató de no dar la impresión de que Microsoft había quedado fuera de la carrera. Animó a echar un vistazo a la historia inicial de los ordenadores personales, durante la que se produjeron «un millón de salidas en falso» antes de que máquinas más potentes se impusieran a las primeras. El mercado de la televisión interactiva ni siquiera se había iniciado..., de modo que no existía ni un solo cliente. «Sugerir que todo ha terminado es una locura —dijo—. Si se aplicara ese mismo criterio, supongo que la televisión ya lo habría hecho en 1945.»[17]

El público parecía más interesado en leer noticias sobre las dificultades que en escuchar lecciones de historia, y la empresa que hacía más ruido al afirmar que había superado a Microsoft en el juego de la televisión interactiva era Oracle. Suponía una seria amenaza por varias razones. Lo mismo que sucedió con Microsoft, puede decirse que Oracle consiguió sus éxitos iniciales a expensas de IBM.[18] Aunque Oracle basó su software para la gestión de grandes bases de datos en la investigación relacional de bases de datos de IBM, su software estaba destinado a los miniordenadores y estaciones de trabajo, máquinas más potentes que los ordenadores personales. Del mismo modo que Microsoft se había convertido en el líder del mercado en muchas categorías del software del ordenador personal, Oracle era el líder en su ámbito de software de base de datos, y obtenía ingresos anuales que suponían aproximadamente la mitad de los de Microsoft. Oracle mantenía que el problema de cómo gestionar los ficheros que constituirían una biblioteca de programación de televisión digitalizada era una cuestión propia de las bases de datos, y ¿quién conocía mejor que ellos las bases de datos?

La personalidad de Oracle como empresa fue configurada por el fundador que aún permanecía en la empresa, Larry Ellison. Lo mismo que Gates, Ellison había ganado miles de millones de dólares con la revalorización de su paquete de acciones de la empresa. De hecho, Ellison era el único multimillonario de la industria del software que no estaba asociado con Microsoft. Tanto Gates como Ellison a menudo eran presentados por la prensa como «agresivos», pero dentro de esa misma etiqueta compartida había muchas y muy amplias diferencias. Una cosa es la agresividad y otra la *agresión*, y a mí me parece que estos dos hombres se parecen muy poco. A Ellison, un niño adoptado, le gusta asumir el papel de muchacho que creció en una de las barriadas más pobres y duras de Chicago, pero que se licenció por las universidades de Illinois y de Chicago. Como drama, resulta muy atractivo; como biografía verídica, es más bien dudoso. Su hermana adoptiva ha llamado la atención sobre el hecho de que Ellison se haya tomado libertades con el historial de clase media de su familia, y los expedientes universitarios demuestran que Ellison nunca logró las titulaciones que afirmaba poseer.[19]

El apetito de Gates por el poder, visto aisladamente, parece insaciable. Pero también parece pequeño en comparación con el impulso de Ellison por crecer a toda costa, ignorando las prácticas contables habituales o presionando a los clientes con puestas a la venta de software bastante antes de que éste hubiera sido debidamente comprobado. En 1990, los errores de Oracle pasaron factura y la empresa se enfrentó al colapso. Su capitalización de mercado bajó desde los 3.700 millones de dólares a los 700 millones en cuestión de pocas semanas. Ellison desoyó las peticiones de dimisión, trajo a directivos exteriores y restauró la confianza de los clientes y de los inversionistas en la empresa. El momento en que lo consiguió fue ideal. Oracle se revitalizó justo a tiempo para beneficiarse de un éxodo que se iniciaba entonces, cuando las grandes empresas pasaron de los *mainframes* a los ordenadores más pequeños, los cuales necesitaban software de base de datos que la empresa de Ellison estaba en perfectas condiciones de ofrecer. Microsoft nunca había tenido que enfrentarse a una experiencia cercana a su destrucción, como Oracle.

La agresividad que caracteriza a los vendedores de Oracle en la lucha cotidiana también se expresó físicamente en las propias preocupaciones de Ellison por estar en buena forma, lo que contrasta de nuevo con la actitud de Gates. Vanagloriándose de ser la persona que, según sus propias palabras, «vive al borde del precipicio», tanto en su vida personal como en los negocios, Ellison no necesitaría de ningún estímulo para contar con todo detalle las heridas sufridas como consecuencia de sus arriesgadas aficiones.[20] Mientras practicaba el surfismo en Hawai, se rompió el hombro, el cuello y tres costillas, y sufrió una perforación de pulmón, y cuando se dedicó a la bicicleta para recuperarse, otro accidente le destrozó un codo. Divorciado en tres ocasiones, Ellison transformaba su vida privada en pública al fanfarronear de lo que sus amigos decían de él: «Mientras Stanford siga produciendo hermosas mujeres de 23 años, Larry seguirá casándose».[21] En contraste, Gates considera su vida privada precisamente así, privada. Ellison parece disfrutar utilizando su propia vida como una forma de hacerse más visible, tanto a sí mismo como, por defecto, a su propia empresa. Gates tiene fama por mostrarse indiferente a la ropa que se pone; Ellison, en cambio, se viste cuidadosa y puntillosamente. Cuanto más larga se hace nuestra lista de diferencias, tanto más cabe sospechar que Ellison ha construido su persona para contrastarla con la de Gates. Pero la más importante de todas las diferencias quizá se trate del punto de vista opuesto que tienen estos dos hombres sobre la inteligencia, que constituyen dos modelos dignos de atención para los estudiantes universitarios que no han terminado sus carreras. Para Gates, hay que buscar a los más inteligentes y valorarlos sin ambages. La filosofía de Ellison, en cambio, es: «La voluntad es más importante que el intelecto».[22]

Si Ellison no hubiera aparecido, habríamos tenido que inventarlo, no sólo por el contraste de estilo que aportó a la competencia, sino también por su enfoque totalmente diferente con respecto a la televisión digital. Su perspectiva se basó no en los ordenadores personales, sino más bien en los ordenadores situados en el otro lado del espectro, los superordenadores. Ellison acababa de adquirir nCube, una nueva empresa de superordenadores fundada en 1990, cuyas máquinas eran sistemas paralelos. Ellison insistió en que dichos sistemas resultaban completamente adecuados para gestionar las ingentes corrientes de bits que se necesitarían para las redes de vídeo a la carta. Si, al contratar a Craig Mundie, Microsoft trataba de crear un superordenador «virtual» paralelo, uniendo para ello la potencia de muchos ordenadores personales, Oracle se burló de la idea misma de que tal red pudiera ser un sustituto aceptable de lo verdadero. En el otoño de 1993, Ellison declaró públicamente que no había necesidad de esperar a conocer los inciertos resultados de los experimentos privados de Microsoft en la televisión interactiva. El software de Oracle, que funcionaba con los superordenadores de nCube, ya estaba dispuesto para su comercialización. «Funciona. Ya está hecho.»[23] En 1994, otras empresas hablaban de pruebas de campo, pero Ellison dijo que sus empresas se habían adelantado a todos los demás y que 1994 sería el año de «una intensa producción».

Larry Ellison afirmó que otros muchos compartían su visión de la televisión digital interactiva, pero admitió que no eran demasiados los que compartían su propia visión optimista sobre la oportunidad de su salida al mercado a escala masiva. Uno de esos escépticos era Bill Gates. A Gates le molestaba oír que Ellison seguía adelante y, durante una conferencia de prensa, en la que los periodistas grabaron todo lo que se dijo, tuvo que escuchar que Microsoft no participaba en las primeras pruebas de la televisión interactiva.[24] Ellison describió a Microsoft diciendo que representaba el presente, mientras que Oracle representaba el futuro.[25]

Gates expresó públicamente su preocupación y en charlas informales con los periodistas se preguntó qué amenaza podría suponer Ellison para Microsoft. Después de todo, Ellison no había elaborado un clon de Windows. La batalla entre Microsoft y Oracle se desarrollaba en un terreno con el que Ellison estaba familiarizado, no en el de Gates. Pero Gates no comentó que era un terreno en el que quería poner pie; y en el juego del «mazo de quinientas cartas» en el que participan él mismo, Ellison y otros muchos, un competidor como Ellison podía transmitir la sensación de haber llegado a un alto nivel de desarrollo. Myhrvold informó a Gates de que un vicepresidente de Oracle le había comentado anteriormente que la estrategia de esta empresa consistía en «mentir a algunas personas, para lograr que nos extendieran algunos cheques de grandes importes, con la esperanza de que podamos entregar el producto más tarde»,[26] lo que también podría describir la estrategia seguida por Ellison para crear el negocio fundamental de bases de datos de Oracle. La cosa funcionaba si al final se conseguía entregar los productos. Microsoft tenía que hacer algo espectacular para contrarrestar la ofensiva publicitaria de Oracle. Gates decidió permitir que la prensa viera por sí misma el progreso de la investigación de Microsoft.

En mayo de 1994, Microsoft invitó a los periodistas a una demostración de la tecnología de la televisión interactiva que llevaba el nombre en clave de

Tigre. Para resaltar el hecho de que las autopistas de la información todavía se hallaban en fase de elaboración, la sala donde se llevó a cabo la demostración fue decorada con andamios, cinta amarilla de plástico y cascos protectores de los utilizados en la construcción. Mundie proclamó que un ordenador personal corriente podría servir hasta cien pistas de vídeo individuales, y cada una se manipularía como un vídeo con pausa, adelantamiento rápido, rebobinado y otras características similares. La tecnología de *Tigre* enlazaba los dieciséis PC que se utilizaron para la demostración, para formar una red «distribuida» que permitía un vídeo a la carta que costaría una décima parte que el de las tecnologías rivales, como el sistema de Oracle, basado en los superordenadores. En un sistema distribuido, todas las máquinas comparten la funcionalidad que hasta entonces había sido responsabilidad de una máquina anfitriona. Si el disco duro de un PC se estropeaba, *Tigre* ponía automáticamente en funcionamiento los discos duros sobrantes de las otras máquinas. La nueva tecnología de Microsoft era un rechazo directo del modelo que ofrecía Oracle.

Microsoft confiaba en lograr tres clases de cobertura de prensa: informes favorables sobre la demostración de *Tigre*, que mostraran el prometedor enfoque, radicalmente diferente, de Microsoft con respecto a la televisión interactiva y sofocara las especulaciones del sector respecto a la ausencia de Microsoft de las primeras pruebas; informes precavidos y realistas sobre cuándo podría estar disponible todo el sistema, del que *Tigre* no era más que una pieza; e informes positivos sobre la contribución que había hecho hasta el momento el grupo de investigación de microsoft al desarrollo de *Tigre*. Algunos observadores, sin embargo, exageraron al interpretar la importancia de la demostración de *Tigre*, y los analistas de la bolsa se animaron mucho ante las perspectivas de nuevos ingresos en un futuro cercano. David Readerman, por ejemplo, de Lehman Brothers, predijo que el negocio de la televisión interactiva de Microsoft podría suponer «unos dos mil millones de dólares en los próximos años»,[27] una predicción que demostró ser excesivamente optimista, por no decir otra cosa.

Otros periodistas fueron más precavidos en su valoración de lo que habían visto y comentaron, con muy buen criterio, que una demostración de unos pocos PC en un laboratorio no era necesariamente un indicador exacto de lo que ocurriría cuando el sistema se probara en cientos de miles de hogares. El propio Gates[28] se mostró escéptico acerca de lo que pudiera descubrirse en una prueba de campo en la que sólo participaran unos pocos miles de hogares; en su opinión, se necesitaría un gran número de participantes para calibrar con exactitud la demanda para los nuevos servicios interactivos. Aunque Gates no lo resaltó, las pruebas a pequeña escala en un laboratorio tampoco podían reproducir las tensiones que se le plantearían a la red en una situación de funcionamiento real. En ausencia de pruebas de campo a gran escala, las diferencias entre la propuesta para la televisión interactiva basada en el PC, planteada por Microsoft, y la basada en el superordenador, planteada por Oracle, parecieron a los observadores más una cuestión de fe que de otra cosa. Era imposible saber qué modelo demostraría ser más fiable a la hora de la verdad, y cuál tendría el coste más bajo.

La demostración de *Tigre* se desarrolló sin sobresaltos, y Microsoft se aseguró la mayor parte de la publicidad que había buscado. Quedó incluida a partir de ese momento en la lista de competidores y en las apuestas por la televisión interactiva, pero no logró que los periodistas reconocieran el esfuerzo de investigación que había hecho posible el funcionamiento de *Tigre*. Retrospectivamente, vemos que la decisión de Gates y Myhrvold, tomada en 1991, de establecer un grupo de investigación en Microsoft daba muy buenos dividendos,[29] tanto en este caso como en otros. Rich Rashid, científico de ordenadores, procedente del Carnegie Mellon, dirigía el grupo de investigación como adjunto al equipo de desarrollo de producto. El equipo de Rashid investigó cuestiones técnicas nebulosas y estableció por adelantado el comportamiento de cada uno de los componentes que constituían *Tigre*. Este trabajo permitió hacer avanzar el diseño del sistema antes de que se montaran físicamente las máquinas. Cuando finalmente se construyó la primera versión, *Tigre* se comportó exactamente como había predicho el modelo.

Después de la demostración pública, Rashid le preguntó a una periodista sus impresiones y esta le contestó que la demostración había sido aburrida porque nada había salido mal..., lo que daba la impresión de que se había ensayado. Rashid trató de convencerla inútilmente de que toda la cuestión del proceso de diseño consistía precisamente en asegurarse de que nada saliera mal y que, de hecho, la demostración no había necesitado de muchos ensayos previos. Pero la periodista sólo vio una escenificación artificial en lo que Rashid consideraba como un triunfo del pensamiento anterior a la realización. La experiencia, tanto aquí como en otras partes, le había enseñado a Rashid que sólo aquellas historias que se prestaban bien a utilizar las metáforas deportivas parecían encontrar la forma de llegar a la imprenta. Recordó entonces una historia aparecida en una publicación industrial que utilizaba cascos de fútbol americano para representar a empresas de ordenadores sobre un gráfico, para mostrar quién «ganaba» y quién «perdía», que era precisamente lo que todo el mundo quería saber acerca de la televisión interactiva.

El terreno de juego para la televisión interactiva era de hecho bastante pequeño. El software para ella iba a tener que venderse de una forma fundamentalmente diferente a la que Microsoft utilizaba para Excel o incluso Encarta. Las ventas se harían a empresas de cable, no a consumidores particulares, y eso significaba que la demostración de *Tigre* tenía la intención de influir sobre un pequeño número de compradores potenciales. La especulación desfavorable en la prensa de la industria sobre las perspectivas de Microsoft en este nuevo ámbito sólo causaban un daño indirecto a Microsoft. Cuando los ejecutivos de las empresas de cable visitaron Redmond, plantearon las preguntas más crudas que pudieron extraer de los expertos del sector que habían analizado la competencia en el negocio de la televisión interactiva. En 1994, justo después de la demostración de *Tigre*, un periodista indicó que resultaba difícil tener fe en el sistema propuesto por Larry Ellison, dados los intereses creados que tenía en nCube, la empresa de superordenadores. Pero también comentó que eran muy pocos los consumidores convencidos de que Bill Gates «se preocupa prioritariamente por sus intereses».[30] Aquí, como en tantos otros casos, la mala imagen pública de Gates afectaba a los intentos de Microsoft por introducirse en el ámbito recientemente abierto del mundo digital.

El enfrentamiento entre Gates y Ellison por el lugar central del escenario, también revelaba otra prueba de fidelidad: ¿qué aparato de consumo utilizaría la televisión interactiva en el hogar: un televisor digital o un ordenador personal? Originalmente, Gates había pensado que la solución sería una caja híbrida pero revisó sus propias ideas a medida que pasó el tiempo, y propuso la de una multiplicidad de cajas distribuidas por la casa. Una caja lo bastante grande como para que varias personas la vieran simultáneamente en el salón, por ejemplo, se consideraría como una televisión programable; y otra caja más pequeña, situada sobre una mesa en la buhardilla sería un ordenador personal programable que también podría recibir la televisión interactiva. En ocasiones, Gates se manifestaba escéptico acerca de qué clase de caja podría aceptar más fácilmente el consumidor, y Ellison también, ocasionalmente.

Los dos hombres se jugaban demasiado como para mantener las dudas sobre el futuro de la informática, y sus respectivas empresas también plantearon en ocasiones perspectivas diferentes. Mundie, de Microsoft, dijo que el futuro iba a centrarse en el PC, y que el aparato de televisión digital que se colocaría en el salón sería un «subordinado» del ordenador personal colocado en la buhardilla. Diametralmente opuesta a ese punto de vista era la visión de Ellison desde Oracle, quien insistía en que, como medio de entretenimiento, los ordenadores personales habían sido un completo fracaso.

Un alto vicepresidente de Oracle declaró en 1994 que «a los consumidores les gusta la televisión y no les gustan los PC».[31] Las diferentes elecciones de hardware también subrayaban la confrontación entre dos modelos informáticos muy diferentes. Gates criticó el «Media Server» de Oracle,[32] el superordenador especialmente diseñado para gestionar vídeo digitalizado, considerándolo demasiado especializado para ser competitivo frente al ordenador personal, una máquina más barata que podía utilizarse para propósitos más generales. Ellison se mostró a su vez contrario a la suposición de que una red de ordenadores personales pudiera igualar la «grácil agilidad de escala»[33] que permitiría a una empresa de cable expandirse desde un pequeño número de procesadores paralelos a cientos o miles.

Las predicciones de Gates en el sentido de que la televisión interactiva tardaría algún tiempo en llegar demostró ser más exacta que el entusiasta salto de alegría de Ellison, quien afirmaba que 1994 sería un año de una intensa producción. Las dificultades técnicas y los costes elevados se negaban a desaparecer. En 1995, la bendición de la televisión interactiva parecía hallarse tan lejos como siempre y, a finales de ese mismo año, la prueba de Time Warner iniciada en Orlando sólo había logrado 3.500 clientes. La Bell Atlantic, que inició tardíamente sus propias pruebas a finales de 1995 en unos pocos cientos de hogares de Nueva Jersey, calculó que el coste actual de todas las conexiones por hogar a su nueva red era de 17.000 dólares.[34] Microsoft mantuvo sus propias pruebas iniciales a una escala extremadamente pequeña, en las que participaron unos pocos cientos de empleados y residentes de Redmond, sin darles ninguna publicidad. Oracle, que recientemente había hecho predicciones tan optimistas sobre unas ventas rápidas, adoptó una actitud extrañamente tranquila sobre cómo le iban las cosas con su proyecto de televisión interactiva. Pero el aspecto más extraordinario de las pruebas fue la rapidez con la que el interés público abandonó el tema. Para cuando se iniciaron las pruebas, el público ya se sentía demasiado impaciente para esperar una superautopista de ocho carriles que, evidentemente, estaba muy lejos de llegar a término. En lugar de eso, empezó a preocuparse por la rudimentaria versión de dos carriles: las redes *on line* a las que se podía conectar con modems.

NOTAS

1. E. M. Rotherie, «Seeing Through the Telephone», *Telephony*, 12 de agosto de 1906, pág. 96, citado en Ithiel de Sola Pool, *Forecasting the Telephone: A Retrospective Technology Assessment*, Norwood, NJ. Ablex Publishing, 1983, págs. 115-116.

2. Susan Lammers, *Programmers at Work*, Redmond, WA, Microsoft Press, 1986, pág. 89.

3. «The Met Grill», *Metropolitan Home*, julio de 1985, pág. 92.

4. «Playboy Interview: Bill Gates», *Playboy*, julio de 1994.

5. «Mr. Software», *New York Times Magazine*, 25 de agosto de 1991.

6. «Bill's Excellent Future», *Newsweek*, 11 de octubre de 1993.

7. Nathan Myhrvold, «Visions for Consumer Computers», memorándum de Microsoft, sin fecha [septiembre de 1991].

8. Mundie trabajó para Data General, la empresa que inmortalizaría el clásico de Tracy Kidder, *A Soul of a New Machine*, Boston, Little, Brown, 1981. La casualidad hizo que Mundie formara parte del equipo de diseño que quedó en las sombras en el relato de Kidder, ya que su grupo fue el enviado a Carolina del Sur, los competidores internos del grupo de diseño en Massachusetts, que retrató Kidder.

9. Nathan Myhrvold, mensaje electrónico a Bill Gates *et al.*, «Craig Mundie», 16 de octubre de 1992.

10. Bill Gates, «Dealing With Corporate Mistakes», *International Herald Tribune*, 27 de abril de 1995.

11. «Microsoft Demonstrates Windows for TV», *Broadcasting & Cable*, 29 de marzo de 1993.

12. «Bill Gates: An American Gladiator in the Digital Arena», *The Red Herring*, octubre de 1993, pág. 43.

13. Nathan Myhrvold, «Big Picture Conference», memorándum de Microsoft, 28 de marzo de 1993.

14. «Watchdogs Wary of "Cablesoft"», *PC Week*, 19 de julio de 1993.

15. Nathan Myhrvold, «500 Card Stud», memorándum de Microsoft, 29 de noviembre de 1993.

16. «Oracle Tries to Outmaneuver Microsoft on Superhighway», *San Jose Mercury News*, 15 de febrero de 1994.

17. «Microsoft's Myhrvold Gives a Brief History of the Future», *Seattle Post-Intelligencer*, 2 de marzo de 1994.

18. «The Next Big Info Tech Battle», *Fortune*, 29 de noviembre de 1993.

19. «Can Larry Beat Bill?», *Business Week*, 15 de mayo de 1995.

20. «Larry Ellison», *Forbes ASAP*, 7 de junio de 1993.

21. «Can Larry Beat Bill?».

22. «Nerds, Not», *Forbes*, 19 de octubre de 1992.

23. «Oracle Predicts Interactive Gear by Early 1994», *Wall Street Journal*, 10 de noviembre de 1993.

24. «Oracle Hopes to Steal a March on Microsoft», *New York Times*, 15 de febrero de 1994.

25. «Oracle's Prognostication: Tomorrow Looks Terrific», *Business Week*, 20 de septiembre de 1993.

26. Myhrvold, «500 Card Stud».

27. «"Tiger" May Put Teeth in Microsoft's Video Ventures», *Wall Street Journal*, 23 de mayo de 1994.

28. Bill Gates, charla dada en Edison Electric, el 16 de junio de 1994.

29. El código desarrollado por Microsoft Research fue incorporado en DOS, Windows 95, Office 95 y otros productos de Microsoft. A finales de 1995, el *New York Times* observó que Gates «había reunido tranquilamente a algunos de los mejores y más brillantes investigadores de los ordenadores», incluido un grupo de pioneros en la investigación de los gráficos por ordenador: Andrew Glassner (reclutado de Xerox PARC), Alvy Ray Smith (fundador de Pixar, famosa por *Toy Story*), Jim Blinn (del Laboratorio de Propulsión a Chorro de la NASA) y Jim Kajiya (de Cal Tech). Pero la nómina práctica para la inversión en investigación de Microsoft indujo al director del rival laboratorio de investigación de Digital Equipment a despreciar la investigación de Microsoft al considerar que se limitaba a «desarrollo de producto» y que no era verdadera investigación, como queriendo sugerir con ello que el resultado más deseable sería la ausencia de aplicaciones prácticas. Véase «Microsoft Quietly Puts Together Computer Research Laboratory», *New York Times*, 11 de diciembre de 1995.

30. Stewart Alsop, «Microsoft's Tiger Beats the Stripes off Oracle's Server», *Infoworld*, 23 de mayo de 1994.

31. «Oracle Tries to Outmaneuver Microsoft on Superhighway», *San Jose Mercury News*, 15 de febrero de 1994. Para un ejemplo de la proclamación de Ellison de una postura no partidista sobre la cuestión del PC frente a la TV, véase Anthony B. Perkins, «We're Oracle, and You're Not», *The Red Herring*, Mune [mayo-junio] de 1994, pág. 56.

32. Bill Gates, comentarios en la reunión de analistas financieros de Microsoft, Redmond, Washington, 21 de julio de 1994.

33. «Oracle's Ellison Puts His Money on Massively Parallel Processing», *Washington Post*, 6 de agosto de 1993.

34. «Dwindling Expectations», *New York Times*, 18 de diciembre de 1995.

10

EL PEAJE

> Después de superar obstáculos imprevistos, en el año 2000 tendremos un servicio de ordenador interactivo en directo, ofrecido comercialmente por una empresa de información de servicio público, que será tan habitual como lo es actualmente el servicio telefónico. En el año 2000, el hombre tendrá una comprensión mucho mejor de sí mismo y de su sistema, no porque sea innatamente más inteligente de lo que es hoy, sino porque habrá aprendido a utilizar imaginativamente el amplificador más potente de la inteligencia que se haya creado jamás.
>
> Martin GREENBERGER, en *The Atlantic* (1964)[1]

En 1964, cuando Martin Greenberger, profesor de gestión industrial en el MIT, abordó el tema de «Los ordenadores del mañana», podría haberse centrado en los aspectos técnicos, como otros muchos artículos con títulos similares publicados continuamente en *Popular Science* y en *Scientific American*. El punto de partida de Greenberger, que lo hace especialmente valioso desde nuestros días, fue el de considerar las implicaciones para las nuevas empresas. Previó la demanda comercial para una red simultánea de información que utilizaría ordenadores, lo que él llamó «una empresa de información de servicio público». Aplicaciones como información médica para hospitales y clínicas, sistemas de control de tráfico para los municipios, catálogos de compras para terminales instaladas en el hogar, bibliotecas en directo accesibles desde el hogar o la oficina y enseñanza académica asistida por ordenador revelaban la naturaleza general de una red de este tipo.

Anticipándose en treinta años a la visión de Nathan Myhrvold y Bill Gates de un «PC de bolsillo» en *Camino al futuro*, Greenberger describió una «llave de dinero» que se podría insertar en las terminales conectadas con la red, lo que eliminaría la necesidad de dinero en efectivo, cheques, cajas registradoras, albaranes de ventas e incluso el cambio de divisas. La «empresa de servicio público» obtendría sus ingresos proporcionando información sobre los productos, realizando las transacciones de ventas y comercializando la información sobre los consumidores que participaran en tales transacciones. (No se mencionaba la naturaleza controvertida de esta última posibilidad.)

Si la predicción de Greenberger sobre el momento en que todos estos servicios de información serían ampliamente accesibles («en el año 2000») parece haber acertado extrañamente, es porque hemos aceptado Internet como la estructura de esa red simultánea. Por su diseño, Internet no puede situarse bajo una única autoridad (un aspecto que molesta a todos aquellos gobiernos que imponen la censura), por lo que parece bastante improbable que se llegue a realizar la idea de Greenberger de una sola «empresa de información de servicio público» de carácter monolítico, dedicada a reunir y transmitir información. En cuanto a cómo se canalizará el potencial comercial de una «empresa de información de servicio público», el jurado parece haberse ido de vacaciones. Sólo cabe decir que para ello se necesitarán nuevos modelos empresariales.

A principios de la década de 1990, antes de que Internet surgiera como la estructura más accesible, Gates comprendió con toda claridad que para el negocio tradicional del software se avecinaba un cambio de grandes proporciones en cuanto los hogares pudieran conectarse con una amplia autopista de datos: la red de banda ancha, basada en la fibra óptica, capaz de transmitir multimegabits por segundo, que el grupo de Tecnología Avanzada para el Consumidor asumía que se utilizaría para la televisión interactiva. Los bits volarían por la red hasta los PC, sin necesidad de ser comprimidos, empaquetados y colocados en las estanterías de una tienda de ordenadores. Sobre este punto, tanto Gates como Larry Ellison estaban completamente de acuerdo. Cuando «todo el mundo esté conectado», declaró Ellison en 1994, «no tendrá sentido la idea de colocar software en un estuche de cartón».[2]

Gates fue realista. Aunque estaba seguro de que la nueva tecnología terminaría por llegar, tenía que ser prudente a la hora de predecir cuándo se produciría eso. Como hemos visto, la difusión penosamente lenta del CD-ROM no podía sino enseñar la importancia de aplicar un calendario conservador. También sabía que era demasiado simple la dualidad excluyente de un software convencional guardado en estuches de cartón frente a la televisión interactiva distribuida a través de redes de banda ancha. Antes de poder llegar a la tierra prometida de la banda ancha era necesario pasar por una fase intermedia: las conexiones *on line* realizadas con modems y redes telefónicas ordinarias. La cantidad de bits que podían transmitirse con esas conexiones de banda estrecha serían, aunque se utilizaran los modems más rápidos disponibles, sólo una fracción de lo que podría aportar la banda ancha. Pero la banda estrecha poseía una ventaja muy atractiva sobre la ancha: ya estaba aquí.

En el otoño de 1992, aproximadamente por la misma época en que contrataba a Craig Mundie y creaba el grupo de Tecnología Avanzada para el Consumidor, para que se pusiera a trabajar en el proyecto de red de banda ancha, Gates reflexionó sobre si Microsoft debía crear un producto basado en la red de banda estrecha. Las reflexiones de 1992 tuvieron como resultado el lanzamiento de un verdadero servicio tres años más tarde, Microsoft Network, cuando se puso a la venta el Windows 95. Durante los años intermedios, Gates y sus lugartenientes buscaron un modelo comercial para el servicio, pero la simple noticia de que Microsoft tenía la intención de entrar en el mercado de los servicios *on line*, fue suficiente para animar a los competidores y al gobierno. Durante la preparación anterior a la salida al mercado de Microsoft Network, los observadores exteriores vieron en Microsoft una especie de tanque que arrollaría todo lo que encontrara en su camino. Los directivos de Microsoft, sin embargo, no estaban tan seguros del resultado; durante la gestación de la red, ningún camino hacia un nuevo servicio *on line* parecía conducir a la perspectiva de obtención de beneficios.

Fiel a su trayectoria, la estrategia de Gates consistió en asignar el proyecto a un joven subordinado, sobre la base de su demostrado talento, en lugar de optar por la sabiduría de un experto en ordenadores. Gates, por ejemplo, había enviado a Rob Glaser y a Nathan Myhrvold con la misión de aprender sobre nuevos problemas estratégicos («ir a imaginar», sería la expresión que utilizaría Gates), para luego informarle a él. La persona que recibió esta nueva misión fue Russ Siegelman, un empleado de treinta años de edad, dotado de la rápida verborrea de un nacido en el Bronx, que había entrado a trabajar en Microsoft con una licenciatura en física obtenida en el MIT y un máster en Harvard.

Inicialmente, Siegelman había trabajado en el grupo que desarrolló el software de red para oficinas, y más recientemente había sido un destacado director de producto de Windows para grupos de trabajo, la variante de Windows que incorporaba algunas capacidades de red dentro del sistema operativo. El proyecto llegaba a su fin y, en noviembre de 1992, cuando habló con Gates sobre posibles nuevas tareas, este le ofreció un puesto como asistente técnico personal o, alternativamente, como la persona responsable de «imaginar» la comercialización de los servicios *on line*. Glaser, Myhrvold, alguien del grupo Office y algunos otros empleados de Microsoft, habían escrito memorándums distintos sobre aspectos del problema. Gates quería que Siegelman echara un vistazo general a lo que debería hacer Microsoft, y le informara directamente a él. Gates le preguntó si le interesaría participar en un proyecto de este tipo. Siegelman no necesitó una prolongada reflexión para aceptar.

Desde el principio, Siegelman descubrió que Microsoft ya tenía en marcha varios proyectos relacionados con los servicios *on line*,[3] pero cada uno de ellos seguía su propio camino, sin coordinación centralizada. Descubrió, por ejemplo, que el grupo de apoyo técnico al cliente patrocinaba foros en CompuServe, que el Departamento del Consumidor trabajaba en los servicios financieros, que otra división había establecido un acuerdo con AT&T, que el grupo de Glaser buscaba la posibilidad de crear artilugios portátiles informáticos que se pudieran conectar con los servicios *on line*, y que el grupo de Tecnología Avanzada de Myhrvold trabajaba en un «teléfono inteligente». Todas estas iniciativas dispersas no sólo eran «oportunistas» y les faltaba un objetivo común, sino que también adolecían de investigación sobre las preferencias del consumidor y sobre su «utilidad», las características básicas de lo que Siegelman denominaba un «enfoque orientado hacia el producto».[5] Calculó que sería difícil formular una estrategia con la que pudieran estar de acuerdo los grupos dispares de Microsoft relacionados con el tema, puesto que éstos ni siquiera se habían podido poner de acuerdo sobre un modelo de negocio. Animó a que la cuestión de «en qué negocio entrar» se mantuviera separada de «cómo entrar».

Al empezar a estudiar con detenimiento en qué negocios de servicios directos podía entrar Microsoft, Siegelman no consideró inicialmente el ofrecer negocios *on line* para consumidores como un resultado automático del camino a seguir. En enero de 1993, el mercado de los consumidores seguía pareciendo «arriesgado». (Esto sucedía inmediatamente después de las vacaciones en las que no había logrado ponerse a la venta el prometido Encarta; el efecto de palo de hockey de las ventas de CD-ROM, impulsado por las compras de los consumidores, no se vería hasta un año más tarde.) Siegelman pensó que quizá Microsoft debiera entrar en el mercado *on line* de una forma modesta, trasladando sus foros de apoyo técnico desde CompuServe a su propio servicio. En la situación actual, Microsoft ganaba un millón de dólares anuales por su participación en los ingresos obtenidos por CompuServe, y esta retenía unos cuatro millones de dólares según la propia empresa por dar cabida a los foros de ella. Situar esos foros bajo el control de Microsoft significaría que esta captaría la parte de ingresos de CompuServe, pero el dinero por ganar seguía pareciendo ridículamente escaso. ¿En qué otra parte podían encontrarse oportunidades para ganar dinero?

Otra posibilidad era tomar como blanco al usuario de servicios *on line*. A favor de ello estaba que los servicios *on line* orientados hacia los negocios podrían cobrar precios elevados porque los datos que buscaban los clientes producían unos beneficios tangibles en dólares y centavos. Pero, una vez más, no se esperaba que ese mercado creciera mucho, y ya había una competencia ágil y bien establecida. Podría ser viable la creación de un servicio *on line* para propósitos generales, pero los servidores actuales, como CompuServe y America Online experimentaban un alto índice de provisionalidad, de modo que eran casi tantos los clientes que abandonaban el servicio después de un período de prueba como aquellos otros que firmaban nuevos contratos. La propia experiencia formativa de Siegelman en el grupo de red de Microsoft, que había desafiado sin éxito la posición dominante de Novell, había dejado en él una profunda aversión a la idea de desafiar a una competencia bien atrincherada. Siegelman sugirió que quizá Microsoft debiera seguir el ejemplo de otros servicios *on line*, y limitarse a «destripar», como había hecho Word contra WordPerfect hasta que Microsoft terminó por ganar. Incluso con el mejor de todos los resultados posibles, no estaba claro dónde aparecería un negocio nuevo y significativo. En enero de 1993, Siegelman aconsejó a Gates: «Aquí hay claramente un par de oportunidades multimillonarias, pero ¿hay alguna oportunidad de cientos de millones de dólares?».[6]

Después de consultar con Siegelman y Myhrvold y de reunirse con empresas de comunicación, compañías telefónicas regionales y proveedores de servicios en directo como America OnLine, CompuServe y Dow Jones, Gates principal la cuestión principal que había estado preocupando a Siegelman. En un largo memorándum dirigido al personal ejecutivo de la empresa a principios de 1993, Gates eliminaba la incertidumbre acerca de nuevos mercados para los servicios en directo, diciendo que Microsoft debía pensar en términos de servicios del futuro, cuando se hubieran creado las redes de banda ancha, no en los servicios actuales. Gates anticipaba el «pago por ver» y el «pago por canción», las llamadas a larga distancia, el fax y el videoteléfono que evitaba a la empresa telefónica local, la distribución del software, la compra *on line*, los anuncios personales y clasificados, las reservas para viajes, las entradas, los juegos de azar, los juegos de realidad virtual para varios participantes, los telecursos ofrecidos por los mejores profesores, la información médica, los servicios gubernamentales como renovación de permisos y pago de impuestos, «y todo aquello que pueda hacerse a través del sistema, aparte de ir a la cárcel o examinarse para la obtención del permiso de conducir». Cuando millones de hogares estuvieran conectados, las oportunidades de negocio serían ilimitadas. Y si el grupo de Myhrvold lograba desarrollar con éxito el «dinero digital» almacenado en un «PC de bolsillo», un PC o un aparato de televisión conectado con la red podía convertirse en una máquina personal de comunicación automática (aquí resuenan ecos de los planteamientos de Martin Greenberger en 1964). La tecnología, los criterios, las preferencias de los consumidores, las regulaciones y las alianzas empresariales eran todos aspectos aún por precisar. A pesar de todo, Gates declaró que tenía «suficiente confianza en que se desarrollase un gran mercado como para convertir esto en el trabajo prioritario cara a un nuevo negocio, incluida la voluntad de invertir cientos de millones de dólares si fuera necesario».[7]

Desde la perspectiva hacia la que apuntaba este atractivo futuro, el servicio de banda estrecha *on line* se convirtió en un pequeño elemento más de una gran imagen. Era una forma de amarrar cosas inmediatamente, como les gustaba decir a los directores de Microsoft, y vincular la empresa al mercado de los servicios, al mismo tiempo que se construía la red de alta velocidad que se necesitaba para la banda ancha. Algunos de los servicios en los que pensaba Gates para el futuro podían ponerse en práctica sin dilación, y el diseño que se hiciera de ellos podía prever ya la llegada de un ancho de banda más rápido. Como consecuencia de ello, cuando llegara el momento de pasar a la banda ancha, los clientes no tendrían que cambiar el software que se hubieran acostumbrado a utilizar. Así pues, la entrada de Microsoft en los servicios *on line* no sería un desafío para CompuServe, sino un paso calculado para asegurarse un puesto y obtener una experiencia que sería muy valiosa cuando la convergencia de las redes de banda ancha y de la tecnología digital permitieran a Microsoft competir con los pesos pesados de las industrias del espectáculo, de las comunicaciones y otras. Allí donde Siegelman, al considerar sólo los servicios directos de banda estrecha, se había esforzado por imaginar nuevos negocios de varios cientos de millones de dólares, Gates presentaba una lista de negocios de miles de millones de dólares para cada amplia categoría de los futuros servicios *on line*. Sólo al apartado de las compras y de la publicidad asignaba unos ingresos anuales calculados en más de cien mil millones de dólares. En muchas de las categorías, una conexión vía modem, de velocidad comparativamente baja, situaría inmediatamente a Microsoft en el negocio de las autopistas de la información.

Siegelman quedó convencido de que la entrada de Microsoft en el juego del servicio directo no sería directamente comparable con la anterior experiencia fallida, cuando Microsoft entró en el juego de la red. Ningún proveedor de servicios *on line* ocupaba la posición inamovible que había tenido Novell. Sin embargo, a medida que pasaban los meses, y mientras en Microsoft se deliberaba acerca de cómo actuar, seguía creciendo la lista de suscriptores de AOL, CompuServe y Prodigy, lo que no hacía sino dificultar la tarea de competir con ellos.

Tras haber decidido entrar en el negocio de los servicios *on line*, Microsoft se enfrentó a la disyuntiva de siempre: ¿qué era mejor, hacer o comprar? ¿Debía iniciar su propio servicio partiendo de cero, o limitarse a comprar alguna de las tres grandes empresas del sector? Preocupado por el hecho de que Microsoft se encontraba muy retrasada con respecto a las demás y no disponía de tiempo para crear su propio servicio, Siegelman se mostró inclinado por comprar un proveedor ya existente. Prodigy se basaba en *mainframes*, lo que era anatema. CompuServe era técnicamente más atractiva, pero no estaba a la venta. AOL era la otra posibilidad que quedaba, pero las conversaciones con su jefe, Steve Case, no lograron que considerara la posibilidad de una venta.[8] En mayo de 1993, Siegelman le dijo a Gates que Microsoft no tenía más alternativa que crear las cosas por sí misma. Gates estuvo de acuerdo y designó a Siegelman para que dirigiera el esfuerzo, dentro del grupo de Tecnología Avanzada de Myhrvold, con lo que promocionó en la práctica a Siegelman al puesto de director de un proyecto que exigiría muchos dólares e ingenieros de desarrollo. Algunos analistas externos de la industria no secundaron ese ascenso, y se burlaron de la idea de que Siegelman, joven e inexperto en el negocio de los servicios *on line*, estuviera bien cualificado. «Microsoft va a tropezar y se va a pelar las rodillas», se burló un analista.[9]

Inexperto sí, pero también una mente brillante y alguien que no se dejaba acobardar ante sus mayores. En cuanto estableció su despacho dentro del grupo de Myhrvold y revisó el trabajo de los diez investigadores a su cargo, no tuvo el menor empacho en comunicarles que tendrían que empezar todo de nuevo. Bajo la dirección de Myhrvold, el grupo había intentado crear un ambicioso sistema de software que pudiera funcionar sin modificación del instrumento que se conectara a la red, ya se tratara de un ordenador personal convencional o del diminuto PC de bolsillo, al margen de su sistema operativo. A Siegelman le gustaba «enviar material» y, en su opinión, tratar de solucionar algunos de los problemas más acucientes de la ciencia informática, al mismo tiempo que se intentaba poner en marcha los servicios *on line* y echar a correr, no era precisamente la mejor forma de moverse con rapidez. Su decisión fue la de «limitar el problema para que podamos ganar en el mercado». Había que olvidarse del Macintosh, de los PC de bolsillo, de cualquier otra cosa que no estuviera directamente relacionada con tener el negocio listo para la actualización de Windows, que aparecería finalmente como Windows 95 (aunque en aquellos momentos estaba previsto para junio de 1994). Microsoft Network (MSN) tenía que estar indefectiblemente lista cuando se pusiera a la venta la nueva versión de Windows porque, como Siegelman comprendía muy bien, incluir el software con el Windows ofrecía la mejor oportunidad para que el recién llegado arrancara una parte de la cuota de mercado de los competidores. Y para asegurarse de que estaría preparado, Siegelman ordenó que los servicios iniciales fueran los básicos. ¿Qué era lo que más utilizaba la gente en America Online? Foros de conversación, boletines de noticias, descarga de archivos. Pues con ellos empezaría la MSN. Eso permitiría que las cosas fueran sencillas y reduciría las posibilidades de que el sistema no estuviera preparado cuando llegara el momento de iniciar la comercialización del nuevo software de Windows.

Hasta la llegada de Siegelman, al grupo de investigación no se le había visto presionado para entregar productos en una fecha límite. Ahora se había convertido en un equipo de desarrollo de producto que se enfrentaba a plazos inexorables. La mitad de la plantilla se llevó las manos a la cabeza, disgustada, y se marchó. A Siegelman se le autorizó a contratar a mucha gente, pero por satisfecho que se sintiera por tener bajo su control la asignación de recursos para el personal, se encontró con grandes dificultades para que otros compañeros de Microsoft solicitaran el traslado al nuevo grupo. Tal como le había sucedido a Craig Bartholomew durante el proceso de formación del equipo que desarrolló Encarta, los empleados de Microsoft vacilaban a la hora de pedir el traslado a un grupo con perspectivas inciertas. Antes de entrar a formar parte de la empresa, en su entrevista inicial, cada candidato potencial había contestado preguntas con la seria profundidad de una concursante a Miss America; cada uno de ellos quería «cambiar el mundo». Pero, una vez contratados e incluidos en un grupo ya existente, con productos establecidos y con actualizaciones predecibles, descubrían que su papel no era el de «cambiar el mundo», sino el de realizar la parte que se les hubiera asignado en un conjunto más grande. No despertaba tanto entusiasmo como trabajar en un producto completamente nuevo, pero era desde luego algo más seguro. Cuando a Siegelman se le concedió autoridad para crear su propio grupo en MSN, los empleados de Microsoft expresaron tantos comentarios negativos como positivos: «Esto es artificial, artificial y artificial; no podemos competir con CompuServe; ¿qué se cree él que va a hacer?».

Tampoco resultó sencillo contratar fuera a las personas que necesitaba, en un breve período de tiempo, y siguiendo la costumbre de Microsoft de la entrevista exhaustiva. En diciembre de 1994, la plantilla de MSN se había disparado hasta las 220 personas, una cifra que seguía siendo pequeña en comparación con sus rivales. America Online, por ejemplo, tenía en esa misma época 400 empleados. En esta aventura, como en las precedentes, Microsoft procuró contratar en grandes cantidades a personas inteligentes. A finales de 1993, Siegelman se puso en contacto con una pequeña empresa de propiedad privada, Daily Planet, que resultó estar situada en otra barriada de Seattle. Tras haber oído comentar que esta empresa desarrollaba software para contenidos multimedia que se situarían en la red *on line*, Siegelman sintió curiosidad pero, inicialmente, los directivos de Daily Planet ni siquiera quisieron hablar con él. Siegelman tuvo que rogar mucho antes de que estuvieran dispuestos a almorzar, y todavía más antes de convencerlos para que le hicieran una demostración de los instrumentos de la empresa. Al final, Siegelman superó las reticencias iniciales y planteó a la empresa una adquisición amistosa. Lo mismo que hizo Microsoft cuando compró la empresa de Nathan Myhrvold, en cuanto compró Daily Planet descartó el programa que iba incluido en el acuerdo; lo que sí puso a trabajar fue a los cerebros recientemente absorbidos.

En contra de la opinión externa, convencida de que Microsoft planeaba arrasar con rapidez a los competidores con la potencia de fuego que acompañaría la comercialización de la actualización del Windows, los planes comerciales de Microsoft proyectaban unos principios modestos para MSN.[10] En una revisión con Gates, en febrero de 1994, el grupo MSN previó que, en el año fiscal de 1995 (que terminaba en junio de 1995), el servicio obtendría aproximadamente unos ingresos de diez millones de dólares y perdería 24 millones en costes imputables a la puesta en marcha. El año siguiente también se cerraría con pérdidas. Los primeros beneficios se preveían sólo para 1997, cuando se esperaba que los ingresos alcanzarían los 340 millones de dólares.

Hasta estas cifras demostraron ser demasiado ambiciosas. Todo el calendario de MSN dependía de la puesta a la venta de Windows, que finalmente se retrasó. En enero de 1994, cuando la fecha para entregar Windows seguía siendo la de junio de aquel año, Siegelman se dio cuenta de que MSN no estaría preparada para entonces y preguntó a Gates si acaso no habría que poner en marcha un plan B. Gates se mostró demasiado optimista y afirmó su confianza en que el grupo de Windows estaría preparado para enviar el software, tal como se había planeado. Cuando la puesta a la venta se retrasó a diciembre de 1994, y luego se volvió a retrasar, antes de llegar finalmente a la calle como Windows 95, a finales de agosto de 1995, MSN había utilizado el regalo de todo ese tiempo adicional para preparar el servicio para la puesta en marcha simultánea. Los retrasos, sin embargo, no fueron en modo alguno una bendición. Mientras tanto, los competidores de MSN no hacían sino expandirse. Cuando el grupo de Siegelman se estableció, los suscriptores de America Online eran unos 300.000.[11] En diciembre de 1994 habían alcanzado el millón. En 1995 saltaron a dos millones y luego a tres, y después superaron los cuatro. Aun admitiendo un cierto escepticismo con respecto a esas cifras, puesto que ninguno de los servidores permitía que la Oficina de Auditorías de Circulaciones o cualquier otro organismo exterior confirmara la validez de las cifras, estaba claro que el crecimiento de los servicios *on line* había despegado, mientras que Microsoft aún preparaba su propia oferta.

La otra gran novedad que se produjo mientras MSN se preparaba para su lanzamiento fue el surgimiento de una conciencia pública de la existencia de Internet. En 1993, los medios de comunicación habían publicado hasta la saciedad historias sobre las autopistas de la información. En 1994, los periodistas desplazaron su atención hacia Internet. En 1995 no escribieron sobre ninguna otra cosa. Tras pasar de la oscuridad académica a convertirse en asunto favorito de los medios de comunicación, la llegada de Internet a las portadas de las revistas de información general significó que no sólo se verían directamente afectados MSN y otros servicios comerciales *on line*. Hasta el propio dominio del Windows de Microsoft pareció abocado a afrontar su más grave desafío.

¿Cuál podría ser la mejor forma de explicar que Microsoft, como todos los demás en el negocio de los ordenadores personales, se vio pillado por sorpresa y sin estar preparado ante el fenómeno Internet? No es que Microsoft se negara a creer que en algún momento, procedente de una dirección desconocida, la empresa tendría que afrontar una grave amenaza para su futura expansión y economía. Gates no tenía precisamente el defecto de creer que los negocios actuales de Microsoft seguirían prosperando indefinidamente.

Quizá sea un factor generacional lo que mejor explique quiénes fueron los primeros en conectarse con Internet. Obsérvese la juventud de los ejecutivos de la reciente historia de Microsoft en los que confió Gates (nacido en 1955): Rob Glaser (nacido en 1962), Nathan Myhrvold (nacido en 1959) y Russell Siegelman (nacido en 1962). Por jóvenes que fueran los componentes de este grupo, todos ellos menores de cuarenta años, no eran lo bastante jóvenes como para haber pasado tanto tiempo conectados a Internet durante sus estudios universitarios como los jóvenes que tenían veinte años en 1994. Así pues, los más viejos de los treintañeros[12] no tenían la comprensión íntima del potencial de Internet de, por ejemplo, Marc Andreessen. Estudiante de la Universidad de Illinois, Andreessen había sido uno de los dos principales codificadores de Mosaic, el primer software que hizo ampliamente accesible la World Wide Web de Internet. Apenas tenía 23 años en 1994, cuando cofundó Netscape Communications. Gates podría tener la idea correcta al ofrecer responsabilidades ejecutivas a los directivos jóvenes, pero habría necesitado de representantes todavía más jóvenes dentro de su consejo asesor informal. Sus experiencias, ligeramente diferentes, les habría permitido detectar tendencias tecnológicas que los treintañeros pasarían por alto.

Otro factor que contribuyó a la lentitud relativa de Microsoft para cambiar hacia Internet, procede de la incapacidad de muchos empleados de Microsoft para navegar por Internet y explorar por su propia cuenta. Como sucede con otras empresas, la red interna de Microsoft estaba protegida por razones de seguridad mediante un «cortafuegos» aislante que hacía imposible comunicarse con el mundo exterior, a excepción de enviar y recibir correo electrónico. Para establecer una verdadera conexión con el exterior, los empleados tenían que ir a la caza de las raras máquinas existentes en el campus que tuvieran una verdadera conexión con Internet. Dos de esas máquinas estaban en la biblioteca de la empresa. Se mantenían precavidamente separadas de la red de la empresa, para que no se rompiera la seguridad y se introdujera un virus o cualquier otro desaguisado. No obstante, las necesarias solicitudes de utilización y el desplazamiento hasta un edificio separado no facilitaban precisamente la exploración sin prisas. Esas medidas de seguridad no eran nada extraordinarias en comparación con las aplicadas por otras empresas, pero la protección que debían proporcionar actuaba en dos sentidos: aislaba a los empleados de Microsoft de la red Internet y viceversa, lo que tuvo funestas consecuencias estratégicas.

No es que Gates no fuera consciente de la expectación general que empezaba a generarse alrededor de Internet. Pero lo que sabía lo aprendía como un lector voraz de publicaciones periódicas, no como un navegante por la red que viviera inmerso en la propia Internet. A medida que avanzaron los preparativos para la MSN, Gates envió a Siegelman notas sobre Internet, preguntando con insistencia qué debía hacer Microsoft. Siegelman tenía la impresión de que se había exagerado la importancia de Internet y de que el *New York Times* había creado la falsa impresión de que millones de personas navegaban por la red. Las investigaciones de Siegelman fuera de la empresa le indujeron a creer que, sin las líneas contratadas de gran ancho de banda, la infraestructura actual de Internet sólo podría soportar varios cientos de miles de usuarios a un tiempo. Algunos analistas de la industria apoyaban la postura de Siegelman según la cual, si Internet continuaba creciendo como lo había hecho hasta entonces, la infraestructura se derrumbaría bajo el peso. Jeffrey Tarter, editor de un boletín de noticias sobre la industria del software, dijo en febrero de 1995 que, en esos momentos, Internet sería incapaz de «seguir creciendo sin llegar a ser totalmente infranqueable».[13]

Mientras MSN seguía recorriendo el camino para convertirse en un servicio comercial *on line* con su propio software, Gates continuó presionando a Siegelman acerca de Internet. A principios de 1994, Gates veía Internet como históricamente análoga al propio sistema operativo DOS de Microsoft a principios de los años ochenta: una vez que el sistema adquiriera impulso, nadie querría interponerse en su camino. Siegelman decía que, en general, estaba de acuerdo con la comparación pero que, a diferencia de DOS, Internet dejaba pendiente una cuestión molesta: ¿cómo se gana dinero con eso? Se trataba de una pregunta razonable para la que no existían respuestas fáciles, especialmente porque la historia no parecía ofrecer ningún punto de referencia reconfortante. La última vez que se había puesto en marcha algo gratuito y utilizado universalmente, como el protocolo Internet (la norma abiertamente publicada en la que se basaban todas las comunicaciones de Internet, y que no pertenecía a ninguna empresa), fue en los primeros tiempos de la industria de los ordenadores personales. El joven Bill Gates había defendido la necesidad de reconocer, proteger y comercializar los derechos de propiedad intelectual con objeto de estimular a los ingenieros de desarrollo de software para que mejoraran sus conocimientos.

A mediados de 1994, Gates reflexionó que Internet, precisamente por ser casi gratuito, actuaba como la «gravedad» y disminuía los precios que podían cobrar los proveedores de servicios comerciales *on line*. En ese momento, un año antes de que MSN saliera al mercado, Gates sabía que la empresa todavía no había imaginado qué debería hacer con los servicios *on line*. Pero, al margen de la forma que adquirieran esos servicios, Microsoft trataría de conseguir más usuarios que nadie. Su planteamiento era el siguiente: si no se pueden conseguir más usuarios que los demás, ¿de qué sirve entrar en el negocio?

Mientras todavía se gestaba su servicio *on line*, Siegelman decidió afrontar el desafío de Internet definiendo MSN como un superconjunto de servicios *on line*, tanto privados como públicos. Ofrecía a sus propios suscriptores pleno acceso a Internet, lo que sugirió que podía concebirse como un «canal de acceso público en un sistema de televisión por cable».[14] Como servicios muy solicitados, se invitaría a los suscriptores a visitar las ofertas comerciales en unos grandes almacenes virtuales que no pertenecían a Internet y que cobrarían unos honorarios por los servicios utilizados. Con un servicio en directo así concebido, Microsoft se beneficiaría de lo mejor de ambos mundos.

A medida que el impulso público que había tras Internet empezó a adquirir velocidad, el modelo de negocio para MSN cambió de nuevo. Pero aunque Microsoft no hubiera concebido originalmente la MSN como integralmente vinculada con Internet, y tuvo que alterar su estrategia en repetidas ocasiones, el episodio nos sirve para demostrar una de las fortalezas de la empresa: su capacidad para revisar ágilmente su estrategia en pleno vuelo. Aunque a finales de 1993 Gates no exhortó a toda la empresa a conseguir que todos sus productos «coman, beban, duerman, corran, anden, naden y vuelen» en Internet, como haría en 1995, no fue porque él se hubiera quedado dormido a la caña del timón, sino más bien porque Internet todavía no se había convertido en ese fenómeno del que todos hablaban y del que, retrospectivamente, podemos decir que fue una realización autónoma. Cuanto más fuerte era el jaleo, más aumentaba el número de gente que se conectaba, tanta más información había disponible, tanto más fuerte era el jaleo, y así sucesivamente. Una vez que se inició el bucle de la retroalimentación positiva, el estudiante más destacado, y el más beneficiado del fenómeno del bucle de la retroalimentación, no vacilaría lo más mínimo en redirigir a su empresa hacia el Internet.

Si Gates y Microsoft se vieron pillados por sorpresa por la velocidad del crecimiento de Internet, lo mismo les sucedió a todos.[15] ¿Qué decir de Netscape, la única empresa estrechamente asociada con la creciente popularidad de Internet? En la primavera de 1994, cuando Jim Clark, alumno de barba gris de Silicon Graphics, estableció la empresa, su visión fundadora se dirigía a trabajar con la tecnología de la televisión interactiva. ¿Y qué decir del Java de Sun Microsystems, el nuevo lenguaje de programación que en 1995 estuvo en boca de todos los ingenieros de desarrollo de software conocedores de la red? Fue desarrollado originalmente para «asistentes digitales personales», los artilugios portátiles como el malogrado Newton de Apple que, en una época, allá por los oscuros tiempos de 1993, iba a ser la próxima gran máquina.

En aquellos otros tiempos, Nathan Myhrvold se había resistido inicialmente a la alarma de Gates acerca de un posible cambio de la industria hacia un mundo centrado en la red, porque todavía no había percibido ninguna indicación de que la red pudiera convertirse en un punto de encuentro para los consumidores no técnicos. De hecho, antes de la proliferación de los buscadores de la World Wide Web, Internet seguía siendo un universo prohibido, que exigía disponer de alguna familiaridad con las complejas órdenes de UNIX para poder hacer algo. A principios de los años noventa, Myhrvold estaba convencido de que a los clientes había que ofrecerles una amplia gama de servicios de información para convencerles no sólo de probarlos, sino de seguir utilizándolos y pagar por ellos. A finales de 1992 se encontró con una inesperadae fuente de inspiración: las ubicuas terminales del sistema Minitel de Francia.

Introducidas originalmente como guías telefónicas en directo que sustituyeran a las guías impresas, Minitel había ampliado sus ofertas a las ventas de tarjetas de crédito, transacciones bancarias y otros servicios. La red a la que se conectaban las terminales era lenta, el hardware limitado, las pantallas poco estéticas y, sin embargo, los ingresos de Minitel equivalían a 1.200 millones de dólares; sí, resaltó Myhrvold, mil doscientos millones, y el 80 por 100 de eso no tenía nada que ver con los cobros por las consultas de la guía telefónica.[16] En un momento en que no se cobraban ingresos por los servicios al consumidor en la parte estadounidense de Internet, Myhrvold tomó el ejemplo de Francia sobre lo que se podría obtener de un sistema que estaba en todas partes, incluso con una tecnología incómoda y anticuada, como prueba del aumento de la demanda de servicios de información por parte de los consumidores. En 1994, Myhrvold llegó a la conclusión de que Internet iba a ser la red en Estados Unidos, como Minitel lo había hecho en Francia, hasta afectar universalmente a las vidas de los consumidores.

Después de haber animado tantas veces a Microsoft acerca de las implicaciones de que las comunicaciones de banda ancha y estrecha se convirtieran en un componente integral de todos los ordenadores personales, Myhrvold ya había preparado el camino para empujar a Microsoft a prescindir del viejo modelo de venta de software en una caja, para asumir el nuevo modelo de «transacción»,[17] obteniendo una fracción de los ingresos por transacción, en lugar de unos ingresos únicos por concesión de la licencia cuando los usuarios adquirían una caja de software. Comparó el modelo que deseaba probar con MSN, como el del propietario de un gran centro comercial que cobra a quienes han alquilado sus tiendas un pequeño porcentaje sobre las ventas de cada tienda, en lugar de un alquiler fijo.[18] MSN invitaría a terceros a ofrecer información y servicios en la red, y Microsoft cobraría a las empresas un porcentaje sobre los ingresos que obtuvieran. En lugar de quedarse con el 70, el 80 o el 90 por 100 de los ingresos, como hacían los servicios comerciales en directo de la competencia, MSN sólo retendría el 10, el 20 o el 30 por 100, ofreciendo así un modelo de precios más atractivo para terceras empresas que desearan comprar información y servicios al por menor. Para cuando se lanzó MSN, sin embargo, la principal competencia resultó que no provenía de los servicios comerciales de las otras empresas, sino de la propia Internet. Allí, los clientes se conectaban directamente con los proveedores de información, sin que Microsoft sirviera como intermediario, y que cobraban sus propios precios. En cuanto Myhrvold vio venir este problema, argumentó que Microsoft tenía que imaginar cómo insertar su propio software en Internet, al margen de MSN. Sugirió que conceder el derecho a utilizar el software de Microsoft para transacciones «seguras», a prueba de falsificaciones, permitiría cobrar unos honorarios por transacción del uno o del 2 por 100, como lo que hacían Visa o Mastercard. El cobro no sería tan elevado como Myhrvold había imaginado en un principio, pero aún confiaba en poder crear un negocio lucrativo sobre la base del enorme volumen que se generaría, el ejemplo del Minitel de Francia, del que seguía derivando su inspiración.

En la medida en que Microsoft consiguiera convencer a los usuarios y proveedores de información de que adoptaran su software para efectuar transacciones seguras en la red, sería posible cobrar un peaje. Sin embargo, si empresas como Netscape continuaban ganando y protegiendo su cuota de mercado mediante la entrega gratuita o el cobro de unos honorarios nominales por el derecho a utilizar el software relacionado con Internet, Microsoft tendría que abandonar la idea del peaje y ponerse a la altura de sus competidores, ofreciendo también servicios gratuitos.

No se apreció debidamente que, al divulgar el crecimiento de Internet y la necesidad de Microsoft de ponerse a la altura de los demás, la prensa había exagerado el contraste entre Microsoft y sus competidores. Todas las empresas de software se encontraban ante la misma disyuntiva y tenían la misma dificultad que Microsoft para contestar a la cuestión pendiente planteada por Russ Siegelman: ¿cómo se gana dinero en este asunto? Los que planteaban el desafío también se vieron obligados a experimentar con modelos comerciales y con diversas clases de peaje. Durante 1995, al tratar de predecir su mayor fuente de ingresos, Netscape osciló entre dos posibilidades:[19] su software de buscador de la red, utilizado por quienes visitaban las páginas Web, y su software de servidor de red, utilizado por los servidores. Sun concedió que esperaba obtener pocos ingresos de su software Java; el interés que demostraba por promocionar el Java se hallaba en los beneficios indirectos que obtendría la empresa. Según razonó James Gosling, el principal autor del Java, «cualquier cosa que contribuya a la riqueza de Internet, contribuye también a la buena salud de Sun»,[20] porque las estaciones de trabajo de Sun se vendían a menudo como máquinas de servicio para las páginas Web.

Si todos los que intervenían en el juego del software en Internet utilizaran normas comunes, sus paquetes de software serían intercambiables y no podrían cobrar gran cosa a los usuarios. Sin embargo, si cada uno de ellos incorporaba características únicas en su software, para diferenciar sus ofertas de los paquetes de la competencia, que realizaban esencialmente la misma función, Internet experimentaría un proceso de balcanización. La World Wide Web se había hecho popular porque consistía en normas abiertamente publicadas. En sus inicios, cualquier navegante podía acceder a todas las características de una página Web. ¿Era realista, sin embargo, pensar que la Web seguiría funcionando en un estado paradisiaco, libre de toda motivación comercial?

La infraestructura de Internet se había construido con subvenciones gubernamentales, que ya no estaban disponibles, y como un trabajo realizado por aficionados impulsados por una ética anticomercial. (Tim Berners-Lee, el creador británico de la World Wide Web, que trabajaba por entonces en el Laboratorio Europeo de Partículas Físicas, en Ginebra, había rechazado las ofertas para comercializar su creación y, en lugar de eso, la hizo de dominio público.) A medida que la red se tensara bajo el peso del crecimiento exponencial de su utilización, ¿podría seguir floreciendo y superar sus limitaciones actuales con materiales gratuitos, sin la aportación del software comercial gracias a las inversiones de las empresas de desarrollo de éste? Denise Caruso, observadora industrial, sostuvo a finales de 1995 que Internet era una reserva no comercial que debía protegerse. Censuró a Netscape por haber actuado para salvaguardar las partes de propiedad de su software: «Después de haber trabajado tan duro para derrotar a Microsoft en el mercado, sería agradable esperar un poco antes de acudir a uno de ellos».[21] Pero ¿cómo esperar que Netscape ofreciera gratuitamente su software de modo indefinido? Este recién llegado al mundo de los ordenadores personales se enfrentaba a la misma animadversión a que Microsoft se enfrentó había encontrado veinte años antes, cuando Bill Gates provocó a los aficionados al microordenador, impulsados por similar ética anticomercial.

Resulta interesante observar cómo percibieron ambos campos sus respectivas posiciones, tanto entonces como ahora, ya que los dos afirmaban defender los intereses de la mayoría. Los partidarios de la gratuidad del software argumentaban, naturalmente, que el software gratuito permitía que los beneficios de los ordenadores fueran accesibles para todos. Los que estaban a favor de que el software se comercializara afirmaban que la única manera de obtener un software verdaderamente útil era invertir mucho en su mejora, lo que exigía cobrar a los clientes. No obstante, el coste último para éstos no tenía por qué ser oneroso, porque el desarrollo del software podía amortizarse siempre que se contara con una amplia base de usuarios. Eso fue lo que Nathan Myhrvold denominó la palanca del millón a uno, de la que disfrutaban los consumidores que compraban por cien dólares un programa de software cuyo desarrollo había exigido cien millones de dólares de inversión. Internet no hizo más que situar esta vieja polémica en un primer plano.

NOTAS

1. Martin Greenberger, «The Computers of Tomorrow», *The Atlantic Monthly*, mayo de 1964.
2. «Oracle Hopes To Steal a March on Microsoft», *New York Times*, 15 de febrero de 1994.
3. Russell Siegelman, «On-Line Services Project Status», memorándum de Microsoft a Bill Gates, 25 de enero de 1993.
4. Russell Siegelman, «On-Line Services: Initial Findings and Thoughts», memorándum de Microsoft a Bill Gates, 28 de enero de 1993.
5. Russell Siegelman, «On-Line Services Work Plan» (borrador), memorándum de Microsoft a Bill Gates, 15 de diciembre de 1992.
6. Russell Siegelman, «On-Line Services Project Status».
7. Bill Gates, «On Line Services», memorándum de Microsoft, sin fecha [1993].
8. Paul Allen, además de conservar un importante paquete de acciones de Microsoft, también había comprado una parte notable de AOL por su propia cuenta. No actuaba como una avanzadilla de Microsoft. Antes al contrario, sus acciones dificultaban la idea de una adquisición por parte de Microsoft. En mayo de 1993, Siegelman señaló a Gates que Allen «no comprendía nuestros intereses y nos ha dificultado las cosas». Véase Russell Siegelman, «America On-Line Update and Thoughts», memorándum de Microsoft a Bill Gates, 6 de mayo de 1993.
9. El analista que espetó «Microsoft va a tropezar» fue Mary Modahl, de Forrester Research. Citado en «A Physicist Is Propelling Microsoft into Cyberspace», *New York Times*, 26 de febrero de 1995.
10. Transparencias de «Marvel Review», documentos internos de Microsoft, febrero de 1994.
11. En respuesta a la crítica de que AOL afirmaba tener 3,5 millones de suscriptores, incluyendo un porcentaje desconocido de gente que probaba el servicio gratuitamente, Lennert Leader, el jefe financiero de America Online, afirmó en 1995 que los usuarios de AOL duraban una media de 41 meses. Pero el *Wall Street Journal* señaló que sólo el 5 por 100 de los clientes de AOL lo habían hecho así, y la afirmación de Leader se basó en un «modelo analítico» cuyos detalles se negó a desvelar. Véase «On-Line Services' User Counts Often Aren't What They Seem», *Wall Street Journal*, 6 de octubre de 1995.

12. Entre los asesores de Gates, Rob Glaser fue el que hizo la primera gran apuesta por Internet, pero lo hizo fuera de Microsoft. A finales de 1993, después de diez años, abandonó Microsoft como empleado a jornada completa y continuó trabajando temporalmente a jornada parcial, sobre una base contractual, al tiempo que fundaba Progressive Networks, una empresa que concibió inicialmente como dedicada a «mejorar el mundo». En abril de 1995, la empresa puso a la venta su primer producto comercial: RealAudio, software de ordenador personal para reproducir el audio recibido vía Internet en tiempo real, es decir, sin dilación.

13. «A Physicist Is Propelling Microsoft into Cyberspace». La preocupación sobre la capacidad transportadora de Internet no desapareció. Bob Metcalfe, el inventor de Ethernet y periodista para *Infoworld*, hizo sonar repetidas alarmas ante el «colapso» inminente de Internet. Véase, por ejemplo, Metcalfe, «Predicting the Internet's Catastrophic Collapse and Ghost Sites Galore en 1996», *Infoworld*, 4 de diciembre de 1995, y «Coming Internet Collapse Spurring Shortsighted Proliferation of Intranets», *Infoworld*, 20 de mayo de 1996.

14. Russell Siegelman, «Update on MOS», memorándum de Microsoft, 16 de junio de 1994.

15. Sobre Netscape y Java, véase el recordatorio de Lee Gomes sobre sus historias iniciales: «Solving the Riddle of the Internet», *San Jose Mercury News*, 18 de diciembre de 1995.

16. Nathan Myhrvold, «A Look at Minitel», memorándum de Microsoft, 28 de diciembre de 1992.

17. Nathan Myhrvold, «Narrowband Platform Strategy», 20 de agosto de 1993.

18. «Interviews With Microsoft Executives», *Upside*, abril de 1995, pág. 76.

19. «Solving the Riddle of the Internet».

20. «Staking Claim in Alternative Software on the Internet», *New York Times*, 25 de septiembre de 1995.

21. Denise Caruso, «Digital Commerce», *New York Times*, 9 de octubre de 1995.

Cuarta parte

El juego del Monopoly

11

EL ÚLTIMO REDUCTO

> No hay que revolverse contra el competidor de éxito que gana después de haberse visto animado a competir.
>
> Juez Learned HAND[1]

Propongamos, inicialmente, que la declaración del juez Hand estuviera equivocada, que podamos imaginar casos en los que sería mejor para los intereses de la sociedad «revolverse» contra una empresa, o por decirlo con mayor suavidad «contener» a una empresa que ha participado tan bien en el juego de la libre empresa que el juego ya no puede continuar porque sólo ha quedado una sola empresa. Hand tuvo razón al señalar la contradicción que vicia la contención gubernamental de un «ganador» al que se castiga simplemente por haber tenido éxito, pero históricamente ¿cuántas veces se ha alcanzado el éxito por medios puros y laudables? Si pensamos en los caballeros expoliadores de finales del siglo XIX, observamos una galería de bribones del petróleo que se aprovecharon de unos sistemas financieros relativamente opacos al escrutinio público, de individuos que sobornaron y manipularon el sistema político, de hombres de negocios cuyos imperios, basados en las infraestructuras, dependían de la transferencia de recursos públicos a manos privadas, o de especuladores que capitalizaron la naturaleza finita de la oferta de suelo urbano.

La Ley Antimonopolio Sherman,[2] de 1890, marcó la culminación de la preocupación pública sobre al fraude del funcionamiento básico de un mercado libre mediante la creación de carteles que fijaban los precios, la ausencia de competencia en los precios del transporte por vía marítima y, sobre todo, las actividades de la Standard Oil Company. Las dos primeras secciones de la ley ilegalizaban acciones que restringían el comercio y cuya naturaleza patentemente injusta no sería considerada en la actualidad como controvertida. La segunda sección se dirigía vagamente contra empresas que intentaran «monopolizar» cualquier sector del comercio; no explicitaba a partir de qué punto la obtención legítima de beneficios caía en las sombras del logro ilegítimo del monopolio. Eso se dejó como algo sin definir porque el Congreso se vio presionado por el clamor público a hacer algo sobre los trusts, pero en aquel entonces nadie tenía una idea clara de lo que debía hacerse. Desde entonces, los tribunales tampoco han podido eliminar la ambigüedad acerca de cuándo emprender una acción y cuál puede ser la mejor forma de hacerlo.

Veamos lo sucedido en Microsoft. A primera vista, los hechos principales de la historia antimonopolista de Estados Unidos, unidos al singular éxito de Microsoft en la industria del software, sugeriría que sólo cabía esperar que Microsoft terminara por hacer salir a relucir los temas antimonopolio. Pero se tiene una impresión diferente cuando se examina la poco clara actuación del gobierno en sus muchas investigaciones de Microsoft. Aunque disintiéramos del argumento de Learned Hand y nos reserváramos la posibilidad de que quizá sea necesario contener a un ganador que ha ganado limpio (y, en último término, Microsoft resultaría ser esa clase de ganador), resulta difícil ver en qué aspecto ha logrado el gobierno plantear una acusación clara contra Microsoft. La forma con la que el gobierno ha dado palos de ciego en su persecución de la empresa, utilizando premisas técnicamente anticuadas y mal informadas, deteriora el concepto mismo de antitrust. La historia nos dice que la naturaleza del poder de Microsoft es fundamentalmente diferente a la de la Standard Oil, a pesar de lo cual el gobierno decidió declarar la última guerra, sin reconocer cómo habían cambiado las circunstancias en la era digital.

En sus declaraciones públicas, Bill Gates ha realizado esfuerzos por eliminar las aristas más cortantes de su propia competitividad y la de su empresa. En eso también se diferencia de la Oracle de Larry Ellison. Si se escucha a Gates contar la historia, resulta que el éxito de Microsoft es una cálida e idílica historia «de amor», que a los empleados de Microsoft les «encantar buscar oportunidades».[4] «No somos caimanes», dijo defensivamente a los periodistas, en 1991, después de que se hiciera pública la investigación de la Comisión Federal de Comercio sobre las acusaciones de que Microsoft había empleado posiblemente prácticas que limitaban la competencia. En palabras de Gates, Microsoft se limitaba a producir «esos pequeños estuches, esos bonitos y pequeños paquetes de software».[5] ¿De dónde había sacado la gente la idea de que Microsoft estaba «aquí, simplemente sentada, mirando y pensando: "Jo, jo, jo, ¿a quién vamos a aplastar hoy"»? Bueno, podemos contestar que esa caricatura de la empresa era la que podía derivarse de las afirmaciones menos prudentes de los propios lugartenientes de Gates, que en ocasiones no habían dudado en expresar su ambición de conquistar el mercado.

Cuando Steve Ballmer, el relaciones públicas de la empresa, pronunció su discurso en la reunión de 1994, informó, con su mejor e inimitable voz en grito, que la cuota de mercado había aumentado el año anterior para Word, Excel, Powerpoint y Office. En cuanto a las aplicaciones del software para la oficina, «lo que cuenta es la cuota de mercado, cuota de mercado y cuota de mercado... porque si se tiene cuota de mercado se deja prácticamente a los competidores boqueando en busca de oxígeno con el que sobrevivir [se sujeta el cuello para dar mayor énfasis]». Lograr que los competidores siguieran boqueando «es lo que tenemos que mantener».[6]

No era este un sentimiento nuevo. Tres años antes, Mike Maples había sido bastante franco sobre el mismo objetivo al decirles a los periodistas: «Mi trabajo consiste en conseguir una buena cuota del mercado de las aplicaciones del software y eso, para mí, significa el 100 por 100».[7] Se trata de una cita maravillosa porque cualquiera que retroceda espantado ante lo que dijo Maples se verá obligado a contestar una pregunta difícil de responder: si el «cien por cien» parece indecoroso, ¿qué queremos que se esfuerce él por conseguir? ¿Es el 80 por 100 más razonable? ¿Y el 51 por 100? ¿Sobre qué base deberíamos determinar cuál habría de ser esa menor cuota de mercado? Y si Microsoft accediera, ¿debía dejar de vender más productos cuando descubriera que había sobrepasado el límite de lo que hubiéramos declarado su cuota «justa»?

Las cuestiones sobre la legitimidad de ganar por un margen desproporcionado se vuelven especialmente espinosas si incluimos en la imagen el activo papel que hemos tenido nosotros mismos como consumidores, compra individual a compra individual, al hacer que Microsoft alcanzara éxito en sistemas operativos, en software de productividad y, más recientemente, en software para el hogar. Este es otro caso en el que el fantasma de la Standard Oil, que anida por detrás de la Ley Sherman, tiene simplemente bien poco que decirnos acerca de la historia de Microsoft. El imperio de Rockefeller fue un reino de integración vertical. La expansión del poder de Microsoft, por el contrario, se ha producido horizontalmente, con los votos emitidos por millones de individuos o empresas. Aunque Gates simplifica en exceso cuando habla del proceso como algo que se reduce simplemente a poner estuches de software en las los estantes de las tiendas, tampoco anda tan desencaminado. Como compradores, hemos tenido muchas alternativas, y son nuestras propias decisiones las que han servido para reducir, o amenazado con reducir el número de alternativas. Somos nosotros los que hemos buscado la opción más barata y hemos aceptado Windows como un sustituto satisfactorio para el Mac, la alternativa superior pero más cara. Somos nosotros los que compramos en grandes cantidades el conjunto Office, el barato software de productividad de Microsoft.

El éxito de Microsoft es similar al de Home Depot, Wal-Mart, Toys 'R Us, Barnes & Nobles o cualquier otro de los «reyes del ramo», que han llegado para dominar cualquier segmento de distribución al por menor en el que hayan entrado. Aunque Microsoft es un fabricante y no un minorista, también se beneficia de la preferencia del público por su coste más bajo, más allá de cualquier otra consideración, y el coste más bajo se logra teniendo la mayor base de clientes con la que amortizar los costes de producción, tanto para el hardware como para el software. Cuantos más clientes se encuentran en una plataforma concreta de sistema operativo, tantos más vendedores independientes de software se sienten atraídos hacia ella; cuanto mayor es el software disponible, tanto más atraídos se sienten los consumidores..., y tanto mayor es el volumen y, por consiguiente, tanto más bajos son los precios. El ciclo, naturalmente, funciona en favor del líder del mercado.

Cuando, en las cartas al director, despotricamos contra el poder de un Wal-Mart o de un Microsoft, dejamos de lado temporalmente nuestra predilección por la opción que se ofrece a mejor precio. Pero cuando llega el momento de echar mano a la cartera, los resultados hablan por sí mismos. Nuestro deseo de imputar motivaciones perversas a las empresas que han tenido éxito con nuestra aportación, no es más que pura hipocresía. También nosotros somos culpables de inconsecuencia cuando nos quejamos de que la última versión de Windows no funciona bien con algunos de nuestros hardware de PC que hemos heredado. Precisamente porque Microsoft eligió el camino de tratar de integrar tantas partes del mundo ferozmente competitivo del hardware basado en Intel es por lo que los consumidores de Windows han disfrutado de los precios más bajos que han resultado de la fuerte competencia entre muchos fabricantes de hardware.

Apple decidió desdeñar la gran cantidad de peticiones, internas y externas, para que cediera los derechos del software de su sistema operativo a otros fabricantes de hardware. Cuando finalmente cedió, en 1995, lo hizo tardía y tímidamente. Hasta entonces, había sido posible ofrecer un paquete elegantemente integrado precisamente porque sabía con toda exactitud con qué hardware tendría que trabajar el software, un lujo del que no disfrutaban los ingenieros de pruebas de Microsoft. En la medida en que Apple relajó su control monopolista de la fabricación del hardware, pudo confiar en aumentar el volumen de sus ventas. Pero si quisiera entrar en el juego de Microsoft, pronto se encontraría con algunos de los mismos dolores de cabeza de las incompatibilidades hardware/software que soporta el mundo del Windows. Podríamos decir que la confrontación Windows frente a Macintosh es ejemplar en la medida en que ha ofrecio a los consumidores una alternativa claramente particular entre dos modelos muy distintos. Así pues, el desproporcionado resultado de la competencia entre Windows y Macintosh nos dice sobre nosotros mismos mucho más que ninguna otra cosa.

Es notable el rencor que rezuma en las voces quejosas de los enemigos de Microsoft, incluso siendo condescendientes con la tendencia de los líderes empresariales de primera generación de cualquier industria a tener dificultades para separar lo personal de lo profesional. Scott McNealy, de Sun Microsystem, se ha referido al dominio de Microsoft en términos que anunciaban el fin de la «libre empresa» y la llegada de una «economía controlada», en la que «todo el mundo terminará por conducir Trabants». (¿Chirriantes coches Trabant de la Alemania Oriental? ¿O simplemente Fords?) Téngase en cuenta que la empresa de McNealy vendía estaciones de trabajo que podrían equipararse a Ferraris, y que en algún tiempo confió en que pudieran desplazar de algún modo a los ordenadores personales. Al saborear la bilis a causa del fracaso de la oferta del sistema operativo de su empresa, el Solaris, su visión de Microsoft no puede calificarse precisamente como la de un observador imparcial.

¿Qué decir de la afirmación de Philippe Kahn, hecha cuando todavía era el jefe de Borland, que comparó el poder de Microsoft con «la Alemania nazi»?[9] El papel que se arrogaba el propio Kahn era el de los aliados, que aportaban «los redaños y el valor» que finalmente controlaron a Alemania.[10] Lo extravagante de la comparación acompañó a Gates durante años. Nathan Myhrvold volvió a citar tres años más tarde el comentario de Kahn como un ejemplo de crítica estridente que había ido demasiado lejos: «Puede decirse lo que se quiera sobre Windows 95, pero no es letal».[11] Al hablar Myhrvold en una reunión industrial celebrada en 1995, la hostilidad del público asistente hacia todo lo referente a Microsoft era tan palpable, que empezó por recordar el consejo dado por su profesor de oratoria: pensar en las peores cosas que pudiera hacerle a uno su público; ¿acaso arremeter contra el podio, desgarrarle a uno miembro a miembro y comerse su cuerpo sin vida? Esa siempre le había parecido una imagen consoladoramente absurda, dijo Myhrvold, hasta ese mismo día en el que confesó al público: «Estoy aquí, pensando que... quizá puedan hacerlo».[12]

El empeño de los rivales de Microsoft por ignorar sus propios errores estratégicos es bastante comprensible. Si yo fuera el jefe de Lotus, que había heredado del fundador Mitch Kapor un contrato firmado con Microsoft para desarrollar una versión Windows del 1-2-3, y luego hubiera roto ese contrato y apostado todos los chips de la empresa por el OS/2 de IBM, perdiendo así el derecho más fuerte y rentable que hubo en el negocio en esa época, yo también me mostraría bastante parco a la hora de analizar la responsabilidad de mi propia empresa por lo sucedido. Pero lo que no se comprende tan fácilmente son las investigaciones gubernamentales antimonopolio sobre el comportamiento de Microsoft.

La investigación original de la Comisión Federal de Comercio (FTC) se inició cuando ésta se sintió alarmada por un comunicado de prensa emitido conjuntamente por IBM y Microsoft en noviembre de 1989, relativo a los planes de ambas empresas para sacar una versión más potente del OS/2 y una versión menos potente de Windows. La FTC se olió una confabulación en estos planes, y quiso ver una colusión entre las dos empresas para disminuir intencionadamente la calidad de Windows, de modo que los dos sistemas operativos no compitieran por los mismos segmentos del mercado. El personal de la FTC dedicó cinco meses a perseguir a Microsoft, y sólo se vio contenida porque el Departamento de Justicia se negó inicialmente a autorizar una investigación completa de la FTC. Mientras tanto, el personal empezó a aprender los rudimentos de la industria del software, e invitó a los competidores de Microsoft a ofrecer declaraciones que sirvieran como bases de aprendizaje. (La secuencia es interesante, porque cabría pensar que la FTC debería haber iniciado la investigación después de que su oficina obtuviera experiencia en este campo.)

El personal de la FTC parece que fue prácticamente el último en darse cuenta de que cuando se publicó el comunicado de prensa el matrimonio entre IBM y Microsoft ya se había separado, y que Microsoft había estado trabajando celosamente para lograr que Windows 3.0 fuera tan potente como pudiera verlo. Cuando los funcionarios gubernamentales se dieron cuenta de que ya se había apagado el tema caliente de la confabulación que despertara su interés, no estuvieron dispuestos a dejar el asunto. Se limitaron a buscar otros temas que lo pudieran sustituir y solicitaron más declaraciones de los competidores de Microsoft. En marzo de 1991, al hacerse pública la existencia de la investigación de la FTC, debido a un comentario banal de un ejecutivo de WordPerfect a un analista de Wall Street, todos los miembros de la industria a los que todavía no se había pedido que prestaran testimonio, dieron ahora un paso adelante. Los comentarios públicos de Gates acerca de la situación fueron notables por su ecuanimidad; habló amablemente de la necesidad de «educar rápidamente a la FTC acerca de nuestro sector».[13]

Nadie tendría que haber «educado» a la FTC sobre los aspectos básicos del sector. La escasa experiencia de la FTC en la industria del software se puso de manifiesto tras la decisión de la comisión de centrarse en el sistema operativo DOS de Microsoft. Esta decisión se vio fuertemente influida por los gritos proferidos por Novell, la potente empresa del software de red, a la que Microsoft se había aproximado en dos ocasiones, a finales de 1989 y a principios de 1992, para discutir sobre una posible fusión entre ambas empresas. Tras el fracaso de la segunda ronda de conversaciones, Ray Noorda, el jefe de Novell, se convirtió en el crítico más vociferante de Microsoft, y ofreció sus servicios a la investigación de la FTC.

Una fusión entre Microsoft y Novell habría planteado algunas cuestiones interesantes relacionadas con la legislación antimonopolio, porque Microsoft se habría asegurado de ese modo una posición dominante en el sector de la red, mediante la utilización de un método completamente diferente al defendido antes, en el que la cuota de mercado se alcanza venta a venta y cliente a cliente. La FTC, en su sabiduría, pensó que era muy significativo que Microsoft hubiera abordado a Novell la segunda vez para hablar de una posible fusión, precisamente días después de que Novell hubiera anunciado su intención de adquirir Digital Research, que había desarrollado el DR-DOS. La elección de la controversia por parte del gobierno rozó sin embargo lo absurdo. Los términos discutidos sobre la compra de Novell por parte de Microsoft rondaban los 13.000 millones de dólares.[14] La parte de esa evaluación correspondiente a DR-DOS habría sido minúscula, de apenas un 5 por 100 de cambio en la cuota de mercado, en un mercado que se reduciría cuando aparecieron los sistemas operativos post-DOS. La adquisición de Digital Research por parte de Novell sólo fue una de las muchas adquisiciones mal planteadas que hizo Noorda en los que resultaron ser sus últimos años en Novell (lo que no fue una coincidencia); la adquisición de los derechos de UNIX y la compra de WordPerfect también fueron errores garrafales.[15] Novell no se hacía más fuerte a medida que ampliaba su entrada en sectores situados más allá del software de red. Al contrario, desenfocaba su actividad y se hacía más débil.

La FTC, sin embargo, no pudo librarse de sus suposiciones iniciales de que DOS era crucial para la salud futura del sector. Cuando, después de tres años de tomar declaraciones y exhumar cientos de miles de páginas de documentos internos de Microsoft, los cinco miembros del personal de la

FTC no lograron obtener una mayoría favorable para que se emprendiera una acción antimonopolio, el propio Departamento de Justicia decidió tomar la investigación en sus manos. Dedicó otro año a examinar dos millones de páginas de documentos, en apoyo de la investigación sobre supuestas maniobras delictivas en las prácticas empresariales de Microsoft. Así pues, más de cuatro años de investigación terminaron por centrarse en el mismo y ya anticuado programa, el DOS de Microsoft que, en el verano de 1994, se encontraba ya en su ocaso debido a causas naturales y a la progresión de la industria.[16] El gobierno luchaba en su última batalla como si el tiempo se hubiera quedado congelado.

El gobierno también reveló una muy escasa comprensión de la dinámica que presidía la competencia por el software de los sistemas operativos, es decir, el «ciclo de la retroalimentación positiva». En este ciclo, como ya hemos visto antes, cuanto mayor es el número de consumidores de un producto concreto, tanto más valioso se hace ese producto, lo que aumenta su atractivo para un número todavía mayor de clientes. En la década de 1980, Brian Arthur y Paul David, dos economistas de Stanford, demostraron cómo ese ciclo, una vez iniciado, conducía a la dominación de una tecnología sobre otras, extrayendo para ello ejemplos tomados de la historia de Estados Unidos: el triunfo del motor de gasolina sobre la máquina de vapor, el de la corriente alterna sobre la corriente continua, y la disposición del teclado QWERTY de la máquina de escribir sobre disposiciones alternativas que facilitaban un tecleado más rápido. El estudio que hizo David sobre el QWERTY indicaba que nos habíamos convertido en «prisioneros de acontecimientos olvidados desde hacía tiempo»,[17] pero distaba mucho de sugerir por ello la intervención del gobierno. Su única propuesta para remediar tales situaciones, una vez que el consumidor hubiera adoptado lo que técnicamente parecía ser la alternativa «inferior», fue que el gobierno castigara al líder[18] y favoreciera a los rezagados en la carrera por una posición en el mercado en las compras efectuadas por el propio gobierno, o que favoreciera por lo menos a la segunda empresa en cuota de mercado. Si en la actualidad se pusiera en práctica esa sugerencia, publicada en un ensayo en 1987, el gobierno prohibiría a sus organismos la compra de «Wintel» (software de Windows y hardware de Intel), y encauzaría todas sus compras hacia Apple.

Brian Arthur también propuso que el gobierno mantuviera viva más de una tecnología en un campo dado, incluso mediante respiración artificial si fuera necesario, es decir, por medio de subvenciones. Argumentó que, sin subvenciones que aseguraran una «indispensable variedad», futuros desastres como el de Chernobil podrían revelar que la tecnología dominante era insegura, y que las alternativas más seguras habían desaparecido.[19] Aplicada a la competencia contemporánea en sistemas operativos, ¿significaría eso que el gobierno debería subvencionar el sistema operativo OS/2 de IBM (además de los 2.000 millones de dólares que se rumoreaba que IBM había invertido para mantener vivo el OS/2)? Tanto Arthur como David estaban preocupados por el «desequilibrio» que se produce cuando la competencia entre dos modelos técnicos uniformemente equilibrados empieza a ser desigual porque una de las dos partes consigue más clientes que la otra, poniendo en marcha el ciclo que refuerza los beneficios de aquellos que adoptan el modelo de la mayoría. El ejemplo clásico de «desequilibrio» se produjo cuando el formato VHS para las cintas de vídeo de consumo experimentó un ligero adelanto inicial sobre el formato Beta, y luego pudo aprovechar el ciclo de retroalimentación positiva, hasta el punto de eliminar por completo a Beta del mercado de consumo.

¿Hasta qué punto nos ayudan estos principios económicos a explicar la historia de Microsoft? Su aplicación a la historia de DOS o de Windows es algo complicada. Los tres primeros años de investigación de DOS por parte del gobierno parece que se desarrollaron sin que se tuviera plena conciencia de la idea misma del ciclo de retroalimentación positiva. Originalmente, el propio Arthur pensó que sus escritos podían aplicarse tanto para justificar la dominación del mercado por parte de Microsoft, como para atacarla. Llamó a Myhrvold para ofrecer sus servicios a Microsoft en la investigación del Departamento de Justicia. Myhrvold lo recomendó al departamento jurídico de Microsoft, que no le hizo el menor caso. Disgustado porque Microsoft no le llamó, Arthur se convirtió en asesor de los rivales de Microsoft, que presionaban a su vez al gobierno para que redoblara sus esfuerzos por detectar el pernicioso «desequilibrio».

La confusión sobre las teorías de Arthur se complicó porque la respuesta de Microsoft no se presentó unida. Cuando los críticos de Microsoft contrataron a Arthur para aportar algo de valor intelectual que verter sobre el esqueleto de la conspiración antimonopolio, Bill Neukom, el asesor jurídico jefe de Microsoft, ridiculizó la noción misma de los ciclos de retroalimentación positiva. Pero tanto los escritos como los comentarios de Gates y Myhrvold dejaron bien claro que ellos, por el contrario, comprendían muy bien el funcionamiento de dicho ciclo. Sólo diferían de Arthur por su interpretación del peso relativo de beneficios y daños.

Al tratar de socavar el concepto de los ciclos de retroalimentación positiva, el asesor Neukom señaló[20] los ejemplos de productos de software que en otro tiempo habían sido muy bien recibidos, como el sistema operativo CP/M, el WordStar y el Visicalc, todos los cuales contaron con bases de clientes aparentemente inexpugnables, y cuyos editores se sentirían conmocionados al escuchar que supuestamente habían disfrutado de un «coto cerrado» sobre sus posiciones. La cuestión que Neukom parecía pasar intencionadamente por alto era que aun cuando esos productos fueron finalmente barridos por DOS, WordPerfect y 1-2-3, respectivamente, resultó innegablemente difícil conseguirlo. Nadie apreciaba más que Gates las ventajas defensivas de una base bien instalada. En 1990, por ejemplo, cuando el Excel de Microsoft no parecía tener esperanzas razonables de apoderarse de la cuota de mercado de 1-2-3, Gates reconoció la dificultad de enfrentarse al líder consolidado: «Si en Lotus todo el mundo se fuera de vacaciones durante un año, para nosotros seguiría siendo difícil competir con 1-2-3, porque aún continuaría actuando su impulso».[21] Pero había insistido porque «una vez que se alcanza la posición dominante, las compensaciones son increíbles». En otras palabras, las compensaciones potenciales se correspondían con los desafíos de desbancar al líder del mercado.

Como sociedad, parece que nos sentimos incómodos al hablar del ciclo de retroalimentación positiva, porque pone de manifiesto nuestra incapacidad para definir cuándo llega el momento en el que el éxito de una empresa se convierte en algo nocivo para el interés público. Uno de los comentarios más antiguos de Gates sobre el negocio del software lo hizo en 1981, cuando dijo: «Realmente no debería decirlo pero, en algunos aspectos [la forma de funcionamiento del negocio del software] conduce a un monopolio natural en una categoría de producto individual».[22] Con ese «realmente no debería decirlo» y con la mención del «monopolio natural» en una sola frase, esta afirmación parecería ser la cortina de humo perfecta, la confesión autoincriminadora de un expoliador de nuestros días. De hecho, los abogados de los competidores de Microsoft siguen utilizando varios años más tarde esta cita, arrancada de su contexto original, consiguiendo con ello un efecto espectacular. Pero si se considera lo que dijo Gates antes y después de esa frase, se verá que el «monopolio» es de ímpetu, alcanzado no por medios sucios, sino mediante la construcción de la «lealtad del usuario, la reputación y el equipo de ventas», mediante la documentación «apropiada», la promoción y el precio del software, mediante la formación de los usuarios, y la superación de los desafíos estratégicos en una industria caracterizada por altos costes fijos y bajos costes marginales.

En otras ocasiones, Gates señaló el funcionamiento de lo que él denominó el efecto «rebaño»: «El 90 por 100 de la gente de este sector constituyen el rebaño». El efecto rebaño obstaculizó los intentos de Microsoft por ganar cuota de mercado para su hoja de cálculo por el sistema DOS, donde Lotus disfrutaba de la atención del «rebaño», pero actuó en favor de la empresa por el lado de Macintosh, donde, a mediados de la década de 1980, el Excel de Microsoft superó con creces las ventas del Jazz de Lotus. La razón por la que Microsoft vendía veinte copias de su producto Mac por cada copia de Lotus no fue porque fuese técnicamente mejor de un modo significativo (el propio Gates llegó a decir que sólo era marginalmente mejor), sino porque, comentó Gates, una vez que el mercado entroniza a un líder, todo el universo de apoyo de terceras partes, es decir, «todos los libros, todos los reproductores, toda la formación, todo el stock [en las tiendas]», también se decanta en la dirección del líder.[23]

Ese era precisamente el fenómeno del «desequilibrio» que tanto preocupaba a Brian Arthur. La lista de Arthur sobre las cinco fuentes que contribuían a lo que él llamaba «crecientes beneficios con la adopción»[24] de una tecnología concreta, funcionan en la industria del software y han contribuido mucho a la disminución de los costes del ordenador personal:

1. *Aprendizaje por el uso:* cuanta más tecnología se utiliza, tanto más se aprende sobre ella y, por lo tanto, mayor es la probabilidad de que sea aún más mejorada.
2. *Externalidades de red:* cuanto mayor es el número de miembros que se unen a una red, tanto más valioso es unirse a esa red. (Los teléfonos son la mejor ilustración de este punto.) Arthur resalta que los atractivos de una red sirven para debilitar la voluntad de los consumidores para seguir siendo fieles a una alternativa técnicamente superior que no cuenta con tantos miembros.
3. *Economías de escala en la producción:* son incuestionablemente tan importantes en la industria del ordenador personal como en cualquier otra.
4. *Crecientes beneficios derivados de la información:* se refiere a cómo los reacios a correr riesgos adoptan la tecnología líder porque será mejor comprendida y, por lo tanto, su adopción tendrá menos probabilidades de contener riesgos desconocidos.
5. *Interrelación tecnológica:* la adopción de una tecnología da origen a diversas subtecnologías e infraestructuras técnicas, que dificultan cada vez más el desplazar a esa misma tecnología. O, dicho de otra manera, la infraestructura existente sirve para mantener los costes bajos.

La ilustración original de Arthur sobre los «crecientes beneficios con la adopción» fue la tecnología del motor de gasolina y las refinerías, gasolineras e industrias de componentes para el automóvil, que dependían de ella. Aplicada a los ordenadores personales, esta fuente particular de aumento de los beneficios parece aplicarse más al hardware que al software y, dentro del propio software, se aplica más a los sistemas operativos que a las aplicaciones de software que dependen de los mismos. En cualquier caso, tanto aquí como en otras fuentes que tienden a reforzar los «crecientes beneficios con la adopción», no debería olvidarse que esos «crecientes beneficios» se refieren a los «beneficios» obtenidos por los consumidores.

Nathan Myhrvold se adhirió sin dudar a las ideas de Arthur para mostrar que las preocupaciones sobre los monopolios del pasado se aplicaban mal a las industrias actuales de alta tecnología, como los ordenadores personales, que se hallan dominados por el ciclo de retroalimentación positiva. El mercado del vídeo se «desequilibró» en favor del VHS no por casualidad o manipulación del mercado, sino por otras dos razones. En primer lugar, las cintas VHS podían grabar originalmente dos horas de vídeo, mientras que las cintas Beta sólo podían grabar una hora, un tiempo demasiado corto para una película o un partido. En segundo lugar, los derechos de utilización del VHS se concedieron generosamente a muchos fabricantes, que pusieron en el mercado una gran variedad de vídeos, mientras que Sony, que controlaba Beta, prefirió no ceder tan ampliamente los derechos de su tecnología. De aquí se extrae fácilmente el paralelismo entre este emparejamiento del VHS y el Beta por un lado, y el sistema operativo DOS de Microsoft y el del Macintosh de Apple por el otro.

En el borrador de un artículo de 1993 titulado «Llamar a las cosas por su nombre»,[25] que tenía la intención de publicar en una importante revista de negocios, Myhrvold aplicó la teoría del ciclo de retroalimentación positiva a la historia de DOS. La extensa adopción del DOS no condujo a precios más elevados, como predecía la teoría clásica del monopolio. Del mismo modo que las normas VHS y del CD de audio se cedieron a precios baratos, el DOS también se cedió barato a los fabricantes de ordenadores, por aproximadamente el uno por 100 del precio del sistema, convirtiéndolo en el «componente» constitutivo menos caro. En todos estos casos, la naturaleza del ciclo de retroalimentación positiva, que sólo actúa mediante el aumento de la base instalada de clientes, sirvió para recompensar las políticas de cesión abierta de derechos, y estimular así el apoyo de una tercera parte.

Quizá la parte más controvertida de la defensa que planteó Myhrvold sobre la teoría fue cuando comentó que, en la historia de los ordenadores, el líder del mercado en sistemas operativos obtiene aproximadamente el 90 por 100 del mercado, el siguiente obtiene aproximadamente otro 90 por 100 del resto, y así sucesivamente. En el software de aplicaciones que funciona por encima del sistema operativo, también actúa el fenómeno de la retroalimentación positiva, pero no aporta tantos beneficios a los consumidores, de modo que la distribución no está tan abrumadoramente polarizada. A pesar de todo, también es posible observar una constante en el software de aplicación: el líder tiene del 60 al 70 por100 del mercado, y el siguiente obtiene del 60 al 70 por 100 del resto. Dos años después de que Myhrvold hiciera estas observaciones, empezó a ser importante otra categoría de software, el conjunto de aplicaciones de productividad. Cuando un conjunto bien integrado como el Office de Microsoft llegó a ser ampliamente adoptado, pudieron detectarse cada una de las cinco fuentes de «desequilibrio» indicadas por Arthur, intensificando así los efectos del ciclo de retroalimentación positiva. En 1995, el Office de Microsoft contaba con el 90 por 100 de la cuota de mercado en el sector de equipos, exactamente lo que habían predicho las observaciones anteriores de Myhrvold.

La regularidad del fenómeno del ciclo de retroalimentación positiva sugiere que la gente prevé considerables beneficios al elegir las mismas tecnologías que ya han elegido otros. Microsoft comprendió muy pronto este fenómeno, pero esa pauta existiría con o sin Microsoft. El liderazgo aparentemente seguro de Novell en el mercado del software de red, por ejemplo, sugirió que allí también funcionaba ese mismo ciclo. Lo que distingue estos ejemplos actuales de cuasimonopolio, en el sistema operativo o en el software de red, con respecto a los cuasimonopolios en otros sectores económicos del siglo anterior, es la medida en que los ejemplos modernos expresaban la evaluación de los beneficios técnicos, financieros y secundarios por parte de los consumidores, para adherirse al mismo software elegido por otros.

La cuestión de la elección del consumidor también estaba presente en las mentes del personal del Departamento de Justicia. Como quiera que sus investigaciones sobre las supuestas prácticas restrictivas de la competencia de Microsoft no lograron demostrar nada significativo, el Departamento de Justicia se retiró a la noción más simple de la elección del consumidor: el gobierno deseaba que todos los consumidores eligieran explícitamente su software de sistema operativo a la hora de comprar un nuevo ordenador personal. Microsoft había atraído a la mayoría de fabricantes de PC hacia acuerdos de cesión de derechos para modelos concretos. En esos acuerdos, los fabricantes pagaban a Microsoft unos honorarios muy bajos por el derecho de cargar DOS y Windows en cada máquina que saliera de la fábrica, en lugar de pagar unos derechos más elevados por cada copia de DOS/ Windows que se colocara realmente en la máquina.

Esta disposición de pagar a Microsoft «por procesador» adquirido a los suministradores de chips, y no sobre la base de las copias reales cargadas en las máquinas montadas que salían de la fábrica, complacía a Microsoft porque eliminaba la necesidad de controlar estrechamente cada operación del fabricante. También contribuía mucho a eliminar la piratería en el software del sistema operativo. Antes de la cesión de derechos por procesador, los fabricantes se sentían tentados a evitar pagar por los derechos del software del sistema, enviando máquinas «desnudas». En tales casos, los consumidores se sentían tentados a su vez para instalar copias del sistema operativo de un amigo, «de prestado» o «robado», dependiendo de que el punto de vista fuera el del cliente o el de Microsoft, en lugar de comprar una copia en una tienda. Pero la cesión de derechos por procesador enfureció a Novell, IBM, Sun y NeXT, los otros editores de software de sistema operativo para las máquinas basadas en Intel, quienes argumentaron que ni los fabricantes de ordenadores personales ni los consumidores estaban dispuestos a pagar más tarde el cargo adicional para que se les instalara el software del sistema operativo. Afirmaban que eso constituía una «competencia desleal», al negarle al consumidor su posibilidad de «elegir».

El Departamento de Justicia, incapaz de encontrar nada más ilegal en las acusaciones contra Microsoft, intervino finalmente y situó esta cuestión en el eje de un decreto consensuado que Microsoft se vio obligada a aceptar en julio de 1994, y en el que la empresa acordaba acabar con la cesión de derechos por procesador. El gobierno afirmó haber alcanzado una victoria en nombre de los consumidores. Microsoft, que no tuvo que confesar haber hecho nada malo, también pregonó su victoria por haber sido implícitamente exonerada de graves acusaciones. La empresa expresó su alivio (prematuramente, según se vería más tarde) por haber dejado atrás la distracción que supuso una prolongada investigación gubernamental.

Los comentaristas, sin embargo, cuestionaron la pretensión gubernamental de que el decreto fuera una victoria de los intereses de los consumidores. La cesión de derechos por procesador suponía en el fondo un pequeño canon, debido al alto volumen. El decreto significaba por lo tanto costes más elevados y, al final, ¿quién tendría que asumir esos costes, los fabricantes o los consumidores? También podemos preguntarnos por qué los fabricantes cargarían los PC con software de sistema operativo que no era lo que el mercado quería. No olvidemos tampoco que las máquinas entregadas con el DOS/Windows no eran diferentes a las que se entregaban con una enciclopedia en CD-ROM u otras clases de software. Los consumidores disponían de toda la libertad para comprar otra máquina; ¿dónde estaba por tanto la ausencia de elección? El tema planteado por el Departamento de Justicia habría sido más interesante si los editores de los otros sistemas operativos se hubieran sentido tan desanimados como para retirarse por completo del mercado, dejando solo a Windows. Pero ese no fue el caso en 1994. Incluso en el caso extremo e hipotético de que Windows se hubiera convertido en el único sistema operativo superviviente, necesitaríamos observar un aumento de los precios (de las clásicas «rentas monopolísticas») antes de poder llegar a la conclusión de que estábamos sufriendo un daño como consecuencia de nuestra propia decisión colectiva de apostar por ese único sistema operativo. A medida que aumentaba el liderazgo de Microsoft en el mercado, así como en otras categorías de software, como tratamiento de textos, hojas de cálculo y bases de datos, los precios de Microsoft, afortunadamente, iban descendiendo progresivamente. La tendencia puede invertirse pero, mientras eso no se produzca, la evidencia histórica que nos ofrece esta industria en particular sugeriría que el mercado todavía parece funcionar bien incluso cuando Microsoft domina, por mucho que ello parezca en contra de nuestra intuición.[26]

El decreto consensuado del gobierno quizá deba alabarse más por lo que excluyó que por lo que incluyó. Los competidores de Microsoft se habían quejado con frecuencia de que los ingenieros de desarrollo de sistemas operativos transmitían a los ingenieros de desarrollo de aplicaciones de Microsoft una información privilegiada que no se ponía a disposición de otros, lo que daba a las aplicaciones de Microsoft una ventaja injusta.[27] El remedio propuesto consistía en dividir Microsoft en dos empresas separadas, una posibilidad que el Departamento de Justicia prefirió no abordar en el decreto.

La defensa que planteó Microsoft sobre las interacciones de sus grupos de sistemas y aplicaciones no se vio apoyada en sus propios documentos, por las afirmaciones bastante inconsistentes hechas a lo largo del tiempo. En 1983, Steve Ballmer propugnó una «nítida separación» entre los ingenieros de desarrollo de sistemas y los de software de aplicación, una separación tan inviolable que el propio Ballmer la comparó con la separación de «la Iglesia y el Estado».[28] Pero esa separación no parecía ser tan clara como Ballmer afirmaba. Por ejemplo, en una feria industrial celebrada en el otoño de 1989, Microsoft mostró una nueva versión de Excel que aprovechaba algunas características del sistema operativo de las que todavía no habían sido informados los competidores de la hoja de cálculo.[29] Al verse interpelado, Ballmer se escudó[30] tras el razonamiento de que no redundaría en interés de Microsoft el poner en peligro la aceptación de su negocio de sistema operativo, que por entonces representaba la mayor parte de los ingresos de la empresa, favoreciendo a sus propios ingenieros de desarrollo de aplicaciones, y poniéndose en contra de los ingenieros exteriores de desarrollo de software de aplicaciones, cuyo apoyo era esencial para el sistema operativo. Pero esta afirmación dejó de tener importancia cuando los ingresos del negocio de aplicaciones de Microsoft superaron a los obtenidos por el sistema operativo. En consecuencia, la postura de Microsoft cambió. En 1991, Mike Maples declaró que no existía ninguna «muralla china»[31] que separara los grupos de sistemas y de aplicaciones y, por lo que él sabía, nunca había existido. Posteriormente, Gates añadió que él nunca había utilizado la expresión «muralla china».[32]

El tema de la famosa muralla no debiera descartarse de un plumazo. Si las aplicaciones de Microsoft aseguraban su liderazgo en virtud de conocimientos internos o avanzados de llamadas no documentadas de sistemas, las implicaciones para los competidores serían realmente graves y merecería una seria consideración la separación formal de los grupos de sistemas y de aplicaciones de Microsoft. Los competidores de Microsoft, sin embargo, no han presentado ninguna prueba convincente de que su inferior posición competitiva pueda atribuirse a las ventajas especiales de las que disfrutó el grupo de aplicaciones internas de Microsoft. La expresión «la banda que no pudo disparar certeramente» es la que utilizan a menudo los observadores independientes de la industria cuando analizan la historia de cómo se resistieron los competidores de aplicaciones de Microsoft a la llamada de la empresa para cambiar a Windows. Son tristemente visibles las historias de cómo Lotus, WordPerfect, Ashton-Tate, Borland y los otros antiguos líderes en las diversas categorías de aplicaciones sólo supieron usar su ingenio para encontrar formas de dispararse a los pies, pero eso no debería despertar siniestros pensamientos sobre una confabulación interna en Microsoft.[33]

También podemos cuestionar la sugerencia implícita de que las aplicaciones de Microsoft disfrutan de un éxito comercial desproporcionado a sus méritos técnicos, tal como han juzgado los comentaristas especializados y se ha publicado en las revistas de consumidores. Gates invitaría truculenta pero correctamente a los críticos a «citar un solo producto de Microsoft que tenga éxito y no sea de la máxima calidad... No tenemos ninguno de esos».[34] ¿Y cómo explicar la habilidad de Microsoft para dominar las categorías de aplicaciones del tratamiento de textos y de la hoja de cálculo para el Macintosh en una medida incluso superior a la que disfruta para Windows, a pesar de su posición aparentemente precaria como empresa externa, a la que le falta un acceso privilegiado a los ingenieros de desarrollo del sistema operativo de Apple?

El argumento más convincente en favor de dejar a Microsoft intacta procedió no de un implicado Gates o de sus ejecutivos de Microsoft, sino desde un rincón improbable: de Gordon Eubanks, el ejecutivo jefe de Symantec. Symantec era una empresa de software unas veinte veces más pequeña que Microsoft, cuyos productos de software, principalmente utilidades, eran especialmente susceptibles a la invasión de Microsoft, porque cada revisión del sistema operativo incorporaba funciones que anteriormente sólo habían estado disponibles a través de paquetes separados de software como los de Symantec. A pesar de la vulnerabilidad de su empresa, Eubanks fue consecuente al defender a Microsoft como un competidor que jugaba limpio, y al animar a los otros vendedores independientes de software a dedicar menos tiempo a pelear y más a mejorar sus propios productos. Al dirigirse a sus colegas, en una conferencia de la industria, Eubanks no pudo resistirse a la tentación de dar un tirón de orejas a los presentes mediante la utilización de un dicho judío: «La persona que no sabe bailar dice a menudo que la banda no sabe tocar». Les recordó a sus colegas que quienes «piensan en la revolución»[35] deberían darse cuenta de que su incomodidad con una industria dominada por Microsoft no debería tomarse erróneamente como incomodidad de los consumidores: «De los campesinos no se burla nadie». Si precisamente Eubanks era capaz de contemplar el panorama competitivo como esencialmente justo, sus palabras merecerían ser consideradas seriamente.

El decreto consensuado de 1994, que acordaron el Departamento de Justicia y Microsoft, aún tenía que ser ratificado por un juez federal, y cayó bajo la jurisdicción del juez Stanley Sporkin, donde la investigación, iniciada con tan poca habilidad por parte del gobierno, se convirtió en una verdadera farsa. Tras haber leído el poco halagador libro de James Wallace y Jim Erickson sobre Microsoft, titulado *Disco duro*,[36] Sporkin decidió que el Departamento de Justicia no había ido suficientemente lejos al exigir cambios en las prácticas empresariales de Microsoft. El contenido de su queja demostraba un gran desconocimiento del sector. Deseaba, por ejemplo, que el gobierno ilegalizara lo que llamó «fanfarronadas», es decir, la práctica de anunciar los productos antes de su puesta a la venta. Esta propuesta, totalmente desprovista de sentido práctico, significaba que a los consumidores se les negaría el tener una idea de cuándo podrían esperar actualizaciones o nuevas versiones de software. Pero lo más inquietante de todo fue el desdén automático de Sporkin por toda clase de pruebas que no se hubieran originado en el único libro que él consideraba perspicaz. Cuando uno de los amigos de Sporkin le sugirió que leyera un segundo libro, el juez lo rechazó, para preguntar retóricamente: «¿Quién sabe lo que podría encontrar?».[37] El comentario, que probablemente no entrará a formar parte de los anales de la jurisprudencia estadounidense, arrancó carcajadas en la sala del tribunal, pero lo cierto es que el juez no bromeaba.

Comprensiblemente, los abogados de Microsoft se enojaron, y también sus supuestos antagonistas, los abogados del Departamento de Justicia, por el peso determinante que Sporkin otorgaba a ese único libro. Sporkin se negó a examinar el razonamiento del gobierno en su argumento de que había llegado al acuerdo más estricto al que se podía llegar después de cuatro años de investigaciones. Cuando Sporkin rechazó el acuerdo consensuado, tanto el gobierno como Microsoft apelaron su decisión. Un jurado compuesto por tres jueces descalificó a Sporkin,[38] basándose en que sólo había dependido de la lectura de *Disco duro* y en su aceptación de textos hostiles a Microsoft, presentados por los abogados de tres clientes anónimos. Se asignó un nuevo juez,[39] esta vez elegido al azar, para que revisara el decreto consensuado original y diera su aprobación en agosto de 1995, con lo que se puso punto final a un amplio capítulo del escrutinio al que se había visto sometida Microsoft por parte del gobierno. Pero ya antes de que se cerrara ese capítulo, se había iniciado otro de carácter notablemente diferente, que había concluido con un resultado bien distinto.

NOTAS

1. Michael Rothschild, «Why Microsoft (mostly) Shouldn't Be Stopped», *Upside*, abril de 1995.
2. Donald Dewey, *The Antitrust Experiment in America*, Nueva York, Columbia University Press, 1990, pág. 4.
3. Comentario de Lawrence Friedman en «Antitrust Laws Set Different Rules for Firms at Top», *San Jose Mercury News*, 27 de diciembre de 1995.
4. «Bill Gates», *Forbes*, 7 de diciembre de 1992.
5. Transcripción de una entrevista en el programa *20/20* de ABC News, 22 de noviembre de 1991.
6. «Microsoft Unplugged», reunión anual de Microsoft, 1994.
7. Stuart Taylor, Jr., «What To Do With the Microsoft Monster», *American Lawyer*, noviembre de 1993.
8. «What Bill Gates Really Wants», *Fortune*, 16 de enero de 1996.
9. «Bill Gates's Baby Is on Top of the World: Can It Stay There?», *Business Week*, 24 de febrero de 1992.
10. «Playboy Interview: Bill Gates», *Playboy*, julio de 1994.
11. «An Encore for Stage Fright», *San Jose Mercury News*, 10 de marzo de 1995.
12. «An Encore for Stage Fright».
13. «Microsoft Founder Gates, In Memo, Warns of Attack and Defeat by Rivals», *Wall Street Journal*, 19 de junio de 1991.

14. «Going After Microsoft», *National Review*, 24 de enero de 1994.

15. Al revisar dos años más tarde la compra de WordPerfect por 1,4 millones de dólares, en marzo de 1994, por parte de Novell, un artículo del *Wall Street Journal* exponía toda la magnitud del triste desastre. Véase «Software Firm Fights To Remake Business Alter Ill-Fated Merger», *Wall Street Journal*, 12 de enero de 1996.

16. Cuando la investigación gubernamental de Microsoft se transfirió de la FTC al Departamento de Justicia, Gates llamó la atención sobre la tardanza de la preocupación del gobierno por DOS, una década después de que se hubieran ganado las batallas competitivas por su causa. Gates comentó: «Hacer algo respecto del MS-DOS es muy extraño... Quiero decir, ¿en 1993?». Véase «The New Rockefeller», *U. S. News and World Report*, 15 de febrero de 1993.

17. The Necessity of History», en William N. Parker (ed.), *Economic History and the Modern Economist*, Nueva York, Basil Blackwell, 1986, pág. 34.

18. Paul A. David, «Some New Standards for the Economics of Standardization in the Information Age», en Partha Dasgupta y Paul Stoneman (eds.), *Economic Policy and Technological Performance*, Cambridge, Cambridge University Press, 1987, págs. 230-231.

19. W. Brian Arthur, «Competing Technologies: An Overview», artículo de trabajo, Center for Economic Policy Research, Universidad de Stanford, julio de 1987, *CEPR Publication* núm. 98, pág. 12.

20. «Why Microsoft (Mostly) Shouldn't Be Stopped».

21. «How Bill Gates Keeps the Magic Going», *Fortune*, 18 de junio de 1990.

22. William H. Gates, «Next-Generation Software», texto mecanografiado de un discurso pronunciado en el Rosen Research Personal Computer Forum de 1981.

23. Bill Gates, conferencia ante ejecutivos, Universidad de Seattle, 25 de octubre de 1986.

24. Arthur, «Competing Technologies».

25. «Telling It Like It Is», memorándum de Microsoft, sin fecha [1993].

26. La explicación del por qué no han aumentado los precios siguiendo la estela del liderazgo de Microsoft en muchos sectores de la industria del software tiene que regresar a la naturaleza de la industria. A diferencia de los imperios del pasado basados en el ferrocarril, el petróleo, el acero o el automóvil, la industria del software todavía se caracteriza por barreras relativamente bajas a la entrada de nuevos participantes, lo que hace que la autocomplacencia sea poco prudente, incluso para aquellos que dominan una categoría del mercado. Incluso en el ámbito de los sistemas operativos, donde las inversiones necesarias son bastante elevadas y donde la cara apuesta de IBM por OS/2 no había logrado convertirlo en un contendiente fiable, los ejemplos de competencia para el DOS/Windows siguieron brotando desde las circunstancias más modestas e improbables. ¿Quién habría podido suponer que el núcleo de Linux, un clon del UNIX preparado para ordenadores personales basados en Intel, perteneciente

al dominio público, habría podido ser codificado en buena medida por una sola persona, Linus Torvalds, situado en Helsinki, Finlandia, y no en Redmond o en Silicon Valley, y que el código de apoyo que permitió a Linux convertirse en un paquete completo de sistema operativo hubiera sido aportado por cientos de voluntarios diseminados por todo el mundo, conectados vía Internet? Linux ofreció una prueba de que, en la industria del software, se pueden abordar hasta los proyectos extremadamente ambiciosos sin necesidad de disponer de grandes reservas de capital. Sobre los orígenes de Linux, véase «Checking Out Linux», *Unixuworld*, marzo de 1993.

27. Véase, por ejemplo, Andrew Schulman, David Maxey y Matt Pietrek, *Undocumented Windows: A Programmer's Guide to Reserved Microsoft Windows API Functions*, Reading, MA, Addison-Wesley, 1992, págs. 40-46.

28. «A Fierce Battle Brews Over the Simplest Software Yet», *Business Week*, 21 de noviembre de 1983.

29. «Microsoft Is Like an Elephant Rolling Around, Squashing Ants», *Business Week*, 30 de octubre de 1989.

30. «Microsoft Is Like an Elephant».

31. «Maples: No "Chinese Wall" at Microsoft», *Infoworld*, 30 de diciembre de 1991. Téngase en cuenta que Microsoft contrató a Maples cinco años después de que Ballmer hubiera hecho ante los periodistas el comentario sobre «iglesia y estado».

32. Gates», *Forbes*, 7 de diciembre de 1992. Cuando se le preguntó si Microsoft debería tener una muralla china de ingenieros de desarrollo de sistemas y aplicaciones separados, Gates respondió de una forma interesante: «Nunca utilizaremos ese término», y «Sólo es una de esas frases que llegan a la prensa y se perpetúan a sí mismas». Al atribuir el origen de la frase a un período ambiguo, diciendo que «llegan a la prensa», Gates pareció sugerir que la frase fue el invento de un periodista, y no de Steve Ballmer.

33. En una época tan reciente como 1992, un respetado boletín de la industria del software todavía predecía de un modo autocomplaciente que el cambio de DOS a Windows no debería tener como resultado un cambio en la alineación de los líderes del mercado en las grandes categorías de aplicación: «Sospechamos que cuando se asiente el polvo, Lotus dominará las hojas de cálculo de Windows, WordPerfect seguirá siendo el mejor situado en tratamiento de textos, y Borland prevalecerá en bases de datos. De hecho, es difícil encontrar una gran categoría donde Windows pueda crear con alguna probabilidad una realineación radical del mercado». Véase «The New Platform Myth», *Soft Letter*, 23 de marzo de 1992, págs. 4-5.

34. «Industry Hero or Villain? Microsoft's Gates Insists He's Neither One», *Infoworld*, 3 de agosto de 1992. La única excepción a la afirmación de Gates de que todos sus productos habían sido excelentemente recibidos es, desde luego, el propio Windows, pero su éxito comercial se deriva de los crecientes beneficios de su adopción. Sólo necesita ser lo «bastante bueno» para ofrecer crecientes be-

neficios a quienes lo adoptan, lo que constituye una base diferente para el éxito que la competencia en las categorías específicas de las aplicaciones del software.

35. Gordon Eubank, Jr.: «Why Microsoft Is Not the Enemy», *Release 1.0*, enero de 1990. Transcripción del PC Forum de 1990.

36. James Wallace y Jim Erickson, *Hard Drive: Bill Gates and the Making of the Microsoft Empire*, Nueva York, John Wiley & Sons, 1992.

37. «Judge and Attorneys Duel Over Microsoft», *Wall Street Journal*, 23 de enero de 1995.

38. «Appeals Court Reinstates Microsoft Antitrust Settlement», *New York Times*, 17 de junio de 1995.

39. «Judge Clears Antitrust Pact for Microsoft», *New York Times*, 22 de agosto de 1995.

12

EL FRENTE NACIONAL

> Hubo un tiempo en que Estados Unidos contó con un movimiento antitrust sin que se produjeran procesamientos; en nuestra época ha habido procesamientos antitrust sin la existencia de un movimiento antitrust.
>
> Richard HOFSTADTER: *¿Qué ocurrió con el movimiento antitrust?* (1964)[1]

Al hablar ante los periodistas, Bill Gates modula lo que tiene que decir sobre la competencia, dependiendo de la formalidad de la ocasión. Cuanto más formal es la ocasión, más suave es el comentario, lo que se ha achacado a menudo al tono sarcástico que muestra la mayor agudeza de la mente de Gates. Durante las prolongadas investigaciones antimonopolio a las que fue sometida su empresa, a Gates se le preguntó continuamente acerca de la curiosidad del gobierno. En ocasiones, en lugar de atenerse a su discurso habitual, para decir que era apropiado que el gobierno investigara esta nueva industria estratégicamente importante, y quedara satisfecho al comprobar que existía una viva competencia, Gates dejaba traslucir una oleada de irritación. En 1991, cuando la Comisión Federal de Comercio apenas había empezado su investigación, Gates achacó sarcásticamente el caso al hecho de que a Microsoft se le hubiera olvidado darle las gracias a sus competidores.[2] Al año siguiente, cuando se le preguntó qué podría significar para Microsoft el resultado de la investigación, Gates contestó que el «peor de los casos» que se le ocurría era que tuviera que subir la escalera del edificio de la FTC.[3]

En cuanto a la queja de un competidor como WordPerfect, en el sentido de que el Word de Microsoft debía su éxito al conocimiento interno del sistema operativo de Windows, Gates sugirió una explicación más sencilla para la pérdida de cuota de mercado por parte de WordPerfect. Esta última había iniciado su desarrollo del Windows con tres años de retraso y repartió a sus ingenieros de desarrollo a través de seis o siete sistemas operativos diferentes, en lugar de los dos sobre los que Microsoft se había centrado. «¿No es esa una razón más lógica que los platillos volantes para explicar por qué nosotros tenemos mejores aplicaciones Windows?», preguntó.[4] El análisis que se ha hecho en los capítulos precedentes apoya el planteamiento de Gates. La posición dominante, primero del DOS y luego del Windows, fue el resultado de una pauta perfectamente natural de bucles de retroalimentación positiva, mientras que la posición dominante de las diversas aplicaciones de Microsoft era el resultado de una ejecución inteligente, las mejoras continuas, la tenacidad... y del apoyo de los consumidores con sus compras.

En el verano de 1994, y como demostración del estado todavía saludable de la competencia en la industria del software de los ordenadores personales, Gates señaló los continuos esfuerzos realizados por empresas como Apple, IBM, Sun y Taligent para elaborar sistemas operativos competitivos. «Eso no es lo mismo que si alguien hubiera abandonado», dijo entonces.[5] En cuanto a categorías específicas de programas de software, la banca en el hogar era un ámbito en el que Microsoft «ha entrado y en el que, al menos hasta el momento, no hemos captado una cuota de mercado muy alta». Los meses que siguieron a las declaraciones de Gates en 1994 confirmarían sus afirmaciones, aunque de formas complejas.

Los competidores en sistemas operativos empezaron a «abandonar», al menos por lo que se refería a mantener una competencia directa contra Microsoft, de modo que el panorama de los sistemas operativos, que Gates describió tan acertadamente en 1994, empezaba a ser menos competitivo un año más tarde. Pero el cambio de atención que se produjo en toda la industria, al mirar hacia Internet, sirvió para restar importancia a las batallas que se habían producido en el pasado sobre los sistemas operativos. Posteriormente, a medida que cambió el campo de batalla, Microsoft tuvo que enfrentarse a más presión competitiva, no a menos. La mención de Gates sobre la banca en el hogar, hecha en 1994, y la referencia tácita a Intuit como el competidor no citado que había frustrado los intentos de Microsoft por ganar cuota de mercado, caen dentro de una categoría diferente. Por conveniente que fuera para Gates presentar a Intuit como ganadora, al argumentar que su empresa no había barrido a su competencia, en esos momentos se dedicaba a explorar privadamente, junto con Intuit, la posibilidad de que Microsoft abandonara la competencia... a través de la adquisición de Intuit con armas y bagajes. El hecho de que las dos empresas siguieran siendo finalmente competidoras no fue el resultado que hubiera querido Gates.

El continuo éxito de Intuit en la categoría del software de las finanzas personales era especialmente humillante para Microsoft porque se basaba muy claramente en la misma filosofía de superar a sus enemigos en el mercado mediante la contratación de los más inteligentes, y en sacar el mejor provecho de esos cerebros, algo de lo que la propia Microsoft se había enorgullecido en su ascensión hacia la cima. Además, Intuit había acudido rápidamente a las mismas alas de las tiendas y le había pellizcado a Microsoft en la nariz gracias a su inteligencia, como en la estratagema de marketing que permitió a Quicken aprovecharse con ventaja del lanzamiento de Windows 3.1. Intuit también se atrevía a ganarse a los fabricantes de hardware de PC, el mismo grupo con el que Microsoft había disfrutado de una relación más prolongada y cordial, en mucha mayor medida que cualquier otra empresa de software.

Incluso cuando preparaban el lanzamiento de la primera versión Windows del Quicken, los ejecutivos de Intuit pensaban en cuál sería la mejor forma de igualar la tremenda disparidad de cien a uno existente entre el equipo de ventas de Microsoft y el propio. Se dieron cuenta de que Intuit necesitaba asegurarse acuerdos que incluyeran su software y que permitieran poner el Quicken en manos de tantos clientes como fuera posible, lo que significaba lograr que la empresa renunciara a todo lo que no fuera un pago nominal por parte de los fabricantes de PC. El truco consistió en crear una versión especial del Quicken para ser incluido en los ordenadores, que no tendría todas las características de la versión corriente que se vendía al por menor (para dar así a los clientes un motivo para actualizarlos en el futuro), pero que incluyera las características más populares (para evitar que se la percibiera como una versión «lisiada» que los consumidores no se molestarían en utilizar). Alcanzar el equilibrio correcto era algo delicado, pero Intuit lo consiguió con rapidez. La empresa contrató a siete veteranos con experiencia en crear esa clase de paquetes, diseñó una versión especial de Quicken, dotada con características que un usuario nuevo no agotaría durante meses, y luego se adelantó rápidamente a Microsoft en esta forma importante de distribución. Microsoft no dejó de admirar la agilidad de Intuit, y trató de alcanzarla.

Para quienes tengan un interés de historiador sobre la historia inicial de Microsoft, resulta interesante recordar que, en una entrevista concedida en 1982, Bill Gates declaró estar dispuesto a dejarse convencer para regalar prácticamente el software en paquetes unidos al hardware, con tal de asegurarse cuota de mercado. Lo dijo con ocasión de la puesta a la venta del MS-DOS 2.0, y en esa oportunidad afirmó que el software se estaba entregando gratuitamente a los fabricantes de ordenadores para que pudiera ser ampliamente distribuido. «Francamente, un sistema operativo es más una operación estratégica que un producto económico», dijo, para explicar: «Una empresa de software nunca espera obtener un porcentaje sustancial de sus ingresos de un sistema operativo». Naturalmente, los acontecimientos posteriores revelaron posibilidades de negocio que él no había imaginado por entonces. Los fabricantes, e indirectamente sus clientes, resultaron estar dispuestos a pagar, después de todo, un pequeño precio por sistemas operativos de modo que, en virtud del volumen, a Microsoft le fueron las cosas muy, muy bien en este sector del negocio. Pero más adelante, Microsoft se mostró tímida a la hora de sacar al mercado Money en paquetes incluidos con el hardware, del mismo modo que inicialmente evitó que Encarta fuera incluida en esos paquetes casi regalados que disminuían su valor.

En 1993, el grupo Money de Microsoft se hallaba totalmente enfrascado no en la distribución, sino en la puesta en marcha de su actualización. La nueva versión debía proporcionar finalmente las características de banca electrónica que se habían planeado para la versión 1, pero que se recortaron en el último minuto y luego tuvieron que suprimirse de nuevo de la versión 2 porque a Microsoft le faltaba un socio dedicado al procesado de los pagos, una vez que Intuit bloqueó contractualmente la posibilidad de que trabajara con Checkfree. Para la versión 3 de Money, Microsoft encontró a un socio más pequeño que Checkfree, al que no había probado aún, una empresa nueva llamada National Payments Clearinghouse Inc., que convenció a cuatro bancos para que trabajaran con ella ofreciendo servicios de banca electrónica a futuros clientes de Money. No obstante, cuando ya se estaba a punto la nueva versión de Money, en el otoño de 1993, los ingenieros de desarrollo de Microsoft descubrieron que aunque los bancos del socio habían cumplido al completar su parte del código, el propio código de Microsoft no estaría tampoco preparado. Así pues, la empresa tuvo que decidir si seguir adelante con la nueva versión, pero sin la banca electrónica, o retrasar la puesta a la venta hasta que se pudiera incluir esa característica. No queriendo repetir la triste historia de las dos primeras versiones, Microsoft eligió retrasarlo. Durante la temporada de ventas altas de 1993, Intuit logró muchos beneficios con su actualización, mientras Microsoft sólo podía ofrecer su versión antigua y débil.

Finalmente, en enero de 1993, Microsoft pudo poner a la venta la versión 3 de Money con características de banca electrónica, derrotando a Intuit en el mercado con una gran innovación. La naturaleza altamente fragmentada de la banca (con más de 12.000 bancos sólo en Estados Unidos), dificultó atraer a los clientes potenciales de Money con sólo cuatro bancos inicialmente comprometidos. Los ingresos procedentes de la categoría del software de finanzas personales eran demasiado pequeños para que a Microsoft le preocupara mucho la posición dominante del Quicken sobre el Money. Pero el software de finanzas personales sería fundamental como punto de partida para un futuro mercado de banca electrónica. Esa misma idea se les ocurrió a los bancos estadounidenses, y la mayoría de ellos vieron una motivación siniestra tras el interés de Microsoft por desarrollar este nuevo segmento del software. Los bancos se preguntaban qué impediría a Microsoft, después de haberlos engatusado para introducir la banca electrónica, pasar de intermediario entre los clientes y los bancos a convertirse en banco. En consecuencia, la mayoría de los bancos no dieron la bienvenida al Money de Microsoft, que posibilitaba la banca electrónica.

En febrero de 1994, cuando el equipo de Money tenía prevista una reunión de revisión del producto con Gates, las únicas noticias buenas llegaron de Europa. Money se había convertido en líder del mercado tanto en Francia como en Alemania, gracias a la lentitud de Intuit para lanzarse a un esfuerzo internacional, lo que permitió a Microsoft cobrar 42 dólares netos por unidad, todo en ventas al por menor. Fue una elevada suma que no podía alcanzarse en Estados Unidos, donde Microsoft sólo obtenía una tercera parte de esa cantidad por cada paquete vendido al por menor. Tal como estaban las cosas, la mayor parte de los ingresos obtenidos por Money procedieron de los acuerdos para incluirlo en el hardware, por los que Microsoft recibía únicamente 1,50 dólares por unidad que, en la mayoría de los casos, resultó ser todo el dinero que pudo obtener. La mayoría de los clientes que recibieron el paquete de finanzas personales de Microsoft, cargado ya en sus ordenadores recientemente adquiridos, nunca compraron la versión regular del software en las tiendas de venta al por menor. El presupuesto para el año fiscal que terminaría en el siguiente mes de junio proyectaba que Money tuviera unos modestos ingresos de 5,2 millones de dólares. Dado que la temporada de vacaciones ya había pasado y que el producto sólo había alcanzado aproximadamente la mitad de la cuota de ingresos asignada, las perspectivas para alcanzar sus objetivos de venta no eran precisamente brillantes. En cifras brutas de unidades, y gracias a los esfuerzos de inclusión del software en paquetes con los ordenadores, Money pudo hacerse con aproximadamente el 15 por 100 del mercado de las finanzas personales. Medido en términos de ingresos reales, sólo tenía menos del 10 por 100 de ese mercado.

Un sincero y clarividente Jabe Blumenthal dirigió la reunión ante Gates. Intuit era la «propietaria» de la categoría, había cometido pocos errores, ampliaba sus ofertas de servicios financieros y se expandía hacia nuevos mercados y plataformas informáticas. El Money de Microsoft, por otro lado, aún tenía que captar una parte significativa de la cuota de mercado, o incluso despertar en el mercado una conciencia de su existencia. A diferencia de Quicken, Money no tenía programas de acompañamiento, como los pequeños paquetes de Intuit para contabilidad de pequeñas empresas y declaraciones personales a Hacienda. Para empeorar las cosas, la gran empresa de asesoría fiscal H&R Block había entrado en la disputa con su reciente adquisición de MECA, la empresa que ocupaba el tercer puesto en el software de las finanzas personales. Microsoft no veía forma alguna de mejorar su posición marginal en este segmento.

A un periodista de *Newsweek* se le permitió asistir a esta reunión de revisión de producto de 1994. El artículo que se publicó más tarde describió a Blumenthal en términos poco halagadores («delgado, con ojos de halcón, actitud depredadora»), y presentó a Gates como un personaje de caricatura loco por el dinero, obsesionado por fantásticas visiones de liderazgo mundial. *Newsweek* informaba que la simple idea de captar una parte de los ingresos de todas las transacciones de la banca electrónica era suficiente para que Gates olvidara su decepción con el rendimiento de Money. Dijo que golpeó con actitud triunfalista la mesa de reuniones y exclamó: «¡Metedme en eso y, maldita sea, ganaremos mucho dinero!».

Hubo una frase en particular en la que, según se informó,[7] Gates declaró que los bancos eran «dinosaurios» y Microsoft podía limitarse a dejarlos de lado, que perduró hasta bastante después de que se hubiera olvidado el resto de la historia, porque parecía confirmar el mismo temor que tenían los bancos a Microsoft. Quienes estaban presentes recordaron más tarde que Gates había dicho que los *sistemas bancarios informáticos* eran dinosaurios, no refiriéndose a los bancos mismos a los que, después de todo, la propia Microsoft había cortejado asiduamente. Gates dedicaría los dos años siguientes a tratar de corregir la versión publicada en *Newsweek* pero, una vez en circulación, la frase no fue olvidada.

Una forma de considerar la posición de Money a principios de 1994 sería pensar en Microsoft como David, no como Goliat. En términos de los índices clave del negocio del software, los empleados, Intuit contaba con más de mil personas dedicadas nada más que a las finanzas personales y el software relacionado con ellas. Microsoft sólo contaba con 60.[8] Si Microsoft quería alcanzar a Intuit, podía contratar un número equivalente de personas que se centraran exclusivamente en ese mismo sector de la industria.

Libre de deudas, Microsoft poseía ciertamente la liquidez para hacerlo. En aquellos momentos, sus reservas eran tan grandes que hasta el periodista de la empresa se extrañó al enterarse por boca de Mike Brown, vicepresidente financiero de la empresa, de que ésta disponía de 3.200 millones de dólares en efectivo. El periodista se quedó con la boca abierta cuando preguntó si ese dinero estaba «ahí, guardado en el banco».[9] Sí, contestó Brown, se mantenía en inversiones a corto plazo, a la espera de que Gates y Myhrvold decidieran qué hacer con él.

En el pasado, cada vez que se encontraba rezagada con respecto al líder del mercado, Microsoft elegía el arduo camino de redoblar el esfuerzo interno. Dedicaba entonces un número abrumador de empleados inteligentes para mejorar el producto, hasta que finalmente era verdaderamente competitivo, con capacidad para ganarse a los compradores, uno a uno. Pero en esta ocasión, en la primavera de 1994, Gates decidió echar mano de las reservas para solucionar rápidamente el tema y limitarse a comprar Intuit. A diferencia de los amagos poco entusiastas hechos con anterioridad, en 1989 y 1990, Microsoft negociaría esta vez en serio, ofreciendo lo que hiciera falta para lograr una adquisición amistosa.

Este paso supuso una desviación tan importante con respecto al pasado de la empresa que merece un momento de consideración. A esas alturas, Microsoft había aumentado sus ingresos hasta alcanzar los 4.000 millones de dólares anuales, sin desviarse demasiado de su pauta de crecimiento, establecida desde hacía tiempo: a través del esfuerzo interno, no de las adquisiciones. Las desviaciones pasadas de esa pauta habían sido la adquisición ocasional de derechos sobre productos externos (simulador de vuelo), la contratación de personal inteligente mediante la compra de una empresa para conservar a la gente y descartar la base del código (como en el caso de Dynamical Systems, la pequeña empresa de Nathan Myhrvold), o la adquisición de una empresa establecida dotada de una experiencia técnica especial que ayudara a Microsoft a dar un salto en sus propias capacidades pero en ámbitos técnicos nuevos (Fox para bases de datos, Softimage para animación por ordenador, y Vermeer para creación de páginas Web). En épocas anteriores de su historia, en 1983 y 1984, Gates había buscado una fusión con Lotus,[10] que por aquella época era mucho más grande que Microsoft y rechazó la oferta. Más tarde, Gates se alegró de ese fracaso; por su propia cuenta, Microsoft creció hasta alcanzar un valor de mercado de 50.000 millones de dólares en la época en que Lotus fue adquirida por IBM, en 1995, por 3.500 millones de dólares. En unos pocos casos, Microsoft había investigado la posibilidad de adquisiciones que habrían significado alcanzar una posición instantánea de liderazgo en cuota de mercado, como por ejemplo en el caso de la propuesta fusión con Novell. Pero las conversaciones preliminares, como las celebradas entre Microsoft y Novell, o las anteriores entre Microsoft y Lotus, pueden encontrarse en cualquier momento del pasado entre prácticamente cualquier grupo de dos actores dentro de la industria de los ordenadores personales. Las posibilidades combinatorias son innumerables, y esas conversaciones solían quedar abortadas antes de que hubieran llegado demasiado lejos. Al final, Microsoft había crecido atrayendo a sus propios clientes y no comprándolos al por mayor a través de una gran fusión.

Durante las anteriores batallas antimonopolio con la Comisión Federal de Comercio y el Departamento de Justicia, Microsoft y sus defensores externos argumentaron que los competidores menos habilidosos de Microsoft (los Lotus, WordPerfect y Borland) no tenían razón alguna para quejarse, porque el éxito de Intuit con el Quicken demostraba que el tamaño de la empresa no determinaba necesariamente qué producto ganaría al enfrentarse en el mercado con Microsoft. La calidad del producto, la efectividad del marketing y el éxito en la creación de una lealtad de marca eran las características que Microsoft había resaltado para alcanzar el liderazgo en otras categorías del software, como también había hecho Intuit en el sector de las finanzas personales. Los directivos de Microsoft siempre les decían a sus empleados que el liderazgo de Microsoft en hoja de cálculo, tratamiento de textos y otras actividades similares no permitía dormirse en los laureles, y que eso era algo que tenían que defender cada día con continuas mejoras. Si Microsoft abandonaba la competencia con Intuit y se limitaba a «comprarla» para solucionar sus problemas con Money, eso afectaría a la política empresarial que se había predicado hasta entonces. Si los directores de Microsoft estaban realmente convencidos de que un producto fuerte siempre podía llegar a convertirse en líder del mercado, ¿por qué Microsoft no elegía la lucha dura y pura por conseguir cuota de mercado cuando se encontraba mirando desde abajo?

La propuesta de adquisición de Intuit presentaba un complicado problema de relaciones públicas. También ofrecía automáticamente al gobierno la oportunidad de investigar la transacción, lo que podía poner en marcha actuaciones judiciales. El crecimiento logrado por medio del esfuerzo interno es el producto de miles de pequeñas decisiones empresariales, ninguna de las cuales sería tan visible como la adquisición de una empresa. Esa es una de las razones por las que la Comisión Federal de Comercio y el Departamento de Justicia obtuvieron tan escasos resultados de una investigación de varios años de duración sobre liderazgo de Microsoft en el software de los sistemas operativos. Pero si esos departamentos gubernamentales se habían mostrado antes tan ridículamente desesperados por encontrar algo, cualquier cosa, que permitiera al gobierno mantener a raya a Microsoft, ahora no tendrían necesidad alguna de fabricar una causa. Para encontrar un buen ejemplo de dos competidores que crean dudas sobre la limpieza de la competencia tras una fusión, no habría necesidad de buscar más allá del intento de unión de Microsoft con Intuit. Y el adverbio «excesivamente» ni siquiera acompañaba al «limitar la competencia» en las normas-guía emitidas conjuntamente en 1992, precisamente para esta clase de casos, por el Departamento de Justicia y la Comisión Federal de Comercio en relación con la revisión de las fusiones horizontales.[11] Las alarmas gubernamentales se habrían disparado ante la simple posibilidad de que la empresa compradora pudiera imponer, gracias a la disminución de la competencia, aunque sólo fuera «un pequeño pero significativo y no pasajero aumento de precio».

Los ejecutivos de Microsoft consultaron con su departamento jurídico las probabilidades de que los tribunales investigaran primero y luego bloquearan la fusión. El personal jurídico, fiel a las formas, detestaba que se le planteara esa clase de peticiones. En lugar de eso, trató de exponer los precedentes legales, sin abordar las probabilidades porcentuales de un resultado concreto. Los abogados animaron al comité ejecutivo a seguir adelante con la fusión, proponiendo la defensa del «Demuéstrelo primero». Las normas-guía gubernamentales se centraban en el aumento de la cuota de mercado por parte de la empresa compradora como consecuencia de una fusión. Pues bien, decía el razonamiento, si el incremento neto de la cuota de mercado de Microsoft en el software de las finanzas personales fuera igual a cero, como consecuencia de la desinversión en su propio producto, es decir, en Money, las objeciones del gobierno a una fusión no tendrían base alguna. Con esta perspectiva del departamento jurídico, los ejecutivos de Microsoft pensaron que las probabilidades del Departamento de Justicia contra la fusión serían pequeñas. Sin duda alguna, también se vieron animados por un desafortunado paralelismo basado en la experiencia anterior que sugería que la incapacidad del gobierno para encontrar una buena causa para procesar a la empresa en el pasado significaba que no encontraría un motivo justificado para hacerlo ahora.

Desde mayo hasta septiembre de 1994, ejecutivos de alto nivel de Microsoft mantuvieron conversaciones secretas con Intuit. Durante ese período, no se dijo nada al equipo de Money, por si las negociaciones no llegaban al fin deseado y también porque aunque se consiguiera éxito, su única oportunidad de pasar la inspección gubernamental sería la de enviar Money a otra parte. Cuanto más trabajo se hiciera para preparar la siguiente actualización, tanto más fácil sería desprenderse de ese software, vendiéndolo a un comprador bien dispuesto.

Microsoft actuó como si tuviera que satisfacer por anticipado las objeciones gubernamentales. En vísperas del anuncio, a los directivos de Money se les comunicó finalmente el curso de las negociaciones, y uno de ellos fue enviado a Utah para venderle el Money a Novell, a condición de que se completara la fusión con Intuit. Una vez finalizados los detalles con Novell, se anunció en octubre la oferta de Microsoft por Intuit. Llegó como una sorpresa para los empleados, tanto de Microsoft como de Intuit, que hasta entonces habían considerado al potencial socio como el enemigo. Ahora, de repente, tenían que darse un abrazo. Naturalmente, el ajuste resultaba más fácil para Intuit. Para el grupo del Quicken, la voluntad de Microsoft de comprar la empresa era una dulce venganza, como si la pequeña Intuit hubiera obligado al gigante a pedir clemencia. Y todos los accionistas de Intuit tenían buenas razones para regocijarse: la oferta de Microsoft por la empresa incluía una prima de más del 50 por 100 de su valor de mercado actual. La empresa, que el año anterior sólo había obtenido unas ganancias de 25 millones de dólares, era valorada ahora en 1.500 millones de dólares. El paquete de acciones de Intuit en poder de Scott Cook, por ejemplo, valdría 360 millones de dólares.

Entre los empleados de Microsoft, que no tenían conexión directa con el grupo Money, la noticia de la fusión se recibió con asombro. Marcaba un espectacular punto de ruptura con el pasado de Microsoft. Para algunos de los que salían a los pasillos a hablar del acuerdo, este evocaba imágenes desequilibradoras, y se llegó a pronunciar el nombre de J. D. Rockefeller con un estremecimiento. Para los ingenieros de desarrollo y el personal de marketing de Money, la noticia de que el Quicken desplazaría a su propia creación era algo humillante. Esos empleados no tendrían que emprender el camino del exilio a Utah, y permanecerían en la empresa, pero por el momento se encontraron en una especie de curioso purgatorio. Todavía no se les permitiría ser transferidos a sus futuros puestos en Microsoft. Tenían que quedarse donde estaban y seguir trabajando en la siguiente versión del Money para cumplir con los acuerdos establecidos con Novell, que no quería que se le entregara un código que había permanecido cociéndose a fuego lento durante un año. En estas circunstancias, cabría imaginar que la moral de estos empleados fuese baja y que el trabajo resultante fuese poco inspirado y descuidado. Pero, en realidad, el trabajo se reanudó y siguió avanzando bien, mejor incluso de lo normal en algunos aspectos, ahora que ya no se veía obstaculizado por las habituales peticiones de cambios por parte del equipo de marketing, al vaivén de los caprichos de los directivos superiores. A estos ingenieros de desarrollo se les dejó que trabajaran por completo a su aire, y su conciencia profesional resultaría ser un gran beneficio para Microsoft en aspectos que nadie pudo prever por aquel entonces.[12]

Desgraciadamente para Microsoft, sin embargo, Novell, el evidente beneficiario de la transferencia, perdió el interés. El decaimiento del entusiasmo no se debió a unas condiciones onerosas: Microsoft no podría haber facilitado más las cosas sin regalar literalmente el producto a su futuro competidor. Lo que Microsoft terminó por ofrecer a Novell fue un acuerdo que parecía una «venta», pero que muy probablemente no le habría costado casi nada a Novell. No se exigía ningún pago inicial; Novell tendría que abonar unos absurdos derechos del 10 por 100 sobre las ventas netas de Money en el primer año tras la transferencia; por si fuera poco, para endulzar el acuerdo, Microsoft garantizaba a Novell millones de dólares en el caso de que Money no fuera bien.[13] A pesar de todo, Novell no sólo rechazó aceptar un nuevo paquete de finanzas personales, sino también continuar sus experimentos de rendimientos deficientes con otro software de aplicación, como WordPerfect, que distraían a la empresa de su negocio fundamental en el software de red. Novell se preguntó tardíamente por qué iba a tener más éxito con Money que la propia Microsoft. Y si no podía hacerlo mejor (igual ya sería difícil), ¿para qué querría permanecer en ese negocio? En marzo de 1995, Bob Frankenberg, presidente ejecutivo de Novell, presionaba al Departamento de Justicia para que bloqueara la inminente fusión entre Microsoft e Intuit que, supuestamente, iba a permitirle cosechar un regalo a su propia empresa.[14]

Durante los seis meses que transcurrieron entre el anuncio de la fusión y la demanda del Departamento de Justicia, que trataba de bloquearla, Microsoft e Intuit siguieron manteniendo un alegre optimismo, incluso cuando se vieron abandonados por Novell, su aliado. Los ejecutivos de las dos empresas comunicaron a sus empleados que no se preocuparan por la pérdida de dinamismo en el caso de que no se llegara a consumar la fusión; el acuerdo seguiría adelante, así que debían planificar en consecuencia. Confiado en alcanzar el resultado deseado, Gates habló con naturalidad en público[15] acerca del inminente cambio de Microsoft para entrar en un nuevo modelo empresarial, centrado en captar una parte de los ingresos sobre las transacciones, precisamente el cambio que el periodista de *Newsweek* había presentado con tintes oscuros como un complot urdido apenas medio año antes. Cuando el Departamento de Justicia anunció su demanda, Gates respondió reflexivamente como si este último desafío estuviera basado en argumentos tan débiles como los anteriores planteados por el gobierno a

Microsoft, y aseguró que lucharía contra él en los tribunales para permitir que se produjera la fusión.

Es muy interesante leer el escrito que el Departamento de Justicia presentó en el tribunal de distrito de Estados Unidos oponiéndose a la fusión. La transferencia de Money, el segundo producto de la categoría, a una tercera empresa, no impresionó gran cosa a los inspectores del Departamento de Justicia. Razonaron, con sólidos argumentos, que sería dudosa la disposición de Novell a financiar posibles pérdidas después de agotar la subvención de Microsoft, dado que el producto era estratégicamente mucho menos importante para Novell de lo que había sido para Microsoft, ansiosa por expandirse hacia la banca electrónica y otros servicios especializados en transacciones. Y, probablemente, los nuevos competidores potenciales se contendrían, asustados, ante la perspectiva de enfrentarse con Quicken, una vez que estuviera en manos de Microsoft, ya que las fortalezas de Intuit se soldarían con el considerable poder de Microsoft, que le había permitido asegurarse el segundo puesto en cuota de mercado dentro de esta categoría, antes de la fusión.

El escrito también polemizaba acerca de un memorándum cuya presentación se solicitaba, en el que un vicepresidente ejecutivo de Microsoft informaba de sus negociaciones iniciales con Scott Cook, de Intuit. A Cook se le había dicho que Microsoft no había invertido en personal en la medida que merecía este área estratégicamente importante, y «traté de decirle lo mucho que podíamos hacer con mil millones de dólares; procuré no mostrarme amenazador, pero sí hacerle saber que podíamos hacer algo agresivamente».[16] Para convertirlo en un argumento más dañino, el texto utilizaba la observación como prueba de que Microsoft, en caso de no comunicarse la unión, continuaría invirtiendo fuertemente en mejorar su producto, lo que impulsaría a Intuit a introducir mejoras adicionales..., y todo eso constituía un caso de manual sobre la competencia que terminaría por beneficiar a los consumidores. El gobierno deseaba saber qué pruebas había de que existía un compromiso comparable con Money por parte de Novell, si es que el producto era transferido finalmente a sus manos.

Una sutil pero importante inconsistencia por parte de Microsoft sugería que la transferencia de Money a Novell sería mucho menos significativa de lo que afirmaba la empresa. Según los términos del acuerdo, Microsoft había prometido entregar a Novell todo el código, los derechos de propiedad intelectual asociados, las listas de clientes y la documentación de Money, así como ofrecerle asistencia técnica cediéndole algunos de sus propios ingenieros de desarrollo durante un corto período de transición. No obstante, cuando hablaba en otras partes de su fusión con Intuit, Microsoft decía que el valor más importante que adquiriría con la compra no sería el código del Quicken, sino más bien los empleados de Intuit y las habilidades que Scott Cook y su empresa aportarían a Microsoft. De hecho, el valorar más a la gente que al código era una característica de las adquisiciones previas hechas por Microsoft. ¿Por qué cabía suponer entonces que Novell se encontraría en una buena posición cuando se le llevara el código de Money hasta su puerta, sin una transferencia permanente de los padres de ese mismo código?

Los abogados de Microsoft ofrecieron tres respuestas principales a las objeciones gubernamentales. La más débil fue su defensa del «Demuéstrelo primero». La empresa admitió a regañadientes que Novell no poseía capacidades idénticas a las de Microsoft. Pero la ley no exigía que el receptor de una desinversión igualara perfectamente al propietario original. (El gobierno podría haber contraatacado diciendo que Novell no conocía lo primero que debe saberse sobre el software de consumo; estaba dispuesto a abandonar sin haber hecho siquiera un intento libre de riesgos.) En cuanto a la crítica tácita de que la fusión eliminaría una de las pocas aplicaciones de la categoría del software en la que otra empresa distinta a Microsoft mantenía una posición dominante, los abogados de Microsoft estaban dispuestos a argumentar que los éxitos alcanzados por Microsoft en otros campos no eran jurídicamente relevantes para este caso. Si el gobierno pretendía reglamentarlo, tendría que cambiar sus propias normas-guía para las fusiones. (Una posible réplica podría haber sido: el liderazgo de la empresa compradora en otras categorías está relacionado con el caso; y puesto que lo mencionan, pues muy bien, cambiaremos las normas-guía.)

La defensa más fuerte de Microsoft consistió en argumentar que el segmento de la banca electrónica estaba todavía en período de alumbramiento. Aún era muy pronto para que cualquier empresa o incluso combinación de empresas pudiera establecer un liderazgo duradero. Los valores financieros de una unión entre Microsoft e Intuit se verían empequeñecidos por los de los grandes bancos que sin duda alguna entrarían en acción. Si se fusionaban, decían Gates y Cook, la empresa resultante, más grande, podría acelerar el proceso de las transacciones financieras automatizadas, lo que permitiría que los bancos con mentalidad más innovadora entraran más rápidamente en la era electrónica, y ayudaran más antes que después a poner los ordenadores a trabajar para los clientes. El mismo mes en que el gobierno presentó su denuncia oponiéndose a la fusión, el argumento de que Microsoft-Intuit no sería tan grande recibió un cierto apoyo indirecto cuando BankAmerica y NationsBank, el segundo y cuarto bancos más grandes del país, respectivamente, anunciaron que adquirían conjuntamente MECA, editora del paquete de finanzas personales que ocupaba el tercer puesto en cuota de mercado.[17] Pero se trataba de un tercer puesto muy distante y esa no era más que una forma barata de entretenimiento para los bancos. Se trataba de un acuerdo por valor de 35 millones de dólares, no de un compromiso de miles de millones.

Los argumentos en defensa de la fusión ofrecieron, en el mejor de los casos, beneficios a largo plazo para los consumidores, al precio de eliminar de forma inmediata la carrera de dos caballos entre Intuit, líder del mercado, y Microsoft, retrasada pero ansiosa por ganar. Una vez expuestas las objeciones del gobierno a la fusión, cuando los abogados de Microsoft plantearon la probabilidad de que se produjera otro retraso de un año antes del juicio e incluso más tiempo antes de que la apelación solucionara la cuestión, Gates reconsideró su promesa de seguir hasta el final en los tribunales. Empleando su talante de hombre práctico, decidió retirarse sabiamente. Así pues, Microsoft retiró formalmente su oferta.

Tal como es habitual en tales casos, Microsoft efectuó a Intuit un pago de 46 millones de dólares en concepto de indemnización por los perjuicios que la transacción no realizada habían supuesto para la empresa. No obstante, Microsoft no habría tenido necesidad de molestarse; Intuit había obtenido una valiosa publicidad positiva durante el transcurso de esta aventura. Cuando se retiró la oferta de fusión, el precio que Microsoft estaba dispuesta a ofrecer por Intuit sobrepasaba los 2.000 millones de dólares (gracias a la revalorización que, mientras tanto, había experimentado la acción de Microsoft, a la que se hallaba vinculado el precio final). Ninguna otra empresa de software había disfrutado de tantos titulares como Intuit por el hecho de ser tan valiosa para Microsoft como para que esta se ofreciera a pagar por ella una suma récord. Además, la oferta de Microsoft también confirmó la importancia del segmento del software de las finanzas personales. De hecho, esa fusión abortada fue la segunda ocasión en la que Microsoft había ayudado a Intuit a confirmar el negocio; la primera ocasión fue cuando Microsoft entró en él con Money, lo que probablemente benefició a Intuit mucho más de lo que la dañó, al llamar la atención sobre este segmento del mercado, hasta entonces bastante desdeñado.

Después de anunciarse la retirada de la oferta, el precio de la acción de Intuit podría haberse desmoronado, pero no solo se mantuvo alto, sino que incluso se elevó más. A finales de 1995, su valor en el mercado era de 3.600 millones de dólares,[18] es decir, más del doble de lo que Microsoft le había ofrecido en un principio (aunque algunos observadores habían criticado la oferta de Microsoft, por ofrecer una prima excesiva por encima del precio de mercado). Esta elevada evaluación del mercado no hizo sino reflejar la credibilidad obtenida por Intuit por el hecho de haber sido cortejada por Microsoft. La publicidad favorable se difundió también por todo el mundo, y de ello se beneficiaron hasta los esfuerzos de selección de personal de Intuit. Al lanzar con retraso una campaña más fuerte de marketing para el Quicken, fuera de Estados Unidos, Intuit se vio inundada por solicitudes de buenos candidatos que se habían negado a devolver las llamadas telefónicas que les habían hecho el año anterior los reclutadores de la empresa. El episodio también otorgó credibilidad a Intuit ante los bancos. Antes del anuncio de fusión, Intuit no había logrado firmar un solo contrato con ningún banco para poner en marcha la banca electrónica; retirada la oferta, en 1994, Intuit pudo establecer colaboración con varios bancos que se sintieron contentos de disponer de una alternativa de confianza al demonizado Bill Gates, que había dicho que «los bancos son dinosaurios».

En algunos aspectos, el fracaso de los intentos por adquirir a Intuit dejó a Microsoft peor que antes de emprenderlos. Su relación empresarial con Mastercard estaba hecha jirones, y la fama de Money se vio perjudicada por los torpes intentos de la empresa por abandonarlo para favorecer al Quicken. Afortunadamente para la empresa, los ingenieros de desarrollo de Microsoft no se habían limitado a cruzarse de brazos mientras quedaba en suspenso la fusión. Habían hecho grandes progresos para preparar la siguiente versión de Money, que serviría como una de las primeras aplicaciones de Windows 95.

Internamente, al menos, el grupo de Money recibió gratitud por los esfuerzos realizados durante los meses precedentes. No, Gates no aumentó de inmediato el presupuesto del grupo en mil millones de dólares, con una nueva oleada de contrataciones, tal como había amenazado a Intuit en aquel controvertido memorándum («traté de decirle lo mucho que podíamos hacer con mil millones de dólares»), que únicamente fue aprovechado por el Departamento de Justicia. Pero tras haber renunciado a gastar dos mil millones de dólares en la fusión, casi cualquier petición de más personal por parte del grupo de Money parecería insignificante. (El mismo efecto funcionó para Encarta cuando Microsoft consideró y luego descartó la compra de empresas ya existentes en el ámbito de las enciclopedias impresas.) El grupo de marketing de Windows 95 se tomó especial interés en apoyar la promoción de la nueva versión de Money, una suave forma de favoritismo que probablemente no se habría dado de no haber sido por la tortura que tuvo que soportar el grupo de Money. Una reorganización efectuada en noviembre de 1995 reconocía formalmente la importancia estratégica, en el seno de Microsoft, de la categoría de las finanzas personales, al establecer un departamento de Finanzas Personales. Inicialmente, el único producto de esa división era Money, pero su elevación al mismo plano organizativo que tenía la División del Consumidor señaló la importancia que daba Gates a su futuro papel en la empresa.

Una vez descartada la fusión, Microsoft e Intuit reanudaron la dura batalla competitiva en la que se hallaban enzarzados anteriormente, cada uno estimulando al otro para adoptar mejoras que beneficiaban directamente a los consumidores. En diciembre de 1995, Money ya había dejado de ser un producto técnicamente defectuoso, como en sus versiones anteriores. Walt Mossberg, periodista de ordenadores personales del *Wall Street Journal*, expresó su sorpresa al ver que «Microsoft ha convertido finalmente a Money en un competidor muy respetable».[19] La revisión de Mossberg sólo examinaba a las dos empresas, resaltando, no muy sutilmente, que en el sector de las finanzas personales sólo participaban dos contendientes. Pero, al observar las mejoras introducidas por ambas empresas en sus productos respectivos, Mossberg llegó a la conclusión de que eso «es suficiente para que uno se sienta satisfecho por el hecho de que no se haya producido la fusión».

Resultaba engañosa la apariencia de que Microsoft e Intuit se habían limitado a reanudar su rivalidad allí donde la habían dejado. Aunque ambas empresas luchaban por alcanzar las mejores posiciones para sus productos de finanzas personales en las líneas que conectaban los hogares con los bancos (Checkfree y NPCI), o los hogares con los comercios (Microsoft se apresuró a vincular sus productos con MSN; Intuit hizo lo propio con America Online), las suposiciones subyacentes ya empezaban a desmoronarse a medida que el crecimiento de Internet sacudía los modelos existentes.

Internet era especialmente relevante para el software de las finanzas personales, cuyos beneficios potenciales podían obtenerse no con un solo programa, sino más bien con un programa vinculado con información financiera fuera del hogar. Las empresas de software y los bancos no estaban totalmente seguros del resultado del cambio. ¿Permitiría Internet que empresas como Microsoft e Intuit ofrecieran a sus clientes servicios similares a los de los bancos, tal como éstos temían? ¿O serían capaces los bancos de conectarse con sus propios clientes sin tener que pagar un porcentaje a una empresa de software que actuara de intermediario? Atrapados en la nueva moda de la red simultánea, todo el mundo vociferaba para exponer visiones conflictivas y subjetivas. Así pues, volveremos ahora la mirada hacia Internet.

NOTAS

1. «What Happened to the Antitrust Movement?» (escrito originalmente en 1964), en Richard Hofstadter, *The Paranoide Style in American Politics and Other Essays*, Nueva York, Vintage Books, 1967, pág. 189.

2. «Gates On», *Computer Reseller News*, 27 de mayo de 1991.

3. «Bill Gates's Baby Is on Top of the World: Can It Stay There?», *Business Week*, 24 de febrero de 1992.

4. «Industry Hero or Villain? Microsoft's Gates Insists He's Neither One», *Infoworld*, 3 de agosto de 1992.

5. Transcripción de una entrevista radiofónica hecha en Toronto: «Bill Gates, on Fax: Internet and Interactive», 14 de julio de 1994.

6. «Bill Gates: The 1982 Interview», reimpreso en *PC User*, 23 de septiembre de 1992.

7. «Culture Club», *Newsweek*, 11 de julio de 1994.

8. El personal de Microsoft, compuesto por 60 personas en el grupo del Money, no era exactamente comparable con el de Intuit, porque excluía a una parte difícil de determinar del equipo de apoyo técnico general de Microsoft (PSS), que hacía visitas de campo para los clientes del Money.

9. «Brown Has Fun While Meeting Microsoft's New Financial Challenges», *MicroNews*, 22 de abril de 1994, pág. 3.

10. «Gates Confirms Microsoft Once Sought Lotus Merger», *Wall Street Journal*, 13 de octubre de 1995.

11. «U. S. Department of Justice and Federal Trade Commission Horizontal Merger Guidelines», 2 de abril de 1992.

12. Mientras estaba pendiente la fusión, al equipo de desarrollo comercial del Money le resultó imposible mantener a sus socios comprometidos con el Money. Este complicado juego en el que participaron varios jugadores exige una tarjeta en la que se lleva el tanteo. En el verano de 1994, mientras Microsoft e Intuit estaban negociando, Microsoft tuvo la oportunidad de comprar National Payments Clearinghouse, Inc., la pequeña empresa de pago de facturas a la que se había vuelto cuando Intuit le cerró a Microsoft el camino a Checkfree, y que fue su primera elección como socio. En lugar de comprar la NPCI, Microsoft decidió que no necesitaba de sus servicios una vez que maduró la nueva asociación que estaba negociando con Mastercard. Pero tras la renuncia de Microsoft a la compra, Intuit compró NPCI en julio. Microsoft pareció afortunada al haber llegado pronto a un acuerdo para la compra de Intuit. De otro modo, su principal competidor en este sector del mercado sería el propietario de la misma empresa de la que Microsoft dependía técnicamente por completo, al menos por el momento, para gestionar los pagos electrónicos de facturas de sus clientes. Una vez que se anunció la fusión, el compromiso de Mastercard con el Money se evaporó. No quería enfrentarse a un coloso combinado como Microsoft-Intuit, que trataba de infundir vida al Money para ofrecérselo a precio regalado a Novell.

13. Anne K. Bingaman *et al.*, Departamento de Justicia de Estados Unidos, «Complaint for Injunctive Relief Against Combination in Violation of Section 7 of the Clayton Act», en una demanda civil presentada en el Tribunal de Distrito de Estados Unidos, Distrito Norte de California, *United States of America* v. *Microsoft Corporation and Intuit Inc.*, 27 de abril de 1995.

14. «Microsoft, Justice Department Appeal Judge's Ruling on Antitrust Accord», *Wall Street Journal*, 8 de marzo de 1995. Obsérvese cómo el comportamiento de Novell en este episodio se parece a una deliberada «finta de cabeza», utilizada por los jugadores ofensivos de fútbol o de baloncesto que mueven deliberadamente la cabeza en una dirección para engañar al defensa, cuando en realidad se preparan para moverse en otra dirección, de modo muy similar a como cuando IBM aplicó a Microsoft la etiqueta de «finta de cabeza» a raíz de la retirada del apoyo de Microsoft para el OS/2.

15. «What Bill Gates Really Wants», *Fortune*, 16 de enero de 1995.

16. Citado en Bingaman *et al.*, «Complaint for Injuctive Relief».

17. «Banks Move Online With MECA Purchase», *Seattle Times*, 10 de mayo de 1995.

18. «Intuit's Market Value on Rise», *Computer Reseller News*, 11 de diciembre de 1995. Las acciones de Intuit disminuyeron de valor durante los cinco primeros meses de 1996, pero incluso a un precio de cierre de 50 dólares la acción el 6 de junio, la capitalización de mercado de la empresa se duplicó con respecto a la que había sido a principios de octubre de 1994, en vísperas del anuncio del intento de fusión con Microsoft.

19. «Microsoft Starts To Catch Up to Intuit in Personal Finance», *Wall Street Journal*, 14 de diciembre de 1995.

13

ATAQUE POR LOS DERECHOS DE PROPIEDAD

> Una vez comprendidas, resultan aterradoras las implicaciones de la posición monopolista de IBM en el equipo básico de la revolución informática. Es como si, en el pasado, una sola empresa hubiera detentado un monopolio mundial sobre la máquina de vapor, o sobre la fabricación del acero o, más tarde aún, sobre la producción de automóviles.
>
> Richard Thomas DELARMARTER, en *Big Blue*[1]

Si leyera esa cita y me dijeran que DeLarmarter era un economista con ocho años de experiencia en el equipo de la División Antimonopolio del Departamento de Justicia, tendría dificultades para suponer el año de publicación de este libro. El gobierno federal puso denuncias antimonopolio contra IBM en diferentes ocasiones, en 1932, 1952 y 1969. La última, el famoso asedio gubernamental de trece años, desde 1969 a 1982, terminó con la retirada del gobierno por razones ideológicas (por lo que podría denominarse filosofía antimonopolio de la Administración Reagan). Desde un punto de vista retrospectivo, el pleito se convirtió en un ejemplo de la ineficacia de los procesos antimonopolio cuando los casos están mal elegidos. Como sabemos ahora, IBM se vio pillada por sorpresa ante la popularidad de su ordenador personal, introducido en 1981, por la capacidad de terceros para mejorarlo y por la nueva industria que surgió a su alrededor. Es difícil generalizar y suponer que este hecho pueda aplicarse a otros sectores pero, en este caso concreto, el funcionamiento del mercado sirvió para contener una empresa que había parecido omnipotente sin la ayuda de la División Antimonopolio.

El libro de DeLarmarter en el que se presentaba a IBM como un monstruo monopolista, que nadie hubiera podido detener sin la intervención del gobierno, se publicó no en 1956, no en 1976, sino nada menos que en 1986. Fue fruto de cuatro años de investigación, seguido por la desgraciada pérdida de su empleo cuando el gobierno retiró las acusaciones contra la némesis de DeLarmarter. Imperturbable ante los cambios que se habían producido mientras tanto en la industria de los ordenadores, DeLarmarter continuó batiendo incansable su tambor contra su vieja *bête noire*. Esa misma actitud imperturbable ante el paso del tiempo y el cambio de las circunstancias también se encontraría en buena medida entre los colegas de DeLarmarter en el Departamento de Justicia. Habían mantenido la vista fija en Microsoft durante tanto tiempo que ahora ya eran incapaces de seguir su camino, ni siquiera después de que Microsoft retirara su oferta por Intuit, o después de que diera su consentimiento al pacto que solucionaba el problema menor de la cesión de derechos del sistema operativo. Lo mismo que DeLarmarter no pudo soltar a la IBM mientras florecía la industria del ordenador personal, la siguiente generación de funcionarios del Departamento de Justicia tampoco pudo soltar a Microsoft mientras la popularidad de Internet se ramificaba por todo el sector.

En 1995, el objetivo de las investigaciones que llevaba a cabo la División Antitrust sobre Microsoft era Microsoft Network (MSN), que aún estaba por nacer. Ninguna amenaza es más terrible que aquella que aún tiene que aparecer, y eso fue lo que sucedió con MSN en las mentes de los funcionarios del Departamento de Justicia. El gobierno consideró el ataque de MSN a la libre competencia como algo tan grave, la solicitud del Departamento de Justicia para que testimoniaran los competidores de Microsoft, para fomentar su propia actitud de oposición, fue tan claramente unilateral, que muchos observadores de la industria empezaron a especular con la idea de que el gobierno no permitiría a Microsoft poner a la venta Windows 95 si la empresa insistía en mantener la fácil contratación con MSN como parte del nuevo sistema operativo. Normalmente, el gobierno mantiene un estricto silencio sobre las investigaciones antimonopolio que tiene en marcha, al menos hasta que decide emprender una acción legal o no. En este caso, sin embargo, con la mayoría del sector de los ordenadores personales vinculada de una forma u otra a la venta de Windows 95, una nube de incertidumbre cayó sobre toda la industria, y no sólo sobre Microsoft. A principios de agosto, el gobierno emitió un breve comunicado de prensa en el que confirmaba que estaba investigando a la MSN «y otros temas asociados con posibles prácticas anticompetitivas relacionadas con Windows 95»,[2] pero no esperaba terminar su investigación antes del 24 de agosto, que era el día señalado para la puesta a la venta de Windows 95. Eso sirvió para disipar la preocupación acerca de la posibilidad de que se impidiera la difusión del nuevo Windows, pero dejaba planteada una gran interrogación sobre el futuro de MSN.

El argumento central, que los otros servicios comerciales en directo se apresuraron a explicar a todo aquel que quiso escucharles en el Departamento de Justicia, era que MSN disfrutaría de un acceso injustamente libre a los hogares, junto con el nuevo sistema operativo, una ventaja que se les negaba a ellos, que pronto serían competidores directos de MSN. La respuesta de Microsoft fue razonable. En la industria de los servicios comerciales en directo, todos entregaban discos introductorios que ofrecían pruebas gratuitas. Esos eran los mismos discos que contribuían a fomentar los altos índices de abandono en el sector, ya que eran muchos los que probaban los servicios en directo y muchos menos los que se quedaban y pagaban. La «norma industrial» prevaleciente por aquel entonces consistía en ofrecer inicialmente una contratación gratuita a tanta gente como fuera posible. Sí, era conveniente para Microsoft poder utilizar otro producto, Windows, para entregar MSN a los nuevos usuarios, pero también había otros servicios en directo (como por ejemplo Ziff-Davis, el gigante de la edición de revistas) que tenían vinculaciones directas con otros productos o medios. MSN no era diferente a las demás, y sus servicios en directo tenían que ser lo bastante atractivos como para que los usuarios se mantuvieran fieles una vez expirado el período de prueba gratuita. ¿Dónde estaba entonces la terrible amenaza para la libertad, la justicia y el estilo de vida americano?

El 24 de agosto, cuando finalmente apareció Windows y MSN hizo su aparición oficial, no ocurrió nada terrible, tal como se había confiado en Microsoft[3] y habían temido los competidores de MSN. Los consumidores se mostraron prudentes antes de aceptar Windows 95, especialmente aquellos que consideraban actualizar el software del sistema en los ordenadores personales más viejos. Durante el resto de 1995, las ventas del nuevo sistema operativo sólo fueron dos tercios de lo que Microsoft había esperado. La injusta «ventaja» de la capacidad de MSN para aprovecharse de la alfombra mágica de Windows 95 se revelaba ahora como una desventaja, puesto que MSN sólo funcionaba con Windows 95. Por lo tanto, si el nuevo sistema operativo tardaba en despegar, lo mismo sucedería con MSN.

Los problemas técnicos también contribuyeron a un inicio poco prometedor de MSN. Aunque el software de MSN se había entregado a 200.000 usuarios beta antes de su puesta a la venta, lo que quizá constituya la más amplia prueba beta para un producto que no fuera un sistema operativo,

MSN se presentó formalmente en el mercado en agosto, como un producto tan defectuoso y limitado como cualquier otra primera versión. *P C Letter*, un boletín de noticias de la industria, comentó que MSN se encontraba en un estado tan lamentable que Steve Case, jefe de America Online, había malgastado su tiempo al suplicar al Departamento de Justicia que apartara a MSN de la entrega del Windows 95. En lugar de eso, Case y sus colegas habrían hecho mucho más daño a MSN «distribuyendo ampliamente los discos de MSN»[4] y dejando que fueran los propios consumidores los que vieran por sí mismos hasta qué punto MSN era un «perdedor». Un analista de Dataquest no fue menos amable al describir MSN como el «yugo» de los servicios en directo.[5]

Antes de la presentación de MSN en el mercado sus rivales habían llegado a afirmar que contaría con nueve millones de suscriptores a finales de 1995, es decir, más que las tres grandes empresas combinadas de servicios en directo. En realidad, MSN se esforzó por ofrecer un rendimiento satisfactorio en su red a un total de 500.000 suscriptores,[6] hito que sólo se alcanzó en noviembre. Durante ese mismo período, America Online incrementó su cifra en otros 700.000 suscriptores y, en todo caso, la aceleración de su crecimiento no hizo sino aumentar tras la presentación de MSN. AOL obtuvo otros 500.000 clientes en apenas un mes y, a finales de diciembre, contaba con 4,5 millones de clientes, lo que suponía haber multiplicado por tres las cifras con las que contaba a principios de 1995[7]. Al tiempo que el Departamento de Justicia afilaba sus cuchillos para perseguir a MSN, a los rivales de Microsoft les iban muy bien las cosas, y los consumidores eran los principales beneficiarios porque los precios más bajos de MSN habían impulsado a sus rivales a bajar también los precios.

Si el curso de esta historia seguía el de otras directrices poco prometedoras de otros productos, Microsoft se dedicaría ahora a eliminar las deficiencias técnicas de MSN una por una y, mediante mejoras implacables, la empresa se abriría paso cuesta arriba en contra de la competencia atrincherada. Pero el plan original de Microsoft para combatir los poderes de AOL y de CompuServe empezaron a ser cada vez menos importantes a medida que transcurrían los meses, durante el desarrollo de MSN. En el otoño de 1995, la batalla contra America Online se parecía a la de unidades de combate diseminadas sobre un atolón remoto, muy lejos del punto central de operaciones, definido por Internet.

A principios de 1995, MSN había difundido entre terceras partes potenciales que recibiría con agrado tantas clases de servicios de información como pudieran encontrar clientes de pago. En aquel entonces, Microsoft trataba de ganar dinero no tanto con las cuotas mensuales de suscripción como derivarlo de la parte de los ingresos que terceros proveedores de información obtuvieran de la red. La llamada a esos proveedores había tenido éxito..., incluso demasiado. Microsoft se vio inundada por 15.000 solicitudes de proveedores de contenido y directores de focos, demasiados para que pudiera filtrarlos un pequeño equipo de personal. Para hacer manejable la tarea de tomar estas disposiciones, Russ Siegelman propuso que MSN se centrara inicialmente en un puñado de áreas (denominadas «cabezas de playa» por los directores de MSN). Las familias con niños serían una categoría para recibir servicios de información; las oficinas, los hogares y los entusiastas del PC serían las otras. Pero a principios de 1995, cuando Siegelman le presentó el plan a Gates, éste lo rechazó. Tenía la impresión de que MSN debía ofrecer al menos tantos servicios como AOL, y le indicó a Siegelman que firmara contratos con más proveedores de contenido.

En ese punto, Siegelman todavía concebía la idea de que MSN entraba en un mercado ya existente, el de los servicios comerciales en directo. Pero a principios del verano de 1995, incluso cuando el Departamento de Justicia se hallaba ocupado investigando la supuesta e inminente monopolización de los servicios en directo por parte de MSN, Gates se dio cuenta de que el conjunto de los servicios comerciales en directo no podría continuar adelante si Internet no cambiaba las reglas. Revocó entonces su mandato anterior de alcanzar a AOL, convencido de que en Internet pronto aparecerían multitud de contenidos sin la intercesión de los tradicionales servicios *on line*. La única posibilidad que tenía Microsoft de encontrar un negocio viable para MSN consistiría en desarrollar un contenido único propio o con un grupo seleccionado de proveedores de contenido, con el que Microsoft trabajaría para ofrecer contenidos y servicios especiales, accesibles mediante el buscador Web de cualquier otra empresa. Para cuando MSN hizo su presentación, el objetivo que perseguía Microsoft ya no era el de vencer a AOL, CompuServe y Prodigy, sino simplemente obtener de algún modo rentabilidad en la inminente era Internet, en la que la información estaría al alcance de todos.

En el modelo original del negocio, resultaba fácil darse cuenta de a quién había que mejorar (a AOL), y qué se necesitaría para hacerlo así. Pero en el modelo revisado ya no estaba tan claro cómo se podría ganar dinero. Starwave, la empresa de Paul Allen, situada cerca y que contaba con una serie de antiguos empleados de Microsoft, demostraba que se podría crear un nicho rentable para una clase particular de servicio en directo, en conjunción con Internet. Starwave ofrecía a los entusiastas del deporte una página Web gratuita que incluía resultados de competiciones deportivas e historias sobre el deporte, una información que se encontraba en otras partes, pero que aquí se había reconfigurado de un modo atractivo. Los anuncios de los patrocinadores aportaban ingresos a este nivel de servicio básico que atraía tantas miradas como era posible. Para acceder a una información deportiva única, se invitaba a los visitantes a suscribirse al servicio deportivo en directo de Starwave, por cinco dólares al mes. No obstante y debido a sus dimensiones limitadas, el experimento de Starwave no lograba convencer de que el público en general estuviera dispuesto a pagar por una gama de información más amplia en la red.

Dentro de la propia Microsoft no existía consenso acerca de cómo determinar el precio de sus servicios directos. A Gates le gustaba hablar de cómo los consumidores estarían satisfechos de pagar una cantidad pequeña, por ejemplo cinco centavos, por cada vez que visitaran una página Web de interés, de tal modo que, en virtud del volumen, unos honorarios de uso aparentemente diminutos podrían convertirse en una considerable fuente de ingresos. Pero, en el seno de MSN, otros dudaban de que el público aceptase siquiera esa sutil dosificación de los honorarios. ¿Estaría la gente dispuesta a comprar artículos de la revista *Time*, uno por uno? O, por expresarlo de otra manera, después de haberse acostumbrado a las tarifas planas de las llamadas telefónicas locales, ¿aceptarían los consumidores un nuevo régimen de precios para llamadas locales que, similares a su servicio a larga distancia, se basaban en la duración de cada llamada individual? El simple hecho de plantear estas preguntas, en las que intervenía la psicología social tanto como la estrategia empresarial, reflejaba la ampliamente difundida convicción de que la popularidad de Internet hacía dudar todas las cómodas suposiciones del pasado.

La incertidumbre condujo al florecimiento intelectual, aunque los participantes no estuvieron en posición para saborear el momento. Ahora, se dudaba incluso del futuro del ordenador personal, y eran muchos en la industria los que empezaban a pensar de nuevo en el tamaño y el coste ideal del ordenador que se conectaría con Internet. Cuando se desarrollaron las primeras especificaciones para el CD-ROM, Gates había oteado el horizonte a la búsqueda de señales incipientes de una amenaza para los PC que pudiera provenir desde abajo, como por ejemplo los lectores de CD-I, o las máquinas de juego conectadas a la televisión. Ahora, a principios de 1995, la amenaza desde abajo reapareció cuando los competidores y los observadores de la industria empezaron a pronosticar que una nueva clase de máquina no tardaría en suplantar al ordenador personal como instrumento electrónico de consumo para las masas.

«Teleordenador» fue el término propuesto por Gordon Bell,[8] un patriarca de la época de los miniordenadores. Sería una máquina que se utilizaría expresamente para conectarse en directo con Internet, que combinaría el precio del teléfono y la funcionalidad del PC. Para que su coste fuera mínimo, tendría que ser «tonta», es decir, desprovista de su propio microprocesador y almacenamiento de disco duro, pero podría conectarse con una máquina inteligente y la capacidad del disco duro residiría en alguna otra parte de la red. Nicholas Negroponte, del Media Lab del MIT, se sintió complacido con estas ideas. Señaló que Nintendo acababa de poner a la venta una máquina de juego cuyas especificaciones técnicas se parecían a las de la estación de trabajo de Silicon Graphics (con un microprocesador RISC de 32 bits, extraordinarios gráficos tridimensionales, sonido estéreo digital, etcétera), a pesar de lo cual el precio sugerido de venta al por menor sería de 199 dólares. Según argumentaba Negroponte,[9] el hecho de que el precio medio de los ordenadores personales permaneciera estancado en los 1.500 dólares era una demostración de que esos precios se mantenían artificialmente elevados y de que las empresas estadounidenses de tecnología se resistían a entrar en el mercado de bienes de consumo. Preferían vender un millón de máquinas a 1.500 dólares, antes que vender diez millones a 150 dólares. Estas reflexiones, junto con las aportadas por otros, fueron enviadas por correo electrónico a Nathan Myhrvold, el hombre clave que defendía el baluarte del PC.

¿No se podría estar repitiendo la historia, de modo que una caja pequeña, diseñada sólo para acceder a Internet, una especie de «rastreador de la Web», «terminal Internet» u «ordenador Network», como le llamaban otros, estuviera a punto de hacerle al PC lo que éste le había hecho antes a las máquinas más grandes? (Un científico de ordenadores provocó a Myhrvold, diciéndole: «Los *mainframes* son para siempre, ¿recuerda?»). Familiarizado con las analogías históricas, Myhrvold no impugnó el método, pero rechazó las lecciones que se pudieran extraer. Todo el mundo estaba al tanto de la Ley de Moore, pero aquí también serían decisivas algunas otras leyes derivadas de la experiencia del pasado. Myhrvold argumentó que las expectativas y deseos de los usuarios crecían con mayor rapidez que la capacidad del software o del hardware para satisfacerlas.[10] En consecuencia, los creadores de software utilizarían nuevos recursos informáticos a una velocidad ligeramente más rápida de la que estarían disponibles. Dada la naturaleza ilimitada de la ambición humana, nunca acabaría el deseo de tener más características en el software.

La razón por la que la Ley de Moore no había conducido a unos precios en continuo descenso para los ordenadores personales era la avidez de los consumidores por la potencia absoluta y por incrementar nuevas capacidades, al menos con la misma rapidez con la que los creadores de software fueran capaces de ofrecer hardware cada vez más avanzado. Una máquina de juegos de 200 dólares podía parecer mucho más barata que un ordenador personal de 2.000 dólares pero, según Myhrvold, había que tener en cuenta que si se amortiza el coste del PC gracias a los muchos y diferentes usos que se le da, la diferencia de precio no es tan grande. La capacidad de programación de un ordenador de uso general como el PC seguía siendo una ventaja clave en comparación con variantes más baratas pero menos capaces. Myhrvold señaló también que los usuarios se decantaban cada vez más en favor del PC, cuyas ventas habían superado las de Sega o Nintendo durante el año anterior.

Rob Glaser, que había abandonado Microsoft para fundar Progressive Networks, que ofrecía software de audio para ordenadores conectados con Internet, se interesó por la propuesta de Gordon Bell de crear un teleordenador. Se preguntó en voz alta si sería práctico crear un solo modelo inamovible para el teleordenador y dejar luego que el progreso normal de la Ley de Moore hiciera bajar el precio de la máquina más y más, hasta ponerla al alcance de todos los bolsillos. Glaser había extraído su propia lección de la historia a través de una dolorosa experiencia. Cuando Microsoft y Tandy introdujeron el primer PC multimedia, se basaron en el poco efectivo chip 286 de Intel para permitir que la máquina fuera asequible, y los consumidores le dieron la espalda, percibiéndola como un «PC malo».[11]

El microprocesador se encontraba en el núcleo de la revolución del PC y, por el momento, no se observaba ningún aparato nuevo equivalente que alterara el actual liderazgo del ordenador personal. Myhrvold especuló con la idea de que el impacto de Internet a largo plazo sería el de incrementar el precio del ordenador personal. En la medida en que la informática en directo demostrara su capacidad para cambiar las vidas de los consumidores, tantos más consumidores exigirían un hardware y un software mejorados para realizar el potencial. Veinte años antes, el presupuesto medio de una familia ni siquiera contaba con un apartado reservado para la computación. Ahora, en cambio, el 30 por 100 de los hogares disponían de ordenador personal; más del 10 por 100 tenían dos o más. Myhrvold estaba convencido de que el porcentaje de los ingresos de un hogar que se dedicarían a la informática no podía sino «aumentar, aumentar y aumentar». También expuso otra analogía histórica: del mismo modo que la llegada de un automóvil asequible había inducido a las familias a incrementar el porcentaje de ingresos que dedicaban al transporte, la informática también terminaría por rivalizar con el transporte, o con cualquier otra gran categoría de gasto en el presupuesto familiar.

El ejemplo del transporte también podía utilizarse para extraer otra comparación histórica, mediante la que se comparaba MSN y otros servicios comerciales *on line* a autopistas de peaje que corrían paralelas a la carretera de Internet, gratuita. ¿Sería la calidad de la autopista de peaje, con todos sus atractivos, lo suficientemente convincente como para atraer a los usuarios para que abandonaran la carretera gratuita? Una de las razones por las que Internet suscitaba tanto interés en la industria de los ordenadores personales era porque no formaba parte del dominio de Microsoft y parecía ofrecer una nueva oportunidad para cambiar las reglas. Larry Ellison, cuyos planes para una rápida puesta en marcha de la televisión interactiva habían fracasado, no perdió el tiempo en aprovechar Internet como una oportunidad para aplastar la hegemonía de Microsoft. En octubre de 1995, Ellison anunció los planes de Oracle para introducir en 1996 el «Network Computer» a bajo precio, ya que su precio sería de unos 500 dólares y se parecería al «rastreador de Web» en el que ya habían pensado Bell, Myhrvold y otros, aunque incorporaría un procesador de bajo precio. Con la bravuconería propia de alguien que plantea un desafío, y sin haberse detenido a analizar los peros y los condicionantes, Ellison rechazó el PC. Demasiado caro, declaró: «Los PC son cosa del pasado».[12]

Para defender la idea de que prevalecerían los ordenadores personales plenamente capaces, Myhrvold se volvió hacia los anuncios clasificados en busca de ayuda adicional. ¿No resulta curioso, preguntó, que se pongan a la venta tan pocos ordenadores usados? Según su hipótesis, la respuesta a ese misterio era que los compradores potenciales no se sentían muy interesados por máquinas que no pudieran competir técnicamente con las ofertas más recientes, al margen de su bajo precio. ¿Por qué íbamos a esperar que un lisiado rastreador de Web alcanzara una gran demanda?[13] Pero su convicción no interfería en el aprecio que sentía por la inteligencia de los demás. Contrató a Gordon Bell, que había originado el hilo de la correspondencia electrónica y propuesto el teleordenador, y añadió así otro nombre a la larga lista de figuras distinguidas en la ciencia de los ordenadores incluidas en la nómina de Microsoft y procedentes tanto del mundo académico como de la industria.[14]

Este debate inicial sobre las terminales Internet pudo haber resultado ser un momento transitorio de extremada polarización de las posturas. Todas las partes reconsideraron su definición de lo que es un ordenador personal. Microsoft revitalizó proyectos que incluían una versión menor de Windows para artilugios manuales, y otro que conectaría un PC desprovisto de muchas de sus aplicaciones con un aparato de televisión, para ahorrarle al consumidor el gasto de un monitor.[15] A medida que progresaba el trabajo de diseño del Network Computer de Oracle,[16] la empresa reveló que la declaración de Ellison en el sentido de que los PC eran «cosa del pasado» había sido prematura. La caja diseñada por Oracle tendría, después de todo, un microprocesador, no fabricado por Intel e incapaz de funcionar con Windows, pero aun así un microprocesador. Así pues, los que buscaban un cambio revolucionario no pudieron alejarse, al menos inicialmente, del modelo del PC. Tanto los revolucionarios como los defensores del *ancien régime* se movían hacia el centro.

La decisión de Gates de reorientar cada negocio de Microsoft (y, en el caso de MSN, cada futuro negocio) hasta asumir incondicionalmente Internet quedó manifestada en los pasos que se dieron durante los años 1994 y 1995. Entre octubre de 1994, cuando Gates envió un memorándum a los directores ejecutivos titulado «El cambio oceánico trae consigo oportunidades»,[17] y mayo de 1995, cuando envió otro memorándum titulado «La marejada de Internet»,[18] su pensamiento experimentó un cambio significativo. En 1994, su atención principal se halla centrada en el impacto de las comunicaciones de red sobre los documentos de oficina; a mediados de 1995, sin embargo, Internet había asumido «el más alto nivel de importancia». Lo particularmente notable es que Gates comprendió el impacto potencial del rápido aumento de Internet sobre todos los aspectos del negocio de Microsoft, mediante la aplicación del modelo de los bucles de retroalimentación positiva que tan bien le habían servido a la empresa en el pasado. Según escribió Gates, Internet se había beneficiado del bucle autoimpulsor en el que «cuantos más usuarios consigue, tanto mayor es el contenido que recibe, y cuanto mayor contenido tiene, tantos más usuarios consigue». Gates animaba a todos los miembros de su equipo ejecutivo y a sus subordinados a utilizar el Internet y verlo por sí mismos.

Los beneficios basados en Internet no estaban todavía a la vista pero, una vez más, la empresa no pudo esperar. En una situación así, la única certidumbre era que no se podrían obtener beneficios si Microsoft permanecía anclada a su posición anterior a Internet. Emprender un gran cambio cuando la empresa seguía obteniendo ingresos y beneficios récord exigía dar un salto, moverse hacia donde «van los duendes», según expresó un directivo de Microsoft, en lugar de hacia donde están los duendes. Y el cambio se vio influido por la historia más que por ninguna otra cosa. En 1995, Gates pensó que la mejor analogía para explicar la importancia de Internet, tanto por las oportunidades como por los peligros que implicaba para Microsoft, no eran los inicios del fenómeno Windows, sino incluso antes, la llegada del ordenador personal de IBM y el alborear de una industria característica del PC. Tanto ahora como entonces, los negocios que se quedaran quietos, indiferentes a los cambios, quedarían extinguidos por el proceso de la competencia. La alarma de Gates en 1995 resonaba como un eco del manifiesto «Carretera mortal» de Myhrvold en 1993, que había incluido a Microsoft entre aquellas empresas cuyos negocios actuales se hallaban en peligro ante la llegada de las autopistas de la información, y que abarcaba toda la historia occidental moderna para ofrecer analogías históricas.

Gates tuvo que difundir su mensaje sobre Internet en el seno de su propia empresa, debido a las burlas internas acerca de las limitaciones de Internet, tal como estaba constituida. En aquellos momentos, Internet no podía ofrecer la red de banda ancha, basada en la fibra óptica, que conectara todos los hogares, como era la premisa de los proyectos de las autopistas de la información. Había que olvidarse del vídeo sobre petición; incluso como conductor de gráficos estáticos desde una sola página Web, Internet era defectuoso y lento. La avalancha de nuevos usuarios y la congestión resultante causaban prolongados retrasos que producían más frustración que euforia. Pero Gates recordó a todo el mundo en Microsoft que si un ingeniero hubiera calificado en 1981 el PC de IBM, ese informe también habría sido muy negativo. El PC de IBM se convirtió en el acontecimiento seminal de la informática en la década de los años ochenta precisamente porque se formaron cientos de empresas para solucionar los problemas técnicos originales del PC, y porque el número de ingenieros de desarrollo del software que aceptaron un solo modelo de software para la máquina alcanzó una masa crítica. Del mismo modo, predecía Gates, cientos de empresas abordarían las limitaciones técnicas del Internet y, al hacerlo así, éste florecería. Nadie podía haber predicho que un Compaq o una división de impresoras de Hewlett-Packard llegarían a convertirse en operaciones de miles de millones de dólares; nadie podía saber tampoco quiénes serían los ganadores específicos en la era Internet. Pero Gates estaba seguro de que se repetiría la misma pauta de lo que él llamaba ganadores «no evidentes».

La pauta que Gates anticipaba no tardó mucho en aparecer y, para el ganador «no evidente», difícilmente podríamos hacer otra cosa mejor que citar el caso de Netscape y su espectacular surgimiento a partir de la nada. La oferta inicial de acciones públicas de la empresa, y el sensacional incremento experimentado en su valor en bolsa durante el resto de 1995, la convirtieron merecidamente en la niña bonita de Wall Street.[19] Cuando Netscape salió a bolsa en el verano de 1995, la empresa, que todavía tenía que demostrar su capacidad para generar beneficios, alcanzó instantáneamente una capitalización de 2.000 millones de dólares. En octubre ya eran 3.400 millones de dólares y llegaba a los 5.000 millones de dólares en diciembre. Gracias al anuncio de sus primeros beneficios trimestrales de 1,4 millones de dólares, el índice de precio con respecto a ganancias de Netscape alcanzó brevemente un estratosférico 2.187, cuando la proporción de Microsoft, considerada hasta entonces como un poco exagerada, era de 36. La elevación de Netscape hasta ocupar un lugar destacado en la industria sucedió con una celeridad pasmosa. La empresa se fundó en abril de 1994, su primer producto inició las pruebas beta en diciembre, y su valoración pasó de cero a varios miles de millones de dólares en poco más de un año.

En este desarrollo tan extraordinario, la prensa casi pasó por alto varios puntos importantes. La historia de Netscape, al margen de que el precio de sus acciones se mantuviera alto o no, ya había servido para negar meticulosa e inalterablemente una suposición clave del Departamento de Justicia y de los otros competidores de Microsoft: que Microsoft ejercía un dominio inexpugnable sobre la industria. Como ya hemos visto, Richard Thomas DeLarmarter argumentó en 1986 que IBM dominaba de modo absoluto la industria de los ordenadores. Y, en 1994, Gary Reback, un abogado que los rivales de Microsoft mantenían como un «amigo del Tribunal», revisó la noción de dominio completo y la aplicó a Microsoft. Pero ahora, como ya había sucedido antes, el mercado del software demostró lo precario que era en realidad ese «dominio completo». El Departamento de Justicia hizo caso omiso de las implicaciones que tenía el cuento de Cenicienta, representada por Netscape, para su continua obsesión con Microsoft.

Pero quizá lo más importante de todo fue que la avalancha de inversores hacia Netscape y otras empresas más directamente asociadas con el fenómeno Internet reflejó no un desarrollo accidental ocurrido para revitalizar la competencia en el mercado del software, sino más bien la manifestación de fuerzas mucho más débiles. Aun cuando, en medio de toda la atención prestada a los recién llegados, Microsoft pareciera disfrutar de una posición envidiable para jugar a ponerse al nivel de los demás, todo el alboroto creado alrededor de Internet no hacía sino confirmar precisamente lo que Gates había argumentado: que, en el negocio del software, las barreras para entrar eran bajas, que los valores principales de una empresa de software eran las personas inteligentes, no el montaje de fábricas intensivas en capital, como las que se necesitaban en la industria del automóvil. Y las personas inteligentes, representadas por licenciados universitarios de poco más de veinte años, se podían conseguir a precios baratos.

El ciclo de la retroalimentación positiva y la preferencia de los consumidores por comprar los productos líderes del mercado reforzaban la posición de éstos. Pero esa protección podía evaporarse en el momento en que llegara el siguiente cambio, y las mismas fuerzas que habían ayudado al líder a conseguir una cuota dominante actuarían con la misma velocidad para desbancarlo cuando el apoyo del mercado se desplazara hacia otro recién llegado. No existía ninguna protección duradera que salvara a ninguna empresa de los rigurosos vientos fríos de la competencia. Mientras Andreessen, de Netscape, trabajaba para destruir a Microsoft, servía, inadvertidamente, desde luego, como el ejemplo perfecto de la campaña emprendida por Microsoft para explicarle al gobierno la situación de la competencia.

Cuando Gates les explicó a sus propios empleados cómo afrontaría Microsoft la amenaza planteada por Netscape en la lucha por controlar los modelos de software para Internet, la historia le sirvió una vez más como guía. Cuando Excel se introdujo, en una época en que el 1-2-3 de Lotus tenía una abrumadora cuota de mercado, Microsoft no intentó exigir que los clientes potenciales plantearan una ruptura limpia. Excel abrazó el macrolenguaje del 1-2-3, utilizado para almacenar fórmulas y pulsaciones de teclas usadas habitualmente, y se limitó a construir por encima. Microsoft aplicaría el mismo principio de «abrazar y extender» en la competencia por controlar los equipos de software relacionados con Internet.

El desafío al que Microsoft se enfrentaba al intentar repetir su propia historia se vio reflejado en una conferencia del sector de los ordenadores celebrada en el otoño de 1995. La impresión predominante era que Internet iba a plantear el desafío más importante al poder de Microsoft, lo que cristalizó en un discurso: «Por qué ya no importan más Microsoft e Intel», pronunciado por Roger McNamee,[20] un capitalista que invertía en empresas de capital riesgo. McNamee argumentó que la llegada del Nuevo Orden Mundial a la industria de los ordenadores personales se centraría en las comunicaciones, no en la productividad del software de oficina. También predijo que la importancia de Internet estaría en el triunfo de instrucciones de software publicadas abiertamente, disponibles para todos, que sustituirían a los programas de propiedad férreamente mantenidos por Microsoft.

Por muy querida que fuera para Gates la idea de controlar las especificaciones, si Microsoft fracasaba a la hora de mantener el control, su futuro no era necesariamente tan oscuro como el que pronosticaban sus críticos. Tal como señaló Jesse Berst,[21] editor de *Windows Watcher*, Microsoft no tenía control alguno sobre los programas de Macintosh, a pesar de lo cual estos programas se vendían muy bien. El hecho de que Microsoft hubiera empezado relativamente tarde a adoptar una estrategia Internet de arriba hacia abajo, tampoco iba a ser necesariamente un obstáculo insuperable. Comparada con sus rivales, Microsoft había llegado con diez años de retraso a introducir un programa de base de datos para la oficina. El retraso, sin embargo, no impidió que Access, el programa de base de datos que finalmente puso a la venta Microsoft, llegara a ocupar el primer puesto de su propia categoría.

El inicio tardío de MSN constituía una bendición en algunos aspectos, porque no tenía que preocuparse por facilitar ningún negocio existente dentro de un futuro centrado en Internet (con una infraestructura masiva, asunciones de negocio y corrientes de ingresos), como les sucedía a America Online y CompuServe. America Online ya había hecho apuestas compensatorias con respecto a los servicios comerciales *on line* al invertir modestamente en un servicio de acceso separado a Internet llamado Global Network Navigator, pero eso no suponía un cambio fundamental de estrategia. Microsoft fue algo más osada. En 1995, Gates predijo el lugar futuro que ocuparía Internet en la informática sería tan omnipresente como la electricidad. En consecuencia, del mismo modo que ninguna empresa tenía una «División de Electricidad» aparte, Microsoft tampoco establecería una «División Internet». A principios de 1996, cuando Gates reorganizó la empresa y estableció lo que apenas unos meses antes declaraba que no se necesitaba, el nuevo grupo Internet representó un cambio táctico de postura, pero no la repentina llegada de la religión Internet al campus de Microsoft, pues no cabe la menor duda de que Gates ya había abrazado esa religión en mayo de 1995, la época en la que redactó su memorándum «La marejada de Internet». Durante el transcurso de la reorganización, no revocó el encargo que había hecho a todos los departamentos de Microsoft para que se reorientaran hacia Internet. Simplemente, añadió un grupo que se centraría exclusivamente en las herramientas de software para la Red.

Tanto en MSN como en otras partes, desde el despacho de Gates hacia abajo, las analogías históricas ofrecieron puntos de referencia para volver a pensar en la estrategia. Bill Miller, director de marketing de MSN, comparó en 1995 la posición de Microsoft al abordar Internet con la de su patrono anterior, Digital Equipment Corporation, cuando tuvo que abordar la llegada del ordenador personal. La DEC contaba con gente inteligente y todos pudieron darse cuenta de que la amenaza era real. Pero el negocio de la DEC, basado en miniordenadores VAX, imaginó que cada pieza de hardware se vendería por más de 100.000 dólares la caja, que cada pieza de software se vendería por 50.000 a 60.000 dólares, y que se necesitarían 100.000 empleados para manejar este negocio. Una caja PC que se vendiera a 2.000 dólares y un software relacionado que se vendiera a 100-300 dólares la unidad tenían graves implicaciones para el negocio actual de la DEC. Pero aunque la empresa pudiera ver hacia dónde se dirigiría el negocio, ¿cómo ir desde aquí hasta allí? ¿Despidiendo al 90 por 100 de sus empleados? No era cosa fácil de hacer. Por esas mismas razones, Miller simpatizaba con los directores de la Enciclopedia Británica cuando se enfrentaron con la Encarta de Microsoft, y se quedaron tan paralizados como le sucedió a DEC.

Gates, en todo caso, no se quedó paralizado. De hecho, y según demuestran todas las pruebas, saboreó positivamente el impulso que Netscape supuso para su propia empresa, al permitirle salir de su complacencia. A los empleados convocados para la reunión de la empresa en 1995, les dijo que recibía con agrado la atención que estaba recibiendo Netscape, e incluso los sarcasmos contra Microsoft de observadores que decían: «Eh, Microsoft, ¿no van a noquearos esos tipos?». Lo que «realmente nos pone en marcha y nos hace pensar»,[23] dijo Gates, era la «dinámica» de enfrentarse a un grupo de competidores igualmente inteligentes (como un cambio refrescante, sugirió implícitamente, comparando Netscape con los Lotus y Novell, con tendencia a las actitudes torpes, que habían sido los más fuertes competidores de Microsoft). Tenía razón en su valoración de que el desafío permitía que saliera a la luz lo mejor de la empresa. Además, las fortalezas básicas que le habían servido bien hasta la fecha reforzarían la respuesta de Microsoft ante el desafío de Netscape.

Tras el debut de MSN y la reorganización interna para reorientar a todos los grupos de Microsoft hacia la estrella polar de Internet, a MSN se la separó de Windows 95. Los creadores de MSN, que habían estado trabajando en la fontanería, por debajo de la superficie, fueron trasladados al grupo de sistemas operativos. Eso liberó a Microsoft para competir mejor con recién llegados como Netscape y con veteranos atrincherados como AOL, todos los cuales eran ecuménicos al acomodar muchos sistemas operativos en su software. La parte de MSN responsable del contenido aceleró sus planes de convertirse en una página World Wide Web, abandonando su propio software de *interface*, del que era propietaria. El cambio alteró comprensiblemente a los más pequeños proveedores de contenido de MSN,[24] que habían invertido en desarrollar software para trabajar con MSN en un formato no relacionado con la Web, pero el futuro de los servicios *on line* que no estuvieran conectados con la Web era ahora incierto, y Microsoft no tenía poder alguno para evitarles el maremoto de Internet. (Los proveedores de contenido para CompuServe pronto recibieron la misma y mala noticia: el servicio también cambiaba para adoptar un formato Web.)[25]

El hecho de que Microsoft aceptara la Web reportó beneficios inmediatos. En lugar de tener que luchar contra Netscape y AOL en frentes separados, Microsoft contaba ahora con libertad para establecer alianzas de negocios que antes habrían sido imposibles. El cambio más espectacular fue el éxito alcanzado al asegurarse el apoyo de AOL[26] (que hasta muy recientemente había sido el rival número uno de MSN) para afrontar el desafío de Netscape en la guerra entre buscadores de la Web que competían entre sí. En marzo de 1996, AOL estuvo de acuerdo en distribuir exclusivamente el buscador de Microsoft, el Explorer, incluyéndolo en los millones de paquetes que distribuye entre sus clientes, a cambio de la voluntad de Microsoft para ofrecer un acceso fácil a AOL, apretando una sola tecla, como una opción estándar en Windows 95.

La capacidad de Microsoft para adaptarse tan rápidamente al universo del software centrado en Internet y para encontrar nuevos aliados también quedó demostrada cuando Steve Jobs, uno de los críticos más vociferantes de Microsoft, cantó las alabanzas del software de Microsoft y la predisposición de la empresa a llegar a acuerdos con otras empresas de software como su propia NeXt Software. «Esto es realmente extraño —dijo Jobs al subir al escenario durante una conferencia patrocinada por Microsoft, a principios de 1996—, Netscape nos trata exactamente como se esperaría que nos tratara Microsoft.»[27]

Los directores de MSN todavía se preguntaban de dónde procedería el contenido atractivo que ratificara su recientemente creado concepto de servicio en directo por Internet a cambio de un beneficio. Se inspiraron hasta cierto punto en sus vecinos del grupo Encarta, de la División del Consumidor, que habían perseverado a lo largo de los años difíciles, antes de que su producto principal llegara a ver la luz del día, y que había sido tan útil para demostrar tanto a la industria como a los consumidores las capacidades de la tecnología del CD-ROM. Las actuales ofertas en la Web no estaban más desarrolladas que las del CD-ROM a finales de los años ochenta. Mientras las páginas Web no ofrecieran algo más interesante que folletos electrónicos, un servicio *on line* por Internet no lograría llegar muy lejos. Encarta demostraba que el contenido se pondría finalmente a la altura de la tecnología de transmisión.

Encarta también demostraba que haber llegado relativamente tarde no constituía en sí mismo un obstáculo insuperable. En la competencia con la enciclopedia impresa, Microsoft había podido desplegar valores que les faltaban a las empresas de enciclopedias más antiguas: grandes inversiones, conocimiento del software y «ponerse rápidamente en pie a través de un período de ensayos y errores», en palabras de Myhrvold, que destacó el brillante ejemplo de Encarta en un memorándum de 1995 sobre Internet. Myhrvold razonó que «casi siempre se pueden comprar las viejas habilidades y valores, pero las nuevas no se encuentran en todas partes».[28]

En realidad, Encarta proporcionó a MSN algo más que inspiración: también ofreció al servicio *on line* una parte de su contenido inicial. Un año antes de la presentación de MSN, se pidió a la División del Consumidor que se preparara para poner a disposición de los futuros suscriptores de MSN la enciclopedia Encarta y la colección de libros de referencia de

Bookshelf. Los directores de Encarta se resistieron, argumentando que el uso *on line* haría caer las ventas del CD-ROM y que el pago que MSN trasladaría a la División del Consumidor, efectuado sobre una base per cápita, no compensaría las ventas perdidas en las tiendas al por menor. Gates dio instrucciones a Patty Stonesifer, jefa de la División del Consumidor, y ésta las transmitió por la cadena de mando: los grupos de productos no eran feudos individuales, y si MSN necesitaba la ayuda de otros grupos de Microsoft, la recibiría. Posteriormente, Encarta y Bookshelf se encontraron entre las ofertas disponibles para las pruebas beta de MSN, y demostraron ser muy populares.

Una vez que MSN fue presentada formalmente, esta nueva disposición resultó funcionar bien para el grupo de Encarta. Había seguido el ejemplo de Intuit, que alteró Quicken para situarlo en paquetes en los nuevos PC, de tal modo que el producto siguió siendo útil, aunque no contenía todas las características que poseía la versión regular vendida al por menor. El grupo de Encarta creó una versión ligeramente diferente de su enciclopedia, que llamó Encarta Intro, a la que le faltaba el atlas, la línea temporal, los videoclips y otras características secundarias de su versión regular en CD-ROM. Cada vez que se consultaba, Encarta Intro servía como un anuncio de la Encarta vendida al por menor.

Quizá no sea nada sorprendente ver a la recién nacida MSN rebuscar para encontrar un modelo viable de negocio después de que la conmoción producida por Internet hubiera precipitado el abandono de su modelo original. Más sorprendente fue la habilidad de la División del Consumidor[29] para emprender grandes cambios estratégicos a pesar de que, para el otoño de 1995, ya había crecido hasta tener 800 empleados, con unos ingresos anuales de unos 800 millones de dólares, casi doblando el nivel de 1994. Microsoft decidió recortar sus precios cuando la competencia de precios amenazó con reducir la cuota de mercado, es decir, cuando el precio nominal de Encarta al por menor era de 99 dólares y el precio efectivo en la calle era de 85 dólares, pero las otras enciclopedias en CD-ROM habían bajado sus precios hasta los 55 dólares. Microsoft y otras empresas de software habían aprendido que encuestar a los consumidores para conocer sus reacciones ante los precios propuestos producía datos notoriamente poco fiables. (La primera encuesta para Encarta indicó, después de todo, que los consumidores se mostraban supuestamente contentos con el precio de 395 dólares por el CD-ROM.) Así pues, la empresa decidió probar algunos precios alternativos en un estudio de campo. Para evitar enfados si alguien descubriera que algunos consumidores pagaban un precio experimental más alto que otros, Microsoft buscó un territorio bien alejado de los ojos curiosos de la prensa especializada, y probó en Nebraska con precios de 79, 59 y 49 dólares para Encarta. Las ventas se dispararon en el nivel de los 49 dólares, de modo que en octubre de 1995 el nuevo precio sugerido para su venta al por menor fue de 49 dólares. Los otros títulos de la División del Consumidor ajustaron proporcionalmente sus precios a la baja, a pesar de que las ventas eran fuertes.

La División del Consumidor también demostró su habilidad en otros aspectos. Descartó su estrategia anterior de producir muchos títulos utilizando plantillas similares y, en lugar de eso, centró sus recursos en categorías (como la de las enciclopedias) que exigieran fuertes inversiones, para disuadir la entrada de otros competidores, y que tendrían la profundidad de contenido y las características para producir ventas año tras año. Y abandonó también su nombre de «División del Consumidor» cuando la reorganización emprendida en febrero de 1996[30] hizo que sus productos de software como Works y Publisher se reunieran con los de su clase, como Word y Excel, mientras que Encarta, Bookshelf y algunos otros grupos se unían con MSN en una recientemente creada «División de Medios Interactivos».

La capacidad de la organización para aprender al tiempo que seguía su camino también se puso de manifiesto en la dirección mucho más sabia de los acuerdos de fabricación y en los temas de distribución al por menor. Cuando Encarta llegó a su primera temporada de ventas en vacaciones, en 1993, sólo se contaba con una planta de fabricación para imprimir los discos, y sólo una pequeña empresa de cartonajes con el mínimo equipo necesario para la singular y pesada caja de cartón que se necesitaba, y cuya capacidad sólo era de unos pocos miles de cajas a la semana. Cuando la demanda superó las previsiones, esta capacidad de fabricación quedó muy corta para satisfacer las necesidades. En 1994 se adoptó un modelo de caja menos costosa,[31] que podía fabricarse con mayor facilidad, y para la temporada de vacaciones de 1995 ya había cinco fábricas preparadas para recibir pedidos de Encarta.

Al contratar a más directivos con experiencia en la venta al por menor, toda la División del Consumidor había adquirido destreza para gestionar el canal de distribución. Lo mismo que Intuit, Microsoft buscó en empresas situadas al margen de la industria de los ordenadores, y contrató a más profesionales procedentes de Procter & Gamble, Nestlé, Nabisco, Coca-Cola y Nike. Se ajustaron los detalles de las promociones de vacaciones de Microsoft con sus minoristas y se puso la información al alcance de éstos en el verano anterior, cuando la necesitaban. Para asegurarse de que el inventario en los estantes de las tiendas fuera el adecuado y estuviera bien expuesto, Microsoft contrató a inspectores que visitaban 4.500 escaparates de tiendas al mes. Para sus 600 cuentas minoristas más grandes, los propios directivos de Microsoft visitaron semanalmente a cada una de ellas. Estos fueron los detalles operativos básicos de «bloquear y convencer», que constituían prácticas habituales en otros ámbitos de productos de consumo.

El poco vistoso trabajo realizado entre los minoristas ayudó a conseguir que el software estuviera en todas partes. La omnipresencia en la conciencia de los consumidores fue la condición previa poco observada para Internet, que hasta no mucho antes había sido casi exclusivamente una red académica, desconocida para las revistas de información general. Como categoría de producto genérico, el software tuvo que llegar a ser primero lo bastante omnipresente como para desmitificarlo en la mentalidad popular. Difundido dentro de la economía de consumo, hasta el punto de que ya no destacaba, no se vendía en tiendas especializadas en la venta de software, sino que estaba en todas partes, y con un precio similar a otros artículos corrientes en el hogar, su presencia terminó por influir sobre la conciencia del público por el simple hecho de estar presente en las estanterías del Wal-Mart local, o en las góndolas del Price/Costco. Para Windows 95, Microsoft se tomó el trabajo de colocar el software en unos 20.000 puntos de venta, muchos de los cuales ni siquiera vendían software habitualmente. Pero incluso al margen de esta campaña, el software de Microsoft se vendía regularmente en 1995 en unos 12.000 a 15.000 puntos de venta distintos, lo que suponía disponer de una red de distribución que superaba a la de cualquier otra clase de productos de consumo, a excepción de los alimentos. Este objetivo no se alcanzó de la noche a la mañana, como hemos visto al considerar la gestación de Encarta; tampoco se consiguió de un modo individual, como hemos visto al trazar los perfiles de la historia de Intuit. Pero, desde un punto de vista histórico, la llegada del software a un mercado de masas fue algo que sucedió en un abrir y cerrar de ojos.

NOTAS

1. Richard Thomas DeLarmarter, *Big Blue: IBM's Use and Abuse of Power*, Nueva York, Dodd, Mead & Company, 1986, pág. xvii. El libro de DeLarmarter no debe confundirse con el de Paul Carroll, *Big Blues: The Unmaking of IBM*, Nueva York, Crown, 1993, cuya estimación de IBM no podría ser más diferente.

2. División Antitrust, Departamento de Justicia de Estados Unidos, «The Department of Justice Issued the Following Statement Today Regarding Its Ongoing Investigation on Issues Surrounding Microsoft Windows», 8 de agosto de 1995.

3. «Advice Now in High-Tech: Be Selective», *New York Times*, 8 de enero de 1996.

4. «MSN's Growing Pains», *P. C. Letter*, 10 de agosto de 1995, pág. 4. El artículo se basó en una evaluación de MSN durante el período de pruebas beta.

5. «On-Line Game Isn't So Easy for Microsoft», *San Jose Mercury News*, 1 de octubre de 1995.

6. «Microsoft Passes Half Million Mark», *Seybold Report on Desktop Publishing*, 11 de diciembre de 1995.

7. «America Online Claims 4.5M Users», *Financial Times*, 29 de diciembre de 1995.

8. Bell había sido uno de los principales arquitectos de la línea de miniordenadores VAX de la Digital Equipment Corporation. Abandonó Digital y de vez en cuando trabajó como asesor para Microsoft, que estaba interesada en personas inteligentes de todas las edades, incluidas aquellas que fueran individuos contrarios como Bell que, como veremos, no suscribía necesariamente la ortodoxia de Microsoft.

9. Nicholas Negroponte, «Affordable Computing», *Wired*, julio de 1995, pág. 192.

10. Nathan Myhrvold, correo electrónico a Gordon Bell *et al.*, 29 de mayo de 1995.

11. Rob Glaser, correo electrónico a Gordon Bell *et al.*, 21 de mayo de 1995.

12. «Oracle Plans To Sell Network Computer», *Wall Street Journal*, 6 de octubre de 1995.

13. Nathan Myhrvold, «Where Arte the Used Computers», correo electrónico, 6 de diciembre de 1995. La postura de Myhrvold, según la cual los consumidores no deseaban máquinas menos capaces, fue mantenida por otros que no estaban relacionados con Microsoft. Para dos de los primeros pero mejores ensayos escritos por periodistas de la industria sobre este tema, descalificando la idea de una terminal con menor capacidad de almacenamiento, véase Stewart Alsop, «Oracle, Sun, and IBM Are Trying To Replace the PC With *Dumb and Dumber*», *Infoworld*, 20 de noviembre de 1995, pág. 110; y John Dodge, «$500 Internet PCs: Where's the Beef?», *PC Week*, 20 de noviembre de 1995, pág. 3.

14. Con la contratación de Gordon Bell y también de Jim Gray, una destacada autoridad en base de datos, tan estimada que Gates hizo una excepción y le permitió que se quedara en California, la prensa habló de la contratación de eminentes autoridades por parte de Microsoft como de un «monopolio cerebral». Véase «Gordon Bell Is Latest High-Tech Star To Join Microsoft's Growing Brain Trust», *Wall Street Journal*, 16 de agosto de 1995.

15. «SIPC Systems To Rival Low-Cost NCs», *Infoworld*, 27 de mayo de 1996.

16. Un ejecutivo no identificado de Oracle, al preguntársele cómo había decidido la empresa qué partes conservar del PC estándar, y cuáles desechar, se dice que contestó: «No hubo debate: sacamos el Pentium y el Windows». «Electric World», *Wired*, febrero de 1996, pág. 42.

17. Bill Gates, «Sea Change Brings Opportunity», memorándum de Microsoft, 6 de octubre de 1994.

18. Bill Gates, «The Internet Tidal Wave», memorándum de Microsoft, 26 de mayo de 1995. Gates criticó duramente el estado de la propia red interna de su empresa, en la que la navegación era más difícil que en la Web. Pero si el sistema interno de Microsoft se había quedado retrasado, sugirió que lo mismo les sucedería a las redes internas de los clientes empresariales, y ahí se encontraría una nueva oportunidad de mercado para una Microsoft experta en Internet.

19. «High Hopes Push Netscape intro Stratosphere», glosado en el artículo «Digital Commerce», de Denise Caruso, *New York Times*, 9 de octubre de 1995.

20. «Why Microsoft and Intel Don't Matter Anymore», sintetizado en el artículo «Digital Commerce», de Denise Caruso, *New York Times*, 9 de octubre de 1995.

21. Berst señaló: «Microsoft: Embrace. Extend. Exterminate», *PC Week*, 18 de diciembre de 1995, pág. 69.

22. Bill Gates, «Internet Strategy Workshop Keynote», conferencia de Microsoft, 7 de diciembre de 1995.

23. Bill Gates, reunión de la empresa, 1995.

24. «Microsoft's Partners in On-Line Network Feel Brunt of Change», *Wall Street Journal*, 12 de abril de 1996.

25. «CompuServe To End Its Own Software, Move to Internet», *Wall Street Journal*, 21 de mayo de 1996.

26. «Microsoft Gets a Big Boost on Internet», *New York Times*, 13 de marzo de 1996.

27. «Microsoft Gives Demonstration of Its New Technologies», *New York Times*, 13 de marzo de 1996.

28. Nathan Myhrvold, «Principles for Online Content & Brands», memorándum de Microsoft, 16 de julio de 1995.

29. «After Win95, What Do You Do for an Encore?», *Business Week*, 16 de octubre de 1995, pág. 68.

30. «Internet Mandate Drives Microsoft to Reorganize», *Windows Watcher*, abril de 1996, *1*, págs. 10-16.

31. La caja cara que se utilizó el año de salida de Encarta, que cuesta 13 dólares cada una, se eligió cuando la planificación inicial había asumido que el precio de venta al público sería de 395 dólares. Cuando el precio de Encarta bajó a 99 dólares, los 13 dólares que costaba cada caja resultaron ser demasiado elevados. La forma en que Microsoft bajó en 1994 el coste de Encarta a una cuarta parte del precio inicial siguió influyendo no sólo a Encarta sino también a otros títulos en CD-ROM, lo que ilustra una de las razones prosaicas y poco observadas de los fabulosos beneficios de Microsoft.

EPÍLOGO: Legados

¿Acaso los grandes comerciantes, los grandes fabricantes, los grandes inventores no han hecho mucho más por el mundo que los predicadores y los filántropos? ¿Puede haber alguna duda de que abaratar el coste de los artículos y necesidades materiales de la vida es el agente más poderoso de la civilización y del progreso?

Charles Elliott PERKINS,
presidente del Chicago, Burlington & Quincy Railroad (1888)[1]

Somos beneficiarios de lo que ha sido la mayor creación legal e individual de riqueza que se ha visto sobre el planeta en toda una década.

John DOERR, empresario de capital riesgo
en *Silicon Valley* (1994)[2]

Llevad cuidado si tenéis demasiados bienes en vuestras manos. Se corromperán con rapidez.

Ralph Waldo EMERSON, en *Compensación* (1841)[3]

Una versión actualizada del argumento de Charles Elliott Perkins es lo que se encuentra en el núcleo de lo que nos promete Microsoft, así como todas las demás empresas de software y hardware: que con ordenadores personales cada vez más potentes y con una red de comunicaciones a la que conectarlos, llegará un futuro más brillante para todos nosotros. Confiamos en que sea así pero, de algún modo, deberíamos ser recelosos cuando escuchamos a Bill Gates articular nuestra secreta esperanza, e incluso quizá debiéramos llegar a rechazarla. Cuando Gates nos pide que escuchemos las aspiraciones creíbles o no sobre los beneficios sociales que pueden aportar los ordenadores personales, como hizo en *Camino al futuro*, nos resulta difícil prestarle más atención; nos sentimos pasmados ante su riqueza. Que se nos pida no tener en cuenta la riqueza del multimillonario Bill no es más posible que obedecer la orden de no pensar en un elefante. Hasta el momento, he procurado dejar la riqueza de Gates al margen del discurso, pero esa omisión ha sido claramente artificial. Consideremos ahora la cuestión.

Desde los tiempos de Perkins (1840-1907) el público ha seguido atentamente la pista de aquellos de nosotros que somos más ricos. En 1840, el editor del *New York Sun* publicó un folleto titulado *Riqueza y biografía de los ciudadanos ricos de Nueva York*,[4] en el que se incluía una lista de «las personas que valen 100.000 dólares y más», indicando junto a cada nombre una estimación de su valor neto, lo mismo que hace *Forbes* en la actualidad. La guía resultó ser tan popular que se produjeron nuevas ediciones con regularidad y, según afirmó el editor quince años después del primer folleto, «no quedó por vender ni un solo ejemplar de ninguna edición». Con el transcurso de los años, diversas publicaciones incluirían una especie de censo no oficial, junto con trabajos colaterales, como encuestar a los individuos para que calcularan la riqueza en manos privadas de otros. A pesar de que el umbral de lo que define la riqueza ha aumentado, se ha endurecido la insistencia del público por contar, intentar evaluar y examinar hasta convertirse en un hábito, hasta el punto de que en Estados Unidos no puede existir un multimillonario desconocido.

Los que no somos ricos, coleccionamos y saboreamos asiduamente las deliciosas historias de avidez sin límites de un John D. Rockefeller, por ejemplo, que, ya de joven, le confió a su por entonces socio en los negocios: «Estoy destinado a ser rico, ¡a ser rico!».[5] Oh, qué dulce placer haber podido estar también allí para observar a Rockefeller en unos momentos tan reveladores, con cuernos en la frente y desplegando toda su increíble avaricia que sirve para consolarnos por el hecho de que el destino haya derramado los millones sobre él y no sobre nosotros.

El valor neto nominal de Gates (en millones de dólares)	
1986	315
1987	1.250
1988	1.100
1989	1.250
1990	2.500
1991	4.800
1992	6.300
1993	6.200
1994	9.350
1995	14.800
1996	16.500
1997	31.000

Bill Gates no ha estado dispuesto a permitirnos verle a través del prisma definidor de la riqueza. Desde el momento en que las acciones de Microsoft se ofrecieron al público, en marzo de 1986, ha mantenido inexorablemente, aunque en vano, que todo ese alboroto estaba mal dirigido. Ha insistido en que su riqueza se hallaba vinculada a las acciones de Microsoft, es decir, a unos valores volátiles por naturaleza y que no podían convertirse en liquidez de un modo obligatoriamente fácil, por lo que habría que distinguirlos de la «verdadera riqueza».[6] En 1986, cuando Gates era apenas un multimillonario de treinta años, sus afirmaciones despertaban cierta credulidad. Pero al año siguiente, cuando su fortuna superó los mil millones de dólares, ya resultó más difícil aceptarlas. A principios de la década de 1990, a medida que las ventas del software de Windows se expandieron y que el valor de las acciones de Microsoft hicieron incrementar tan rápidamente su cartera de acciones que, en 1992, a la edad de treinta y seis años, *Forbes* lo ungió como el estadounidense más rico,[7] su continua afirmación de no ser más que un multimillonario sobre el papel no era más que metafísica privada,[8] una perspectiva que el público no admitía.

Lo que prefería el público era especular con juegos tipo: «Bill podría comprar...». Estos ejercicios mentales llegaban desde lo casi estúpido a lo casi serio. Cuando su valor neto alcanzó los 8.200 millones de dólares, a mediados de 1994, por ejemplo, un periodista de Seattle[9] aprovechó la ocasión para calcular que ese no era precisamente el dinero de bolsillo que la mayoría de la gente suele tener guardado en un tarro de golosinas. En el caso de Gates, ese tarro, si se llenara con monedas de cinco centavos, pesaría más que mil Boeing 747. Un poco más significativo fue el cálculo según el cual, si Gates gastara mil dólares cada minuto, durante 24 horas diarias, su riqueza no se agotaría durante casi 16 años. Dos años antes se hizo una observación bastante impresionante acerca del valor neto personal de Gates y el tamaño de sus competidores en el negocio. Si vendiera su paquete de acciones de Microsoft, que por entonces valía 7.300 millones de dólares, y utilizara el dinero para comprar y luego descartar la producción de todo un año de sus 99 competidores más cercanos, Gates seguiría valiendo más que Rupert Murdoch o Ted Turner.[10]

¿Cómo se compara la riqueza de Gates con las fortunas de sus predecesores más ricos en su tiempo, con los Astor, Carnegie o Rockefeller? No es una cuestión fácil. La primera inclinación consiste en recurrir a las matemáticas para ajustar la inflación. Luego se pueden hacer comparaciones bastante directas (la fortuna de Rockefeller en dólares actuales valdría bastante por encima de los 10.000 millones de dólares). Pero esa comparación aparente es engañosa.[11] En algunos aspectos, la capacidad adquisitiva del dólar llegaba mucho más lejos en otras épocas. El ensayista y poeta Ralph Waldo Emerson (1803-1882), contemporáneo de John Jacob Astor, podía mantener a su esposa y a cuatro hijos, a su madre y a cinco criados en una casa espaciosa sobre dos hectáreas y media de terreno en Concord, Massachusetts, con simplemente 3.000 dólares al año. Si se ajustara la inflación, llegaríamos a obtener una cifra supuestamente comparable de 45.000 dólares anuales actuales, lo que evidentemente queda a mucha distancia de lo que se necesitaría en la actualidad para hacer lo mismo. Pero, para complicar aún más las cosas, la capacidad adquisitiva del dólar actual llega mucho más lejos en otros aspectos. No sólo Emerson, con sus modestos ingresos como escritor, sino incluso John Jacob Astor, comerciante en pieles e inversor en bienes raíces, no podía comprar ni con todos sus millones nada equivalente a un ordenador personal y el software que en la actualidad se encuentran al alcance de los hogares actuales de clase media.

A finales del siglo XIX, el público deseaba saber, como quiere saber ahora, qué encantamientos debían poseer los genios que ganaban una fortuna en los negocios, aunque en la antigua tradición el verdadero «carácter» se consideraba como el elemento básico de la riqueza. Tanto en el siglo XIX como en el presente, también observamos una gran fascinación pública por la vida cotidiana de los más ricos. Hace cien años, la pregunta «¿Cómo es eso de ser tan rico?» anidaba con frecuencia por detrás de amables preguntas y hacía que los ricos reaccionaran a la defensiva. A una persona recelosa como Leland Stanford, el titán de la Southern Pacific y en un tiempo gobernador de California, se le observó mostrarse ofendido ante el saludo de un amigo, que le preguntó: «¿Cómo se siente esta mañana, señor gobernador?», a lo que él replicó: «¿Verdad que le gustaría saberlo?».[12] En la actualidad, nuestros periodistas se lanzan a preguntar repetida y directamente, sin pedir disculpas: «¿Cómo se siente eso?».

Creo que las lecciones más interesantes que se pueden aprender al preguntar a los ricos no se encuentran en las respuestas, *per se*, sino en lo que tales encuentros nos dicen acerca de nosotros mismos y de nuestras expectativas sobre nuestra rica presa. Como regla general, podemos decir que el público estadounidense tiene un gusto cinematográfico por el drama inherente a la fortuna que se ha hecho a sí misma, a partir de unos orígenes modestos, cuanto más modestos, tanto mejor. Nos sentimos atraídos por la promesa implícita de que una oportunidad similar pueda estar al alcance de nuestra mano. Mucho menos interesantes, claro está, son los casos de grandes fortunas que se hicieron a partir de fortunas más pequeñas y heredadas.

¿Qué hacer, sin embargo, con la historia de la familia de Gates? Por un lado, es un privilegiado de clase media alta, ejemplificado por su asistencia a la escuela privada de Lakeside, que ofreció al precoz Gates un temprano acceso a los ordenadores compartidos, antes del alborear de los verdaderos ordenadores personales. Por otro lado, las ventajas intangibles del historial de Gates son difíciles de catalogar, como por ejemplo la calidad de la educación o la sensación de estar familiarizado con los pasillos del poder desde sus primeras experiencias como botones,[13] primero en el capitolio de su estado y luego en Washington. Gates, sin embargo, no necesitó de la ventaja más familiar y tangible posible: el capital inicial. Una de las características peculiares de los nuevos aventureros que anuncian la llegada de una tecnología definitoria de una época es que puede necesitarse poco capital para empezar, y tal fue el caso de Microsoft. Las barreras para entrar eran tan bajas, los márgenes brutos eran tan altos y la industria crecía tan rápidamente que Gates no necesitó buscar nada excepto capital riesgo simbólico, y tampoco tuvo que vender la mayor parte de sus acciones originales para financiar el crecimiento de la empresa. Lo mismo cabría decir de otros que se convertirían en multimillonarios de la industria de los ordenadores: Bill Hewlett, David Packard y Ross Perot.[14] Las circunstancias históricas revelan que, a fin de cuentas, la familia de Gates no tuvo un papel significativo en la fundación de Microsoft.[15] Así pues, la historia, acompañada por privilegios que ayudaron indirecta pero no directamente, es decepcionante para quienes sienten avidez por el chismorreo.

Siempre cabe esperar ser testigo fugaz de una danza pagana ante el becerro de oro, como en el caso de John D. Rockefeller; por ello a Gates se le pregunta, con toda clase de variaciones imaginativas, cómo se siente siendo la persona más rica, o la segunda más rica del país. La pregunta sirve a menudo como un decorado, de modo que nuestros instrumentos sensores puedan detectar mejor la verdad oculta («... A últimas horas de la noche, desciende a la sala de contabilidad, donde, sumido en la oscuridad, cuenta sus barras de oro...»). Pero la pregunta también se encuentra con la evidencia de que Gates es alguien que, simplemente, no dedica mucho tiempo a pensar en el dinero. Al revisar unos quince años de tenis periodístico en este campo (servicio, devolución, volea, devolución, smash, devolución), lo más divertido de observar es la forma particular que Gates eligió ya desde el principio para manejar esta cuestión, y la respuesta de los observadores del propio Gates.

Antes de la oferta pública inicial de Microsoft, el valor neto de Gates era desconocido. Cuando se le pedía que calculara a cuánto podía ascender, él se limitaba a expresar desagrado. ¿Quién sabe? Cualquier cifra que se le pueda ocurrir a alguien sería «simplemente estúpida»;[16] ¿de qué serviría especular? Tras la salida de Microsoft a la bolsa, el valor neto de Gates se convirtió en una cuestión de récord público, pero Gates siguió mostrando su malestar ante las continuas preguntas acerca de cómo se sentía eso, qué significaba para él, es decir, ante la curiosidad de una cultura terapéutica aplicada a los negocios. Se acostumbró a ofrecer una respuesta estándar: ¿Multimillonario? Eso no es más que el producto de una multiplicación abstracta.[17] Yo no tengo X millones de dólares, sino que soy propietario de acciones.

Por inteligente y astuto que pueda ser, Bill Gates ha resultado bastante miope al pensar que esa clase de respuesta podría hacer que se evaporaran los miles de millones, para que su interlocutor pasara alegremente a otros temas. Lo que sucede, claro está, es que el entrevistador se siente encantado ante la evidencia de este intento malabarista y trata de profundizar. En 1990, por ejemplo, un periodista saboreó el hecho de pregonar la sutileza lingüística de Gates cuando le preguntó cuál era su valor neto:[18]

> *P:* ¿Qué significa para usted todo el dinero que tiene?
>
> *Gates:* Yo no tengo dinero; tengo acciones. Soy el propietario de aproximadamente el 35 por 100 de las acciones de Microsoft, y cobro un salario de 175.000 dólares al año.

P: Sí, pero vendió acciones de Microsoft por valor de unos 30 millones de dólares, ¿no es así?

Gates: De eso hace aproximadamente un año.

P: La mayoría de la gente lo consideraría como «dinero», ¿no le parece?

Gates: Sí, eso es dinero..., es dinero.

P: Bien, y ahora que hemos establecido que tiene usted dinero, ¿qué significa eso para usted?

Precio de las acciones de Microsoft. Media de cada seis meses, ajustadas según las divisiones	
1986	1 1
1987	3 3
1988	3 3
1989	3 4
1990	6 7
1991	11 15
1992	20 20
1993	22 20
1994	23 29
1995	37 46
1996	53 68
1997	95

En ambientes más íntimos, Gates suspendió la campaña de educación del público acerca de la distinción entre riqueza de papel y liquidez. En una conferencia semipública celebrada en 1994,[19] Gates mencionó brevemente que, el día anterior, Microsoft había sido condenada en un gran juicio por la infracción de una patente, y sus abogados le habían informado que eso le había costado 120 millones de dólares.[20] Concluyó diciendo: «Así que ayer tuve un mal día».[21] El comentario arrancó una oleada de risas..., como si todos tuviéramos experiencias similares de vez en cuando, ¿verdad?

El humor automático del que hace gala Gates no se ve públicamente con frecuencia debido a su resistencia a ser definido en los medios de comunicación por su riqueza. En 1994, cuando un entrevistador de *Playboy* le preguntó cuál había sido la reacción de sus padres ante su acumulación de riqueza, respondió con una pequeña broma. Se la oculté, empezó a decir Gates; sí, está enterrada en el jardín de casa y, por cierto, ya empieza a abultar un poco. Pero entonces, como si esa burla del interés del entrevistador pareciera indicar que quizá todo el clan Gates practicaba en secreto un rito de adoración al dinero en el patio trasero de su casa, Gates interrumpió bruscamente la broma: «Mi dinero no tiene ningún significado para ellos. Ningún significado». Y para asegurarse de no haber sido malinterpretado, añadió enfáticamente: «Nunca hablamos de dinero».[22]

Gates ha sido consecuente con lo que dijo. No sólo dedicaba poco tiempo a pensar en ello, sino que siempre ha animado a los demás a hacer lo mismo. El valor de las acciones sería volátil,[23] advirtió con frecuencia... y con presciencia la semana anterior al hundimiento del mercado, en octubre de 1987, cuando sus pérdidas en papel fueron de más de 350 millones de dólares. Inmediatamente después del hundimiento de la bolsa, él y otros ejecutivos de Microsoft se mostraron tan poco preocupados por la caída como lo habían estado antes del aumento. Siguieron repitiendo que la suya era una perspectiva a largo plazo, que se mantenía impertérrita ante las fluctuaciones momentáneas. En julio de 1995, Gates tuvo un par de días realmente malos, en los que sufrió una disminución de 2.000 millones de dólares en el valor de su paquete de acciones de Microsoft. Cuando los periodistas lo presionaron para que hiciera algún comentario al respecto, ofreció la misma y monótona respuesta y encogimiento de hombros que antes: «Invertir en acciones de tecnología es un alto riesgo».[24] La ausencia de emociones visibles desplegada por Gates exasperaba a los periodistas. Ríe, llora, tírate del pelo..., te perdonaremos el hecho de que tengas miles de millones, pero por favor, por el amor de Dios, ¡muestra alguna emoción!

¡Cómo desearíamos que se comportara en consonancia con las fluctuaciones del precio de las acciones de Microsoft, y con sus subidas..., y subidas..., y subidas! Parecería como si quisiéramos detectar un tambaleo en su paso, en su jactancia de altos vuelos, como la demostrada por Donald Trump (antes de la caída, en los años ochenta). Gates, sin embargo, se ha negado a seguir ese juego. Año tras año animó a los analistas de Wall Street a escuchar las conservadoras proyecciones de la empresa para el siguiente año fiscal. Y año tras año, cuando Microsoft sobrepasó esas proyecciones, los analistas estuvieron cada vez menos dispuestos a dejarse dirigir por el continuo lamento de la empresa según el cual su aumento de tamaño exigía un crecimiento lento. El equivocarse al estimar por defecto el crecimiento, no tiene crédito en el juicio de nuestra sociedad. Tampoco lo tiene el sistema de compensación de Microsoft, que ha recompensado a Gates sobre la base de paquete de acciones, y no de salario, una disposición que exige una perspectiva a largo plazo. Resulta extraña la poca atención que despierta este aspecto de la riqueza de Gates.

Los hábitos de gasto de Gates han sido objeto de abundantes comentarios, algo que, en algunos aspectos, no ha sido sino una continuación de la crítica pública sobre el comportamiento de los ricos. Pero, en otro sentido, el comentario ha tomado un giro nuevo, característicamente moderno. Examinar a Gates puede ser frustrante: el vilipendio sería mucho más fácil si Gates fuera un manirroto sistemático, en lugar de serlo sólo ocasionalmente. Al saber que Gates suele volar en compañías nacionales y que frecuenta los McDonald's, un entrevistador sintetizó en 1990 su impresión de que «para ser un hombre con su riqueza, no gasta usted mucho». Parece ser que Gates dijo: «En efecto, nunca me ha atraído mucho gastar».[25] Eso no le favoreció. En lugar de suavizar la opinión del público, la moderación de Gates no hizo sino contribuir a acentuar la caracterización de la prensa, que lo presentaba como una persona extravagante.[26] El público, sin embargo, no era consecuente. Compárese, por ejemplo, cómo se percibió de un modo notablemente diferente el modesto estilo de vida de figuras paternales más viejas, como Sam Walton, o Warren Buffett, el amigo de Gates, formando la imagen diferente de los simpáticos multimillonarios de gustos sencillos.

Cada vez que Gates se llevaba la mano a la cartera en público, todo el mundo se enteraba del importe de la transacción. Pero también sucedía lo mismo si él, supuestamente, echaba mano de la cartera, como un artículo de chismorreos afirmaba que se había visto a Gates saliendo del bar de un hotel sin pagar la consumición, perseguido por el enojado camarero.[27] El público también se enteraba de aquellas otras ocasiones en las que no llevaba la cartera encima, como en la frívola descripción que hizo un periodista de Chicago de la escena en la que Gates salió precipitadamente de un centro de convenciones para meterse en un coche con chófer, mientras uno de sus ayudantes le preguntaba a otro: «¿Llevas su cartera?». El ayudante se adelantó de un salto y le entregó la cartera, y el periodista llegó a la conclusión de que allí se revelaba el nivel definitivo del éxito, ser tan rico que se tiene a alguien «para que nos lleve la cartera».[28] Gates se echó a reír al día siguiente, cuando se le comentó cómo se había descrito la escena en el periódico. Se había limitado a hacer caso de la orden del personal de relaciones públicas de no asistir nunca a una presentación llevando en los bolsillos algo que tintineara o resonara. Tras aprender de esta historia, Gates predijo que años más tarde la gente diría de él que había contratado a un ayudante para que «le llevara el dinero personal», una predicción que ahora se cumplía con aquel artículo.

Si el fracaso de Gates al dejarse arrastrar por el impulso del gasto constituía una decepción y despertaba ataques en los que se sugería que era una persona de algún modo deficiente, el hecho de que empezara a construirse una enorme mansión a orillas del lago Washington, en 1990, debería haber estado más en consonancia con lo que se esperaba de él. Pero, naturalmente, eso sólo sirvió para dejarlo expuesto a otras variedades de ataques... por extravagante. El garaje subterráneo,[29] que ocuparía una superficie de casi doscientos metros cuadrados, tenía capacidad para acomodar 26 coches, y un coste calculado en 1,1 millones de dólares, hizo que un comentarista dijera lo siguiente: «Los coches de Bill se guardarán en un lugar más grande y caro del que tiene para vivir el 99,9 por 100 de la población de la tierra».

Los domicilios de los millonarios del siglo XIX fueron también el centro de atención en sus tiempos. Había mansiones a lo largo de la Quinta Avenida de Nueva York, en Lake Shore Drive en Chicago, en Nob Hill en San Francisco, en Newport, los Hamptons y allí donde se reunieran los ricos. A diferencia de los ostentosos castillos falsos del siglo XIX en el Nuevo Mundo (o de castillos reales trasplantados piedra a piedra desde Europa), que ayudaron a inspirar los tratados de Thorstein Veblen sobre la decadencia de la «clase ociosa», el diseño que Gates eligió en un concurso arquitectónico para su casa fue «mitigado». El arquitecto ganador del concurso trató de que la casa se mezclara con el paisaje, para que la decadencia fuera lo menos evidente posible.[30]

Las propiedades del siglo XIX fueron generalmente consideradas como una ilustración demoledora de lo que un contemporáneo llamó «la injusticia de la concentración de riqueza».[31] El carácter ofensivo de las mansiones se vio mitigado por el pensamiento consolador de que, intencionadamente o no, su construcción, intensiva en mano de obra, servía al menos para redistribuir la riqueza. William H. P. Faunce, el pastor que fue en un tiempo de John D. Rockefeller, declaró en 1893 que una vez que un benefactor rico, e incluso un «misántropo» afloja la bolsa y «empieza a gastar dinero en los lujos más egoístas y ostentosos, se convierte en un benefactor involuntario de esa ciudad».[32] Actualmente, esta línea de defensa no merece ser considerada una forma muy atractiva de redistribución. Doug Kelbaugh, decano del departamento de Arquitectura de la Universidad de Washington, hizo sonar la misma nota que los críticos de un siglo antes, al comentar que un hogar tan lujoso como el que se estaba construyendo Gates servía para llamar la atención sobre las amplias diferencias existentes entre ricos y pobres. Sugirió, aunque sólo medio en broma, que el arquitecto de Gates cumpliera «penitencia» dedicándose a diseñar alojamientos para gentes de bajos ingresos.[33]

Cuando Gates habló de sus planes y la casa ya se estaba construyendo, admitió que, en efecto, «suponía» que estaba siendo «indulgente».[34] Pero adelantó una justificación parcial que nunca se había oído en el siglo anterior: la de que, como escaparate para nuevas aplicaciones multimedia de los ordenadores personales, la casa serviría a los intereses de Microsoft y, por tanto, se pagaría a sí misma indirectamente.[35] Este mismo tema volvió a utilizarlo en *Camino al futuro*, donde abandonó por completo sus intentos por desviar la curiosidad del público sobre su casa y, en lugar de eso, trató de mostrar que los aspectos experimentales de la tecnología que se incorporarían en ella serían todo lo que habría en común con la mansión San Simeon de William Randolph Hearst. A diferencia de la propiedad de Hearst, Gates prometió que la suya no sería un «monumento al exceso».[36]

Que Gates se sintiera impulsado a tratar de justificar su casa supone en sí mismo una confirmación interesante de la omnipresencia del tribunal de la opinión pública. Si no se hubiera embarcado en esta generosa «indulgencia», tampoco habría evitado necesariamente la crítica. Del mismo modo que Rockefeller se había visto asaltado por Ida Tarbell en 1905[37] por la ausencia de ostentación de sus hogares («Demuestran que no se siente complacido con la arquitectura noble, que no aprecia las líneas exquisitas y las decoraciones...»), el que Gates no gastara en su casa una suma proporcional a su riqueza neta podría haberse interpretado como demostración de esa calidad de «diferente» que el público estaba empeñado en adjudicarle. Incluso mientras se construía la costosa San Simeon del norte, Gates se vio presionado por el público y por sus auditores no solicitados para que se rascara más el bolsillo y aprovechara más plenamente los medios de que disponía.

En su mayor parte, considero la discusión pública sobre la casa de Gates como ligeramente divertida. Construir una casa extremadamente grande, arquitectónicamente innovadora, en la orilla de un lago, en un lugar visible, no es, en sí misma, una actividad muy privada. Las referencias ocasionales a lo contradictoria que resulta tanta ostentación con los problemas sociales, encajan en la prolongada tradición de críticas similares. Pero la forma particular en que funciona actualmente el discurso público prohíbe que el objeto de la atención de los medios de comunicación conserve mucha intimidad. Ahora, todo es un espectáculo de feria.

Cuando el programa *20/20* de la ABC entrevistó a Gates, en 1991, surgió naturalmente el tema de la nueva casa, a pesar de que el entrevistador no se mostró interesado por la arquitectura, sino que se centró en el gran número de dormitorios que se habían incluido en el diseño arquitectónico. ¿Eran esas las habitaciones para los hijos que el por entonces no comprometido Gates planeaba tener? Gates contestó que sí, bueno, podrían servir también como habitaciones para los niños. Esa respuesta no pareció suficientemente clara, de modo que la siguiente pregunta abordó el núcleo de la cuestión: ¿Le gustaría tener hijos? (y a propósito, ¿es ésta una de las preguntas que se hacen habitualmente a un adulto sin hijos, como no se trate de un amigo personal?).[38] En cuanto Gates hubo contestado afirmativamente, el entrevistador se atrevió a explorar la región más íntima de todas, la conexión entre dinero y sexo: ¿No le preocupa que las mujeres que salgan con usted vayan en busca de su dinero? «Bueno —contestó Gates—, me gusta salir con mujeres inteligentes, de modo que son lo bastante inteligentes como para saber que no van a conseguir mi dinero.»

¡Ah, el paraíso de los entrevistadores de televisión! El golpe no estuvo en lo que Gates dijo literalmente, sino en el hecho de que se olvidara de la última barrera protectora que impedía el acceso del público al *sancta sanctorum*. Lo mismo que sucede con invitados que no esperan a recibir una invitación formal, el público se sintió ahora en el dormitorio de Gates... ostensiblemente inducido por el aparentemente inofensivo pretexto de sentir curiosidad sobre su dinero. El *Wall Street Journal* preguntó a Gates si exigiría a una futura esposa que firmara un acuerdo prematrimonial.[39] Gates tampoco se dio cuenta de que, al contestar esa pregunta (dijo que nunca le exigiría un acuerdo prematrimonial), contribuía a borrar por completo la línea que pueda separar lo público de lo privado. Si se contesta una pregunta como esa, ¿por qué no invitar al público a que se siente directamente junto a la cama?

No considero impropia la curiosidad del público sobre los acuerdos prematrimoniales de los ricos; yo mismo siento tanta curiosidad como los demás. Y uno de los momentos más divertidos que se produjeron en la reunión de Microsoft en 1993, después de que Gates anunciara su compromiso con Melinda French, una directiva de Microsoft, antes de la boda, se produjo cuando la comediante Dana Carvey, la presentadora contratada para ese día, hizo que Gates subiera al escenario, para remedar burlonamente una entrevista del *Show de esta noche* y le planteó una serie de «preguntas» personales. Gates no dejó de reír durante toda la representación, que en ocasiones se pareció más a una crucifixión. Finalmente, Carvey preguntó con una sonrisa tímida: «Lo que quiere saber la gente, creo que es..., resulta un poco difícil plantearlo, pero... ¿han hablado de... lo prematrimonial?». Una vez que disminuyeron las carcajadas entre los empleados, Gates dijo, sonriente: «Toda esa lista de cosas que le dije que no planteara..., vamos a repasarlas una por una, ¿de acuerdo?». Carvey, con una sonrisa maliciosa, levantó el gran cartel escénico que se había preparado para la broma prematrimonial. Se trataba de un enorme documento, similar a un catálogo de cientos de páginas, tan grande que habría sido visible desde el fondo de la platea.

Me pareció un momento exquisito porque supuso una forma de abordar públicamente (o en realidad semipúblicamente, ya que se trataba de un encuentro destinado sólo a empleados de Microsoft, y no para el público en general), pero de un modo inofensivo, una cuestión íntima sin entrometerse de tal modo que le exigiera una respuesta a Gates. La broma no transformó lo privado en exposición pública. Esa broma también se refería a nosotros, a nuestra curiosidad, y no transformaba esa curiosidad en una noticia. Este incidente fue algo completamente diferente a las ocasiones en que la prensa molestó a Gates acerca de posibles acuerdos prematrimoniales, incluso después de la boda.[40] La prensa sabía muy bien que todo aquello que se le sacara a Gates, e incluso lo que no hubiera dicho, se compararía con declaraciones anteriores, que sería diseccionado muy públicamente y luego complementado con alguna historia de alguien cercano a Gates, dedicado a hacer el trabajo sucio para asegurarse una firma..., y todo ello en el más público de los foros.

Mis preocupaciones no se centran principalmente en la ecuanimidad de Gates. A mí me parece bien que el público quiera criticarlo, tanto a él como al poder que tiene, siempre y cuando decidamos, después de haber analizado seriamente los temas, que merece esa crítica. Y no perderé el sueño si Gates es el blanco de chistes maliciosos, aun cuando sean completamente a sus expensas y no aunque sólo sea parcialmente a las nuestras. Lo que me extraña es la fascinación que envuelve la discusión pública acerca de «los estilos de vida de los personajes famosos». ¿Resulta extraño entonces que raras veces examinemos los temas más amplios y no precisamente triviales planteados por la acumulación de riqueza en manos de una sola persona?

En último término, no es Gates quien más pierde con la trivialización del discurso. Somos todos los demás, a los que se nos priva de la oportunidad de analizar un tema serio, sin cursilerías: la disposición de gran riqueza en una sociedad democrática.

El ascenso de la industria del ordenador personal también debería plantear cuestiones sociales más amplias. John Doerr, empresario de capital riesgo, dijo que «la mayor creación legal e individual de riqueza que se ha visto sobre el planeta en toda una década» fue el alza del valor en bolsa de las empresas de este sector. Según sus cálculos, entre 1982 y 1992, las empresas que se habían establecido desde la aparición de los ordenadores personales, incluyendo empresas como Microsoft y Apple, pero excluyendo a otras más antiguas como IBM y Hewlett-Packard, asistieron a un incremento en su valoración en el mercado de 100.000 millones de dólares.[41] Esas mismas empresas también generaron ingresos por valor de 100.000 millones de dólares en esa década. Todo parece indicar que el ritmo de creación de riqueza por parte de esta industria no ha disminuido lo más mínimo desde 1992. Es comprensible que sus líderes se enorgullezcan cuando piden a los historiadores que reconozcan sin dilación el lugar que ocupan ya los ordenadores personales en la historia. La rapidez de crecimiento del sector podría verse como la manifestación del funcionamiento del microprocesador que se encuentra en el corazón del ordenador personal. Si los actuales chips de 200 megahertzios del Pentium funcionan a 200 millones de ciclos por segundo, sería poéticamente apropiado (pero no lógicamente) que el crecimiento de las empresas del PC se haya producido colectivamente también a una velocidad asombrosa.

Por muy notable que haya sido este récord de logros, resulta difícil reconciliar el incomprensiblemente rápido metrónomo con el que la industria del ordenador personal mide el paso del tiempo (en el que un año del calendario, como un año de vida de un perro, representa los acontecimientos de siete años en otras industrias más establecidas), con el latido metronómico más lento al que están acostumbrados los historiadores. Microsoft, que Gates ha identificado orgullosamente desde su creación formal en 1975 como la primera empresa de software para ordenadores personales, cuenta con la historia más larga entre sus colegas del sector. Y, sin embargo, sus dos décadas de existencia constituirían apenas un punto invisible en la escala temporal utilizada por la escuela histórica francesa de los *Annales*, los historiadores de la postguerra que mostraron la utilidad de considerar los cambios históricos desde una perspectiva a largo plazo, como un milenio.

Otros líderes de la industria comparten el vértigo de Doerr al contemplar la paradoja de brevedad e hipercrecimiento que define la historia de la industria de los ordenadores personales. Todos ellos parecen asumir que el impacto positivo de más de 130 millones de PC es tan evidente como para ser totalmente innecesario hacer hincapié en ello. Bill Gates no va tan lejos como para pedirnos que aceptemos explícitamente una variación de «Lo que es bueno para la General Motors es bueno para nosotros», pero para reafirmar las contribuciones sociales de la industria del ordenador personal, regresa continuamente a la vaga afirmación de que las máquinas son «capacitadoras». Y no sólo Doerr y Gates, sino todo el mundo de los ordenadores personales aparece saturado por la reconfortante idea de que las máquinas, por su propia naturaleza, pueden estimular el potencial individual y transformar la sociedad. Así pues, el bullicio del negocio en los ordenadores personales es, en sí mismo, una forma de revolución pacífica.

No estoy convencido de que eso sea así.[42] Me parece que la breve historia de la industria del ordenador personal revela una paradoja de progreso y falta de progreso. Sobre una base individual, el ordenador personal ha servido incuestionablemente para incrementar la productividad mental individual y, a medida que se ha expandido el uso de las redes, también ha aumentado exponencialmente la utilidad de una sola máquina. Como ya hemos visto, gracias a la Ley de Moore, las propias máquinas se han hecho más potentes y capaces, mientras que su precio se ha mantenido estable. ¿Quién puede negar el beneficio que ha representado este progreso técnico para los consumidores individuales? Pero la paradoja radica en que las historias de estos individuos, que afirmarían con satisfacción que no imaginan volver a la vida tal como era antes de la llegada del ordenador personal, no se refleja en una sociedad que haya variado en aspectos visibles y fundamentales.

La paradoja de Zenón presentaba el enigma de la flecha que, aparentemente, nunca llega a su objetivo porque antes tiene que atravesar la mitad de la distancia y, una vez hecho eso, tiene que recorrer la mitad de la distancia que le queda, y así sucesivamente, durante un número infinito de veces. Aquí nos encontramos con la paradoja de Zenón en la vida real. Aparentemente, realizamos grandes progresos: el PC original de IBM, en la gama de Intel, dio paso a los XT, para pasar sucesivamente al AT, al 386, al 486, al Pentium, al Pentium Pros, y así sucesivamente. Un porcentaje cada vez mayor de los hogares del país adquieren las máquinas y se conectan con las zumbantes comunidades cibernéticas. Sin embargo, no parece que hayamos mejorado ninguna de las habituales medidas del bienestar social, calculadas por los ingresos reales en nada más que los dos cuantiles superiores de la distribución de la riqueza, el grado de seguridad en el trabajo, la inversión en educación, la solidaridad entre grupos raciales y étnicos, el acceso a los servicios de salud, la disminución del delito, la calidad del medio ambiente y todos los demás aspectos que afectan a la calidad de vida, en comparación con los problemas que los ordenadores personales han podido abordar hasta el momento.

¿Es acaso injusto considerar responsables a los ordenadores personales por no haber ayudado a mejorar de algún modo los más grandes problemas sociales del momento? Mi respuesta es que la industria del ordenador personal no puede tener ambas cosas. No puede exigir que los historiadores le coloquen la cinta que afirma su importancia, e insistir al mismo tiempo en que se juzgue a la industria sólo por sus propias preocupaciones, como la forma en que John Doerr celebra la década de los 100.000 millones de dólares generados en «riqueza», sin pensar siquiera en hasta qué punto tienen razones para celebrarlo los otros estadounidenses.

En Microsoft, Gates y sus lugartenientes fueron conscientes de que los ordenadores personales no habían logrado producir el cambio social revolucionario. Un ejemplo de ello fue el escepticismo de Myhrvold acerca de hasta qué punto podía ser radical una revolución si, como en el caso del software de la hoja de cálculo, su lema implícito era «¡Muerte a los bloques de columnas!». En 1993, al esbozar sus pensamientos sobre las autopistas de la información y las posibilidades de cambio que permitiría la nueva tecnología, no se quedó precisamente corto de ideas sobre el sistema político en aspectos que merecerían calificarse plenamente como radicales. Según argumentó, las entidades geográficas sobre las que se ha basado nuestra democracia representativa presumían la existencia de una conjunción de intereses comunes entre vecinos que ya no es cierta. Myhrvold sugirió que tenía más cosas en común con un colega de la industria de los ordenadores que viviera en Massachusetts, que con la pareja de jubilados que vivían al lado, en el estado de Washington. ¿Por qué no cambiar a comunidades virtuales como base organizativa de la política, y por qué no utilizar la votación acumulativa[43] para dar más poder político a quienes configuran la minoría política? Si se diera a cada estadounidense 535 votos que él pudiera distribuir de la forma que deseara entre una lista nacional de candidatos, «habría un conjunto muy diferente de personas en la Cámara, y ello produciría una muy diferente dinámica política».

En la historia oral que Gates registró en 1993, concedió que el cambio social sobrevenido de la mano de los ordenadores personales ha sido pequeño, pero anticipó que se esperaba un gran cambio[44] en la forma en que «se organizan los mercados», en la forma en que «la gente se educa a sí misma, se relaciona con los demás o expresa sus opiniones políticas». Dos años más tarde, en *Camino al futuro*, no ofreció nada mejor a la hora de enumerar mejoras sociales que pudieran plasmarse en el aquí y el ahora, a excepción de las ligeras nubes del futuro. Incluso para ese futuro, la mayoría de las ilustraciones que aportó fueron soluciones a molestias bastante triviales, a la hora de ir de compras, trasladarse del trabajo a casa y viceversa o irse de vacaciones. Gates nos dijo que las autopistas de la información[45] nos ayudarán a encontrar nuevos restaurantes, a efectuar reservas en los mismos con toda facilidad, a informarnos de la calidad de las botas Eddie Bauer antes de embarcarnos en unas vacaciones a los Everglades o a montar una campaña de ciudadanos para que cambiara la sincronización de un semáforo. Estos y otros muchos ejemplos similares ofrecidos en el libro sirven, sin proponérselo, para subrayar el vacío que existe entre el estilo de vida de Gates, por espartano que pueda ser dentro del club de los multimillonarios, y todos aquellos que no pertenecen al club y que se enfrentan a problemas más acuciantes.

Consideremos, por ejemplo, problemas como el desmantelamiento de los programas de bienestar social dotados con fondos federales, la disminución a largo plazo de los salarios reales de los administrativos, la desaparición en muchas ciudades de puestos de trabajo que hasta entonces habían permitido a muchos afroamericanos mantener a sus familias, y la ausencia de mecanismos de promoción de trabajadores que tienen salarios mínimos. ¿Cómo servirán las autopistas de la información para mejorar éstos y otros problemas similares? Gates guarda silencio.

En cuanto a la perspectiva del desempleo provocado por el progreso de la tecnología, gracias a la cual los patronos aprenden a utilizar la tecnología del ordenador personal para funcionar con mayor eficiencia, logrando una tecnología «libre de roces», Gates reconoce que, en efecto, se producirán desplazamientos en el mercado laboral. Pero ofrece como compensación una lección económica simplista: «Cada vez que se hace innecesario un puesto de trabajo, la persona que desempeñaba ese puesto queda libre para hacer alguna otra cosa».[46] Continúa hablando con la misma voz sanguínea para tranquilizar a sus lectores y decirles que habrá «muchas» cosas que hacer para todos, ignorando alegremente el concepto de «desempleo estructural». La cuestión no es que la sociedad pueda poner a trabajar al que ha quedado «liberado» en tareas socialmente útiles, como desafortunadamente se demuestra al echar un vistazo a nuestras escuelas públicas, clínicas de salud, servicios de atención en el hogar, parques y otros recursos de la comunidad. La cuestión es: ¿quién está verdaderamente ansioso por contratar y pagar a ese trabajador recientemente liberado, para volver a utilizar sus capacidades, en un momento de continua reducción de plantillas tanto en el sector privado como en el público? Quizá la visión de la vida que abriga Gates se ha visto distorsionada por la anómala posición que ocupan Microsoft y sus colegas en el paisaje contemporáneo de la industria del ordenador personal, con su continuo crecimiento en contratación de personal.

También está distorsionada la sabiduría recibida de la historia económica, del tipo que tanto gusta citar a muchos economistas, historiadores y escritores populares como Alvin Toffler, argumentando que del mismo modo que se produjo una dislocación en la transición desde la agricultura a la industria, también habrá dislocación en la actualidad, mientras avanzamos colectivamente por la autopista. Pero se supone que debemos consolarnos con la idea de que, en último término, todo aquel que esté dispuesto a trabajar conseguirá un empleo. El problema fatal de esta analogía es que, en el pasado, nunca tuvimos nada parecido a la revolución del ordenador personal. Sus efectos sobre el ahorro de plantillas se pueden aplicar simultáneamente en aquellos mismos lugares que con mayor probabilidad cabría esperar que tuvieran capacidad para absorber a los desplazados, tanto en los sectores más nuevos como en los antiguos. Por ejemplo, el software de ordenador que ha diezmado las filas de los operadores humanos encargados de atender las llamadas telefónicas a larga distancia, no crea una demanda compensatoria de las empresas de software para puestos de trabajo en el servicio de atención al cliente dedicado a atender peticiones por teléfono. El software también se utiliza para automatizar el servicio de atención al cliente. Así pues, no hay lugar donde no se dejen sentir sus efectos productores de eficiencia, o dicho de modo más franco, su impacto sobre la destrucción de puestos de trabajo. Que Gates afirme alegremente la esperanza de que el número de nuevos puestos de trabajo creados por empresas como la suya llegue a equipararse con el número de puestos de trabajo eliminados por el aumento espectacular de la productividad que se deriva del uso intensivo del PC y de las redes, no es más que un acto de fe que no se basa en la ciencia o en la historia.

Justo cuando Gates se pone el disfraz de clarividente,[47] la pretensión de que su situación financiera no interesa a nadie crea dificultades. ¿Hasta qué punto podemos esperar que sea objetivo cuando nos informa que ha reflexionado mucho sobre las «dificultades» planteadas por los cambios tecnológicos que describe y celebra, para acabar declarando que «en último término, siento confianza y optimismo»?[48] Su declaración de que «creo que este es un momento maravilloso para estar vivo»,[49] invita a una sarcástica respuesta de quienes no forman parte de su clase social, los cuales podrían sugerir que la persona más rica del país más rico del mundo es natural que se sienta eufórica.

En cuanto a problemas inmediatos, como la creciente disparidad en el acceso a las habilidades para manejar los ordenadores y los recursos de información, que existen entre los acomodados y los pobres, Gates los hace desaparecer con la brillante idea de que será de otro modo. No dudo de que terminen por implantarse las reformas económicas, educativas y políticas que en su opinión se verán posibilitadas o impulsadas por los avances tecnológicos. Ante lo que me muestro escéptico es ante la posibilidad de que su impacto general ayude a solucionar de forma significativa los problemas más acuciantes que configuran la calidad de la vida contemporánea. No debería asumirse tan alegremente esa posible mejora, sobre todo si tenemos en cuenta el funcionamiento de la paradoja de Zenón, a cuyos efectos hemos asistido hasta el momento en los veinte años de «revolución» del ordenador personal.

Si Microsoft, sus aliados y competidores alcanzan sus objetivos de negocio, pero se agravan los problemas sociales más agudos o, al menos, permancen como están, podríamos preguntarnos si las futuras actividades filantrópicas de Gates van a ser de mucha ayuda. Al ser preguntado acerca de sus planes, él nunca ha tratado de refugiarse en un santuario libertario, afirmando que la sociedad no tiene derecho a plantearle esa pregunta. Consecuente con su actitud descortés cuando se le pregunta acerca de su falta de interés por gastar su dinero, tampoco ha demostrado públicamente interés alguno en aferrarse a esa riqueza. Ha declarado en una serie de ocasiones que sus hijos no serán los herederos de una «dinastía» familiar,[50] y que tiene la intención de entregar «el 95 por 100» de su riqueza, ahorrándoles a sus hijos una herencia «debilitadora».

En 1995, las donaciones filantrópicas de Gates ascendían a un total de unos 22 millones de dólares,[52] una cifra evidentemente pequeña comparada con el valor de su paquete de acciones de Microsoft. El registro público incluía unas pocas donaciones notables a su *alma mater*, la escuela de Lakeside, a la Universidad de Washington y a United Way. Algunas de las donaciones no se hallaban totalmente separadas de los propios intereses de Microsoft, como los seis millones de dólares entregados a Stanford como la donación principal para un nuevo edificio que llevaría el nombre de Gates Information Sciences Building,[53] en honor del principal benefactor y, en 1995, la canalización de los derechos de autor de *Camino al futuro* hacia experimentos sobre el despliegue y la tecnología de red en las escuelas. El historial de Gates en filantropía le ha convertido en blanco de la crítica pública. En 1991, cuando parecía que el equipo de los Mariners abandonaría Seattle, los aficionados desplegaron pancartas en las que se rogaba: «Bill Gates, sálvanos».[54] (Aunque Gates no «salvó» al equipo, el grupo de inversores que dio un paso adelante incluía a varios millonarios de Microsoft, entre los que se encontraban Rob Glaser y Carl Stork.) Gates es atacado tanto si da como si no da. En ese mismo año, cuando Gates regaló a la Universidad de Washington 12 millones de dólares, de los que 11 millones se utilizaron para financiar un nuevo programa de biología molecular y el otro millón fue a parar al departamento de ciencia de los ordenadores de la universidad, el periódico universitario se quejó de que se habían dejado de lado las humanidades.[55]

Actuando a través de su empresa, Gates no rehuyó sus responsabilidades sociales. Hizo campaña con regularidad para que los empleados se le unieran en participar en todos los compromisos asumidos por United Way, y Microsoft ha igualado desde 1992 todas las contribuciones caritativas de cada empleado de Microsoft hasta 12.000 dólares al año. Gates ha declarado continuamente que no ha entregado la mayor parte de su riqueza hasta la fecha porque la supervisión de Microsoft le exige demasiada atención. Según dijo, más adelante dispondrá de tiempo para dedicar la atención a obras filantrópicas. Mientras tanto, «en la medida en que las cosas le vayan bien a Microsoft, tanto más se dará más adelante», razonó.[56]

Si volvemos al ejemplo de Henry Ford, no deberíamos mostrarnos demasiado impacientes para recoger la mayor parte del botín de Gates. Cerca ya de los sesenta años, Ford seguía quejándose de lo mucho que detestaba la «caridad profesional» y el «mimo» por parte de los servicios sociales.[57] La Fundación Ford, establecida en 1936, cuando Ford tenía setenta y dos años de edad, fue una maniobra para proteger las acciones de la Ford de los impuestos estatales y sobre beneficios. La idea de que su dinero pudiera contribuir a financiar el New Deal de Roosevelt le resultaba repulsiva, lo que impulsó al anciano a adoptar la «caridad profesional», de la que siempre se había burlado. Incluso entonces, trató de impedir que la fundación diversificara su paquete y ofreciera al público las acciones de la Ford Motor Company. «Desmontaré mi fábrica ladrillo a ladrillo antes de permitir que ninguno de esos especuladores judíos le ponga la mano encima a las acciones de mi empresa», prometió.[58] Así pues, y en comparación con Henry Ford, casi cualquier personaje rico que le siga parecerá seguramente un santo. Los observadores que se alteran ante el hecho de que Gates no convierta la filantropía en una de sus ocupaciones primordiales, quizá se muestran un poco demasiado impacientes.

O quizá yo soy demasiado paciente porque no espero que una Fundación Bill Gates tenga un impacto transformador sobre la sociedad. En efecto, comparado con el valor neto del resto de nosotros, un fondo de 31.000 millones de dólares para realizar buenas obras es una suma que podría causar momentáneamente la impresión de que es lo bastante grande como para conseguir que cualquier cosa sea posible. Pero no es más que una migaja comparada con el tamaño de los problemas urbanos contemporáneos que afectan a Estados Unidos. ¿Cuánto duraría, por ejemplo, un fondo de 31.000 millones de dólares si se aplicara exclusivamente a pagar los intereses de la deuda pública estadounidense? (Apenas poco más de un mes.) ¿Y si todo ese dinero se dedicara a aliviar la carga del gobierno federal en inversiones en sanidad e investigación relacionada..., aparte de Medicare? (Aproximadamente tres meses.)[59]

Ante esta argumentación, los defensores de nuestros grandes filántropos dirán que sus fondos, y presumiblemente los de Gates en el futuro, se utilizan mejor no para cubrir necesidades rutinarias, sino para mostrar nuevas soluciones a viejos problemas, ante situaciones «altamente apalancadas», como dicen en los negocios, en las que la inversión de la fundación se ve sustituida en último término por «otras fuentes», palabras en clave que designan en realidad al gobierno. En una época de servicios gubernamentales en expansión, como ocurrió en las décadas posteriores a la Segunda Guerra Mundial, este modelo de filantropía funcionó bien, pero en la actualidad ya no sirve. Las actuales obras filantrópicas han tenido que afrontar el hecho desalentador de que ha desaparecido por completo la financiación gubernamental de prometedores proyectos piloto. Así pues, las instituciones filantrópicas tienen que seguir financiando proyectos a corto plazo que no conducen a ninguna parte, o gastar rápidamente sus fondos si intentan expandir su financiación y pasar de proyectos pequeños y a corto plazo, a financiar otros expansivos y a largo plazo. Ninguna de esas dos situaciones es prometedora, y esa es la razón por la que no espero que una Fundación Gates empiece a gastar la riqueza del fundador.

Si la filantropía privada, incluso la que pueda derivarse de la mayor de las fortunas personales, tiene tan poca esperanza de marcar una diferencia, y también son bastante negras las perspectivas políticas de un gobierno con más iniciativa, ¿hacia dónde podemos volvernos? Deberíamos volver a la fuente más improbable, la de ese denostado héroe nacional que fue Henry Ford. No por el ejemplo dado por la Fundación Ford, sino más bien por algo que Ford hizo bastante antes y que tuvo un impacto social mucho más positivo que la Fundación Ford, o incluso que el que puedan tener todas las grandes fundaciones combinadas. El 5 de enero de 1914, Ford y su coejecutivo James Couzens aumentaron el salario de todos sus trabajadores de una forma espectacular, doblando de la noche a la mañana el prevaleciente salario mínimo hasta situarlo en cinco dólares diarios. La noticia causó una sensación inmediata en todo el mundo. Cuarenta años más tarde,[60] en el aniversario del acontecimiento, *The Economist* lo recordaría como «el acontecimiento más espectacular en la historia de los salarios», y los franceses alabaron a Ford por contribuir en 1914 «más a la emancipación de los trabajadores que la Revolución de Octubre de 1917». Hoy, sin embargo, todo eso parece haberse olvidado. Pero también es el momento adecuado para exhumar ese capítulo de la región olvidada de la memoria nacional.

En los primeros años de la década de 1910, la Ford Motor Company se encontró en una posición que podría compararse con la de Microsoft actualmente. Era una máquina de generar beneficios, que ganaba dinero de forma increíble. Antes de 1914, los ejecutivos de la empresa acumulaban cada vez más riqueza, a sus clientes se les ofrecían coches cada vez más baratos y, sin embargo, las arcas de la empresa seguían hinchándose. A pesar de que los aumentos de salarios aplicados en octubre de 1913 elevaron los sueldos de los obreros de la Ford por encima de los de sus competidores, empezaba a resultar embarazoso para la empresa disponer de un fondo de 28 millones de dólares en efectivo, al mismo tiempo que pagaba dos o dos dólares y medio al día a sus obreros.

Los historiadores no se han puesto de acuerdo acerca de a quién hay que acreditar la idea de doblar los salarios, si a Ford o a Couzens, pero las pruebas documentales parecen indicar que fue este último el que sugirió a Ford que pagar «cinco dólares al día sería la mayor publicidad de la que pudiera disfrutar cualquier empresa de automóviles». Ford comprendió inmediatamente los dividendos en imagen pública que se derivarían de ello, y se apresuró a aceptar la propuesta. Los dos hombres convocaron a los periodistas para proporcionarles los detalles de algo que no llamaron «ni caridad ni salarios»,[61] sino «reparto de beneficios». En lugar de pagar una prima al finalizar el año, los obreros recibirían la prima en sus nóminas regulares. Los obreros de veintidós años o más recibirían el aumento de inmediato; los más jóvenes tendrían que demostrar que eran «sobrios, ahorradores, firmes y trabajadores» y que no malgastarían el aumento «viviendo desenfrenadamente».[62] Ford y Couzens calcularon que el aumento de salarios le costaría a la empresa 10 millones de dólares en el primer año.

Lo que hay que subrayar aquí es que el aumento de salarios no se adoptó debido a la necesidad de retener a obreros veteranos en un mercado laboral muy competitivo. De hecho, una crisis económica a nivel mundial había creado bolsas de desempleo y grupos de obreros cada vez más desesperados. Si Ford hubiera actuado «racionalmente» para reducir los costes laborales, habría bajado los salarios, en lugar de aumentarlos. Ese aumento tampoco era necesario para reducir unos elevados índices de rotación laboral, como los que se produjeron con la introducción del trabajo en monótonas cadenas de montaje. A finales de 1913, los índices de rotación laboral ya se habían reducido a unos niveles aceptablemente bajos gracias a otras reformas más modestas. El impacto de esa medida fue tan electrificante para el mundo entero precisamente porque la introducción de la jornada laboral a cinco dólares se produjo en unos momentos de economía deprimida, cuando no había necesidad de conservar la lealtad de los obreros de la Ford, tanto que dicho impacto pilló a Ford y a Couzens por sorpresa.

Para el *Cleveland Plain Dealer*,[63] la jornada a cinco dólares «salió disparada como un cohete cegador a través de las oscuras nubes de la actual depresión industrial». En apenas siete días, la prensa de Nueva York dedicó más de cincuenta artículos y muchas de sus primeras páginas a la Ford Motor y su plan de reparto de beneficios. El *New York World* dijo que Ford era «un millonario inspirado»; otro periódico publicó el siguiente titular: «Que Dios bendiga a Henry Ford, de la Ford Motor Company». Los caricaturistas se divirtieron presentando a los obreros acudiendo a trabajar en limusinas conducidas por chóferes. En una de esas caricaturas, un rico caballero le dice a su chófer: «Hawkins, ¿quieres acercarte a la ventanilla de pago para cobrar mi salario? La semana pasada se me olvidó».

Ford Motor y otras empresas de automóviles disfrutaban de un período de expansión cuando otras industrias se encontraban en una situación deprimida, por lo que no es nada sorprendente que los obreros desempleados vieran su salvación en la noticia de la jornada de cinco dólares. Diez mil hombres se agolparon ante la oficina de empleo de la Ford, ya desde las primeras horas de la mañana, con la esperanza de ser contratados. Los carteles que informaban «No se contrata» dispersaron momentáneamente a la multitud, pero miles de hombres procedentes de otras ciudades llegaron a Detroit en busca de lo mismo y se negaron a darse por vencidos, a pesar de la nieve y del fuerte viento. Después de permanecer varios días a la intemperie, su desesperación culminó con un asalto de las puertas de acceso a la fábrica. La policía tuvo que emplear mangueras de agua, empapando a la multitud con aquellas temperaturas bajo cero. Finalmente, los parados abandonaron su esperanza de ser contratados.

En último término, sin embargo, millones de obreros que no trabajaban para la Ford se beneficiaron de la jornada a cinco dólares. Las condenas de otros empresarios contra la innovación de Ford dice mucho sobre el amplio impacto que tuvo, así como los testimonios de los propios trabajadores. También fueron enérgicos los editoriales que mostraban la preocupación por el aumento de las expectativas, alimentadas por la decisión de Ford, despertadas entre plebeyos que trabajaban para otros patronos. El *New York Times* calificó la jornada de cinco dólares como «utópica»; el *Wall*

Street Journal dijo que Ford era un traidor a su clase y predijo que los aumentos de salarios («graves errores económicos, si no delitos»), terminarían por agobiarlo, tanto a él como a la industria y a la «sociedad organizada».[64]

Las oscuras predicciones de que el plan salarial de Ford acabaría por arruinarlo a él y a otros como él, demostraron estar equivocadas. En las fábricas de la Ford, los costes laborales por cada coche producido sólo aumentaron modestamente, a pesar de que la masa salarial total se más que duplicó en 1914 con respecto al año anterior, todo ello gracias a un incremento de la productividad de los trabajadores, las máquinas y los métodos de producción en masa. El verdadero coste de la prima resultó ser casi la mitad de los diez millones de dólares inicialmente calculados,[65] y hasta eso pudo considerarse como una ganga publicitaria, ya que creó, entre los clientes potenciales, una inapreciable buena voluntad hacia la empresa. La duración de esa buena voluntad puede verse en una encuesta pública realizada más de dos décadas después, en 1937, en el momento en que Henry Ford expulsó violentamente a los representantes sindicales de su planta gigantesca de Rouge. Casi el 60 por 100 de los estadounidenses encuestados estaban convencidos de que la Ford Motor Company trataba a su fuerza laboral mucho mejor que ninguna otra empresa.

Resulta difícil calibrar con precisión qué impacto tuvo la jornada a cinco dólares entre otros patronos, debido al estallido de la guerra en Europa, el rápido crecimiento de la industria estadounidense de armamento y luego la entrada de Estados Unidos en la guerra, en 1917. Todos estos acontecimientos introdujeron una variedad de otros factores que influyeron sobre el funcionamiento del mercado laboral nacional.[67] La Ford Motor Company se encontró con que tuvo que establecer una jornada laboral a seis dólares, y luego a diez dólares para compensar la inflación. Ninguno de los aumentos posteriores atrajo tanta atención periodística como había sucedido en 1914 con la jornada a cinco dólares.

Podríamos argumentar, en un sentido general que lo que hizo Ford, sin llegar a ser totalmente consciente de sus implicaciones, fue establecer el principio de que a los obreros se les debían pagar salarios altos porque la producción masiva exige un consumo masivo; ambas cosas no pueden ir por separado. Tal como dejaría posteriormente clara la obsesiva resistencia de Ford ante los sindicatos, la naturaleza paternalista de una decisión unilateral como la jornada a cinco dólares era más querida para él que compartir los beneficios de la empresa con sus trabajadores. Pero por duras que fueron las luchas sindicales, tanto en la Ford como en otras partes, fue la acción emprendida por Henry Ford en 1914 y los felices resultados que tuvo para su empresa y sus trabajadores, lo que pudo haber instilado en la conciencia nacional la idea de que un modelo económico basado en salarios altos y un consumo elevado desafiaba el conocimiento económico convencional y funcionaba bien, tanto para el capital como para el obrero.

Desde la década de 1950 hasta la de 1970, los patronos siguieron, en su mayoría de mala gana, el espíritu de la jornada a cinco dólares, y pagaron a sus administrativos más de lo que hubieran tenido necesidad de pagarles. Hacer esta observación no implica la ingenua esperanza de que los patronos puedan volver por simple fuerza de voluntad al mundo menos competitivo y, en términos generales, extremadamente insular de Estados Unidos en la década de los años cincuenta. Pero la razón por la que me he detenido sobre Ford y la jornada a cinco dólares es porque nos muestra la posibilidad de introducir un gran cambio cuando un líder empresarial capta la atención del mundo con una innovación singular. La importancia de la jornada a cinco dólares procede de su influencia sobre otros patronos, reconocida o no. Si Ford hubiera sido el único patrono en pagar salarios espectacularmente más altos, no se habría producido el resultado históricamente más importante: el modelo de producción y consumo en masa exige una amplia participación. Ford no habría podido prosperar dependiendo únicamente de los abultados bolsillos de sus propios obreros para incrementar la demanda de sus automóviles. Para que todos prosperen, también otros patronos tuvieron que abandonar la idea de pagar el mínimo a sus trabajadores. Otra forma de considerar la cuestión sería llamar la atención sobre el importante papel jugado por los factores subjetivos y por la sensibilidad psicológica del público ante el anuncio de Henry Ford.

Quizá Bill Gates se encuentre en una posición que no es tan diferente a la de Henry Ford en vísperas de enero de 1914, en la que una reforma definitoria de una época que él pudiera adoptar obtendría una atención mundial instantánea y ayudaría a convencer a otros de que adoptaran unas medidas que mejorarían las vidas de otros en formas como jamás podrían lograrse ni con la más sabia disposición de su propia riqueza personal. Cuál podría ser el contenido de la reforma o del programa, es algo que no sé. (No obstante, como ya he sugerido en comentarios anteriores sobre *Camino al futuro*, tengo la intensa sensación de qué es lo que no encaja: la creciente proliferación de ordenadores personales y la navegación por Internet no mejorará necesariamente ningún problema social urgente.) No sería una medida literalmente sucesora de la jornada a cinco dólares, actualizada a los años noventa. Como ya hemos visto, Microsoft ya concede generosas opciones sobre acciones a sus ingenieros de desarrollo del software, así como algunas opciones a otros empleados. ¿Qué otra cosa podría hacerse? ¿Invertir las tendencias que nunca se le ocurrieron a un Henry Ford en la década de 1910? ¿Cambiar el estatus de los trabajadores de la cafetería y de los conductores de los autobuses del campus de Microsoft para que dejaran de proceder de contratas externas y pasaran a convertirse en empleados regulares? La reacción del mundo sería un bostezo.

¿Debemos mirar a Gates para que haga algo atrevido e inteligente capaz de conmocionarnos a todos y sacarnos de las cómodas suposiciones de que el sistema que tenemos ahora, con su achacosa infraestructura social en medio de bolsas de floreciente crecimiento, es lo mejor que podemos tener? Quizá la misma belleza física del campus de Microsoft, que valoro como algo que ha contribuido al éxito de la empresa, le dificulte a Gates percibir la urgencia de los problemas que se encuentran más allá, fuera de la vista. Pero aunque Bill Gates percibiera esa urgencia, del mismo modo que Bill Clinton «percibió nuestro dolor», ¿por qué mirar hacia una figura empresarial como una fuente de autoridad en materias no directamente relacionadas con su negocio?

Me gusta pensar que Gates posee recursos intelectuales que no poseyó Ford, el definitivo antiintelectual. Después del hecho, Ford afirmó que la jornada a cinco dólares fue inspirada por pasajes bíblicos y por el ensayo de Emerson *Compensación*, pero sus biógrafos no dan la menor credibilidad a su intento de remitirse a una reflexión previa cuando es tan evidente que no la hubo. Pero aun cuando Ford hubiera actuado a ciegas en un asunto que tendría la mayor de las influencias positivas, ¿no se le podría ocurrir a Gates un estímulo equivalente para la sociedad, mediante deliberación..., sentándose y pensando?

No debemos olvidar que Henry Ford representa un ejemplo de advertencia, así como de inspiración. Si la jornada a cinco dólares aumentó espectacularmente la consideración que tenía el público sobre Henry Ford, también sirvió para aumentar espectacularmente la alta consideración que Ford tenía de su propia brillantez. A medida que le llegaban avalanchas de correo y peticiones de la prensa para ser entrevistado, y que su reputación florecía, Ford empezó a creer que su sabiduría se extendía mucho más allá de la producción automovilística y las relaciones laborales. El patrón oro, la pena capital, las causas de la guerra, la teoría de la evolución, el comercio exterior, el alcohol, los ferrocarriles..., tenía soluciones de una sola frase para todo. Después de la jornada a cinco dólares, Ford se lanzó a una cruzada tras otra que no tenían nada que ver con la industria del automóvil,[68] como promover la «paz» en Europa aparejando un barco y cruzando el Atlántico, o insistir en que «el trigo es el alimento divino», o financiar periódicos que sólo escribieran acerca de las miserables hazañas de los «judíos internacionales».

El ejemplo moderno de las respuestas preparadas de un Ross Perot ante toda clase de problemas contemporáneos también me da ciertamente que pensar. Y la familia Forbes aporta toda la posible gama de pesadillas acerca de los posibles papeles que los muy ricos pueden elegir representar, papeles por los que, gracias a Dios, Gates no ha demostrado el menor interés hasta el momento. Van desde la permanente preocupación de Malcolm por mofarse de su riqueza, hasta la presentación de Steve como candidato a la presidencia, basándose en una plataforma de impuestos fijos de los ricos, para los ricos y por los ricos. Gates no ha mostrado ninguna inclinación a presentarse a ningún cargo electivo y si lo hiciera, se le podría recordar lo que dijo en 1991, cuando un entrevistador británico le sorprendió preguntándole si se le había pedido que se presentara para el Congreso. Gates, claramente consternado, contestó: «No, aquí la gente no hace las cosas de ese modo, no se pide a nadie que se presente. Yo soy una persona del software, no un político».[69]

Se me podría convencer fácilmente de que, del mismo modo que Henry Ford fue una figura peligrosa, convencido de su propia omnisciencia, quizá sea mejor para todos nosotros que Gates no se haya sentido atraído por abordar problemas que se hallan muy alejados de su capacidad profesional. Gates tiende a ser un tanto vago o utópicamente positivo acerca de las soluciones ante acuciantes problemas sociales. Por ejemplo, tras haber reflexionado acerca de cómo el éxodo de los ricos de las zonas urbanas, ayudados por la facilidad de la telecomunicación, podía deteriorar las finanzas municipales, ya débiles de por sí, Gates propuso absurdamente que, en tales casos, las infraestructuras urbanas podían verse «menos sobrecargadas»,[70] gracias al éxodo de las familias con elevados ingresos, con lo que no empeoraba el equilibrio. Quizá sea mejor que no pretenda tener una experiencia especial sobre toda clase de problemas. Y deberíamos llevar cuidado de no enviar el mensaje, como hizo el público de Ford, de que suponemos que las opiniones de Gates son igualmente sabias sobre toda clase de temas.

El ejemplo de Henry Ford nos transmite una lección importante no sólo sobre el poder potencial de una figura de los negocios, sino también sobre el poder del público para configurar la perspectiva de la persona en cuestión. Hasta el momento, Gates no ha prestado tanta atención como Ford a la cuestión de cómo le ven los demás. Su preocupación ha sido cómo su imagen afecta a Microsoft. En el futuro es muy probable que se muestre más preocupado por la opinión del público sobre sus aportaciones a la sociedad, no sólo de su propia empresa. Entonces, podemos llegar a tener, colectivamente, un papel mucho más importante en la configuración de la futura biografía de Gates.

Mientras tanto, Microsoft tiene mucho que enseñarnos si podemos dejar de lado una caricatura de Bill Gates como el diablo, y superar nuestra antipatía instintiva hacia las personas inteligentes. Tenemos que resistirnos a la tentación de descargar sobre un chivo expiatorio nuestra incomodidad sobre un futuro cargado de graves problemas, de los que sólo algunos de los cuales serán el producto de los avances tecnológicos. No necesitamos seguir viendo a Gates como un símbolo desproporcionado, quitándole los cuernos de la cabeza sólo para sustituirlos por un rostro igualmente desproporcionado que represente a un sonriente santo Bill; eso sería igualmente estúpido.

En lugar de eso, deberíamos ver a Gates y a sus empleados en sus verdaderas dimensiones; en ello precisamente reside su utilidad para todos nosotros. Podemos ver en su experiencia la atención que dedican a pensar tan meticulosamente como les es posible, sin llegar a ser tampoco de una lentitud paralizadora. Actúan con respuestas provisionales, sabiendo que la experiencia les aportará nuevos datos, en un interminable proceso de reevaluación y revisión. En el ejemplo de Microsoft podemos encontrar una exaltación del cerebro, lo que puede servirnos como un antídoto contra la herencia del antiintelectualismo. Si el futuro es desalentador porque la mayor parte del mismo sigue siendo necesariamente opaca, tenemos que redoblar nuestra convicción de aprender todo aquello que haya que aprender para pensar en el propio camino a seguir hacia nuestro destino.

NOTAS

1. Edward Chase Kirkland, *Dream and Thought in the Business Community, 1860-1900*, Ithaca, Nueva York, Cornell University Press, 1956, págs. 164-165.
2. Transcripción de una charla dada en la Conferencia Intermedia, en 1994.
3. Ralph Waldo Emerson, *The Best of Ralph Waldo Emerson: Essays, Poems, Addresses*, Nueva York, Walter J. Black, 1941, pág. 161.
4. Reimpresiones de dos ediciones anteriores de *Wealth and Biography of the Wealthy Citizens of New York City*, la quinta publicada en 1845, y la duodécima publicada en 1855, se encuentran en Moses Yale Beach, *The Wealthy Citizens of New York*, Nueva York, Arno Press, 1973.

El censo de los más ricos se expandió a nivel nacional en 1892, en una época en que los altos aranceles constituyeron el centro del debate político nacional. La Farmer's Alliance afirmó que no menos de 31.000 hombres de negocios se habían convertido en millonarios mediante el «robo», al cobrar precios más altos debido a los aranceles. El *New York Tribune* se dispuso a valorar la lista exacta de aquellos cuyo valor neto superara el millón de dólares. La lista resultante contenía 4.047 nombres, muchos menos de los que se había creído. Véase «The *Tribune* 4.047», *Forbes*, 24 de octubre de 1988.

5. John K. Winkler, *John D.: A Portrait in Oils*, Nueva York, Vanguard, 1929, págs. 66-67. Peter Collier y David Horowitz, en *The Rockefellers: An American Dynasty*, Holt, Rinehart and Winston, Nueva York, pág. 19, citan a Winkler como su fuente de la cita «destinado a ser rico», pero adornan la anécdota con detalles de dudosa procedencia. En su narración, y a diferencia de la de Winkler, Rockefeller no confía en su socio, sino que más bien se encuentra a solas en su despacho, sin darse cuenta de que hay alguien junto a la puerta, cuando el magnate da un salto en el aire, taconea con los talones, y repite la frase en voz alta, como si se tratara de un encantamiento mágico.

6. «William Henry Gates III», *Forbes*, 27 de octubre de 1986, pág. 173.

7. *Forbes*, 27 de octubre de 1986; 26 de octubre de 1987; 27 de octubre de 1988; 23 de octubre de 1989; 22 de octubre de 1990; 21 de octubre de 1991; 19 de octubre de 1992; 18 de octubre de 1993; 17 de octubre de 1994; 16 de octubre de 1995; la cifra de 1996 es un cálculo del 29 de mayo, cuando las acciones de Microsoft cerraron justo por encima de los 117 dólares. Según los informes más recientes de que se dispone, comprobados con la Comisión de Valores y Bolsa, Gates era propietario de algo más de 141 millones de acciones de Microsoft (algo menos del 24 por 100 de todas las acciones emitidas).

8. Gates tiene razón hasta cierto punto, aunque el público no haya demostrado interés por explorar este aspecto. La cifra del valor neto ampliamente difundida oscurece el mordisco de los impuestos que él evita mientras conserve las acciones, así como el efecto deflactor del precio de las acciones que indudablemente ocasionaría su retirada de la empresa. Resulta difícil predecir hasta qué punto caerían los precios, por lo que también es difícil saber cómo terminaría Gates finalmente si tratara de vender su paquete de acciones de Microsoft.

9. Jack Broom, «Richest Guy in U. S. Could Lasso the Sun in Duct Tape», *Seattle Times*, 8 de julio de 1994.

10. «Bill Gates' Next Challenge», *Fortune*, 28 de diciembre de 1992.

11. John Steele Gordon, «Numbers Game», *Forbes*, 19 de octubre de 1992. Gordon ofreció unos ingresos, corregidos por la inflación, equivalentes a 42.000 dólares, que me he tomado la libertad de ajustar al alza hasta los 45.000 dólares, para tener en cuenta la inflación desde que apareció el artículo. Véase U. S. Bureau of the Census, *U. S. Statistical Abstract of the United States*, GPO, Washington, D. C., 1995, pág. 491.

12. S. N. Behrman, «The Days of Duveen», *The New Yorker*, 9 de noviembre de 1951, pág. 56. Citado en Kirkland, *Dream and Thought*, pág. 3.

13. Bill Gates, entrevista de historia oral, con David Allison, de la Smithsonian Institution, 30 de noviembre de 1993.

14. Kenneth Olsen, fundador de Digital Equipment Corporation, habría sido otro miembro del club, de no ser porque vendió el 77 por 100 de las acciones de la DEC por 70.000 dólares a finales de la década de 1950. En 1987, si hu-

biera conservado esas acciones, su valor neto habría sido de unos cinco millones de dólares. «The Computer Kings», *Fortune*, 12 de octubre de 1987.

15. Incluso 20 años después de su fundación, Gates sigue mostrándose ansioso por acallar la historia de que la empresa se financió originalmente con un fondo en fideicomiso. Véase su declaración defensiva: «Desde el principio, Paul y yo lo financiamos todo por nosotros mismos», en Bill Gates, con Nathan Myhrvold y Peter Rinearson, *The Road Ahead*, Nueva York, Viking, 1995, pág. 18. Durante una entrevista concedida en 1990, expresó su exasperación por la forma en que Philippe Khan había vanagloriado los difíciles y duros orígenes de Borland. Cuando el entrevistador sugirió que el Borland de Kahn tenía orígenes que se prestaban realmente mejor al drama, Gates intentó retratar los orígenes de Microsoft de la misma forma, como una situación de precariedad: «¿Abandonar la escuela cuando no había industria a la que ir a MITS [la diminuta empresa de Albuquerque que introdujo el primer paquete de ordenador personal, el Altair]? No tienen dinero, es una empresa en bancarrota, no nos paga, y nos tenemos que alojar en el Sundowner Motel». Según dijo Gates, durante todas estas tribulaciones, Kahn seguía siendo un estudiante de matemáticas en Francia, Steve Jobs estaba en la India «tratando de informarse», y el John Warnock del Adobe estaba en «su agradable laboratorio de la Xerox». Véase John Perry Barlow, «Another Side of Bill Gates», *Microtimes*, 26 de noviembre de 1990, pág. 62.

16. «A Hard-Driving Program Is Key to Tycoon's Success», *Seattle Times*, 19 de enero de 1984.

17. «Playboy Interview: Bill Gates», *Playboy*, julio de 1994.

18. Mark Stevens [Stephens], «Revenge of the Nerd», *M. Inc.*, diciembre de 1990, pág. 86. ¿Aprendió Gates su lección? No, no la aprendió. Al año siguiente, al declarar en una demanda civil que afectaba a Microsoft, se sentía evidentemente tan preocupado con su soliloquio de sólo son acciones, no verdadero dinero, que fue él quien tropezó momentáneamente al ser interrogado sobre su riqueza por el abogado de la acusación:

P: Ahora, señor Gates, ¿es usted el propietario de aproximadamente cincuenta y siete millones de acciones de la Microsoft Corporation?

Gates: No.

P: ¿Niega usted ser el propietario de eso?

Gates: Tiene razón, desde la última división, tiene razón. Son aproximadamente cincuenta y siete. Se me había olvidado la última división...

«Cada acción valía aproximadamente cien dólares, ¿verdad, señor Gates?» «No lo sé», contestó Gates. Cualquier otra persona se habría fijado en esa cifra, pero Gates se resistía a reconocer públicamente la monstruosa abstracción representada por el valor de las acciones. Véase la transcripción: *Alalamiah Electronics Company* v. *Microsoft Corporation*, Tribunal de Distrito de Estados Unidos para el Distrito Occidental de Washington, en Seattle, volumen 4-A, 26 de diciembre de 1991, págs. 620-621.

19. La Quinta Conferencia sobre Tecnología, Educación y Diseño (TED 5); la califico como «semipública» porque las entradas fueron muy caras y escasas, y la asistencia de la prensa fue mínima. Por ello fue una reunión más relajada que no exigía vigilancia sobre las declaraciones oficiales.

20. Un jurado federal valoró el juicio en febrero de 1994, y encontró a Microsoft culpable de infringir dos patentes pertenecientes al software de compresión de disco, mantenidas por Stac Electronics, una pequeña empresa de software de utilidades. La condena de Microsoft a pagar 120 millones de dólares se vio mitigada parcialmente cuando el mismo jurado encontró a Stac culpable de haberse apropiado de algunos de los secretos comerciales de Microsoft, y concedió a Microsoft 13,7 millones de dólares en concepto de daños compensatorios y punitivos. El caso se alargó cuando el juez dictaminó que Microsoft debía retirar el software que infringía las patentes de Stac, y Microsoft apeló. Pero antes de que las cosas siguieran adelante, las dos empresas anunciaron un acuerdo al margen de los tribunales que suponía una amplia concesión mutua de licencias y la compra del 15 por 100 de Stac por parte de Microsoft. Véase «Doing What's Best for Business, Microsoft and Stac End Legal Tussling», *The Report on Microsoft*, 4 de julio de 1994.

21. Transcripción, TED 5, 24-26 de febrero de 1994. Unos pocos meses más tarde, al sentirse irritado por preguntas absurdas planteadas por Connie Chung (como ejemplo: «¿Cree usted haber tenido éxito?»), Gates traspasó su umbral de resistencia ante una pregunta planteada sobre el caso Stac. Abandonó la entrevista, que se realizaba en su despacho, mientras las cámaras seguían rodando, y Chung se mostró exultante al haber logrado lo que en su línea de periodismo se considera como un golpe. Al día siguiente, el incidente sería difundido por todo el país con tintes espectaculares (... *¡y Gates salió entonces de estampida!*). Para los lectores que no vieron la retransmisión, pero cuya curiosidad se haya despertado ante estas historias, aquí está lo que sucedió en lo que resultó ser el final de la entrevista:

[Clip del jefe de Stac Electronics, Gary Chow]

Chow: Mucha gente ha establecido la analogía de que competir con Bill Gates es como jugar al fútbol. Yo diría más bien que se parece a una pelea a navajazos.

[La cámara pasa rápidamente a Gates en su despacho, a quien aparentemente se le ha pedido que haga un comentario sobre las palabras de Chow.]

Gates: Nunca he oído hablar de esas cosas. ¿Dice usted que es como una pelea a navajazos? Eso es una estupidez, es infantil. Quiero decir, ¿por qué prestarse a ser portavoz de esa clase de tonterías? ¿Por qué no se limita a decir...? Pero da igual, porque eso no tiene nada que ver con el juicio por la patente, sino sólo con la locura, una especie de David frente a Goliat.

[Gates se vuelve hacia atrás, fuera de cámara, con una frase enfática.]

Bueno, ya estoy harto.

Chung: ¿Puedo hacerle una pregunta más?

Gates: No, no creo.

[Gates se levanta, se quita el micrófono, y sale lentamente del despacho.]

Transcripción de la emisión *Eye-To-Eye*, 19 de mayo de 1994.

22. «Playboy Interview: Bill Gates».

23. «Gates Envisions Linked, Fast PCs», *Seattle Post-Intelligence*, 13 de octubre de 1987. Sobre sus pérdidas el día del hundimiento de la bolsa, véase «PC Stock Prices Trampled on Market's "Black Monday"», *PC Week*, 27 de octubre de 1987.

24. «$2 Bill Loss Leaves Gates With $13 Billion», *San Jose Mercury News*, 20 de julio de 1995.

25. Stevens [Stephens], «Revenge of the Nerd».

26. Nadie ha trabajado más para crear una imagen de anormalidad de Gates que el periodista Mark Stephens (autor de «Revenge of the Nerd», antes citado), que publicó un libro sobre los rumores que circulaban por la industria de los ordenadores, *Accidental Empires*, con el seudónimo de Robert X. Cringely. En él narraba la anécdota de Gates, de pie ante el cajero de una tienda, hacia la medianoche, rebuscando lo que dijo era un cupón de 50 centavos que creía llevar en alguna parte de los bolsillos. Mientras tanto, su cartón de helado se deshacía y los clientes que esperaban tras él en la cola empezaban a impacientarse. Cuando la siguiente persona de la cola dejó coléricamente dos monedas de veinticinco centavos sobre el mostrador, diciéndole a Gates que se las devolviera «cuando gane su primer millón», Gates, el tacaño excéntrico, tomó las dos monedas sin vacilar. El libro se convirtió en un *bestseller* y esa anécdota, que podría haber avergonzado al Mr. Burns de *Los Simpson*, fue difundida en lugares destacados en extractos y recensiones. Era tan irresistiblemente escandalosa que todo el mundo se detenía y se preguntaba si no sería más que un apócrifo urbano.

Inicialmente, tras la publicación de *Accidental Empires*, los entrevistadores le preguntaron a Gates acerca de la historia, y éste creyó ingenuamente que su ridiculez era evidente en sí misma. Sí, correcto, contestaba sarcásticamente cuando se le preguntaba acerca del asunto. Pero la historia no desapareció. Una vez conjurada a la existencia, seguiría viviendo, no por la fortaleza de cualquier confirmación sino, simplemente, debido a la deliciosa situación que transmitía. Gates ya nunca pudo dejarla atrás, aunque expresó lógicamente la imposibilidad de que tal anécdota fuera cierta. En una entrevista posterior, se preguntó en voz alta, por ejemplo, si la cadena 7-11's aceptaba cupones («Debería comprobarlo, quizá de ese modo pueda demostrar que no es cierta»). Mientras tanto, el entrevistador acumulaba pruebas de un poco halagador retrato no relacionado con el contenido de la negativa de Gates. La voz de éste aumentaba de tono hasta transformarse en «un agudo alto», y su credibilidad se vio todavía más afectada cuando el periodista contó cómo Gates, «el hombre más rico de Estados Unidos», se había quejado amablemente a un camarero, apenas unos minutos antes, que le había cobrado 1,65 dólares por una pequeña Pepsi en la cafetería del aeropuerto. Por lo que se refiere a la anécdota original, véase Robert X.

Cringle, *Accidental Empires: How the Boys of Silicon Valley Make Their Millions, Battle Foreign Competition, and Stil Can't Get a Date*, Reading, MA, Addison-Wesley, 1992, pág. 93. Sobre la declaración de Stephens acerca de la veracidad de la anécdota, que encajaba en el juicio de Stephens de que «concordaba con el conocido comportamiento de Gates», véase «Mr. X. – Coupon King Bill Gates and Other High-Tech Tales», *Seattle Times*, 27 de febrero de 1992. (Stephens no respondió a ninguna de mis repetidas preguntas sobre los detalles particulares del incidente.) Sobre la Pepsi a precio caro, véase «Genius at Work», *Maclean's*, 11 de mayo de 1992.

27. «Cringe's Agenda: Get Pammy Back, Fix NT Printing Problems, Acquire EDS», *Infoworld*, 27 de septiembre de 1993, pág. 118.

28. Joel Achenback, «Billionaire Bill Gates, Cult Hero, Cracks Open a Windows on the Secret of His Success», *Washington Post*, 14 de abril de 1993.

29. «Brain Drain Borland Style», *Windows Watcher*, septiembre de 1993, página final.

30. «Blending In – Jim Cutler's Design Admit Up Front That We Are Visitors on This Planet», *Seattle Times*, 8 de julio de 1990.

31. Gifford Pinchot, *Breaking New Ground*, Nueva York, Harcourt Brace, 1947, pág. 48, citado en Kirkland, *Dream and Thought*, pág. 42. Pinchot estuvo empleado en la propiedad Biltmore de Vanderbilt, sobre la que éste se había construido un castillo feudal, del que Pinchot pensaba que «no pertenecía» a Estados Unidos, entre las cabañas de una sola habitación de los Apalaches.

32. Citado originalmente en H. F. May, *Protestant Churches and Industrial America*, Nueva York, Harper, 1949, pág. 192. Citado en Kirkland, *Dream and Thought*, pág. 37.

33. «Blending In».

34. «Playboy Interview: Bill Gates».

35. «Gifted Houses», *Forbes*, 22 de octubre de 1990; véase también Stevens [Stephens], «Revenge of the Nerd», para un intento precoz de Gates de argumentar que necesitaba la casa grande para mantener en ella «grandes reuniones de empleados invitados a cenar».

36. Gates, *The Road Ahead*, págs. 215-216. El 27 de noviembre de 1995, durante el transcurso de sus apariciones en público para promocionar el libro, Gates se encontró con las insistentes preguntas de David Letterman sobre la desproporcionada extensión de la casa.

Letterman: ¿Cuántos metros cuadrados tiene [la nueva casa]?

Gates: Bueno, es bastante grande.

Letterman: ¿De cuánto estamos hablando?

Gates: Oh, de más de dos mil quinientos metros cuadrados. [Un «Oooh» de admiración entre el público.]

Letterman: ¿Sólo de dos mil quinientos metros cuadrados? Ese teatro no es tan grande, Bill. [Risas entre el público.]

37. «John D. Rockefeller: A Character Study», *McClure's Magazine*, julio-

agosto de 1905, págs. 249 y 387. Citado en Kirkland, *Dreams and Thought*, pág. 38.

38. BC News, *20/20*, 22 de noviembre de 1991.

39. «A Marriage Made at Microsoft: Gates To Wed an Insider», *Wall Street Journal*, 24 de marzo de 1993.

40. G. Pascal Zachary, «The Once and Future Microsoft», *Upside*, abril de 1995, págs. 16 y 18.

41. Los cálculos se dieron en una charla, y no fueron presentados en un artículo publicado, por lo que no se ha divulgado la metodología utilizada para llegar a estas cifras sospechosamente redondas; ¿tanto la capitalización de mercado como los ingresos resultaron alcanzar exactamente 100.000 millones de dólares? Quizá esta cifra no deba entenderse literalmente, sino interpretarse como una frase calificativa que vendría a significar algo así como «realmente grande».

42. Como escéptico ante la idea de que los PC y la Net han tenido, tienen y seguirán teniendo un impacto revolucionario positivo sobre la sociedad, me alegra contar con toda la compañía que pueda desear, incluido al propio Steve Jobs. Los lectores familiarizados con mi libro anterior saben que, en el pasado, he sido bastante duro con el señor Jobs y sus proclamaciones revolucionarias. Por eso me sorprendió tanto ver a un Steve Jobs completamente diferente en 1996, con respecto al que yo había puesto como un trapo. Cuando un ávido periodista de *Wired* buscó la bendición de Jobs para la idea de que la Web sería la «gran democratizadora», Jobs replicó: «La Web no va a cambiar el mundo, seguro que no, al menos en los próximos diez años... El problema es que ahora soy más viejo, ya tengo 40 años, y sé que todo esto no cambia el mundo. Realmente, no lo cambia». Véase «Steve Jobs: The Next Insanely Great Thing», *Wired*, febrero de 1996, pág. 106.

43. Nathan Myhrvold, «Road Kill on the Information Highway», memorándum de Microsoft, 8 de septiembre de 1993.

44. Bill Gates, entrevista oral de la historia, 1 de diciembre de 1993.

45. Para ejemplos triviales de los beneficios, véase Gates, *The Road Ahead*, págs. 9, 10, 66, 76, 80, 87, 115, 129, 165, 211, 213.

46. Gates, *The Road Ahead*, pág. 6. Este tema también fue propuesto antes por Gates:

> Las cosas que hacemos y que utilizan muchos recursos y tiempo se pueden hacer de modo más eficiente. Así que la gente se pregunta: ¿Habrá puestos de trabajo? ¿Tendremos cosas que hacer? Hasta que no eduquemos a cada muchacho de una forma fantástica, hasta que no se limpie cada ciudad, no habrá escasez de cosas por hacer. Y, a medida que la sociedad se hace más rica, podemos elegir el asignar los recursos de una forma que ofrezca a la gente incentivos para salir y realizar esos trabajos inacabados.

Esa frase, «podemos elegir...» es esencial. Supongamos que la sociedad no elige incrementar la asignación de recursos para realizar esas otras tareas. ¿Qué sucederá entonces? Véase «Playboy Interview: Bill Gates».

47. El único caso en el que Gates habla de sus finanzas personales en *The Road Ahead* es cuando menciona de pasada (pág. 260) que en 1994 pagó más de 100 millones de dólares en impuestos. Dijo que no se quejaba por ello, y mencionó la cifra sólo para ilustrar una cuestión sobre la variación en los «precios» de los servicios..., y también para dejar bien sentado tácitamente que paga su cuota justa. Pero no desveló sus ingresos totales para ese año. Así pues, basándonos en lo que eligió decirnos, es imposible hacerse un juicio sobre su «cuota justa». Y la mención de la cifra de 100 millones de dólares pudo volverse contra él cuando los lectores especularon acerca de cuántos ingresos había que tener para que él tuviera que pagar unos impuestos de tal magnitud. Para el curioso que compare su valor neto en 1995, en el momento en que *Forbes* hace su investigación anual de los 400 estadounidenses más ricos, en el número de 1994, y efectuara las operaciones matemáticas, vería que el incremento medio sería de unos 450 millones de dólares para todo un año.
48. Gates, *The Road Ahead*, pág. 11.
49. Gates, *The Road Ahead*, pág. 276.
50. «Mr. Software», *New York Times*, 25 de agosto de 1991.
51. Bill Gates».
52. «Noblesse Oblige... With Strings», *New York Times*, 30 de abril de 1995.
53. Al ofrecer el regalo a Stanford, Gates no dijo de inmediato que persiguiera la motivación ulterior de ayudar a Microsoft a reclutar a prometedores estudiantes de la ciencia de los ordenadores, pero dijo de un modo exuberante que deseaba invertir «en el futuro de la industria» y «Stanford es una de las cinco mejores escuelas del país en ciencia de los ordenadores». Véase «Microsoft's Gates Donates $6 Million to Stanford», *Wall Street Journal*, 27 de agosto de 1992.
54. «Bill Gates: Sálvanos»: «Microsoft's Unlikely Millionaires», *New York Times*, 28 de junio de 1992.
55. «Gates' Gift Good News, But...», *The Daily* [UW], 9 de octubre de 1991.
56. «Mr. Software».
57. Henry Ford, en colaboración con Samuel Crowther, *My Life and Work*, Garden City, NY, Doubleday, Page & Company, 1922, págs. 206-207.
58. Robert Lacey, *Ford: The Men and the Machine*, Boston, Little, Brown, 1986, págs. 450-451.
59. Los cálculos acerca del tiempo que duraría la riqueza de Gates si se aplicara a los programas federales existentes, se basan en estimaciones hechas en 1996 obtenidas de la Oficina del Censo de Estados Unidos, *U. S. Statistical Abstract of the United States*, GPO, Washington, D. C., 1996, págs. 334-335.
60. David L. Lewis, *The Public Image of Henry Ford*, pág. 69. Para una narración que presenta la cifra de cinco millones de dólares como el resultado de una serie de temeridades, véase Nevins, *Ford*, pág. 533.
61. Nevins, *Ford*, pág. 534.

62. Lewis, *Public Image of Henry Ford*, pág. 70.
63. Lewis, *Public Image of Henry Ford*, págs. 70-71.
64. Lewis, *Public Image of Henry Ford*, pág. 71.
65. Lewis, *Public Image of Henry Ford*, pág. 72.
66. «$5 a Day», *Automotive News*, 2 de enero de 1989.
67. Nevins, *Ford*, pág. 551.
68. Lewis, *Public Image of Henry Ford*, págs. 76 y 78.
69. «Gates' Way to Success», *PC User*, 11 de septiembre de 1991.
70. Gates, *The Road Ahead*, pág. 156.

AGRADECIMIENTOS

Cuando Elizabeth Kaplan me sugirió que emprendiera este proyecto, dije no estar interesado: la estantería de libros sobre Microsoft ya es bastante larga, gruñí. Ella sabía mucho mejor que yo que, una vez que empezara, descubriría una gran cantidad de temas inexplorados y que al final tendría mucho que decir. Me siento agradecido por que me convenciera para echar un vistazo.

En cuanto a las entrevistas, deseo expresar mi agradecimiento a los actuales o antiguos empleados de Microsoft: Steve Arnold, Craig Bartholomew, Carl Bates, Ed Belleba, Susan Boeschen, Richard Bray, Ryan Carey, Tom Corddry, Peter de Vries, Libby Duzan, Bill Gates, Rob Glaser, Sonja Gustafson, Charlotte Guyman, Karen Hargrove, Alan Harman, Dave Heiner, Tom Ikeda, Edward Jung, Martin Leahy, Tom López, Bill Miller, Peter Mollman, Craig Mundie, Mike Murray, Nathan Myhrvold, Peter Neupert, Jessica Ostrow, Sanjay Parthasarathy, Rick Rashid, Greg Riker, Russell Siegelman, Charles Simonyi, Linda Stone, Nils von Veh, Min Yee y Natalie Yount. Por su ayuda en la biblioteca y los archivos de la empresa, quisiera dar las gracias a Jeff Abbott, Kris Kaeding, Chris Shannon y Kyle Wagner. Por las disposiciones tomadas para hacer las entrevistas, las respuestas a las peticiones y la ayuda logística, a Josh Baran, Jon Lazarus, Andrea Cook, Sharleen Grove, Mich Mathews y John Pniette, que me proporcionaron todo lo que les solicité, y lo hicieron alegremente.

También estoy en deuda con otras personas no relacionadas con Microsoft que me prestaron su ayuda: Mari Baker y Eric Dunn, de Intuit; Terri

Childs, Christopher Hopkings, Ken Wasch y Sara White, de la Asociación de Editores de Software; Mark Eppley, de Traveling Software; Howard High, de Intel; Christine Milazzo y Jon Leibowitz, de Reed Exhibitions; Mike Kwatinetz, de Paine Webber; Deborah Sanders, de Multiple Zones International, y Ken Williams, de Sierra On-Line.

La facultad de Económicas de la Universidad Estatal de San José me ofreció una ayuda indispensable en numerosas formas, incluida la asistencia técnica de Luciano Canziani, cuya paciencia es aparentemente inconmensurable.

En la Universidad de Washington, Nancy Britanyak, del Departamento de Ciencias de los Ordenadores, me ayudó a encontrar una cinta de vídeo que resultó ser muy valiosa.

Gail Hershatter aplicó un estricto escepticismo ante el borrador preliminar, como ha hecho tantas veces en el pasado; el borrador revisado quedó mejorado gracias a su atenta lectura.

Por sus consejos y sugestiones, deseo dar las gracias a Lee Gomes, Joe Nocera y Greg Stross.

Al preparar el libro para la imprenta, John Bell, de Addison-Wesley, me ayudó mucho a mejorar su presentación y evitar tantos tics académicos como pudo convencerme de que hiciera. Margaret Hill blandió con destreza el escalpelo de la correctora de pruebas, y Pat Jalbert mantuvo un seguimiento del proyecto con serena eficiencia.

La última persona a la que quisiera expresar mi agradecimiento sigue siendo desconocida: nunca he llegado a descubrir quién fue exactamente, en Microsoft, la persona que accedió a mi solicitud de no ser acompañado por representantes de relaciones públicas de la empresa cuando estuviera en el campus. En ocasiones, la ausencia de «ayudantes» profesionales puede ser la mayor ayuda de todas.

Actualizado en abril de 1997

ÍNDICE DE NOMBRES

Esta obra, publicada por
GRIJALBO,
se terminó de imprimir en los talleres
de Hurope, S.L., de Barcelona,
el día 1 de septiembre
de 1997